4109

Ésta es mi vida

Ésta es mi vida

José José

Grijalbo

Ésta es mi vida

Primera edición: octubre, 2008

D. R. © 2008 José José

D. R. © 2008, derechos de edición mundiales en lengua castellana:
Random House Mondadori, S. A. de C. V.
Av. Homero núm. 544, col. Chapultepec Morales,
Del. Miguel Hidalgo, C. P. 11570, México, D. F.

www.randomhousemondadori.com.mx

Comentarios sobre la edición y contenido de este libro a:
literaria@randomhousemondadori.com.mx

ISBN Random House Mondadori México 978-970-810-563-7
ISBN Random House Inc. 978-030-739-244-2

Impreso en México/*Printed in Mexico*
Distributed by Random House Inc.

Reconocimientos

Dedico mi historia a mi público, a quien le debo todo lo que soy por su cariño incondicional, por regalarme un éxito tan grande que no tiene fin todavía, por su comprensión y su apoyo a mi persona en mis momentos más difíciles. Ustedes saben quién soy y el respeto que siento por ustedes; por eso siempre les digo la verdad y exijo que los demás lo hagan. Gracias por compartir conmigo mis tristezas y mis alegrías, gracias por ser mi familia.

A Sarita Salazar, mi esposa, porque sin su amor, su paciencia, su ternura, su dedicación y su comprensión nunca me hubiera sido posible sobrevivir. Te amo, mi vida.

A mis hijos Pepe, Marysol y Sarita, esos ángeles de Dios que me dieron el privilegio de ser su padre aquí en la Tierra. Los amo más que a nada en el mundo a todos, son mi inspiración de vivir. Mi máximo deseo es estar a su lado todo lo que Dios disponga que me quede de vida para seguir llenándolos de amor como el primer día.

A toda mi familia por su paciencia para convivir conmigo: a mis hijas Celine y Monique, a Érick, a Amparo Acosta y su familia, a mis hermanos Lucho y Vicky, a mi suegra doña Sara Morales, a tío Carlitos y tío William, a primo Tony Gundin y a primo Pablito Quesada, a Laurita Núñez, a doña Gloria, a Eva Núñez, a Evelyn y a "El Yeyo" y a toda su familia. A mis primos Arturo, Sergio y Malicha Ortiz Orduña. A mis sobrinos Ángel y Carlos Sosa.

A mis antepasados, por la generosidad de sus herencias inmortales en nosotros; somos su continuación.

7

A mis amigos compañeros de vida de todos mis años, por compartir conmigo lo bueno y lo malo. Así hemos aprendido a vivir.

A mis compañeros músicos, por enseñarme a entender el lenguaje universal de Dios: la música.

A la doctora Saldívar, por acercarme a Dios como nadie lo ha hecho, por ayudarme a descubrir quién soy y ayudarme a cambiar. Por su dedicación de tantos años a mi persona y, sobre todo, por enseñarme que ¡amor es el carácter de Dios!

A mi doctor Gerardo Díaz Bautista, por darle otra dimensión a mi espiritualidad y por la confianza de compartir conmigo su iluminación divina.

A todos los hermanos que me han brindado su apoyo para salir adelante, en especial al hermano Emilio por convertirse en mi tercer guía espiritual.

A David Damián, por ser pan en mi mesa cuando más lo necesitaba.

A mis enemigos, porque cada día fortalecen más mi capacidad de perdonar.

A la opinión pública, porque el contar toda mi vida no ha sido con la intención de desprestigiar a nadie; sólo he dicho la verdad, incluso he omitido muchas cosas por respeto a mucha gente.

A mis compañeros y amigos ahora en otro plano superior, por velar por mí, dedico estas palabras de Manuel Billard:

Si duermo es porque

estuve ayer despierto,

qué alto privilegio

el de estar muerto,

es la confirmación

de haber vivido.

A mi comadre María Antonieta Collins, por animarme a escribir este libro para sacar todo el dolor que tenía encerrado en mi alma y en mi corazón. Me ha liberado de una carga enorme.

A Cuauhtémoc Sánchez, a Óscar Fisher, a Leo Villalobos, a Winnie Sánchez, por su maravillosa amistad y su apoyo para relatar todo lo que hemos vivido juntos.

A mi compadre Antonio Benhumea, por enseñarme lo que es la lealtad.

A mi compadre Willy Vicedo, por presentarme a mi ángel de la guarda, Sarita Salazar.

A todas las personas en todas las latitudes que he visitado les pido perdón por mis errores del pasado. Estoy aprendiendo a vivir.

A todos mis amigos, los locutores y programadores de radio que construyeron mi carrera y a quienes les debo el éxito de mis grabaciones en todo el continente, en especial a los que la mantienen vigente.

A mi compañía de discos Sony BMG por seguir manteniendo mi éxito por medio de todas mis grabaciones y por la calidad de su atención a mi carrera.

A Jorge Ibarra, mi compañero de toda la vida en la RCA Víctor y en BMG Ariola, por su gran amistad y colaboración para la realización de este libro.

A Cristóbal Pera, a Francisco Daza, a Gilda Moreno Manzur, a César Gutiérrez y a todos mis amigos de Random House Mondadori, por ayudarme a que la gente conozca en detalle toda mi existencia.

José José

Índice

1

El triste

Quince de marzo de 1970, entre las nueve y las diez de la noche. Raúl Ortiz, "El Chumo", de Córdoba, Veracruz, mi brazo derecho, mi primer mánager, mi primer promotor de radio, el que me enseñó cómo trabajar la promoción —cosa que hago hasta ahora— y, desde luego, mi hermano entrañable, me tomó por los hombros, me miró con fijeza y con una sonrisa me dijo:

—¡Ahora, campeón!, te toca a ti, hazlo por México, toda esa gente ahí afuera vino a verte, sólo canta como siempre lo haces, pero esta vez por todos ellos. Dios está contigo. Haz tu mejor esfuerzo que el TeleStar está transmitiendo esta final a todo el mundo.

En ese momento una voz femenina nos interrumpió:

—País: México, canción: *El triste*, de Roberto Cantoral, dirige el maestro don José Sabre Marroquín, canta José José.

Salí al escenario donde me recibieron una lluvia de flores, gritos de cariño y un gran aplauso. El maestro Sabre Marroquín inició *El triste*. ¡Qué canción, qué suerte concursar por México con una canción así en la segunda edición del Festival Mundial de la Canción Latina, lo que después se convirtió en la OTI!

Comencé a cantar y hubo otro grito de animación. Conforme continuaba la canción, el grado de dificultad aumentaba. La gente lo sabía y con cada agudo gritaba conmigo. Al llegar a la mitad pronuncié los agudos más altos, un sol natural y luego un la bemol con el mismo aire, y dejé que surgiera el majestuoso sonido de la gran orquesta de músicos

13

mexicanos con todo su poder. Otra vez me inundó una lluvia de flores y el público se puso de pie. Retomé la canción, volvieron las flores y las expresiones de admiración. Seguí cantando. Con la canción ya rumbo al final, aumentó el grado de dificultad, esta vez al máximo. Había que dar el agudo final, de dieciséis compases, otro sol natural. La gente estaba consciente de que lo haría como en el día de la eliminatoria cuando la canción clasificó para la final. Respiré profundo y solté la nota con toda la potencia de que era capaz, la sostuve, la vibré unos compases y luego volví a hacerla plana para que me alcanzara el aire los dieciséis compases sin respirar. La orquesta subió su volumen y yo también para entregarla con toda mi potencia hasta el final. Lo logré otra vez; ¡qué canción tan difícil!, pero valió la pena ver la reacción del público.

Más flores, muchas más, todos de pie en una gran ovación. Algunos subieron al escenario y se armó un gran desorden. Los anunciadores a cargo del evento me rescataron de los brazos de una señorita y pasé a los brazos de mi querido amigo, el actor Andrés García, luego a los de "El Chumo" y así sucesivamente, hasta que me pidieron que saliera del escenario por donde entré.

Di las gracias al público, luego a la orquesta y salí por la parte del fondo como me lo pidieron, ante el aplauso de algunos de los músicos y el grito unánime de "¡México, México!"

Atrás del escenario había más orden que en el escenario mismo.

—¡Así era, ni más ni menos, hermano, magnífico! —me dijo "El Chumo", con cariño.

Me abrazó otra vez y añadió:

—Espérate aquí un momentito mientras sabemos qué va a pasar con las calificaciones del jurado.

Jorge Labardini le avisó al auditorio que se estaban sumando los votos del jurado. Yo permanecí en el mismo sitio. Se acercó don José Sabre Marroquín y me abrazó muy emocionado:

—¡Estupendo, muchacho, lo logramos!

Y tenía toda la razón, fue un muy buen trabajo de equipo: los músicos mexicanos, que son los mejores del mundo, ya que pueden interpretar todos los ritmos y tipos de música con el sabor exacto; un gran director de orquesta como el maestro Sabre Marroquín, uno de los músicos y compositores más reconocidos de México en el ámbito internacional, quien me dispensaba con su amistad, al grado de recibirme en su casa con su hermosa familia; una gran canción de Roberto Cantoral y la madurez que yo había alcanzado a lo largo ya de siete años de ser profesional de la canción. ¡Maravillosa combinación!

Nuestra plática fue interrumpida por la voz del anunciador, quien se dirigió al público para informarles de los resultados de la final del Segundo Festival de la Canción Latina en el Mundo (aclaración muy pertinente: era un concurso de canciones, no de intérpretes):

—Primer lugar: Brasil, *Canción de amor y paz*; intérprete, Claudia Do Brasil. Segundo lugar: Venezuela, canción *Con los brazos cruzados*; intérprete, Mirla Castellanos. Tercer lugar: México, *El triste*; intérprete, José José.

Desde el anuncio del primer lugar, el público se mostró altamente inconforme, pero, en verdad, la canción era bellísima, con un formato armónico y melódico fuera de serie, como todo lo que hacen los *brasileiros*.

Cuando anunciaron a Venezuela como el segundo lugar, la gente que abarrotaba el Teatro del Ferrocarrilero expresó su desaprobación para con los jurados. En efecto, la canción venezolana no era mejor que la de México y la protesta se generalizó, sobre todo en contra de los jueces que ocupaban las primeras filas, en un podio especial para ellos. La gran audiencia estaba de todas todas con México y tenían razón: *El triste* merecía por lo menos el segundo lugar.

Yo estaba feliz, canté convencido de que podía ser el vencedor, pero tuve que conformarme con el tercer lugar.

Acto seguido anunciaron que los ganadores del primer, segundo y tercer lugares volverían a interpretar sus respectivas canciones. Sin embargo, "El Chumo" me dijo:

—¡Vámonos! Nosotros ya cumplimos, no les seguiremos el juego.

Salimos directo al coche por una puerta lateral que estaba a un lado del escenario. Lo dejamos en un lugar estratégico para poder salir sin que nos bloqueara alguno de los innumerables automóviles que había en el estacionamiento. Era increíble, nadie estaba afuera, todos permanecían en el teatro.

Salimos sin dificultad y fuimos a la calle De La Rosa en Azcapotzalco, donde nos esperaban todos mis amigos de Clavería, en casa de la familia Rosano. Fue hermoso ver a mis seres queridos de tantos años reunidos, felices, con una cara de satisfacción que lo decía todo. Me abrazaron, me felicitaron, brindamos y, como por arte de magia, apareció una guitarra para cantarles a todos. "El Chumo" me recordó que teníamos que ir a otra fiesta donde estarían todos los amigos de la RCA Víctor y nuestro equipo del Festival de la Canción, además de compañeros del ambiente artístico.

Muchos nos esperaban en esa casa, pues se corrió la voz de que haríamos acto de presencia. Nos recibieron como héroes, éramos los campeones sin corona del Segundo Festival de la Canción Latina en el Mundo. Para la mayoría de quienes vieron la transmisión en tantos países, México merecía el triunfo.

Ese momento fue de una importancia trascendental en mi vida. Pensé que la reacción del público en el teatro había sido en razón directa del calor de la competencia y del gran amor que le tenemos todos a nuestra tierra, pero para mi sorpresa los dueños de la casa nos recibieron con el mismo calor y cariño entrañables que los asistentes al teatro. Sentí una emoción enorme, acababa de contraer un compromiso con el pueblo de México, con mi gente tan querida que me reiteraba que estaba conmigo desde *La nave del olvido*. En ese momento supe que había nacido para cantar a mis hermanos de raza. Era uno de ellos y como ellos; quien les cantaba era mi corazón de mexicano romántico porque así somos todos en mi país.

—¿Qué quieren tomar? —nos preguntaron.

Raúl, para no perder la costumbre, pidió una Coca Cola y yo, como siempre, Bacardí Blanco con Coca Cola sin hielo.

—Siéntense, por favor.

Al instante ya tenía la guitarra en la mano y empezaron las peticiones. Canté varias canciones y al terminar una de ellas, después del aplauso, se puso de pie "El Gran" Fellove, amigo queridísimo, cantante cubano afincado en México hacía ya muchos años. Genio de la rítmica y la improvisación, con una afinación perfecta y una maestría vocal que hizo época, en particular entre los entendidos del *jazz*, los músicos y los artistas de su tiempo.

Tomó Francisco Fellove una tumbadora que estaba a su lado y comenzó a tocar con ritmo lento y cadencioso.

—Damas y caballeros, su atención, por favor. Permítanme ser el vocero de lo que pasa dentro de nosotros y decirle a José José unas palabras a nombre de todos los presentes. José, hermano querido, hoy Dios te ha dado una bendición todavía más grande que el don de poder cantar como cantas: el hecho de que tu México te haya brindado su apoyo incondicional cuando defendiste tu bandera en el festival. Pero eso debe representar para ti el compromiso más sagrado que pueda tener un artista, un compromiso con tu pueblo, con todos los que te queremos, te admiramos y deseamos para ti lo mejor, que lleves una carrera formidable como lo será de hoy en adelante. Recuerda que siempre tendrás la hermosa obligación de representar a tu pueblo dondequiera que vayas, porque el que triunfa en México es bien recibido en todas las latitudes y tú eres un mexicano triunfador. El mundo es tuyo. Te deseamos una larga vida llena de amor, salud y éxito, pero también escucha una petición de nuestra parte, la única que debemos hacerte, la más importante: ¡cuídate!

De inmediato todos aplaudieron con efusividad. Estaba dicho todo y ese aplauso a Fellove representaba la aprobación unánime a sus palabras. Era un momento mágico para mí; acababa de sentir el inmenso compromiso con mi público. Pero ¿qué había querido decir con "¡cuídate!"?

¡Qué lejos estaba de comprender que me hablaba la voz de la experiencia! "¿Cuidarme de qué o de quién?", me preguntaba, si entonces me sentía querido por todos y mis mejores amigos estaban conmigo. ¿De qué habría de cuidarme? Ignoraba todo acerca de lo que conlleva una sola palabra que apenas comenzaría a enfrentar: ¡éxito!

Hacía mucho frío aquel 17 de febrero de 1948 en la Ciudad de México. Eso no impidió que viniera al mundo en la calle de Las Artes, hoy Antonio Caso, en la colonia San Rafael, a las 6:10 de la tarde en una casa vieja, llena de humedad y de alacranes. El doctor Manuelito me dio mi nalgada y solté mi primera nota. Era el primer hijo de José Sosa Esquivel y Margarita Ortiz de Sosa, ambos cantantes de ópera y de zarzuela que se conocieron en el Conservatorio Nacional de Música. Mi papá, oriundo de Querétaro y mi mamá, de la cuatro veces heroica Veracruz. Simplemente por las leyes de la genética había nacido para cantar. ¡Y vaya si no! Mi abuelo paterno Pedro y mi tío abuelo José, su hermano, tocaban el órgano y cantaban música sacra y música clásica en la catedral de Querétaro con un virtuosismo que heredaron mi papá y mis tíos Pedro, Juan y Cecilia.

Por el lado materno, la abuelita Carmelita pintaba al óleo y cantaba y tocaba el piano y la cítara, así que, como pueden ver, esto de la música y las artes en la familia ha sido siempre una preciosa herencia.

Cuando tenía tres meses de nacido nos mudamos a la colonia Clavería, a la calle de Tebas número 32, entre la Avenida Cuitláhuac y la Avenida Azcapotzalco, no muy lejos del barrio de Tacuba, la Colonia Petrolera, la Nueva Santa María y Santa Julia. Era la casa de mis abuelos maternos, don Francisco H. Ortiz, contador público, y su esposa Carmelita. Para que todos tuviéramos espacio, el tío

Pancho, hermano mayor de mi mamá Margarita, acondicionó en la parte trasera del patio una casita para él, su esposa María Luisa y mis primos Arturo, Sergio, Paco y Malicha. La casa de mis abuelos era un bellísimo rincón jalapeño con detalles muy veracruzanos, lleno de plantas y flores que mi abuelita cuidaba personalmente. Era su herencia, descendía de la gran familia del Jardín Lecuona, de Banderilla, Veracruz, donde nació.

Mi abuelo, originario de Orizaba, era jovial y muy antojadizo, por eso en la casa nunca faltaba una gran variedad de platillos veracruzanos confeccionados por mi abuelita, una magnífica cocinera, y por mi mamá, quien, además de la pintura y la música, heredó el don de la sazón.

Así transcurrieron mis primeros años: mucha fruta, mucho pescado, mucho jugar y mucha música, sobre todo ópera y clásica y cuando había fiesta, danzones y boleros de Los Panchos.

Tres años después que yo llegó al mundo mi hermano Gonzalo a la antigüita, también en la casa y al año nació una bebé que sólo vivió una semana; estaba malita del corazón, la operaron y no sobrevivió.

En resumen, la familia Sosa Ortiz quedó compuesta por cuatro elementos que solíamos compartir con mis abuelos, mis tíos y mis primos en la casa de Clavería. Algunas veces íbamos a Querétaro a ver a mis otros abuelos, Pedro y Juanita, y todos mis tíos: Pedro, Juan, Cecilia, Lupita, Carmen, Mercedes y Alfonso. Cabe señalar que Pedro y Juan abrazaron el sacerdocio y Cecilia era monja de claustro, la veíamos en el convento. Mis tíos Pedro y Juan empezaron a viajar y de vez en cuando nos visitaban en México. Me parecía muy raro tener en la familia sacerdotes y una monjita.

Mi primera escuela fue el *kinder* de la señora Santiesteban en la calle de Oasis. Ahí conocí la música de don Gabilondo Soler "Cri Cri", la cual se convirtió en mi favorita, sobre todo después de que mi papá me regaló mi primer disco con diez de las canciones más conocidas del maestro, gloria pedagógica y musical, un hombre dotado por Dios para enseñar a los niños a usar su imaginación de la forma más bella por medio de sus historias de animalitos. Ese genio mexicano fue mi primer maestro de canto y de música y conforme crecí comprendí también su hermosa filosofía de la vida derramada en toda su gran obra de México para el mundo. Aparte de "Cri Cri", mi papá quería que sólo escuchara música clásica y ópera.

Después del *kinder* entré al Instituto Estado de México con la maestra Rosita en preprimaria, el maestro Guadarrama en primero de primaria, el maestro Montalvo en segundo, el maestro Cornelio Serna en tercero, y en cuarto, quinto y sexto con quien fuera, después de mi padre, la persona que dio continuidad a mi aprendizaje de algo que ha sido fundamental en mi vida: la disciplina, mi maestro don Benjamín Hidalgo. Él llevaba a la perfección el concepto del Instituto Estado de México: enseñanza con disciplina y buenas maneras. Todos lo aprendimos de nuestros maestros, del director, el maestro Antonio Vargas, del maestro Julio, del maestro Ángel Meza y de otra camada de grandes pedagogos. Asistíamos a clases de ocho de la mañana a una de la tarde y de tres a cinco de la tarde con los maestros Domínguez, Germán Zúñiga, Betty y Octavio.

Mientras crecía y empezaba a ir la escuela comencé a darme cuenta de la actividad de trabajo de mis papás. Él era cantante de ópera, de música clásica y sacra y ella daba clases de piano, canto y solfeo en la casa, ya que estaba dedicada al hogar desde que contrajo matrimonio. Era muy excitante vivir rodeado de música. En casa había ensayos constantes en los que grupos muy variados de hombres y mujeres se reunían para, a manera de repaso, montar las arias y las partes más complicadas de las óperas. Cantaban fortísimo; mi hermano Gonzalo y yo nos tapábamos los oídos por el volumen descomunal.

A mí me gustaba mucho la ópera, aunque a escondidas de mi papá escuchaba música popular en la radio y a los siete años ya sabía dos canciones; la primera fue *El jinete*, de José Alfredo Jiménez, y la segunda *Cien años*, de Chucho Monge. ¡Quién diría que después me tocaría a mí ensayar todo tipo de música en esa misma casa de la colonia Clavería!

Cuando crecimos más empezamos a ir a Bellas Artes, ese teatro magnífico, uno de los más bellos del mundo, dado que a mi hermano lo escogieron para actuar interpretando al hijo de *Madame Butterfly*, de Giacomo Puccini. Lo hacía tan magistralmente que en la temporada internacional de ópera en Bellas Artes lo vi hacerlo con la soprano doña Victoria de Los Ángeles, de España, y con el tenor Giuseppe Cámpora, de Italia, así como con la soprano Diana Moncado, de Filipinas; en esa ocasión el tenor era mi papá. También vi a mi hermano interpretar este papel con la soprano doña Irma González y con mi papá como tenor; el caso es que mi hermano, con tan sólo cuatro años de edad, conmovía con su interpretación al público de Bellas Artes.

Un recuerdo imborrable en mi mente consiste en haber visto a mi papá en la temporada internacional al lado de María Callas y Giuseppe Di Stefano en la *Carmen* de Bizet, en su doble papel en el *Boris Godunov*, con Nicola Rossi-Lemeni, *El barbero de Sevilla* con el maestro Bacaloni y otras más que le dieron tal reconocimiento que fue invitado por el maestro Lemeni a la Scala de Milán, cosa que no aceptó y le ocasionó una depresión muy grande, por lo cual se incrementó alarmantemente su manera de beber.

En la temporada nacional los artistas de casa —como Rosita Rimoch, Paquita Pérez Abreu, la maestra Irma González, Aurora Woodrow, Humberto Pasos y otro gran amigo y maestro, Roberto Bañuelas— cantaban los papeles principales.

Mi hermano Gonzalo también participaba en la temporada nacional hasta que creció y tuvo que dejar de hacerlo porque ya no daba el papel, algo que le afectaría en gran medida con el paso del tiempo. Yo sólo participé una vez a su lado cuando cumplí nueve años y él ya tenía seis, en un momento muy breve del primer acto de *El elíxir de amor* de Donizetti. Ése fue mi debut —y despedida— en Bellas Artes durante diez minutos.

En casa la gran problemática era que las dos únicas temporadas de ópera en México se presentaban semestralmente; mientras tanto, mi papá nos mantenía de cantar y tocar el órgano en diversas iglesias, en particular la de San Agustín en Polanco, donde constantemente lo acompañábamos; de ahí que luego yo repitiera en casa todo lo que oía en la iglesia, como el *Sempiternum Sacramentum*.

Desde luego, no había punto de comparación entre lo que mi papá ganaba como estrella de la Ópera Nacional y lo que percibía por cantar en la iglesia; un día escuché que eran diecisiete pesos por misa, pero entre él, mi abuelo como contador, mi abuelita que vendía ropa y mi mamá con sus clases de piano mantenían la casa. Yo era el cargador oficial de la bolsota o las varias bolsas de ropa y andaba con mi abuelita por toda la colonia y a veces más lejos; era agotador. Hasta que llegaba la temporada de ópera más o menos se nivelaban las cosas.

En 1958 murió mi abuelo, don Francisco H. Ortiz, papá de mi mamá. Su partida representó una gran pérdida para todos.

A los once años entré a la empresa Telepar, propiedad de don Carlos Bru, fábrica de bobinas y partes eléctricas que aún existe. Acababa de salir de quinto año de primaria y, aunque siempre ayudaba a mi abuelita, lo más importante fue que desde entonces aprendí a trabajar y lo que cuesta ganar el diario sustento.

Terminé la primaria en 1960 a la edad de doce años en el Instituto Estado de México y ahí mismo continué con la secundaria, estudios que se habían instituido en la escuela. A los trece años, ya en primer año se inició mi relación con varios amigos de mi primo Paco Ortiz, tercer hijo de mi tío Pancho, quien cursaba el tercer año. A él lo apodaban "La Changa" y me presentó con Alfredo Aguilar Benítez "El Gato", Beto Cadena "El Oso", en fin, era la moda tener apodos de animales. A mí me decían "El Ovejo", ya les contaré por qué.

Mi primo Paco fue fundamental en mi conocimiento del rey de los instrumentos: el piano. Mi abuelita Carmelita nos inició a todos en su aprendizaje, pues había un piano de pared en casa de mi tío, quien lo tocaba todos los días por la tarde al llegar de trabajar, lo mismo que en nuestra casa; éste era de media cola y fue el regalo de quince años que le hizo mi abuelo Francisco a mi mamá Margarita. Mi abuelita nos enseñó a tocar *Las golondrinas* a todos, pero Paco, quien tenía una musicalidad fuera de serie, lo dominó más que cualquiera. Fue el único que aprendió a tocar por nota. Él me guió para aprender a escondidas de mi papá, dado que éste no quería por ningún motivo que mi hermano o yo tuviéramos que ver con la música. Sin embargo, aprendí varias canciones y también tocábamos a cuatro manos. Después empecé a tocar para intentar acompañarme, pero lo hacía muy mal.

A los catorce años seguí en mi escuela de paga con muchos aprietos. A mi papá lo expulsaron del Instituto Nacional de Bellas Artes por su carácter tan difícil; era perfeccionista y discutía con todos. En esa época prácticamente vivíamos de la ropa que vendía mi abuelita. Mi abuelo había muerto cuatro años atrás. Como mis tíos se mudaron a su propio hogar que construyeron poco a poco, eso dio oportunidad de rentar la casa de atrás que habitaban ellos, lo cual ayudó un poco con los gastos.

Al morir mi abuelo cambiaron mucho las cosas. Él representaba un ejemplo de vida, de trabajo y de respeto por su esposa y su familia. Desde luego, todos lo amábamos y lo respetábamos.

No obstante, mi padre construyó en el interior de la casa un pequeño estudio donde tenía su tocadiscos para estudiar ópera, su biblioteca pues tenía una cultura amplísima (hablaba cuatro idiomas: un español impecable; gracias a la ópera, el italiano a la perfección; francés y un alemán regular, aunque se daba a entender muy bien). Tenía un baño con regadera y una pequeña cama. Yo no sabía la razón: así nadie se daba cuenta de que bebía por las noches y si lo hacía en exceso, ahí mismo se quedaba a dormir para que mis abuelos no se percataran. Con la muerte de mi abuelo, esta problemática comenzó a incrementarse.

En la escuela tuve problemas en materias como matemáticas, física, química e inglés. Me hacían la vida de cuadritos y mi papá no entendía el porqué del cambio en mis calificaciones, dado que siempre había sido un buen estudiante, incluso en algunas etapas era el primero en la clase. Y esto me sucedía sobre todo en la secundaria, donde si no entendías bien debías repasar solo o buscar quién te explicara. Bastante difícil era mi situación en la escuela, ya que había noches en que mi papá llegaba de madrugada tomado y me levantaba para platicar y seguir bebiendo. Su charla era agradable y muy constructiva, pero yo me levantaba a las siete de la mañana y me costaba mucho trabajo.

¡Cuánto tiempo tendría que pasar para encontrar respuestas a mis interrogantes de aquellos años! ¿Por qué bebía mi papá todos los días? Yo ignoraba —y él también— que estaba enfermo de alcoholismo. ¿Por qué ya no venía a dormir todas las noches? Porque tenía otra mujer, había formado otra familia.

Un día me dijo en una de sus pláticas de madrugada: "Nunca te cases con una mujer más grande que tú". ¿Quién me iba a decir que era lo primero que haría con el tiempo, justo en mi primer matrimonio?

Un día recibí una llamada telefónica. Una voz femenina preguntó por mí.

—Soy yo —contesté.

—Ven por tu papá. Ya tomó mucho y está incontrolable.

Fui a la dirección que me dio, acompañado por mi mamá, quien no me dejó ir solo. Subí y me enteré de que tenía otra mujer y otro hijo.

Durante todo el trayecto a la casa nadie habló. Lo único que hizo mi papá fue dormitar mientras me tomaba la mano. Al llegar a casa lo bajamos y lo acostamos. Al otro día se levantó muy tarde y me buscó:

—No le comentes a tu mamá lo que viste anoche.

Yo le contesté que no se preocupara, que no diría nada.

Después mi mamá me habló para que la acompañara a comprar el pan y una botella de ron Potrero, cosa que se volvió una costumbre cotidiana. Mi papá ya no tomaba escondido en su estudio, sólo esperaba a que se durmieran mi abuelita, mi hermano y mi mamá para salir al comedor e ir por mí con la intención de platicar.

Después de ese suceso entendí por qué me decía que nunca me casara con una mujer más grande que yo. Lo comprendí al ver a la mamá de mi medio hermano. Él formó una nueva familia con otra mujer menor que él, en tanto que mi mamá le llevaba trece años. Por eso eran las ausencias y las no llegadas a dormir; inventó que iba a cantar a misa de ocho de la mañana a Teziutlán, Puebla, y tenía que hospedarse allá.

Cuando avisaba que se iba al pueblo, como él le llamaba, mi hermano y yo dormíamos con mi mamá, muy contentos de que hubiera paz esa noche, ya que a veces a la que tenía hasta la mañana oyéndole hablar era a mi mamá, que es la persona con más paciencia que he conocido. Después de diecisiete años de matrimonio era obvio que su relación se tornaba cada vez más difícil. Él ya no quería estar ahí con nosotros, pero estaba casado con mi mamá y no con su otra compañera. Luego me enteré de que ya tenían otro niño mayor que el que me enseñaron, o sea, su relación databa de varios años atrás.

De repente todo empezó a tener explicación. A la muerte del abuelo Francisco, la neurosis de mi papá aumentó de forma considerable. Debe haber sido por esas fechas que se involucró con la otra mujer e incluso comenzaron a tener hijos. Tal vez ésa era una de las causas por las que bebía más y el hecho de ya no estar en Bellas Artes de seguro contribuyó bastante.

Además, de pronto comenzó conmigo un entrenamiento continuo para compartir todas sus habilidades; aparte del súper talento que tenía para la música y para la actuación, poseía un cúmulo de conocimientos prácticos de oficios, como la albañilería, la carpintería, la plomería y, más que nada, la electricidad. Él quiso que yo desarrollara todas esas habilidades, cosa que para mí fue casi imposible. Desde muy pequeño aprendí a ayudar en la casa, a lavar los trastes, barrer, sacudir, lavar ropa, planchar, lavar la estufa y, ya más grandecito, a cambiar clavijas y conexiones eléctricas, lijar madera y usar el formón, la garlopa (cepillo) y varias herramientas elementales: taladros, desarmadores, pinzas, martillos, clavos y tornillos, entre otras.

Su carácter era lo más complicado; si no hacía las cosas como él quería, me tenía horas intentándolo; era insufrible. Yo no entendía de qué se trataba, pero el fondo de todo esto era prepararme; él sabía que en un futuro no muy lejano se marcharía de la casa y yo debía estar listo para enfrentar su ausencia trabajando en lo que fuera necesario.

Todos en casa sabíamos de su mal carácter y su neurosis, en combinación con el talento que mostraba para todo. La exigencia de hacer las cosas bien a veces lo volvía sumamente irritable y desde chicos nos provocaba miedo a mi hermano y a mí. Sus ausencias eran, como dije, un descanso, pero sus regresos se hacían cada vez más complicados. Ya mi abuelita tenía que intervenir constantemente para controlarlo, pues a cada rato nos agredía, sobre todo a mi mamá y a mí. Era más considerado con mi hermano por ser más pequeño.

Como pude, pasé a tercero de secundaria, por primera vez con muchos seises y sietes. Comenzaron las clases en 1963 y las materias que más se me dificultaron en segundo año se complicaron cada vez más. Desde pequeño fui el cantante oficial del Himno Nacional en todo tipo de eventos de la escuela. Incluso en tercero de secundaria lo seguí haciendo y era un orgullo para mí.

En realidad, mi carrera de cantante comenzó en el Instituto Estado de México, mientras estudiaba el primer año de primaria. Tenía siete años y hubo un festival en la delegación Azcapotzalco, en el atrio de la iglesia frente al kiosco del parque. Yo representaba a mi escuela y la división de primaria. Mi elección fue resultado de haber ganado un concurso que organizaban los maestros todos los viernes y que yo ganaba a cada rato cantando mis canciones de "Cri-Cri". Por eso me seleccionaron y me presenté ante mil personas, ya que concursaban todas las escuelas de la delegación.

Con la naturalidad de mis siete años subí al escenario y comencé a cantar *El zapatero remendón*. Al llegar a la mitad de la canción olvidé la letra y me callé. De inmediato le dije a la gran audiencia: "Se me olvidó *El zapatero*, pero ahora les voy a cantar *La maquinita*", y seguí muy tranquilo. Todos me celebraron, me aplaudieron mucho y al final me dieron un diploma. Fue mi primer reconocimiento como cantante. Además, cada vez que ganaba el concurso de los viernes en la escuela me daban un peso que siempre le llevaba a mi mamá. Ella contaba años después que yo le decía:

—Mamá, hoy es viernes, al rato te traigo el peso.

Tuve serias confrontaciones con mi papá acerca de mis calificaciones. Él decía que mi hermano y yo debíamos ser profesionales, ingenieros, abogados, médicos, lo que fuera menos músicos. (Sin embargo, él fue quien nos preparó de manera excepcional porque siempre nos hizo escuchar música clásica y ópera.) Yo entendía por qué: en México, decía, no se puede vivir de la ópera. Y tenía razón, hasta la fecha sólo en Europa y Estados Unidos de América se logra.

Mi papá, sin quererlo, nos educó musicalmente y en el futuro eso rendiría frutos. Yo me convertí en cantante y músico, y mi hermano desarrolló la capacidad para leer y escribir música en el nivel sinfónico.

Lo que mi papá ganaba en la iglesia era muy poco y aun así algunas veces no se levantaba para llegar a las misas que eran temprano. Yo pasaba a despedirme de mi papá después de mi café con leche y me daba cuenta de por qué no se había presentado: después de beber toda la noche no podía levantarse. ¡Cómo me iba a imaginar que con los años yo enfrentaría la misma situación, con la diferencia de que yo sí tenía que levantarme forzosamente! Ya les contaré después cómo tarde o temprano los hijos repetimos lo que vemos hacer a los padres. Y es que parece mentira: aun si el modelo es negativo, es modelo al fin y lo seguimos, aunque nos dañe.

Un día mi mamá se enteró de que mi papá tenía otra familia y lo corrió.

Eran las cuatro y veinte de la tarde del 25 de marzo de 1963. Llegó un taxi y mi papá empezó a subir sus cosas.

—¿Y tus libros? —le pregunté.

—Te los regalo, ya los leí todos.

El librero era una pared completa, toda su gran cultura estaba ahí.

—¿Y las óperas, los discos?

—Quédate con todo eso, ya no lo necesito. Lo demás está en el taxi. Vete hacia dentro.

Y se marchó. Esa noche compré una anforita de ron para mí.

Una sensación de alivio nos invadió a todos. No más agresiones, no más desveladas, y para mí en especial no más cargar con el gran secreto de mi papá.

Desde ese día todo cambió en la casa. Mi mamá y mi abuelita no sé dónde consiguieron un préstamo para montar una "supercocina" con la invaluable ayuda de mi tío Pancho, hermano de mi mamá, quien sabía mucho de instalaciones de todo tipo. Rentaron un local grande en la calle de Bahía Magdalena, junto a la fábrica de agua Electropura, lo cual garantizaba la clientela. Mi tío contribuyó en gran parte a que mi mamá pudiera mantenernos, ya que yo dejé de trabajar para estudiar el tercero de secundaria, que se me hizo muy difícil. Mi contribución era muy pequeña: tocaba el bajo eléctrico en fiestas los sábados. Mis amigos Javier Tort, su hermano Luis y Lucio Sánchez tenían instrumentos. Así me integré al mundo del *rock and roll*.

Mi hermano acababa de entrar a la Secundaria Quince en la Calzada México Tacuba, enfrente del Colegio Militar.

Para mi sorpresa, mi primo Paco me invitó a formar parte de un trío de bolero romántico en el que el requinto sería Alfredo Aguilar, "El Gato" (¿se acuerdan de la animalera de la secundaria?). Paco tocaría la guitarra y yo las maracas. Ese año empecé a vivir de la música, de las tardeadas y de las serenatas. Era marzo de 1963. Desde entonces la música nos ha mantenido en casa de una manera magnífica.

Mi pequeña colaboración al hogar me ayudó a incrementar mi sentido de responsabilidad; intentaba agradecer a mi abuelita y a mi mamá lo más posible lo que hacían por nosotros. Mi abuelita ya se había hecho de una clientela que gracias a Dios la buscaba en casa para comprarle la ropa. Ya no teníamos que recorrer toda la colonia con las bolsotas de vestidos. El día de mi primera serenata le di a mi mamá los diez pesos que me pagaron y ella los puso en un cuadrito como recuerdo del primer billete ganado cantando en la calle. Nunca olvidaré su carita de orgullo cuando lo colgó en la pared.

Mi madre era un ser humano único, una mujer con una paciencia interminable. Cuando le pregunté por qué había aguantado tanto tiempo a mi papá, me contestó que quería que mi hermano y yo creciéramos y nos diéramos cuenta de lo que sucedía en casa y del porqué de la separación, que se volvió absolutamente necesaria en nuestra familia. Ella decía que si se hubiera separado de mi papá cuando éramos más pequeños, al crecer íbamos a pensar "¿qué le haría mi mamá a mi papá para que nos dejara?" Así que resistió hasta el final. Años después, a mí me pasaría lo mismo… ¡Increíble!

Mientras mi mamá trabajaba de sol a sol, mi abuelita nos daba de comer cuando llegábamos de la escuela. Luego mi mamá traía comida de la "supercocina" en las noches para cenar. En la mañanas, como siempre, café con leche y pan dulce, y una torta para el recreo de diez minutos entre las once y las doce del día en la escuela.

Se acercaban los exámenes finales, por lo que tuve que aumentar mis horas de estudio y también cancelar de momento las serenatas, pues por lo general éstas terminaban al amanecer. Sólo me quedaban las tardeadas de los sábados.

Recé como nunca lo había hecho para no reprobar y terminar mi secundaria como debía ser para poder seguir estudiando. Y es que mi mamá y mi abuelita aceptaban lo de la música porque así ayudaba en la casa, pero eso de dedicarme de lleno a ello para nada. Seguían en pie las instrucciones que dejó mi padre: nada de músicos en la casa, sólo profesionales.

Presenté y aprobé todos mis exámenes finales. ¡Lo había logrado! ¡Podía seguir estudiando!

Esto para mí fue un gran triunfo, me sentía muy satisfecho del resultado de mi esfuerzo. Ahí comenzaba mi lucha por superar problemas, algo que ha sido una constante en mi vida.

Para 1964 mi mamá ya tenía una gran clientela en su "supercocina" y yo empecé a estudiar un curso de mecánica de aviación, al que un año antes mi primo Paco "La Changa" Ortiz había entrado con el capitán Moncayo y el mayor Barrera en el Boulevard Aeropuerto, enfrente de lo que eran las bodegas de carga de Aeroméxico. Mi primo me recomendó que si quería llegar a ser piloto aviador, que era mi ilusión, primero cursara dos años de mecánica y luego pasara al curso de pilotaje.

Entré a la escuela por las tardes, en las noches dábamos serenatas y en los fines de semana cantábamos y tocábamos en fiestas y tardeadas, tan populares en esa época. Hasta hubo un grupo que se formó en la colonia Petrolera: The Heart Breakers (Los Rompe Corazones).

Ya llevaba un año completo de ayudar a mi mamá, mi abuelita y mi hermano con la cantada aquí y allá. Gracias a Dios nos sosteníamos y Gonzalo seguía estudiando primer año de secundaria.

En la escuela sólo había teoría; no contábamos con un tornillo para poder entrar en el mundo de lo físico, los motores, los instrumentos, los aviones en sí. Yo me preguntaba: "¿cómo es que vamos a aprender sobre lo que hemos repasado en los libros?" Nuestros maestros tenían la mejor de las intenciones de comprar equipo, pero, como es lógico, éste era carísimo y las colegiaturas no alcanzaban para eso, sino apenas para cubrir la renta de lo que era el aula de estudio y el local grande donde se supone que debía estar el equipo.

Un día mi tío Pancho nos llevaba en su coche a la glorieta de Camarones y Cuitláhuac a tomar el camión para ir a la escuela de aviación cuando un camión que transportaba varilla para construcción, de ésos que tienen las defensas voladas para cargar la varilla, empezó a despegarse imprudentemente sin poner atención a quienes circulábamos por la Avenida Heliópolis. Mi primo llevaba el brazo recargado afuera de la ventanilla del coche y al pasar cerca del camión éste golpeó el coche justo donde tenía su brazo apoyado.

El choque nos descontroló a todos, pero más la reacción de dolor de mi primo. Cuando vimos su brazo lleno de sangre, paramos y dimos la vuelta en "u" de regreso a su casa. El camión lo golpeó y le rompió el brazo en dos partes, en el codo y el húmero. El drama de ver sufrir así a un ser querido herido es algo que nunca olvidaré. La emergencia de encontrar quién lo atendiera, transportarlo al hospital, radiografías, cirugías y luego la espera para saber si había quedado bien. Después de salir del hospital, la agonía de la terapia de recuperación, clavos, tornillos, alambres y mucho dolor, un dolor físico insoportable y el sufrimiento de la incertidumbre acerca de si ese brazo se recuperaría, sobre todo para poder seguir tocando el piano y la guitarra. De entrada el trío de las serenatas quedaba suspendido.

Pocos días después regresé a la escuela y les conté a los muchachos lo sucedido. Todos lo lamentaron y me dijeron que la institución tenía serios problemas e intentaban solucionarlos. No se avanzó y al final del mes de octubre se cerró de manera oficial por falta de equipo para completar la enseñanza correctamente.

¡Cuán dolorosos eran los ejercicios para la recuperación del brazo de Paco, resultaban insufribles! Todos estábamos desolados. Para colmo, yo tenía que colaborar en la casa y así comencé a practicar más la guitarra para acompañarme solo y poder seguir con el trabajo de noche.

Qué distinto era andar solo en busca de clientes. Con los amigos era más fácil, pero luego no pagaban pues todo quedaba entre cuates. Estaban acostumbrados a que todo era gratis, ¿cómo cobrarles ahora? Así transcurrió el año 1964, yo con dieciséis años luchando por abrirme paso en la vida, por el momento sin escuela y buscando trabajar solo en la calle con la guitarra. Era difícil.

El año de 1965 fue decisivo en mi vida. Empezó de la manera más insólita, pues mi mamá y mi abuelita platicaron conmigo acerca de su decisión de que continuara mis estudios.

Para ello me puse en contacto con uno de mis compañeros más queridos de las serenatas entre amigos y uno de mis primeros maestros de guitarra, Leoncio Villalobos, quien ha estado muy cerca de mí en varias etapas de mi vida. La primera en el Instituto Estado de México, en el que iba un año adelante que yo. Él cambió de escuela y volvimos a encontrarnos con la necesidad de entrar al periodo de estudio que se conoce como vocacional o preparatoria, *high school* en Estados Unidos de América. La escuela que proporcionaba todas las facilidades para desarrollar las nuevas carreras de la época era el Instituto Tecnológico de México, sucursal del Instituto

Tecnológico de Monterrey, diseñadores de un nuevo concepto en materia de administración de empresas y todo lo que tuviera que ver con el desarrollo moderno del mundo de los negocios.

La ventaja más grande que ofrecía el Tecnológico era sus magníficos horarios, que le permitían a uno estudiar y trabajar al mismo tiempo. Unos escogían horario corrido en la mañana y otros en la tarde. Yo opté por el más elástico, de las siete a las nueve de la mañana y luego, según tus materias, de siete a diez de la noche. Era perfecto para mí, pues mi mamá Margarita habló con don Francisco Alegre para pedirle el favor de que me diera trabajo en su nuevo taller litográfico que estaría ubicado en la colonia Álamos, en Isabel la Católica y Xola. Así comencé a tener la doble experiencia de conocer el mundo de los negocios y la magia de la imprenta a colores en todas sus formas. Todo un arte en el manejo de los colores, fue maravilloso ir aprendiendo. Al principio no sabía nada del oficio y empecé con lo más elemental. Preparábamos lo que se llama la selección de color (todo lo que se imprime en el mundo entero es con base en los cuatros colores primarios que se separan en cuatro negativos: el azul, el rojo, el amarillo y el negro, mismos que después se trabajan para dar los colores exactos a través de los mismos negativos, una maravilla de las artes).

Por fortuna, el autobús Jamaica Merced pasaba muy cerca del Tecnológico para ir a la escuela y además atravesaba la Colonia Álamos antes de llegar a La Merced. Aunque tenía que caminar diez cuadras, era perfecto para desarrollar mis labores; pero el autobús costaba cincuenta centavos, o sea, un peso con cincuenta todos los días. Yo ganaba cincuenta pesos a la semana. Dado que al principio mi colaboración principal consistía en entregar todos los trabajos a domicilio a las imprentas, tuve que aprender a andar en autobús por toda la ciudad.

Para ahorrar lo del transporte decidí invertir en una bicicleta de carreras, que era una de mis ilusiones más grandes. La compré en Radio América en el centro y pagaba diez pesos a la semana. Permítanme hacer un pequeño paréntesis para contarles que siempre fui muy deportista, aunque el físico no me ayudaba. De niño jugué béisbol en la posición de *catcher*, en la que cuando no te avientan el bate en la cara te arrollan para anotar la carrera. De joven, en la secundaria, me dio por el futbol y era portero; como era muy flaquito todos me pasaban encima. Cambié al futbol americano y sólo aguanté el primer entrenamiento. Regresé a la portería, pero me di cuenta de que era peligroso para mis manos, y es que ya empezaba a tocar la guitarra para trabajar en la música.

Por tanto, decidí que la bicicleta era ideal para seguir haciendo deporte, aunque ésta implicaba mucho más peligro que las otras actividades deportivas: los camiones, los automóviles, los pasajeros que se bajan del autobús o de un taxi y de repente abren la puerta en la que te "estampas", los perros, las motocicletas, los peatones... Sin embargo, me desplazaba con mucho cuidado y fui desarrollando una gran condición física. Tenía que cruzar la ciudad a diario, de Clavería a la Álamos dos veces al día. Salía a las seis y media de la mañana rumbo a Marina Nacional al Tecnológico y luego a las diez a Xola, a una cuadra de Calzada de Tlalpan. Así que las reparticiones de los negativos ahora las hacía en bicicleta y a veces eran paquetes muy grandes. Un día durante mis horas de trabajo tuve que ir de la Álamos a San Bartolo Naucalpan en el Estado de México, antes de Ciudad Satélite, dos veces, ida y vuelta, una distancia increíble de ¡casi doscientos kilómetros! En verdad que hacía mucho ejercicio.

Podía estudiar, trabajar y, como los sábados sólo iba medio día al fotolito, ese día podía dedicarme a las tardeadas y las fiestas de noche. Luego los domingos me dio por hacer ciclismo de ruta, o sea, de carretera, así que practicaba deporte todos los días.

Ese año de 1965 las regulaciones fiscales exigieron el pago de salario mínimo a todos los obreros. Nosotros lo éramos de la industria litográfica, así que comencé a ganar ciento cincuenta pesos a la semana. Fue un gran alivio para mí el que mi trabajo en Repro Arte fuera mejor recompensado. Eso me hizo sentir que mi futuro se había definido, podía labrarme un porvenir en la industria. Puse mucho empeño en seguir aprendiendo el oficio.

En el Tecnológico, todo era más complicado que en la secundaria. Materias nuevas, unas muy agradables como economía y contabilidad que me hicieron interesarme en verdad en esta nueva latitud, una incursión diferente en el mundo de los números que me llamaba mucho la atención, pero números al fin. Así empezó a flaquear mi constancia en esta materia que no entendía. Como es lógico, tuve que acercarme mucho a mi amigo Leo para aprobar cada mes.

Luego Leo y yo comenzamos a hacer nuevos amigos que pronto se enteraron de que llevábamos serenatas y se incrementó la bohemia de tal manera que lo que más trabajo nos costaba a todos era la levantada a la clase de las siete de la mañana.

No cabe duda de que para todo se nace. Cada día se me hacía más fácil entender el bolero romántico y algo que para mí fue sorprendente. Un día Leo me habló por teléfono:

—Ven a mi casa, acabo de comprar un disco de un cantante extraordinario.

Se trataba de Johnny Mathis. El disco se llamaba *Los grandes años* y era un compendio de música estadounidense, sobre todo del maestro Leonard Bernstein, que pertenecía a la película *West Side Story*; incluía *Tonight*, *María* y otras, como *A Certain Smile*, *It's Not for Me to Say*, la canción que se convirtió en un éxito todavía más sobresaliente en esta música: *Misty*, de Erroll Garner, y otra que hasta la fecha tocan todo el día, todos los días en las estaciones de música en inglés en todo el mundo: *Chances Are*.

Johnny Mathis es un cantante fuera de serie. Fue mi maestro de canto en inglés. Él estudió ópera y era un buen basquetbolista, por eso tiene una condición física enorme y un fiato —o sea, aire para cantar— interminable. Imitándolo, comencé a conocer los secretos de cantar correctamente, resonado, pronunciado y emitido con grandes cantidades de aire. En las grabaciones se escucha a la perfección dónde respira y cómo aguanta las notas agudas altísimas, hasta que vuelve a respirar, así como cuánto duran las notas y las frases larguísimas sin respirar. Yo empecé a intentarlo y cuál no sería mi sorpresa al descubrir que podía hacerlo igual que él.

Le pedí por favor a Vera Espinosa, tía de mi gran amigo Juan Carlos Espinosa, que me ayudara con las letras en inglés, pues ella lo hablaba perfecto y así comenzó mi aprendizaje de lo que después sería mi futuro como cantante.

Yo cantaba todo el día en la bicicleta en la calle cuando entregaba negativos. La gente de la Álamos decía: "Ahí viene el loquito que canta en bicicleta", pues recorría las mismas rutas constantemente, siempre cantando. También cantaba en el cuarto oscuro del revelado cuando aprendí a hacer los contactos de positivo a negativo y viceversa, y a retocar los negativos para taparles las fallas, algo muy elemental. Pero así aprendí. Como era mucho el trabajo de cuarto oscuro, tenía todo el día para cantar y ensayar las nuevas canciones en inglés. Mi repertorio comenzaba a ampliarse: *rock and roll* en inglés y en español, baladas en español y ahora en inglés y, desde luego, los boleros en español de las serenatas.

Ya había empezado a practicar para acompañarme solo las nuevas canciones cuando mi amigo Leo me habló una noche y me dijo:

—Prende la televisión en el canal 2 y escucha.

Era Pepe Jara, "El Trovador Solitario", cantando *La mentira*, tema musical de la telenovela del mismo nombre, compuesta por el maestro Álvaro Carrillo. Quedé estupefacto. ¡Qué canción y qué manera de interpretarla! Al día siguiente conseguimos el disco. ¡Una gran impresión me dejó la magnífica voz de Pepe Jara! *La mentira* la cantaba a media voz en la versión de la telenovela, pero en el disco encontré un experto en el idioma del corazón, de cómo se dicen las cosas con conocimiento de causa, con pasión o con ternura, con tristeza o con alegría, con fuerza o susurrando. El impacto en mi mente y en mi alma fue enorme. Mis propios sentimientos se modificaron con este disco. Aprendí a cantar en español en forma correcta, con el sentimiento y la energía que fueran necesarios según la canción: si era de triunfo, si era para celebrar el amor y la conquista en las parejas, o si era acerca de la inmensa tristeza que te embarga cuando no eres correspondido. Desde ese momento, Pepe Jara se convirtió en mi maestro del canto en español, del canto con el sentimiento y la expresión correctos; además, me permitió disfrutar su torrente de voz extraordinario e inagotable.

¡Cuántas sorpresas en tan poco tiempo! Ya tenía mis mentores en el mundo del canto sin habérmelo propuesto.

Yo desconocía por completo el sentimiento proyectado en las canciones que hablan del dolor, de no ser correspondido o de ser traicionado. Eso lo subsanaba con el estilo de mi maestro Pepe Jara. Estas canciones me enseñaron que hay dos tipos de serenatas: en una, como jóvenes que éramos, nuestro interés se centraba en conquistar a las jovencitas de nuestra edad. A veces corríamos con la suerte de que nos invitaran a pasar a la casa a seguir cantando, sobre todo cuando se trataba de un cumpleaños y el hermano le llevaba de regalo la serenata a su hermana. En otra, se lleva serenata a la pareja; en estas circunstancias experimenté, junto con quien llevaba la serenata, cuán hermoso es que prendan la luz, aunque sea un segundo, para dejarte saber que te están escuchando. ¡Aunque luego salieran los papás a correr a todos los muchachos porque no podían cantar a las hijas sin su permiso! Ése era el caso de nosotros, los que explorábamos qué significaba enamorarse por primera vez.

Cuando empecé a trabajar en la calle, la gente que contrataba las serenatas era de toda índole, pero se conseguía el mismo resultado: una enorme sonrisa cuando enciende la luz, abren la ventana o te invitan a pasar; o una tremenda desilusión y tristeza marcadas en el rostro de aquellos que ni siquiera recibían el más mínimo gesto de aprobación. Sólo eran ignorados al grado de que hasta los que cantábamos nos sentíamos mal. Una gran enseñanza representó darme cuenta de que existen dos caras en el amor: la de la felicidad y la del dolor. Entonces aprendí cuál es la misión de los compositores: poseen el "don de Dios" de saber contar las historias que tienen que ver con todas las parejas por igual. Cuántas veces oyes una canción en la radio, en una fiesta o en un bar y te dices: "Pero si ésa es mi historia, es lo que me está pasando". Ése es el don más importante: saber cómo se escribe la verdad de una relación entre dos personas, para bien o para mal. Después está el "don de la interpretación", como el de

Pepe Jara, por ejemplo, con autoridad y con conocimiento de causa porque lo has vivido todo, no estás inventando nada, sólo compartes las experiencias que nos ocurren a todos. Aunque enfrentaba todas las noches las dos caras de la moneda, todavía no sabía lo que era vivirlo en carne propia; nunca había tenido novia. No estaba previsto que llegara el momento de saber qué era eso a lo que tanto le cantaba.

Un día arribó a la colonia una familia nueva. Se instalaron a un lado de la casa de los Fernández de Lara Banuet, mis vecinos. Uno de ellos, Armando "El Monstruo", era un personaje. Leo y yo crecimos poco a poco al lado de él y de su familia. Y ahora llegaban los García. Raúl tenía nuestra edad, diecisiete años, y cinco hermanos, tres mujeres y dos hombres. Él era el mayor y le seguía Leticia, de catorce. Ante la presencia de esa hermosa señorita surgió mi primer contacto con la luz que ilumina todos los corazones: el amor. Lety era de pelo negro, igual a sus enormes ojos, blanca y con un alma más blanca que su piel. Inspiró en mí una canción que sería mi primera composición. Yo no sabía que podía componer, pero surgió muy en el fondo de mi ser y me llenó de algo que desconocía, una fuerza que te hacer ver la vida de otro modo. Todo está bien a tu alrededor, todo es bonito y sólo piensas en esa persona todo el día: qué estará haciendo, dónde andará, cuándo podrás verla otra vez. Después de tener la oportunidad de frecuentarla por mi amistad con Raúl, a escondidas le pedí que fuera mi novia y me dijo que sí, pero que había que pedir permiso en su casa.

Don Raúl García tenía que ver con la aviación y conocía a mis maestros de la escuela de mecánica de aeroplanos, ¡qué coincidencia!

—Y usted, joven, ¿a qué se dedica?— me preguntó.

—Estudio en el Tecnológico y soy obrero de la industria litográfica. Pero lo que más me ayuda económicamente es la música, las serenatas y el *rock and roll*.

—Mucho gusto, me agrada que mi hijo Raúl ya esté haciendo amigos aquí en Clavería.

Pasaron unos meses y Lety cumplió quince años. Le llevamos serenata de regalo todos los muchachos y luego cantamos en su fiesta.

Ahí aproveché para cantarle la canción que le había escrito —desde luego que sólo se lo dije a ella, que se trataba de algo especial—: se llamaba *Amor para los dos* (¡quién me iba a decir que después la grabaría en Londres con la orquesta de Tom Parker!). Según nosotros, éramos novios, pero casi nunca nos veíamos. Lo importante era lo que nuestro secreto nos hacía sentir, sobre todo cuando entraba a su casa con su hermano. Un día que se presentó la oportunidad le dije:

—En cuanto pueda voy a hablar con tu papá para pedirle permiso de que seas mi novia.

Justo en el momento en que mi hermano y yo teníamos un futuro incierto con la escuela y con el trabajo, vino una noticia nada agradable. Llamaron mis tías de Tampico para avisarnos que mi papá estaba grave en el hospital con cirrosis hepática. Como pudo, mi mamá nos mandó en avión a mi hermano, a mi primo Paco y a mí, para que alcanzáramos a mi papá, quien ya estaba muy enfermo. Cuando llegamos me asombró lo que veía: con tan sólo cuarenta y tres años recién cumplidos estaba en ruinas. Había perdido toda la dentadura; sólo le dejaron los dos incisivos de abajo para que apoyara la lengua y pudiera cantar en la iglesia, y eso cuando podía ir a hacerlo pues al haber empeorado a tal grado ya no le era posible desplazarse.

—¿Qué estudias? —me preguntó.

—Contabilidad.

—No lo dejes, esa carrera es buena.

Cambió la conversación y, aún con mucha dificultad, habló de la ópera, de todos sus amigos y compañeros. También preguntó por ellos, pero no sabíamos nada.

De pronto pidió que lo acostaran y vinieron tres enfermeras porque pesaba mucho todo el líquido en su abdomen. Nos sacaron del cuarto; iban a bañarlo para refrescarlo debido a que hacía mucho calor. Estábamos anonadados. Nosotros lo recordábamos lleno de vida, con su poderosa voz y su carácter tan difícil, pero oyendo música clásica u ópera y eso sí, siempre leyendo. Tenía un cúmulo asombroso de información sobre el mundo en general. Además de todas las habilidades que ya comenté, poseía otras, como la pintura al óleo o acuarela, el pirograbado en madera, el fundido de color al fuego, etcétera. Muchas habilidades manuales aparte de las artísticas.

¡Dios mío! ¿Dónde había quedado todo eso, tanto talento destruido por el alcohol? ¿Su carrera de cantante tan excepcional y reconocida por todos, propios y extraños? ¡¿Cómo era posible ese grado de deterioro en dos años y medio de no verlo?! No lo asimilaba. Le pregunté al médico que llegó a visitarlo por qué estaba en esas condiciones y me informó:

—Han sido treinta años de alcohol, sobre todo los últimos tres, por eso tiene el hígado tan mal y tan inflamado, lleno del líquido de acitis producido por la cirrosis, lo que hace tan desesperante su situación para movilizarse. Estamos haciendo todo lo posible por salvarlo, ojalá lo logremos.

De regreso a la habitación, hablamos de deportes y de todo un poco. Vimos el reloj y ya era hora de irnos, debíamos trasladarnos al aeropuerto. Nos despedimos; yo lo hice en último lugar, lo abracé y como que quiso llorar, pero se aguantó. Luego me dijo:

—Cuida mucho a tu madre y a tu hermano.

Y agregó algo que siempre me decía cuando me despedía de él en la mañana antes de ir a la escuela:

—Ve con Dios.

Fue la última vez que lo vi con vida.

En el vuelo de regreso nadie habló, estábamos en *shock*. A mis diecisiete años nunca le confesé a mi padre que ya cantaba donde podía para ayudar en la casa; preferí que pensara que no me interesaba la música. En apariencia había reaccionado con tranquilidad a la desagradable experiencia que acababa de vivir. Nunca me imaginé las grabaciones que llevaba en mi subconsciente y en mi inconsciente, menos aún cómo manejarían mi vida en un futuro. Nunca pensé cuál sería el resultado de ver a mi padre a punto de morir en esas condiciones.

Surgieron varios desajustes económicos que pusieron en jaque a la familia. El primer afectado fui yo, quien era el que salía más caro al mes. La colegiatura del Tecnológico ya no se pudo pagar y no me dieron derecho a examen para terminar el primer año de vocacional. Sentí que me liberaba de algo tan ajeno a mí: los números.

Seguía asistiendo ocasionalmente, a sabiendas de que si no pagaba lo que debía antes de los exámenes, no había posibilidad de aprobar el año. En el fotolito ya me necesitaban desde más temprano; tenían mucho éxito por la calidad de los artistas que producían las excelentes selecciones de color.

Yo estaba conforme con el oficio tan bello, tan lleno de sensibilidad y de amigos queridos. Daba gracias a Dios, estaba tranquilo. Ganaba muy poco, pero en casa siempre había café con leche y pan dulce en la mañana y luego mi mamá me hacía una "telera" (pan blanco) grande con frijoles refritos y me daba cuarenta centavos para un refresco, ésa era mi comida. En la noche me traía algo de la "supercocina" y así ya cenaba bien. No olvido cómo se me antojaban los pollos rostizados que daban vueltas y vueltas en los aparadores; me preguntaba a qué sabrían y me respondía: "Ya te enterarás algún día, cuando seas grande y ganes más en el taller".

Pero Dios tenía otros planes para mí. Mi amigo René Briones "El Chirpas" nos pidió a mi primo Paco y a mí llevarle a su hermana Ana María una serenata como regalo de cumpleaños.

—No tengo nada bonito para regalarle, qué mejor que le vayamos a cantar —nos dijo.

Empezamos y a la segunda canción abrieron la puerta y continuamos adentro en la sala con toda la familia. Ana María le dio las gracias a René, a Paco, a Alfredo "El Gato" y a mí.

Acto seguido me dijo:

—Oye, Pepe, tú cantas muy bonito, ¿no te gustaría hacer una prueba para grabar? Yo trabajo en Orfeón Dimsa. Soy secretaria ejecutiva de don Jorge Audifred, el director general de la compañía. Podría arreglarte una cita con el director artístico a ver si logramos un contrato para grabar. ¿Te interesa?

—Bueno, ¿por qué no?

Tendría que preparar algo especial para la audición. Le pregunté a Paco si me ayudaba a montar algunas de las canciones en inglés que acababa de aprender y aceptó. Al otro día ensayamos en el piano varias de las canciones de Johnny Mathis, que ya podía hacer igualito que él. Eso causaría buena impresión, pensé, y así fue.

Una semana después me recibieron, gracias a Ana María, el señor Porfirio Reina, que era el director artístico y jefe de la Orfeón, y su hermano Vladimiro. Fuimos al estudio y con mi primo Paco al piano, canté en inglés *María*, *Tonight* y *A Certain Smile* (Una cierta sonrisa).

—En unos días te aviso sobre el resultado de tu prueba —me dijo el señor Reina.

Al tercer día me habló Ana María y me avisó que fuera a la oficina del señor Porfirio Reina, ya que había muy buenas noticias. Llegué a la junta y ahí estaban los dos hermanos con otro caballero que no conocía.

—Te informo que hemos decidido firmarte por un periodo de dos años, en el que te comprometes a grabar un disco sencillo por año, o sea, dos canciones al año. Ya conociste a mi hermano Vladimiro y te presento al señor Alejandro Guzmán Mayer, a quien le hemos pedido que sea tu mánager. Si aceptas podemos firmar tu contrato mañana en la oficina de don Jorge Audifred, nuestro director general.

—Sí, cómo no, con todo gusto. Estoy de acuerdo, nos vemos mañana.

Un día después subimos a la oficina de don Jorge, a quien tuve el gusto de conocer para firmar mi contrato. Así lo hicimos y me deseó mucha suerte después de darme la bienvenida. Era el viernes de la primera semana del mes de octubre. Mi nombre artístico sería Pepe Sosa, como me llamaban todos.

Me citaron el lunes para darme instrucciones de acudir con un maestro de canto que mediría mi tesitura, o sea, el alcance entre mis notas más graves y las más agudas. Fui a la dirección que me dieron y me recibió ni más ni menos que don Guido Pico, maestro de la enseñanza del *bell canto*, un genio de la ópera que había sido el forjador del éxito de mi padre en Bellas Artes. Después de hacerme entrar me preguntó de inmediato si era hijo de José Sosa Esquivel. Le dije que sí y hablamos de que se había mudado a Tampico, al lado de su nueva familia y de sus papás y sus hermanos.

—¡Qué lástima!— me comentó—, tan buen cantante, de la estatura de Giusepe Di Stefano. Eran muy buenos amigos según recuerdo, pero tu papá tenía un carácter terrible.

—Sí, resultaba muy difícil vivir con él.

—Bueno, ven al piano, veamos tu garganta. Por tu voz al hablar sé que eres tenor como tu padre.

Me vocalizó varias veces en varios tonos, graves y agudos, o sea, hasta lo más bajo y hasta lo más alto.

—Tienes dos octavas exactas y una más con el falsete. Eres susceptible, si estudias, de ser tenor dramático (es decir, si me preparaba, llegaría a desarrollar la voz para cantar ópera). Por ahora eres tenor lírico ligero. Si puedes ven a verme, me dará mucho gusto ayudarte. Tienes muy buena voz como tu padre. Él estudió muchos años conmigo y fue un gran tenor, lo mismo cantaba la *Lucía* y la *Tosca* que *Los payasos* o *La cavalería rusticana*. Era un gran cantante.

Le di las gracias a este experto de la máxima expresión del canto, que ya contaba con más de ochenta y seis años de edad. Jamás volví a verlo, no tenía dinero para estudiar. Pocos años después me enteré de que murió con más de noventa años a cuestas.

Tras esta inolvidable experiencia me pidieron que estudiara la primera canción que grabaría: *El mundo*, de Jimmy Fontana de Italia, y para ello me dieron otra dirección, la del maestro Kay Pérez. Él escribiría las orquestaciones o, como se dice en el argot musical, los arreglos. Él, que era un gran saxofonista, tenía su orquesta, la cual era conocida; tocaban muy bien. Nos hicimos amigos desde el principio y trabajamos a gusto. Realizamos la grabación de dos canciones: *El mundo* y la que sería la cara B del disco sencillo, *Mi vida* (*Ma Vie*), canción del compositor francés Alain Barriere.

Una vez terminada la grabación, tal como lo exigía el contrato, fui presentado en el programa propio de la compañía que llevaba por nombre *Orfeón a Go Go*. Era todos los viernes y estaban casi todas las estrellas del momento: Toño de la Villa y los Locos del Ritmo, César Costa, Julissa, Leda Moreno, los Rocking Devils, Toño Quirazco, los Tribunos, Johnny Laboriel y los Rebeldes del Rock, Jorge Fernández, los Hermanos Carrión, las Hermanas Navarro, Jorge Belmont y los Belmonts, los Hitters y muchos más.

Vladimiro Reyna, quien me dirigió al grabar, estaba muy satisfecho con el resultado. Teníamos mucha fe, pues a Hugo, el ingeniero de grabación, también le gustó lo que hicimos, así como a varios talentosos directores artísticos, como don Paco de la Barrera, de quien siempre se aprendía algo con sólo platicar con él.

Mi debut fue muy comentado, sobre todo en Clavería y en el Tecnológico. Yo imaginaba que estaba en el camino hacia la fama y, sobre todo, a los contratos para cantar. Pero desconocía todo el trabajo que se requería para lograrlo: las entrevistas de prensa, la promoción de radio y televisión, etcétera. Creía que con grabar era suficiente, no tenía idea.

Un día, de vuelta a Clavería después de un ensayo en Orfeón, bajando del autobús vi que cruzaba la calle el papá de Lety. Lo alcancé y lo saludé:

—Buenas tardes, señor García, ¿puedo hablar un momento con usted?

—Dígame, ¿qué se le ofrece?

—Quisiera pedirle, ahora que Lety ya cumplió quince años, su permiso para que sea mi novia.

Su actitud cambió:

—Desde luego que no, jovencito, y menos siendo músico. Buenas tardes.

Y se alejó rumbo a su casa. Ahí se frustró mi primer intento de formalizar una relación con alguien a la antigua, como debía ser, pidiendo permiso. Fracaso total, tal vez hubiera sido mejor hacerlo a escondidas. Se lo platiqué a Lety y ya no nos vimos más. Fue una relación casi platónica.

Yo seguía saliendo los viernes en *Orfeón a Go Go* a las ocho de la noche. Era un espectáculo: los artistas tan importantes, la escenografía tan distinta de todo, grupos como los Rocking Devils tocando los ritmos de moda y mujeres bellísimas bailando encerradas en unas jaulas que colgaban del techo, desde luego *a go go*. Me enteré de que una de ellas era Griselda Mejía, hermana de mi amigo Abel Mejía de Clavería, y otra era Lucía Guilmain, hija de doña Ofelia Guilmain y hermana de Juan Ferrara. ¡Las cosas que pasan con el tiempo! Conocí a doña Ofelia y la quise muchísimo; tuvimos una gran cercanía siempre, fue para mí como una hermana mayor. Me apasionaba conocer tantos artistas famosos que admiraba y tratarlos como compañeros. Ya había cantado en mi debut *El mundo* y ahora cantaría *Mi vida*. Era el nuevo baladista de Orfeón, gracias a lo cual aumentaron las serenatas y las fiestas que sólo eran los fines de semana, pues yo seguía en Repro Arte diario y ya casi no iba al Tecnológico, ¿para qué? No salvaría el año porque no había dinero y tenía que estar todo el día en el fotolito.

Al seguir saliendo en la televisión y empezar a ser reconocido, de plano dejé la escuela y a todos los amigos que hice durante el año, aunque todavía veo a algunos. Se incrementó el trabajo, ya cantaba en comidas y cenas, fiestas privadas y eventos de compañías comerciales. Por tanto, supuse que podía ganar más si me dedicaba a cantar, así que le di las gracias a don Francisco Alegre por haberme dado trabajo todo ese tiempo y por ser mi amigo personal. Él me abrazó delante de mis compañeros de trabajo y me dijo:

—Adelante, Pepito, ya te hemos oído todos cuando cantas en el cuarto oscuro y de verdad que vale la pena que lo intentes. Ahora que ya estás en la televisión no lo dejes, mucha suerte y adelante, siempre contarás con nosotros.

Mi mamá Margarita le llamó después para darle también las gracias por su ayuda.

Saqué mi credencial de la ANDA que data de ese año: 1965. Me concentré en el programa de televisión que, según yo, me propulsaría al éxito como en las películas: una grabación y ya estuvo, coches deportivos, champaña, viajes, mujeres... Sin embargo, algo me preocupaba: no oía *El mundo* en la radio. Se suponía que era una canción exitosa en Europa y ya la habíamos presentado en la televisión, pero nadie me comentaba que la hubiera escuchado en la radio.

Le hablé a Vladimiro Reyna, quien era ya un gran amigo para mí y nos frecuentábamos bastante. Le pregunté qué canción cantaríamos el viernes en televisión.

—Ya no irás al programa este viernes, nuestros superiores decidieron que ya es suficiente con las apariciones anteriores —me informó.

—¡Ah, caray! A ver, explícame qué está pasando, ¿por qué no se oye la canción en la radio?

—Porque es un proceso muy largo, faltan por hacer muchas cosas, como ir a las emisoras personalmente a presentar la canción con los programadores y luego, si es de su agrado, la tocan. Pero eso tiene que planearlo el departamento de promoción, así como las entrevistas de prensa y todo lo concerniente a alguien que empieza en la carrera de cantante.

—¿Y cuándo nos van hablar, Vladimiro?, dime —le pedí, intrigado.

—Eso no se sabe, ellos deciden. Por lo pronto habrá que buscar otra manera de continuar dándote a conocer. No te preocupes, yo te voy a ayudar, confía en mí. Llámame en una semana.

Me quedé estupefacto. ¿Y el éxito y la fama que se supone debería tener después de la grabación? Ignoraba todo ese proceso del que me hablaba Vladimiro; era por eso que nunca escuché la canción en la radio y ahora ya no tendría más programa de televisión. ¿Qué sucedió con los planes del inicio al firmar el contrato? ¿Cómo se maneja la carrera de un cantante? Por lo visto se trata no sólo de cantar bien. Me llevé una gran decepción. Yo sabía que cantaba bien y además en inglés y español. ¿Qué sucedía? ¿No que les había gustado mucho?

No entendía nada, excepto que de repente ya no estaba en el Tecnológico ni en Repro Arte. Había trabajitos, a veces sí y a veces no, pero teníamos que buscarlos. Y los trabajitos eran cantando, justo lo que mi mamá y mi abuelita no querían, pues en su momento mi papá no nos mantenía de una manera regular con la cantada. Y la razón seguía estando con él: no más músicos en la familia, mejor profesionales.

Vladimiro nos enviaba a otras promociones en forma esporádica, pero todo era gratis. Ahí de repente apareció mi mánager, el señor Guzmán Mayer, con quien firmé mi primer contrato de representación, algo para mí nunca visto: era válido en América, Asia, Europa, África, Oceanía, todo el mundo, la Luna y el resto del universo. Insólito, jamás en mi vida firmé algo así. Él me consiguió que cantara en el festival de la Lotería Nacional, algo importantísimo por el calibre de artistas que se presentaban, lo mejor de México: José Alfredo Jiménez, Lola Beltrán, Ernestina Garfias, los Tres Diamantes, Amalia Mendoza "La Tariácuri", el cuarteto Rufino de Cuba, Daniel Riolobos de Argentina, Mona Bell de Chile y Lola Flores de España, entre otros.

El impacto fue tremendo para mí, estaba al lado de varios de mis artistas más admirados ante el público tan cariñoso con todos ellos. A mí también me recibieron con beneplácito y me despidieron igual. El resultado fue buenísimo, pues era diciembre y todos me vieron en televisión otra vez. Así que conseguí cantar en muchas fiestas y posadas para cerrar ese año tan importante para mí, el de 1965.

Corría el mes de enero de 1966 y no estaba haciendo nada. Después del evento tan grande del fin de año anterior no volví a saber de la gente de Orfeón ni de mi representante. Pero Dios nunca nos deja de su mano y en una visita a Televicentro en Avenida Chapultepec conocí a don Mario de la Piedra, quien me ofreció su ayuda y me presentó con Octavio Menduet. Don Mario me dio la mano muchas veces durante los primeros años de mi carrera y le viviré eternamente agradecido.

La ayuda llegó por medio de un programa muy popular que pasaba los domingos, ¡Súper Remate de Autos!, el cual tenía varias locaciones; la más conocida era la de la Fuente de Los Hongos en la Avenida Ejército Nacional. El tratamiento era por completo diferente, yo cantaba lo mismo delante de los coches en venta que arriba de un camión de volteo, y es que ofrecían de todo. Era muy agradable trabajar con un hombre como Octavio Menduet, visionario y gran productor de televisión. Fue como un hermano para mí, lo extraño mucho: murió muy joven de un paro cardiaco.

Su ayuda resultó fundamental para que saliera adelante los primeros dos meses de 1966. Seguía en televisión, pero sólo con un programa a la semana. Antes siquiera cooperaba en la casa con lo del fotolito y ahora ni eso. Sin embargo, el milagro llegó: los hermanos Eco y Pepe Campos de Clavería me invitaron al bar Semíramis a escuchar a unos amigos, también de Clavería, que tocaban ahí: Enrique Herrera y Gilberto Sánchez; el primero tocaba el piano, el segundo la batería y otro amigo, Salvador, el bajo. Una vez que nos presentaron, Eco y Pepe me pidieron que cantara algo con ellos, a lo que accedí. No imaginaba que don Jesús, el dueño del lugar, estaba presente y le pareció que cantaba bastante bien como para entrar en sustitución del cantante que estaba a punto de salir del trío que formaban Enrique y Gilberto. Salvador iba a abandonar el grupo y me invitaron a formar parte del mismo. Se especializaban en la música de *jazz* y *bossa nova*.

Como yo ya tocaba el bajo acepté y ensayamos un repertorio totalmente distinto del de las serenatas o el *rock and roll*: *blues*, música estadounidense y también internacional. Por coincidencia, Leo me acababa de enseñar un disco nuevo de éxito mundial: se trataba de *La chica de Ipanema*, con Joao y Astrud Gilberto, canción de Antonio Carlos Jobim, quien ya antes había triunfado en todo el mundo con su *Desafinado* y *Samba de una sola nota*.

Con la ayuda de mi mamá y mi abuelita compré a plazos un bajo eléctrico, un amplificador y un micrófono.

Pusimos manos a la obra y comencé a conocer los secretos del *blues* y de la armonía moderna por medio de mi primer maestro de música Enrique Herrera, el pianista, hombre jovial y empeñado en mejorar cada vez más la musicalidad de su trío. Él me dio mis primeras lecciones de armonía para conocer cómo acompañar todas las canciones que me gustaban y que quería incluir en el nuevo repertorio, dado que eran perfectas para ese tipo de lugares. Beto Sánchez, el baterista, un muchacho sano, bueno hasta decir basta, gran compañero y amigo, ya conocía todo lo que había que saber de música en este negocio.

Le dimos duro a los ensayos y el 21 de ese mismo mes de marzo, para ser exactos, debuté como músico de *jazz* y *bossa nova* en el bar Semíramis, ubicado en un sótano en la Zona Rosa, en la calle de Florencia entre Hamburgo y Londres. Don Jesús nos ofreció cuatrocientos cincuenta pesos diarios de lunes a sábado, o sea, ciento cincuenta pesos para cada uno, lo que ganaba a la semana en el fotolito. Estaba feliz.

El primer día me equivoqué mucho, sobre todo en el *blues*; no lo conocía, pero canté muy bien y eso gustó a la buena clientela del Semíramis. Tocábamos turnos de una hora por una hora de descanso. Poco a poco me familiaricé con el ambiente de la Zona Rosa; todos se conocían entre sí, todos éramos gente de la vida nocturna de México Capital, no sólo de la Zona Rosa.

Eso me dio la oportunidad de ampliar mis conocimientos acerca de cosas que desconocía de la vida de noche; sólo sabía de lo que era cantar afuera de una casa, en una tardeada o en fiestas muy tranquilas. La vida nocturna contiene una magia única, el contacto directo con el público, con esas personas tan especiales que por eso mismo viven de noche.

Tuve que acostumbrarme a muchas cosas, pero todo valía la pena por lo hermoso que era que los asistentes apreciaran tanto tu labor musical. Eso también era distinto; el público, muy conocedor, entendía de todo, incluso de algo a lo que yo había llegado por sorpresa: el *jazz*. Me apliqué mucho para entender de qué se trataba y una vez que me fue posible se convirtió en el regalo musical más grande de mi vida. Ése me lo dieron Enrique Herrera y Gilberto Sánchez. Por eso decidimos adoptar las iniciales de los nombres con los que nos llamaban nuestros conocidos: los PEG, o sea, Pepe, Enrique y Gilberto. A ellos les debo ser parte de este mundo tan exclusivo que es el *jazz* con conocimiento de causa.

Con ciento cincuenta pesos diarios fuimos pagando los préstamos y las letras de los instrumentos. De pronto el Semíramis fue traspasado y hubo cambios, nos sustituyeron otros grupos de música diferente y nos quedamos sin empleo. Después de un mes, Enrique consiguió trabajo en el hotel San Francisco, en la calle de Luis Moya en el centro de la ciudad, a media cuadra de la Alameda Central. A éste le siguieron un restaurante de lujo de doña Celia de Alarcón y su señor esposo, el Centro Libanés y el bar del hotel Montecasino en la Zona Rosa, del que guardamos un grato recuerdo por la amistad que hicimos con Gerardo, su gerente.

Se abrió en el hotel Reforma el bar El Farolito, que era para oír música y que tendría como atracción principal ni más ni menos que a Pepe Jara. Nos mandaron llamar para acompañarlo y yo no podía creerlo: trabajaría con mi maestro de canto. Fueron clases de música romántica de todo tipo, las dos caras de la moneda, algo que les comenté ya acerca de la música de Pepe Jara, la felicidad de ser correspondido y la tristeza de no serlo. Pepe me hacía vibrar todos los días al ver su entrega al interpretar cada canción, sin importar si se sentía cansado porque estaba de moda y trabajaba mucho, o si estaba resfriado o ronco. Nada impedía que siguiera cantando, incluso cuando se le rompieron las cuerdas de su guitarra.

En esos momentos vivía muy bien. Trabajaba en un hotel de gran lujo y con una estrella de la canción, de lujo como cantante y como persona, un buen amigo, al igual que todos los grandes siempre dispuesto a ayudar, a enseñar para que uno progrese. Me alcanzaba para ayudar en casa, para pagar las deudas y para que mi hermano continuara sus estudios. También conocía cada vez más compañeros músicos que nos visitaban o nosotros a ellos. Terminando la labor nos reuníamos para cantar y compartir las nuevas canciones o ensayar números nuevos.

Una vez más se cumplieron los ciclos. Pepe Jara terminó su temporada en el hotel Reforma y se fue de gira al interior de la república. El cambio no se hizo esperar y en su lugar entró una cantante italiana de nombre Francesca. Nosotros conservamos el puesto porque tocábamos de todo, yo cantaba también de todo y empezábamos a tener nuestro público. Quienes iban a ver a Pepe Jara nos escuchaban a nosotros y les fuimos agradables al grado de que conservamos el empleo durante más de tres meses.

De súbito llegó la gran noticia: después de dos años de remodelación reabría sus puertas El Señorial, uno de los lugares de más abolengo en México, sitio tradicional de súper lujo en el cual con anterioridad se habían presentado cantantes de la talla de Nat King Cole y artistas internacionales de todo tipo. Ahora contaba con tres locales: un gran salón restaurante que tenía una pista de baile tipo cabaret y dos bares, uno de regular tamaño, La Perla Negra, y otro más grande, El Elefante Rosa. Además, en el segundo piso había un gran salón de banquetes, todos de lujo.

Por lógica, el tipo de espectáculos que requerían las magníficas instalaciones era lo mejor de lo mejor. Fue una grata sorpresa que la cadena Western, la cual manejaba el lugar, nos convocara para participar como *show* del bar La Perla Negra. Nos pareció fantástico que nos invitaran a ser parte de ese gran nuevo centro de trabajo.

Para conformar todo el elenco dividieron los puestos entre artistas nacionales e internacionales. Puesto que la música brasileña estaba de moda en todo el mundo, para El Elefante Rosa contrataron a varios artistas de esa nacionalidad, como el grupo Géminis Cinco, conformado por el trío Bossa 3 y los cantantes Leny Andrade y Peri Riveiro. Además, para La Perla Negra, una rubia cantante y modelo brasileña llamada Roxana, a quien nosotros acompañaríamos. El resto del elenco estaría conformado por los más prestigiados músicos de *jazz* del país, como Mario Patrón, el mejor pianista y arreglista reconocido en el ámbito internacional y su quinteto; Tino Contreras, baterista consumado y su cuarteto; Freddy Noriega, gran músico y cantante excepcional, y el trío de Luis Ocádiz, pianista consagrado en todos los lugares de *jazz* del ambiente nocturno de México. Para completar la variedad, el cabaret Leopardos contaría con el grupo de *rock* irlandés The Derek Joyce y orquestas para bailar, y desde luego *chefs* de prestigio mundial para el festival gastronómico del restaurante.

Arrancamos con el mejor sueldo que habíamos tenido desde que comenzamos a trabajar juntos y ¡en el mejor lugar de México! Era como un sueño para mí conocer a tantos grandes músicos tan admirados por todos, tratarlos de cerca al igual que a los compañeros extranjeros. Con todos ellos hasta la fecha me une una gran amistad; es más, aprendí a hablar portugués y a tocar el contrabajo. Como de pronto hubo cambios, tuve que doblar en los dos bares; tocaba el bajo eléctrico en La Perla Negra y el contrabajo en El Elefante Rosa. Roxana tenía tal éxito que la probaron en los dos bares hasta dejarla en el más grande y a nosotros también. Su rubia y esbelta figura y sus ojazos azules eran una garantía para llenar el lugar; además, cantaba muy bonito.

Fue un gran fin de año. Todo estaba transformado, había mucho trabajo ya que también tocábamos arriba en el salón de fiestas en las recepciones de fin de año y en las tradicionales posadas. Ganaba muy buen dinero.

Empezó el año 1967 con la noticia de que mi hermano ya no quería estudiar. Reprobó varias materias que luego presentó a título de suficiencia y volvió a reprobarlas, motivo por el cual no pasó a tercero de secundaria. No hubo poder humano que lo convenciera de repetir el año y tuvo que buscar trabajo para no quedarse sin hacer nada.

Los PEG seguimos trabajando todos los días sin excepción y con excelentes relaciones públicas. Ya teníamos gente que iba a oírnos a nosotros. Yo empecé a darme a conocer por mi facilidad para cantar en varios idiomas, sobre todo en inglés la canción *María*, de Leonard Bernstein, de la película *West Side Story*, que estaba de moda en la versión de Johnny Mathis y que yo cantaba idéntico. También entonaba las canciones de Pepe Jara. Cuál no sería nuestra sorpresa que un día llegó doña María Félix a oír su canción, como ella mismo dijo. ¡Qué hermoso silencio después de que se la dedicamos y qué alegría cuando la terminamos! Salió perfecta, ¡nos invadió una emoción enorme por el efusivo aplauso del público, incluyendo la señora Félix! ¡Qué noche tan inolvidable! Incluso fuimos a saludarla y nos dio las gracias.

Un día, por desgracia, Enrique y yo tuvimos una dificultad al discutir sobre unas armonías en un ensayo. Como tenía un carácter muy fuerte decidió dejar el grupo y en su lugar entró el maestro Moacir Peixoto, experimentado pianista brasileño que lo mismo tocaba su música que *jazz* estadounidense, o me acompañaba todo tipo de música a la perfección. Así Beto y yo aprendimos más música de Brasil.

Como en todo lugar de esa magnitud, seguían los ajustes y llegaron más músicos extranjeros. Entonces, el maestro Peixoto fue cambiado a otros de los lugares de la cadena Western y en su lugar entró Paco Sánchez, quien se convertiría en mi segundo maestro de armonía. Gracias a él seguí desarrollándome en otro nivel musical, sobre todo en el *jazz*, en lo que él era experto.

Días después, don Rogelio Villarreal Velarde, quien era el gerente general de todos los lugares controlados por la cadena Western, nos mandó llamar para proponernos que también tocáramos en un sitio que estaba en la misma Zona Rosa, a dos cuadras de El Señorial. Se llamaba La Llave de Oro. El sitio era de mayor lujo y más exclusivo que todos los anteriores en los que habíamos trabajado. El requisito era ser socio y te proporcionaban una llave de oro para poder entrar.

Por supuesto, aceptamos. El único inconveniente era que debíamos correr entre un *show* y otro para llegar a tiempo y luego salir rapidísimo a la calle, en mi caso cargando el bajo y el amplificador que pesaba horrible. Le puse llantas para poder empujarlo con mayor facilidad las dos cuadras y los muchachos me ayudaban a subirlo al escenario.

Valía la pena el sacrificio. Ya con todos los trabajos ganaba un promedio de diez mil pesos de aquella época al mes, así que decidí retirar a mi mamá de trabajar. Traspasó la "supercocina" y se dedicó a ayudar en la casa a mi abuelita, quien cocinaba para nosotros día tras día. Ella me daba de comer personalmente cada tarde antes de salir para el primer turno, que era a las siete de la noche. Nunca olvidaré con qué responsabilidad y amor ejemplares siempre me tenía lista la comida mi abuelita.

El Jamaica Merced seguía siendo mi salvación cuando Beto, que tenía otro empleo en el centro de la ciudad, no podía pasar por mí.

La gente me observaba con curiosidad en el autobús porque iba de esmoquin y más aún cuando usaba uno color azul cielo y negro. El autobús me dejaba en Río Pánuco a una cuadra de Avenida Reforma. Sólo tenía que cruzar la avenida y caminar una cuadra pequeña hasta Hamburgo y Florencia; a unos metros de la esquina llegaba a El Señorial a desarrollar mi diaria labor.

Una noche estaba muy contento trabajando en La Llave de Oro cuando recibí una llamada telefónica urgente justo a la mitad del turno.

—¿Puedo ir a contestar? —le pregunté a Paco.

—Claro que sí —me dijo—, yo toco algo solo mientras tanto.

—Hijo —escuché la voz de mi mamá—, tu papá acaba de morir.

—No entiendo por qué ahora —le dije.

La última vez que llamaron mis tías fue para decirnos que, de manera increíble, mi papá había sobrevivido a su gravedad y superado su crisis hepática, por lo cual lo dieron de alta del hospital y ya estaba otra vez en su casa. Pronto empezaría a trabajar en la iglesia. Ante tal milagro de Dios yo me sentía tranquilo; pero, en fin, ahora la realidad era otra.

Colgué el teléfono y me quedé ahí un rato intentando entender por qué.

Regresé al escenario, les dije someramente a los muchachos lo que había pasado y seguimos trabajando. Al terminar la noche me puse de acuerdo con Paco, Beto y el gerente del lugar; pedí permiso para faltar un día e ir al velorio. Me lo dieron y Paco llamó a un suplente para el *show*; todo en orden en el trabajo.

Mi hermano y yo volamos a Tampico, ya podía costear los gastos del viaje. Llegamos a la funeraria y ahí, en un féretro abierto, estaba mi papá, como si fuera de cera, demacrado por completo, con el gesto adusto de siempre. Al fin descansaba de una vida llena de experiencias de toda índole, un ejemplo de superación y, paradójicamente, de derrota ya que nunca pudo con el alcohol. Mis tías me contaron lo sucedido: una vez recuperado volvió a beber.

—No puede ser —repliqué.

—Sí, así fue, volvió a tomar y una mañana desayunando se desplomó, fue un paro cardiaco fulminante por cirrosis hepática.

Tenía sólo cuarenta y cinco años. Lo velamos toda la noche, rezamos y charlamos con las tías y los tíos. Cuando empezó a amanecer fui al féretro y me despedí, ahora sí para siempre, del autor de mis días. Era increíble lo que veía, lo que había quedado de él por culpa del alcohol. Tomamos el asunto con resignación y volvimos a la Ciudad de México. Al llegar hablamos con mi mamá de lo ocurrido, que bebió otra vez y al recaer murió.

—Qué pesar —dijo ella—, un hombre tan talentoso. Que Dios le dé mucha luz y mucha paz.

Esa paz que mi mamá pedía para su esposo era la misma que ella mostraba en su rostro, era todo un ejemplo de integridad y estoicismo.

Regresé al trabajo al día siguiente. La labor de doblarnos todas las noches daba frutos, ganaba muy buen dinero y ante tal bonanza tomé la decisión de comprar mi propio contrabajo. Como era más fácil de cargar, no así de transportar, también en abonos saqué un Ford 200 1967, último modelo, para poder llevar el instrumento a todos lados. Acabé de pagar el bajo eléctrico y el amplificador, los préstamos que nos hicieron a mi mamá y a mí y también a mi abuelita.

La nueva deuda era muy respetable, por lo que también seguí dando serenatas ya muy de madrugada. La constante era, además de compartir en las mesas y tomar lo que nos invitaban, seguir la fiesta en alguna casa. Yo me las ingeniaba para seguir cantándole a alguien en serenata después de ensayar en las fiestas las canciones de Pepe

Jara y ahora de Paco Sánchez, quien, aparte de ser el súper pianista que es, también tocaba muy bien la guitarra y sabía mil canciones de todas las épocas dado que era el mayor de los tres. Así teníamos más repertorio para las serenatas y un extra que era muy bueno.

Lo único que me preocupaba era las constantes desveladas, diario llegaba a casa a las siete de la mañana o más tarde a dormir un rato para estar listo al caer la noche. A veces la desvelada de los sábados se prolongaba hasta el lunes en la mañana, había que dormir algo para seguir trabajando. Parece mentira: al más mínimo indicio de reconocimiento de que tienes talento empiezan las celebraciones, casi siempre con alcohol, tocando tu instrumento si eres músico y cantando si cantas. Lo "bueno" es que yo estaba acostumbrado. Recuerdo un Día de las Madres en que mi amigo Leo y yo tuvimos que llevar veintiún serenatas de seis canciones cada una. Entonces descubrí otro problema que tenía: no sabía decir *no* a nada. Por eso me decían "El Ovejo", por pen...

—Canta aquí, ahora en la ventana de enfrente, ahora en la de junto.

—Pero si ya nos oyeron, aquí estaba todo cerquísima ¿no? —argumentaba.

—Sí, pero ésta es la ventana de mi mamá, ándale, por favor.

Si así era con los nuevos amigos y clientes de ocasión, imagínense con nuestros verdaderos cuates, con quienes nos unía una gran amistad de muchos años.

Logramos conocer personas muy bonitas. Siempre terminábamos cantando en casa de alguien; sus esposas me odiaban —"Ya trajeron otra vez al jovencito ése que canta hasta el amanecer, o sea, que nadie va a dormir"–, y no sólo cantaba hasta el amanecer, sino que tomaba con ellos hasta ese momento. No sé cómo le hacían; yo me iba a dormir y ellos a trabajar.

Esto era diario con los amigos y si no con los meseros o con los músicos o con quien fuera. Necesitábamos compartir la bohemia, las canciones, las situaciones emocionales por las que alguien atravesaba o había atravesado. El caso era unirnos para identificarnos como lo que en verdad éramos: bohemios auténticos. Mi compadre Marcos Romo fue mi compañero todas las noches de los tres años que trabajé en los bares. Entrenamos en las reuniones familiares con los Aguilar, Jorge "El Coco", "El Negro" Carlos y Nacho, y también con los Rodríguez, Toño, Humberto, Jorge, Gonzalo, "El Chiquis", "El Quino" y "El Güero". Además, con el papá de Leo, don Leoncio Villalobos, su sobrino René Vasconcelos, quien era el requinto del trío Los Fantasmas (gracias a ellos aprendimos a tocar la guitarra y luego nos perfeccionaron Chuy Cejudo en Popotla y su hermano Emilio). Siempre había alguien con quien compartir y ya con coche nos desplazábamos por toda la ciudad, siempre de noche porque Marcos trabajaba de día en la refinería 18 de Marzo; a veces lo dejaba, todavía de traje y corbata, a las siete de la mañana en el trabajo; era ingeniero en Pemex. Sólo Dios sabe a qué hora dormía Romo, qué resistencia y qué gran cultura alcohólica, siempre consciente y educado. Cuando tenía asuntos importantes en su trabajo, al terminar los turnos del bar se marchaba a dormir. Pero él fue quien vivió conmigo, más que nadie, mi formación como cantante y como músico.

Justo una de esas noches en que Marco no me acompañó por sus compromisos pasó algo que no esperaba. Fue entre semana. Por coincidencia esa noche en todos los bares había muchos amigos y clientes muy queridos por nosotros, así que brindamos en numerosas mesas que nos solicitaban. Beto no tomaba, pero yo había quedado muy bien entrenado por Enrique Herrera, por las serenatas y por los amigos de Clavería y de todos los bares que ya conocíamos. Paco Sánchez siempre departía en el trabajo y después se marchaba porque era casado.

Esa noche todos los amigos nos mandaron tragos a la hora del *show*, así que seguimos tomando durante las horas de trabajo y luego en los descansos también. Además, a la salida hubo fiesta en casa de Jorge Torroella, desde luego que con Enrique Saldaña y Poncho Díaz Infante en San Ángel, en la calle de María Luisa 39, que era el cuartel general de todos los amigos de El Señorial, meseros, capitanes, cigarreras, meseras, músicos, cantineros, cocineros, etcétera.

Ahí tomamos y cantamos hasta bien entrada la mañana. Ésa fue la primera vez que sentí los efectos de la bebida, me gustó lo que sentía y quería seguir tomando en la fiesta o donde fuera, pero al ver el reloj me volvió la cordura. Ya la fiesta había acabado y todos se marchaban a descansar. Uno de los compañeros que se dio cuenta de que yo quería seguir me dijo:

—Ya párale, nos vemos al rato, acuérdate de que hay que estar bien, vete a dormir.

Qué extraño, quería seguir bebiendo y también cantando, o sea, lo mismo de siempre, a pesar de la hora que era. Pero me fui a dormir a mi casa y no le di mayor importancia, aunque podría afirmar que esa noche se inició mi enfermedad.

Más adelante me esperaba algo inusitado en relación con esta sensación. Una noche me llevaron a conocer un refugio bohemio, La Casa de Iván, en Doctor Balmis en la colonia Doctores. Era un lugar excepcional a donde acudían músicos y cantantes bohemios después de terminado el trabajo. Abrían a las dos de la mañana y cerraban a las dos de la tarde, o sea, si querías seguir cantando o tomando ahí había compositores y cantantes siempre compartiendo con todos y estrenando sus canciones hasta altas horas de la mañana. Así que cuando sentía ese tipo de impulso ya tenía a dónde ir: a casa de Iván Farfán, quien después sería un gran amigo mío. Ahí me encontraba a Pepe Jara, a Lalo Licona y a Beto del Cuarteto Armónico, a Carlos Lico, al maestro Álvaro Carrillo, en fin, a todo el mundo. Lo mejor era que no se trataba de seguir tomando y cantando, sino de seguir aprendiendo armonía, técnica para tocar la guitarra, para componer, para ensamblar las voces, para cantar a cuarteto; era ir a la escuela de música general. Fue genial encontrar un lugar así, repleto de talentos, muchos de ellos desconocidos.

Estoy seguro de que ésa fue la mejor etapa de mi juventud. Tenía trabajo de sobra, coche último modelo y amigos de verdad que eran mi mayor tesoro y, a pesar de mi timidez para con el sexo femenino, la guitarra me ayudaba a relacionarme poco a poco con las mujeres. En el marco de esa hermosa relación musical y de amistad con los grupos brasileños que trabajaban en El Señorial sostuve un breve romance con una de las cantantes que llegaron a México. Ahí fue cuando comencé a conocer, de manera incipiente, la mecánica de la relación hombre-mujer. En ese año maravilloso se inició mi acercamiento a lo más bello que ha creado Dios sobre la Tierra: las mujeres, precisamente a quienes he dedicado la mayoría de las canciones que he cantado en mi vida, aunque también y en un gran porcentaje están dedicadas a los varones, a mis compañeros de dolor, a los hombres que saben lo que es sufrir por un amor.

Sin esperarlo hubo un cambio muy grande para los PEG. Nos movieron de El Señorial al tercer piso del gran hotel Alameda, al bar Internacional, también de la cadena Western. El señor Villarreal había contratado a otro grupo brasileño magnífico, Breno Sawer Cuarteto, y quería que compartiéramos el escenario con ellos por lo variado de nuestro repertorio. Además, conseguimos trabajo en el café El Cazador en la Plaza de la Constitución temprano por la tarde y así teníamos dos empleos otra vez. Todo andaba bien en casa. Mi mamá y mi abuelita seguían con lo de la venta de ropa y mi hermano trabajaba, yo pagaba el coche y cubría la mayoría de las deudas, como el contrabajo, mi ropa de trabajo y arreglos a la casa porque ya los necesitaba.

De repente mi abuelita se puso muy flaquita, aunque todavía se agachaba a arreglar sus plantas sin doblar las rodillas; nos impresionaba mucho eso y, sobre todo, su responsabilidad para con todos nosotros: mantener en orden el negocio de la ropa con mi mamá, el desayuno y la comida de Gonzalo, mi comida antes de ir a trabajar de noche… Siempre tenía todo funcionando, pero su misión llegaba a su fin, ésa era la realidad. Había contraído una hepatitis B que es mortal; sobrevivió gracias a los cuidados del doctor Ugalde de Clavería, tío de mi compañero de escuela Hernán Hernández Ugalde, quien la atendió todo el tiempo que vivió tras el percance. Llevaba una dieta muy estricta. Le prohibieron lo que más le gustaba: su carne asada con frijoles, es decir, lo mismo con lo que nos crió a nosotros, pero ella tuvo que hacer grandes esfuerzos para no comer muchas de las cosas que nos preparaba día con día.

Fue una gran artista. Tocaba la cítara y el piano y pintaba al óleo, todavía conservamos en casa uno de sus cuadros. Además, hacía paisajes bordados en chaquira y sus diseños de collares en chaquira que eran una obra de arte, qué paciencia pegar bolita por bolita. Cuando era niño acostumbraba dormir con ella y si despertaba a media noche siempre estaba cosiendo o haciendo sus cuadros y sus collares.

Un día despertó con la noticia de que había soñado con mi abuelo, quien le dijo: "Carmen, compañera mía –como él la llamaba siempre–, hoy voy a ir por ti, avísales a todos". Y así lo hizo mi abuela, lo cual nos dejó sumidos en una interrogante total: ¿sería posible?, nos preguntábamos. Acto seguido le pidió a mi mamá que le preparara una carne asada con frijoles negros, su platillo favorito. Así lo hizo mi madre y le agregó una taza grande de café negro, su bebida preferida, como buena veracruzana.

Después del mediodía seguía consciente, pero estaba asustada y nosotros también; era lógico: ¿cómo digieres el aviso de que vas a dejar de vivir justo ese día? Yo me senté a platicar con ella intentando tranquilizarla. Le di las gracias por todo su amor, paciencia y dedicación para sus seres queridos.

—No te preocupes —le dije—, todo va a estar bien, mi abuelo va a venir por ti, no tengas miedo. Además, tú sabes que con el tiempo te vamos a alcanzar, no nos despedimos, abuelita, allá nos vemos.

La besé, la abracé y me despedí de ella pues tenía un compromiso ineludible.

—No me tardo, ahora vuelvo contigo, sólo debo ir a trabajar un momento.

Así lo hice y al volver ya estaba dormida rodeada de sus hijos, mi tío Pancho y mi madre, y dos de mis primos.

—¿Cómo está? —le pregunté al doctor Ugalde, quien ya se encontraba con nosotros.

—Muy bien, está dormida, dentro de poco comenzará a morir tranquilamente en santa paz, como ella se merece.

¡Qué gran verdad! Morir así, quedarte dormida con tus seres queridos al lado y haber podido antes despedirte de ellos no todos lo logran. Y lo más maravilloso es que tu compañero de vida te diga en sueños: "hoy nos vamos a reunir". Que eso suceda en horas, con conocimiento de causa de todos, en especial de ella, me pareció algo mágico; qué manera más hermosa de entregarte en manos de Dios.

Expiró y yo me acosté a su lado y la abracé: no pude evitar llorar a su lado, la extrañaríamos muchísimo. Y así fue. Ese fin de año mi hermano se acostó a dormir temprano y mi mamá y yo esperamos el año nuevo sentados en la cama de su recámara. Solos y muy tristes nos abrazamos.

—Feliz año nuevo, mamá —le dije—, ánimo, mis abuelos han sido un ejemplo de la lucha por la vida en todos sentidos. Debemos seguir para sacar a Gonzalo adelante, está muy joven, tiene que reaccionar y estudiar algo, prepararse para que le vaya mejor en el futuro. Hay que hacer honor al legado de tu mamá y tu papá.

—Tienes razón, hijo, sólo que en estas fechas es cuando más pesan las ausencias.

—Cierto, ha sido muy fuerte lo que ha pasado, ya nada más quedamos tres de todos los que vivíamos en esta casa, pero sabes muy bien que no estamos solos: ellos están con nosotros.

2

Quisiera ser

El bar Internacional tenía muy buen público. Ahí conocí a una joven que cambiaría mi vida para siempre. De nombre Lucero, era bajita de estatura, con una cara preciosa y súper sociable. Tuvimos una relación muy bonita, incluso con autorización de su mamá para visitarla. Ella iba a verme al bar y luego la llevaba a su casa lo más temprano posible pues era secretaria ejecutiva –hablaba inglés perfecto, al igual que sus hermanos– y sólo podíamos vernos un rato de noche o los domingos.

Se llevaba muy bien con mis amigos y con mi familia, pero al cabo de unos meses nuestra relación se fue volviendo monótona. Además, yo no tenía idea de lo que es ser novios, no me lucía con atenciones románticas como las cartitas o los recaditos y varias cosas que cuentan mucho para las mujeres. De pronto, un día me dijo que ya no estaba interesada en seguir conmigo y dio por terminado el noviazgo.

Para mí fue tremendo el cambio. Me había acostumbrado a sus llamadas, a que me acompañara por las noches al trabajo y, desde luego, a sus detalles; entonces me di cuenta de cuánto significan éstos en una relación. Empecé a extrañarla y a pensar en ella el día entero. Me preguntaba dónde estaría, qué haría. No podía creer que ya no estaba a mi lado. Me embargó un sentimiento de soledad enorme y una desesperación que no podía controlar. La única manera de encauzar el dolor que me provocaba su ausencia era cantando. Así comencé a comprender a fondo todas las canciones que había cantado en los últimos tres años; ahora las vivía en carne propia, ahora entendía en mayor profundidad todo lo escrito por Armando Manzanero, Álvaro Carrillo y tantos otros compositores que lo vivieron antes que yo.

Decidí llevarle serenata a menudo. Cada canción era un lamento y más me dolía el hecho de que ya no era bien recibido; ahora entendía a la perfección las caras de decepción que veía cuando llevaba mis primeras serenatas: lo mismo me estaba pasando a mí. Gracias a ello supe que hay dos clases de bohemia: la bohemia de inspiración, de cantarle al amor y a la ilusión de encontrar una pareja y ser felices, y la bohemia de dolor, de decepción, de no encontrar la felicidad o perderla, de que tus sueños más caros con respecto a alguien nunca se hagan realidad o —la peor de todas— la de haber sufrido una traición por parte de quien tú querías mucho y era tu pareja.

¡Increíble!, de un día para otro había cambiado al bando de los que sufren por amor hora tras hora, así como también de un día para otro todo era distinto: me invadió una depresión tremenda y empecé a beber por dolor; estaba seguro de que don José Alfredo Jiménez había compuesto sus canciones para mí. Un día salió Lucero en la sección de sociales de *El Heraldo de México* con un muchacho blanco y rubio. Recorté la fotografía sólo para verla. Si dormía soñaba con ella, al despertar mi mente se dirigía a ella de inmediato: "Lucero, Lucero, ¿dónde estarás, con quién, qué estarás haciendo, dónde trabajas ahora? Dios mío, ¿por qué duele tanto esto?, ¿por qué se acabó si yo la quería tanto?"

Ignoraba que estaba pagando mi derecho de piso, mi novatada. Todo cantante que se precie de serlo debe saber cómo se siente lo que canta y de qué se trata. En pocas palabras, era mi examen profesional para tener conocimiento de causa y autoridad para cantar ese tipo de canciones de dolor tan intenso, que no hay otro más grande en la vida que el dolor de perder a tu pareja.

Me convertí en otra persona. Mi alegría desapareció. Todo el día cantaba canciones de dolor en mi casa y en la noche en el bar, luego le llevaba serenata con lo mismo. Mi mamá me cuestionó:

—Hijo, ¿qué te pasa? Recuerda que si abusas, cualquier cosa hace daño, hasta el amor. Tranquilízate, todo en la vida es cuestión de "dosis", de equilibrio.

Yo entendía lo que me explicaba, pero simplemente no podía dejar de pensar en ella ni controlar que me doliera. Con esto supe que la infelicidad y el alcohol se retroalimentan: bebía porque sufría. Qué iba a saber de controlar emociones de este tamaño y calibre; es más, pensé que lo mejor era morir. Háganme el favor, luego con los años aprendí que alguna vez en la vida todos hemos creído que la solución a nuestros problemas es la muerte, en particular si se trata de un problema de amor.

Después de que nos dieron las gracias en la cadena Western, seguimos con el trabajo del café El Cazador en el Zócalo, el bar El Cazador en Insurgentes Sur, frente al hotel Diplomático, e, insisto, benditas serenatas que no faltaban. Pero ¿por qué nos pasó esto si todo estaba tan bien? La razón es sencilla: los lugares cambian su estilo de música cada cierto tiempo. Lo bueno para nosotros era que ya estábamos acreditados, tocábamos de todo y bien y yo cantaba cada día mejor. Es más, como el bar El Cazador también era restaurante lo abrían desde mediodía y nos contrataron para amenizar la comida acompañando a dos jóvenes muy buenos con el violín: Olga Brinski y su hermano Elías, que tocaban música clásica, húngara, rusa y judía o hebrea. Así se nivelaron las cosas con tres trabajos, ya que los sueldos no eran tan altos como en la cadena Western.

Éramos muy buenos acompañantes y nos tocó compartir el *show* de Felipe Gil, excelente compositor y guitarrista. Aprendí más canciones para llevarle serenata a Lucero, fue una gran escuela trabajar con él. Para hacer más atractivo nuestro espectáculo entraron al grupo dos hermanas muy jóvenes: las hermanas Deneken, Lila e Hilda. Formamos un quinteto tipo Sergio Méndez que fue muy bien aceptado por el público, pues sonábamos igual a su disco.

Al cambiar el *show,* el restaurante presentó a Alfonso Ontiveros, cantante y compositor yucateco con un repertorio sensacional, quien cantaba y tocaba la guitarra en forma magnífica. Nos hicimos excelentes amigos, fue una gran experiencia compartir su personalidad y su musicalidad.

Con el nuevo formato, el quinteto alcanzó mucho éxito y nos llamaron de un lugar que abría sus puertas a la una de la mañana: los Boliches Sago, un club de billar y boliche. En la parte de arriba del edificio había un salón de fiestas, donde estrenaron el cabaret. Trabajábamos en turnos de medias horas, a la una, a las dos y a las tres. Compartíamos, ni más ni menos, que con Lobo y Melón, estrellas de la música tropical. Salíamos a las tres y media a las calles de Tacuba del centro de la ciudad. Por supuesto, Lila e Hilda nunca andaban solas; las acompañaba siempre su señora madre, doña Conchita, pues ellas tenían quince y dieciséis años. Sus voces privilegiadas las llevaron al triunfo individualmente, incluso a Lupita, la más joven de todas, pero sobre todo a Lila en el nivel internacional. Hilda, quien se convirtió en Gilda, obtuvo mucho éxito también.

La situación mejoró para los PEG con este ritmo de trabajo. De dos a cuatro de la tarde acompañábamos a Olga y Elías Brinski en el restaurante y *steak house*, de siete a nueve de la noche tocábamos en el café El Cazador en el Zócalo, después en el bar El Cazador de nueve y media de la noche a doce treinta de la mañana y en los Boliches Sago de una a tres y media de la mañana.

Hubo otro cambio en el elenco del restaurante y nos tocó acompañar a la gran señora de la canción Avelina Landín, otra de mis maestras de interpretación. ¡Qué manera de cantar la música romántica! Fuimos grandes amigos.

Siguieron los cambios en el restaurante y entró en cartelera Lisa Rosell, baterista de *jazz* y su grupo con el maestro Freddy Manzo, otro de los pianistas de *jazz* más famosos de México. Así, El Cazador se transformó en un lugar clásico para oír *jazz* y música romántica, que era la tradición.

Un día un músico amigo mío me invitó a su casa.

—Acabo de descubrir algo y quiero compartirlo contigo —me dijo.

—¿Qué es?

—Ven, acompáñame arriba, al estudio.

En la azotea de su casa había una habitación amueblada con una pequeña cantina y un gran ventanal desde donde se veía el atardecer.

Mi amigo sacó un cigarro de mariguana.

—Prueba esto, no te arrepentirás.

Lo prendió y me ofreció una fumada y luego otra.

—Sólo una más —me advirtió—, pues si es muy fuerte te puedes sentir mal.

Él también fumó tres veces.

—Ven aquí a la ventana a ver la puesta del sol.

Transcurrieron unos minutos de espera y empecé a sentir el efecto. Fue algo que nunca hubiera imaginado. Todo se veía en tercera dimensión, bellísimo. Acababa de descubrir los paraísos artificiales, engaño que le ha costado la vida a millones de personas. Ese estado de sublimación es llamado en medicina, en psicología y en psiquiatría "grado alfa", que es un estado mental muy especial. Según una encuesta, los grandes genios de la humanidad han creado sus obras maestras en grado alfa, ya sea de manera natural, porque hay personas que así logran ese estado mental, o bien inducida con alcohol o con drogas en sus diferentes tipos: mariguana, cocaína, pastillas –anfetaminas o Valium, entre muchas otras–, heroína, morfina, etcétera.

Los grandes genios lograron sus obras maestras en ese estado mental, cuya base es la alegría de vivir; la gente que lo alcanza elimina la depresión de su vida. Casi todos los seres humanos cargamos miedos, problemas, depresiones, inseguridades, falta de valor para enfrentar lo que sea, miedo a veces sobre todo a enfrentar la realidad, a vivir, a resolver la problemática de la vida propia o la de tus seres cercanos. En ese estado mental todo se diluye. Es algo que te hace ver las cosas de otro modo. El alcohólico y el drogadicto pueden enfrentarlo todo en ese estado mental inducido que, como les decía, es un engaño.

Sucede que el grado alfa constituye los primeros terrenos de Dios en el nivel mental. Por eso uno se enamora del efecto creado por tóxicos como el alcohol, la cocaína o las pastillas, que en un principio generan un grado de euforia. Uno piensa: "Qué alegría, llevo tres tragos y qué bien me siento, con otros tres me sentiré mejor" y no hay tal; más alcohol o más cocaína te anestesian —en realidad ambos son anestésicos—, pero el problema está en cómo te gusta lo que sientes primero. La mariguana sublima a muchos y los hace sentir muy bien, a otros les causa risa y los hace sentir muy bien. Eso es lo que cautiva del efecto primario de los tóxicos, cualesquiera que sean. Sin embargo, la gente ignora que provocan un efecto distinto en todas las personas porque van en razón directa de lo que cada quien trae en su interior, por eso unos lloran o se ponen violentos. Nadie sabe el peligro que hay detrás de todo esto; el engaño consiste en que el demonio te muestra los primeros terrenos de Dios y, al valerse del gusto que te produce probar y sentir bonito, te atrapa. La persona, desconocedora de que cada vez necesita más dosis para volver a sentir bonito, empieza a consumir mayor cantidad y el efecto dura cada vez menos. Por tanto, prueba cosas más fuertes y más peligrosas o combinaciones que a la larga dañan seriamente su mente, su psiquis o sus órganos internos, como el cerebro, el hígado, los riñones y el corazón, y resultan mortales. Y todo ello para volver a sentir bonito.

Hago este paréntesis porque yo ignoraba todo acerca del impacto de esas tres fumadas de mariguana. ¡Qué puesta de sol tan inolvidable! Permanecimos un buen rato viendo el paisaje y a los pájaros observar y cantarle también al ocaso.

Mi amigo interrumpió mis pensamientos con una pregunta:

—¿Qué te parece mi descubrimiento?

—Increíble.

—Y eso no es todo, siéntate y escucha.

Puso un disco de Barbra Streisand que yo ya conocía, pero que en ese estado lo escuché por completo diferente. Parecía que la gran orquesta estaba delante de mí y yo rodeado por sus integrantes. Lo oía todo a la perfección, el más mínimo detalle de cada instrumento y qué decir de la voz de la señora Streisand. Era la de un ángel, con un sonido perfecto, lo mismo que su respiración y su dicción. En pocas palabras, me pareció sublime, nunca escuché la música y a Barbra Streisand de esa manera.

—¿Por qué se oye todo así con esta perfección?

—Porque la mariguana exalta al máximo tus sentidos, todo lo sensorial se eleva al tope. Por eso se ven las cosas tan bonitas y se oyen tan nítidas. Además, fíjate en esto.

Sacó una caja de galletas muy finas y me dio una. Tenían un sabor particular, riquísimo, nunca había probado algo así. Estaba admirado de haber descubierto la mariguana. Cuando era niño se suponía que eso sólo lo fumaban los soldados, con lo que se ponían incontrolables y cometían muchas fechorías, según los comentarios de la gente mayor.

—Pero entonces ¿qué es todo esto? —inquirí.

—Esto es el paraíso, pero con cuidado. Puedes usarlo de muchas formas, ver muchas cosas, pero si te pasas de dosis sientes que te mueres, es horrible, mejor siempre así como hoy, poquito para que puedas controlarlo y hacer de todo, manejar, trabajar, estudiar, lo que sea. O bien, siéntate o acuéstate y cierra los ojos y viaja, esto es un viaje con los ojos abiertos y sobre todo con los ojos cerrados.

Como era de esperarse, me quedé con ganas de volver a experimentar otra vez algo tan especial. Ahora entendía por qué los Beatles pregonaban por todo el mundo el uso de los paraísos artificiales, algunos de ellos peligrosísimos como el LSD. De todas maneras, sin quererlo ya no formaba parte del equipo de "los fresas", o sea, los inocentes que ignoraban todo esto. Con razón había un grupo que no se juntaba con nosotros "los fresas", los atrasados, que no están en nada, que no han probado lo mejor, mínimo la mariguana. Cualquier *hippie*, rockero o músico moderno y, ¡oh sorpresa!, también el músico de *jazz* que se preciara de serlo por lo menos andaba en el alcohol y en la mariguana. Ahora entendía por qué de repente nos quedábamos solos los PEG en determinados momentos, cuando los compañeros iban a "consumir", sobre todo antes del *show*, y nosotros no lo sabíamos.

El *slogan* mundial era "amor y paz" y representaba la clave para saber quién consumía y quién no. La promoción que se les hizo a las drogas en ese tiempo en los años de la psicodelia y los *hippies* todavía no acaba de hacer daño; personas como yo somos sobrevivientes de la masacre de aquellos años cuya víctima principal era la juventud. Todos te invitaban a probar de todo, todos te daban entrada a los paraísos artificiales, pero nadie te advertía del problema tan grande en que te meterías, ni mucho menos te indicaba la manera de salir del mismo. Muchos de mis amigos nunca escaparon de la trampa mortal y murieron jóvenes, se malograron ellos y sus familias también. Morir así causa un dolor muy difícil de superar para tus seres queridos.

El alto grado de ignorancia de un joven lo hace presa fácil de la curiosidad por saber qué son los paraísos artificiales, primero porque sus iguales lo critican si no lo hace. Si no forma parte del grupo que ya se contaminó no es bienvenido, casi se ve forzado a hacerlo para poder seguir compartiendo con sus amigos de siempre que ya probaron.

Eso me ocurrió a mí. Al consumir por primera vez me di cuenta de cuánto se habían contaminado mis amigos y compañeros de trabajo sin saberlo. Éramos demasiado jóvenes para imaginar el daño que provocaba desde la primera vez, pues deja una grabación en el subconsciente, que es la que pide más y más hasta que acaba con la persona si no recibe ayuda calificada. Como suele suceder en estos casos, nadie sabía lo que hacía, tan sólo seguíamos el ejemplo de los demás, hacíamos lo que estaba de moda, que era no ser "fresa". Por desgracia, era difícil que no me contaminara, estaba rodeado de lobos de grueso calibre por doquier.

Un día me ofrecieron mariguana en una fiesta y yo ya había tomado mis tragos antes. ¡Qué horror! No sabía que eso no se podía hacer, mezclar una cosa con otra, me sentí pésimo, pensé que me moría, volví el estómago y tuve que quedarme en esa casa hasta que me repuse. Me cuidaron dos personas que sabían lo que es mezclar. Vomité hasta que ya no me quedaba nada en el estómago. Me sentía fatal. Entonces recordé las palabras del amigo que me dio a probar ("Ten cuidado, siempre poco hasta que sepas qué poder tiene lo que estás fumando o te vas a sentir muy mal"). Nunca me dijo que no se podía mezclar con nada, desde ese día me causó miedo y respeto fumar; sólo lo hacía cuando no había tomado y siempre acompañado de alguien.

En otra ocasión en un bar me dieron a probar cocaína inhalada por la nariz y no me hizo efecto. "Qué bueno —pensé—, así está mejor."

—¿Qué es el LSD? —pregunté en una ocasión a unos amigos.

—Es como la mariguana, pero aumentada unas mil veces.

Desde luego, nunca me atreví con eso que estaba tan de moda aun siendo tan peligroso. La verdad, prefería mi ron con Coca Cola sin hielo, eso lo controlaba muy bien, según yo. Lejos estaba de saber que a la larga se me saldría de las manos...

Un acontecimiento que transformó la vida nocturna de la Ciudad de México se presentó cuando los Hermanos Castro abrieron su centro nocturno El Forum, un lugar de lujo que nutría aún más la calidad de la vida nocturna de la capital. Había salones para bailar todo tipo de música, variedades, teatros, cines, etcétera, pero El Forum significaba acceso a los artistas mundiales por excelencia. Para la apertura vino nada más ni nada menos que el señor Sammy Davis *junior*, seguido por artistas como Sergio Méndez. Es más, ahí tuve el gusto de asistir al *show* de mi maestro de canto en inglés Johnny Mathis, ¡qué alegría verlo trabajar en vivo! Los músicos mexicanos debemos a los Hermanos Castro haber tenido contacto con los artistas de talla mundial que contrataban y compartido con ellos sus experiencias personales.

Por una riña en los Boliches Sago se acabó el trabajo de madrugada.

Pero cuando una puerta se cierra otra se abre y nos contrataron en el Apache 14, propiedad de Carmela y Rafael. Ahí debutaría, para beneplácito de todos los bohemios, "El Trovador Solitario" Pepe Jara, mi maestro querido. Le dimos las gracias al señor Mouret, al señor Herrera y a Mike Yaffar del restaurante El Cazador y nos mudamos al Apache 14, frente al Teatro de los Insurgentes, otra vez con muy buen sueldo. Ahora sentía que ya tenía mi credencial de socio activo del equipo del "bohemio mayor", Pepe Jara. Con todo lo que me sucedía con Lucero, más que nunca compartía todo lo que él cantaba. Ahora, después de dos años de no coincidir, traía unas canciones hermosas que para variar se convirtieron en parte de mi vida hasta la fecha. Compartíamos el escenario con don Carlos, Neto y Titino, el gran ventrílocuo en un *show* sensacional sólo para adultos, a diferencia de lo que hacía en sus programas de televisión y, por supuesto, la actuación estelar de Carmela y Rafael con un éxito total todos los días. El director musical era el maestro Chucho Altamirano.

Un día recibimos la visita del señor Rubén Fuentes, director artístico en jefe de la RCA Víctor, productor de los discos de Pepe Jara, Armando Manzanero y José Alfredo Jiménez, entre otros grandes. Llegó con Nacho González, amigo de Alfonso Ontiveros y director artístico de música romántica de RCA Víctor, bajo la dirección del señor Fuentes. Presenciaron el *show* completo, incluyendo la parte de nosotros los PEG, y les gustó mucho, en especial las nuevas canciones de jazz que incluyó Paco Sánchez, el pianista, pero sobre todo *Una mañana*, de Claire Fisher y nueva música brasileña que seguía en boga. En un descanso, Nacho me dijo que quería hablar conmigo después de terminar ya que nosotros cerrábamos el espectáculo.

Al final nos reunimos y le pregunté por Alfonso Ontiveros.

—¿Y a qué debemos su visita, vinieron a ver a Pepe Jara, verdad?

—Sí, así es, y también a ti. Le pedí al señor Fuentes que por favor se quedara a ver qué le parecía cómo cantabas. Me contestó que ya sabía quién eras, que ya te había oído en el restaurante –bar El Cazador a petición de Mike Yaffar, que no servías para grabar pues cantando en inglés eras Johnny Mathis y en español Pepe Jara. Yo le dije que me gustaría que te oyera cantar otras cosas que no fueran esas canciones, ya que así se te oye diferente y a ver qué le parecía.

Así lo hizo don Rubén y le comentó a Nacho que estaba mucho mejor ahora, ya había desarrollado un estilo diferente, un estilo propio, que le había gustado cómo cantaba otro tipo de música. Acto seguido se retiró del lugar.

Nacho González regresó el siguiente fin de semana.

—Gracias al apoyo del maestro Armando Manzanero (quien nunca supe que conociera a los PEG y a mí), se logró que don Rubén Fuentes se interesara en Alfonso Ontiveros y en ti para un contrato de grabación, hay incluso la posibilidad de un lanzamiento como solista —me informó.

—No, gracias, yo ya fui solista en Orfeón y no pasó nada, estoy feliz como músico —respondí.

—Piénsalo, no me contestes ahora, aquí te dejo mi número telefónico para que me hables cuando hayas tomado una decisión. Te aviso que, en caso de aceptar, para que surta efecto el plan de grabación y un lanzamiento con campaña de radio y televisión tendrías que dejar de cantar con los PEG, pues ya mucha gente te conoce en el ambiente de los bares como Pepe Sosa. Habría que hacer todo nuevo, tu nombre, canciones especiales, cambio de imagen, entre otras cosas. Piénsalo.

Le comenté a mi mamá que no había aceptado la propuesta.

—Hiciste mal, hijo.

—¿Por qué?

—Porque ya cantas muy bien, mejor que cuando hiciste la primera grabación, te has fogueado mucho en estos tres años, creo que debes aceptar.

—Pero no es tan fácil, mamá, quieren hacerme un lanzamiento en forma. Para ello tengo que dejar el grupo, dejar los bares y no trabajar de noche como Pepe Sosa.

—De ser así, yo volvería a trabajar para sostener la casa.

—Pero, mamá, no se trata sólo de sostener la casa. Hay que pagar la letra del coche porque lo necesito para seguir trabajando, sobre todo porque habría que volver a las serenatas u otro tipo de lugares como los cafés cantantes que abren por la tarde.

—Por eso mismo, entre los dos podemos sacar los gastos. Vi que a media cuadra de la casa están rentando un local chiquito, pero con la ventaja de que está enfrente de la fábrica de tornos; ahí seguro va a haber clientela para venderles comida. Ponemos una fonda, aunque sea pequeñita —me dijo muy entusiasmada.

—¿Cómo que volver a trabajar? Con el trabajo que costó que dejaras de hacerlo.

—Sí, pero también mide el tamaño de la oportunidad. Ahora hablan de hacer un lanzamiento y promoción de televisión. Eso no lo hicieron con tu primera grabación. Hay que aprovechar la ocasión si es por ahí tu futuro, como solista o como músico.

No quedé conforme con la explicación de mi mamá y no sólo eso, faltaba lo más difícil: hablar con Paco y Beto. Cuando les platiqué lo que sucedía, el primero que me dijo que lo hiciera fue Paco:

—Te va a ir muy bien, adelante. Nosotros buscaremos otro compañero para seguir trabajando, no todos los días se presentan oportunidades como ésta y tú ya estás totalmente preparado para ella.

—Ni modo, hermano, tarde o temprano iba a suceder, qué mejor que sea ahora que ya estás maduro —intervino Beto—, te deseamos mucha suerte.

Y ambos me dieron un abrazo.

Llamé a Nacho para comunicarle mi decisión y le pedí tiempo para dar las gracias a Carmela y Rafael y para que mis compañeros encontraran otro elemento.

Más tardé en despedirme de todos en El Apache 14 que mi mamá en rentar el localito de don Beto, donde éste antes tenía una tiendita. Es más, le prestó el refrigerador de los refrescos Lulú, Titán y Mister Q. Se montó la estufa y tres mesas como lo predijo mi mamá. Los maestros torneros se hicieron clientes de inmediato. Margarita conocía bien el negocio, cocinaba muy sabroso y cobraba barato. Siempre estaba lleno por la excelente calidad de su comida y por lo acogedor del lugar. Dado lo pequeño del lugar, los maestros se organizaron y comían por turnos; buen detalle de su parte. Iba bien la mini "supercocina".

Aunque yo tenía algo ahorrado para pagar el coche, esa interrupción laboral fue fatal. Sin embargo, tal como quedé con mi mamá, seguí con las serenatas de siempre y busqué el abrigo de los cafés cantantes. Había uno muy famoso en la avenida Insurgentes casi esquina con Paseo de la Reforma, el A Plain Solein, donde en la tarde cantábamos con la guitarra baladas románticas y *rock and roll*; ya en la noche llegaban los grupos grandes de *rock*, como Los Locos del Ritmo, Los Hooligans, Los Rebeldes del Rock y otros.

Nacho González me llamó para avisarme que don Rubén Fuentes había autorizado la contratación de Alfonso Ontiveros y la mía, o sea, que ya estábamos formalmente dentro de la RCA Víctor. Retomaba el rol de solista. El contrato establecía cuatro por ciento de regalías, mucho mejor que el primero, donde sólo era dos por ciento. Debía reiniciar la búsqueda de las canciones y todo el trabajo que eso implicaba.

El señor Fuentes tenía todo preparado; me presentó con el maestro Joaquín Prieto, hermano de Antonio Prieto, el gran cantante chileno a quien todo el público conocía por su canción *La novia*, éxito continental escrito por el maestro Joaquín. Antonio era un hombre súper amable, con una voz muy bella, de presencia y figura excepcionales. La vena artística era de familia; ambos hermanos eran muy queridos y reconocidos, uno como cantante y el otro como compositor, músico y arreglista finísimo, gran pianista y letrista, admirable. A mí me escribió dos canciones idóneas para mi debut. Nos hicimos amigos entrañables hasta su muerte hace tan sólo cuatro años.

Joaquín y don Rubén me prepararon con todo a mi favor: me tomaron tonos, me dieron las letras y luego grabaron las orquestaciones de las canciones *Sólo una mujer* y *Agua con sal*. Me dieron las cintas para que las estudiara durante una semana y me llamaron para que grabara la primera, *Sólo una mujer*, una de las canciones más importantes de mi carrera, el consejo de un amigo a otro para que aprenda a reconocer el verdadero y gran valor de una mujer en la vida de un hombre. En el estudio B en la RCA Víctor, me pidieron que cantara la canción para tomar niveles, ajustar audífonos y sincronizar todo. Así lo hicimos. En seguida me dijeron: "Vamos a grabar, toma 1" y canté la canción de arriba abajo. Fue toma única, pues la tenía bien aprendida y ensayada. Amo esa canción, es uno de mis himnos. Don Rubén y Joaquín quedaron muy contentos. La canción sería escogida después como primer sencillo para mi lanzamiento.

A la semana siguiente fui citado de nuevo para grabar *Agua con sal*, otra hermosa canción que explica lo que son las lágrimas: agua con sal. También la grabé de inmediato; mi identificación con la música de Joaquín Prieto fue total. Todos estábamos muy contentos, pero no había nada más para grabar hasta nuevo aviso. Mientras tanto, me quedé en el grupo de música romántica de Nacho.

¡Auxilio! Cumplí mi mayoría de edad, ¡y de qué manera!: la deuda del coche no me dejaba dormir; con lo de las serenatas no me alcanzaba para todo. Eso me deprimía y, para colmo de males, de Lucero ni sus luces, cero contacto, lo cual me hacía sentir peor todavía. Estaba muy preocupado. Como nunca antes me había pasado algo así, no sabía cuánto iba a durar, si terminaría algún día o si sería eterno. Me reunía con los amigos para cantar y beber por tristeza. Pero justo eso era lo que más me debió haber preocupado, que me refugiaba en el alcohol porque era infeliz. Ya la bebida tenía un proceso invisible que con los años se acentuaría y convertiría en una constante y después en una catástrofe.

A principios de marzo pagué el abono del coche y se acabaron los ahorros. Canté en algunas fiestas de amigos a quienes conocí en los bares y que me contrataban esporádicamente para sus compromisos sociales. A esas alturas, gracias a Paco Sánchez había mejorado mucho tocando la guitarra, así que podía complacerlos con la música variada a la que estaban acostumbrados en los bares, no sólo los boleros de siempre. Me superé musicalmente en otro instrumento diferente del bajo, el cual tocaba bastante bien. También era miembro ya del infinito mundo del *jazz*, la máxima expresión del dominio de un instrumento. Estaba en franco desarrollo, por eso extrañaba sobremanera tocar mi instrumento tan querido: el contrabajo.

Yo tenía amigos muy queridos en el ambiente de los músicos: los hermanos Ríos, Rudy y Manuel, "los Solomillos". Nos conocimos tocando en los bares y ahora que ya no estaba activo los visitaba en su trabajo o en sus casas y convivíamos con frecuencia. Un día, a casa de Rudy llegó su compadre Raúl Ortiz "El Chumo", de Córdoba, Veracruz. Rudy era padrino de bautizo del hijo mayor de Raúl y se llevaban de maravilla, con un cariño muy genuino siempre salpicado de detalles de humor veracruzano. Era risa a toda hora. Nos caímos bien desde el principio. Rudy nos presentó haciendo referencia a un amigo que él había conocido antes que yo. Rudy le dijo a "El Chumo":

—Éste es Pepe Sosa, tocaba el contrabajo con Paco Sánchez en el grupo de los PEG, ahora está grabando su primer disco como solista en la RCA Víctor.

—Mucho gusto, Pepe —me dijo, con una sonrisa—, así que tocabas con Paco. Yo lo conocí hace años en Tijuana y Mexicali. Es un gran pianista; somos muy buenos amigos.

Siguió la plática y quedamos en ir a "rumbear", como ellos le llamaban a salir de gira artística a visitar lugares que conocían, donde tocaban amigos de todos y que ellos habían tratado antes que yo.

Más tarde fuimos al Rigus Bar enfrente del Parque Hundido, el lugar más clásico de todos para admirar a los mejores músicos de *jazz* de México. Después de beber dos rones con Coca sin hielo y Raúl sólo Coca Cola, nos dirigimos al cabaret El Run Run, un lugar muy especial ubicado en Reforma muy cerca del centro, propiedad del señor Francisco Oviedo, otro veracruzano muy famoso. Él y todos los demás, desde el portero, los músicos, los meseros y las muchachas le dieron una gran bienvenida a "El Chumo", hombre con una personalidad muy especial, educadísimo, gentil y amable. Llegó el amanecer platicando de música de Veracruz y de los muchos músicos que conocíamos en común.

—¿Qué estás haciendo estos días? —me preguntó.

—Espero a que me hablen de la RCA para seguir grabando.

—¿Por qué no preguntas si este fin de semana te van a necesitar? Te invito a mi casa en Córdoba para que conozcas a mi familia y mis músicos —sugirió con amabilidad—. Tengo un grupo de música tropical llamado Tabarú y tocamos todos los fines de semana.

Hablé con Nacho y me dijo que no había problema, pues a él le avisarían con tiempo en caso de que tuviera que regresar a grabar. Así que le dejamos el número de teléfono de Raúl para seguir en contacto. Antes de irnos lo llevé a mi casa y le presenté a mi mamá y a mi hermano. Entonces nos pidió que lo llamáramos "El Chumo" como todo el mundo. Nos despedimos de mi familia y tomamos rumbo a Córdoba. Era increíble: a mi nuevo amigo lo conocían hasta en la carretera.

—¿Cómo es que te conoce tanta gente? —le pregunté con curiosidad.

—Es que soy muy sociable —respondió con una sonrisa—. Tengo muchos amigos: en la capital, a la que vengo muy seguido y que está llena de veracruzanos –ya te los presentaré–, y en toda la república.

Viajamos durante seis horas y media, pues nos deteníamos a saludar a todos sus amigos en las gasolineras y en los restaurantes de la carretera. En las cumbres de Acutzingo no dejaba de pregonar que Veracruz es el estado más bonito de la república. Bajando a Orizaba me dijo: "Mira, esos cerros parecen borregos, ¡qué vegetación tan hermosa!" Ahí pasamos a saludar a su hermano Manuel, pura gente buena. Luego llegamos a Córdoba, directo al restaurante de Celso Pablo, enfrente de la iglesia en el parque, donde me invitó a comer.

Todavía había luz cuando al fin llegamos a su casa. Salieron a recibirnos Juanita Villagrán, su esposa, Raúl hijo "El Chumito", como de cinco años, y Fernando, un bebé de unos tres años. Además, sus hermanos Salomón y "El Piteco", el menor. Qué gente más alegre y sana; no cabe duda, la provincia mexicana es hermosa.

Disfruté mucho el fin de semana. Comimos delicioso y conocí a muchas personas lindas, incluyendo a su mamá, a quien llamaban "La Negra Moya". Como lideresa sindical había hecho mucho por los campesinos del lugar, por lo que se le quería y respetaba. Era una bienvenida tras otra, parientes, amigos y, sobre todo, los músicos. Estuve en la fiesta del domingo donde tocó el Tabarú. "El Chumo" era un gran percusionista y desde ese día me convertí en uno más de sus admiradores.

Regresamos el lunes porque él tenía asuntos que resolver en México. Lo invité a quedarse en mi casa. Había mucha química y entre nosotros surgió una de las amistades más hermosas e importantes de mi vida con un hombre bueno que sería fundamental en mi camino al éxito. Gracias a él mi carrera de cantante se hizo realidad en los niveles nacional e internacional, pues él fue el hacedor de *La nave del olvido*, mi primer éxito mundial en la radio, pero eso lo veremos más adelante. "El Chumo" se convirtió en mi hermano y compañero desde entonces. A veces viajábamos a Córdoba hasta tres veces a la semana, por eso muchos creían que yo era originario de Veracruz, al igual que mi mamá. Raúl estuvo muy cerca de mí durante toda la grabación de mi primer L.P. Iba y venía constantemente a Córdoba, pues seguía tocando los fines de semana y siempre estábamos en contacto. Se convirtió en un miembro más de mi familia. ¿Cómo pude, queriéndolo y debiéndole tanto por lo que haría por mi carrera, arruinar su vida en el futuro?

En abril sí que se complicó todo al acabarse los ahorros. Entonces, tuve que vender la enorme biblioteca de mi padre. Sentí algo muy extraño al deshacerme de los libros que le dieron su vasta cultura. Yo esperaba algún día seguir su ejemplo en lo que respecta a la lectura y cultivarme como él. Con la venta de los libros fuimos pasándola. En esos momentos se me requirió una vez más en la RCA. Me esperaba una agradable sorpresa, una canción de mi maestro Armando Manzanero, la cual, desde que la oí, me llevó a preguntarme: "¿cómo adivina Manzanero lo que estoy sintiendo y viviendo ahora?" Pareciera que me espiaba y escribía para mí.

Se trataba de *Pero te extraño*, una hermosísima canción, especial para Lucero, según yo. Al grabarla descargué toda mi amargura por haberla perdido. Una vez más el arreglo sensacional del maestro Joaquín Prieto me llevó de la mano para que mi corazón fuera el que cantara. Fueron llegando poco a poco las canciones y tomó forma mi primer L.P. Yo estaba muy contento y le contaba a mi mamá cómo iba quedando todo, pues en aquel entonces había que esperar a que saliera la grabación para poder oírla. Así conocí a las luminarias de la grabación en RCA Víctor: don Gustavo y don Carlos, los ingenieros estrellas, su jefe don Pancho Cárdenas, director del departamento de grabación y su asistente Jacobo García. Entablé una gran amistad con ellos.

Hablé con don Rubén para pedirle ayuda, pues me estaba atrasando con mis pagos y me mandó a Guanajuato para hacer un pequeño papel en una película de Abel Salazar (ironías de la vida, en mayo de 1969 conocería al primo hermano de Mario Salazar, padre de mi actual esposa, Sarita Salazar). Don Abel era un hombre incansable. Mi llamado fue en una de esas innumerables plazuelas de Guanajuato, muy pequeña, circular con una fuente en medio. Eran las tres de la mañana y hacía un frío tremendo; yo me cuestionaba lo que haríamos ahí a esas horas. Don Abel, muy amable, me saludó y me dio instrucciones: debía cantar acompañado con la guitarra una bella canción de Nacho escogida por don Rubén llamada *Avalancha*, que habla de quien busca encontrar el amor verdadero en medio de la vorágine de la vida. Don Abel consultó con el ingeniero de audio para revisar los volúmenes de mi voz y de la guitarra; midieron la luz y me dijeron que tomara mi posición viendo a la cámara. Con su voz enérgica, don Abel dio la orden: ¡Acción! y se filmó mi primera participación en el cine, en *Paula, historia de un amor*, protagonizada por el mismo don Abel y Julissa. Así me gané el dinerito que tanto necesitaba.

Al volver a México tuve la suerte de conseguir trabajo en el café Ipanema, gracias a mi compadre Héctor Meneses, quien me recomendó con la dueña, la señora Carlota. Ahí canté con mi guitarra mientras seguía grabando mi primer disco con canciones como *Monólogo*, de Chico Novaro, y *Se agradecerá* y *Presiento*, de Nacho. Una tarde recibí la llamada de don Rubén Fuentes: "véngase para acá, le tengo otra canción lista". No olvido que llovía cuando llegué al estudio; se trataba de otra más de las hermosísimas canciones del gran Arturo Castro solicitada por don Rubén para mi disco: "Lluvia en la tarde". ¡Como anillo al dedo para dedicársela a Lucero!

Ya teníamos once canciones, faltaba una para terminar. Yo seguía trabajando en el café Ipanema y también dando serenatas. Mi mamá llevaba todo el peso de los gastos de la casa y mi hermano contribuía con lo que podía.

Muy seguido me buscaba en casa un grupo llamado "Los Cocodrilos", que eran una amenaza en la colonia, los llamados *rebeldes sin causa* de las épocas difíciles por las que atravesaban las juventudes de aquellos años: mártires de la posguerra, *hippies*, existencialistas, *rock and rollers*... Algunos eran muy violentos como éstos que me levantaban de madrugada para llevar serenata —gratis, por supuesto—. Si bien era muy incómodo, accedía porque lo más saludable era evitar la violencia. Aparentaba hacerlo de buena gana, pero en realidad no me gustaba andar con ese tipo de personas. A veces me hacían cantar afuera de un edificio en cuyo noveno piso vivía la novia y querían que las canciones se oyeran hasta arriba. "¡Más fuerte, más fuerte!", reclamaban como si fuera radio, como si fuera tan fácil. "¡Me encantaría ser Bruce Lee, el rey del karate —pensaba—, para poder decir no sin el más mínimo temor a una represalia o golpearlos a todos!", pero una vez más tenía que soportar y recibir órdenes de quienes ni siquiera eran mis amigos. Yo me resignaba pensando que así sacaría cantando todo lo que sentía por Lucero y de esa manera soportaba mejor la agresión. Con el tiempo nos hicimos amigos de ocasión.

En los intervalos de la grabación de mi primer L.P. sucedía de todo, trabajaba en lo que podía para seguir con mis gastos en orden.

No obstante, recibía sorpresas muy agradables, como cuando don Rubén Fuentes se comunicó conmigo:

—Qué bueno que está en su casa en este momento —me dijo, con voz firme—. Necesito que me haga una *segundita*, véngase para acá, por favor.

Llegué de prisa a su oficina.

—Sígame al estudio B, le voy a presentar a alguien para que cante con ella.

Abrió la puerta y me encontré con doña Libertad Lamarque, preciosa, elegantísima, con un traje negro y un collar de perlas enormes. Sus ojos color miel llenos de vida la hacían más bella todavía. Estaba sentada en una silla esperándome. La saludé y muy cariñosa me dio las gracias por venir al estudio y completar la grabación de un tango que por sugerencia de don Rubén requería una segunda voz. Se trataba de una pequeñísima intervención de mi parte, pero al lado de quién, de doña Libertad Lamarque, no podía creerlo. Ella se sentó ante el micrófono con la paz de quien está en paz con Dios y con la vida, llena de triunfo, de éxito profesional y personal, qué maravilla de mujer. Fue muy agradable conocerla y ponerme a sus órdenes. Desde ese día conté con su amistad. Qué gran recuerdo para mí, mi primera grabación a dueto y con la gran "Dama de la Canción" de Argentina y eximia actriz de cine y obras musicales. Había conocido a una gran estrella del mundo hispano.

Aunque ya no trabajaba en los lugares más famosos de la vida nocturna de México, aún visitaba en su casa a Freddy Noriega, mi gran amigo y mi maestro de música, cantante adelantado a su época y gran músico con una fantástica sabiduría a este respecto. Con él tuve el privilegio de conocer las grabaciones de artistas que representaban el más alto nivel de musicalidad y de éxito mundial, todos reconocidos por los críticos más exigentes del planeta: don Frank Sinatra, Nat King Cole, Mel Torme, Ella Fitzgerald, Sara Vaughn, Carmen McCrae, Oscar Peterson, Ray Brown, Ed Tipen, Dave Brubeck, Paul Desmond, Joe Morello, Eugene Wright, Bill

Evans, Scott Lafaro, Barbra Streisand y sus discos con Michelle le Grand, Duke Ellington, Count Bassie, Jerry Mulligan, Miles Davis, Stan Getz, Antonio Carlos Jobim, Los Hermanos Gino y Joe Vanelli y Rob McAllum. Además, compartimos otros logros asombrosos, como una obra de Maurice Ravel que dura exactamente lo que dura la puesta del sol, desde que toca el horizonte hasta que se pierde en él. La mejor música clásica y siempre lo mejor de todo lo nuevo que salía al mercado. Esto lo hacíamos junto con Roberto Morales, amigo mutuo, director de la estación de radio preferida de todos nosotros, *Jazz* FM.

De tal manera adquirí una cultura musical que se reflejó de inmediato en mi forma de tocar y cantar. Nos hicimos amigos en el año 1966 en El Señorial y desde entonces empecé a recibir su amistad y su sabiduría musical. Nos veíamos constantemente, él me mantenía al tanto de las obras de los astros del mundo de la grabación hasta que murió años después. Lo extraño muchísimo, pero siempre está presente en mi vida pues gran parte de mis conocimientos musicales se los debo a él.

Después de dejar a los PEG y entrar a grabar conté siempre con la colaboración de una de mis amigas más cercanas de la carrera, Lisa Rossell, excelente baterista de *jazz*, con quien trabajé tocando el bajo en El Cazador de Insurgentes. Nos queríamos mucho y ella me enseñó una ropa muy bonita con la que hice los primeros programas de mi lanzamiento. Me regaló una guitarra para trabajar solo en los cafés cantantes y me apoyó en todo. Dejamos de vernos por aras del destino; ella ya tenía su vida hecha, su familia y sus hijos. La recuerdo con mucho cariño.

Teníamos un amigo muy querido de todos, bohemio y conocedor de la música romántica y de todos sus grandes intérpretes. Su nombre era Jesús Ocaña, de Villahermosa, Tabasco. A menudo iba a vernos trabajar y nos invitaba a comer y a compartir. Un día nos dijo: "Va a haber una gran fiesta bohemia en los apartamentos Washington en la glorieta de la calle de Londres en la Zona Rosa". Llegamos a la medianoche y fuimos bien recibidos, pues aunque el asunto era muy privado, veníamos con Chucho, quien era conocido por todos. La primera noche transcurrió tranquila y hasta a mí me dieron oportunidad de cantar. Había mucha gente del ambiente, pero a eso de las tres de la mañana llegó el bohemio mayor Pepe Jara.

—Ya llegué, amigos —anunció contento—. Gracias por la invitación. Para todos con mucho cariño les voy a cantar mil pesos, a centavo la canción.

Y así fue, ¡qué bárbaro! Dieron las dos de la tarde y seguía cantando. Alguien dijo:

—Creo que ya es hora de dormir algo para poder ir a trabajar; nos vemos en la noche después de terminar.

Así lo hicimos. Yo descansé un rato y luego fui a trabajar al D'Pirulí, el café de Víctor Iturbe, "El Pirulí". Ahí cantaba en las noches. Al terminar regresamos a los Washington, que era un hotel de apartamentos, a seguir la bohemia. Estaba presente gente de todo tipo que se dedicaba a la música romántica: músicos, compositores, intérpretes, directivos y productores de radio y televisión, y muchos invitados, sobre todo pertenecientes al ambiente nocturno, actores, cantantes y promotores. Esa noche siguió la cantada hasta la mañana siguiente, cuando se retiró parte de los asistentes.

A la noche siguiente muchos llegamos con nuestra ropa con el fin de cambiarnos ahí mismo para ir a trabajar al otro día y no interrumpir la reunión. Nunca imaginé que tendría la suerte de asistir a un seminario de ese nivel; ya llevábamos tres días cantando en la bohemia y trabajando a la vez, era increíble. Cada vez había más gente en la madrugada, se corrió la voz de lo que sucedía. Esa cuarta noche ya teníamos rentado todo el piso; era la mejor fiesta a la que había asistido. Disfrutaba mucho cantar con otras personas que sentían lo mismo que yo.

Se acercaba el fin de semana y Pepe Jara, como muchos de nosotros, no había fallado una sola noche. El colmo era que ya algunos se mudaron a los apartamentos Washington para no perderse la cantada, sobre todo la de la madrugada al amanecer que era la de lujo, cuando llegaban los artistas de primera línea y la gente importante del ambiente artístico. Tras cinco noches seguidas de bohemia, faltaban el sábado y el domingo. La suerte estaba con nosotros, Pepe Jara no tenía trabajo sino hasta el otro fin de semana y también pertenecía al grupo de los dañados del corazón. En esa época tenía problemas personales, lo cual funcionaba a nuestro favor pues pasaba todo el día con nosotros; también se quedó en los Washington esa semana.

Transcurrió la sexta noche con un lleno total de puras personas que nos conocíamos ya, sólo aquellos que supieran guardar silencio en cuanto alguien empezaba a cantar. Siempre había chistes, buen humor y música bonita, bebida toda la noche y comida al mediodía para los que se quedaban. Todos cooperábamos con lo que podíamos y, como éramos muchos, siempre alcanzaba para lo necesario. Fue la mejor noche pues nadie tenía que trabajar al día siguiente y todo acabaría en la noche, como se acordó. Sólo los necios nos quedamos para amanecer el lunes ahí y levantar todo el campamento, la cantina, los instrumentos, las hieleras y varias cosas extra que había que devolver a las casas de algunos amigos: bolsas para dormir, almohadas, artículos de baño, en fin, vivimos ahí una semana compartiendo nuestra vida, nuestras experiencias personales, nuestras vivencias con respecto a cómo nos iba en el amor. Aprendí sobremanera de gente con mucha más experiencia que yo en todos los aspectos, cuyo común denominador era su gran sensibilidad. Desde ese entonces siempre que se podía repetíamos la inolvidable experiencia.

Esta vez la llamada fue en la mañana. Don Rubén me esperaba en el estudio C de RCA Víctor.

—Aquí está ya la canción para cerrar el disco —me informó—, es del maestro Manzanero. Le mostré lo que hicimos con *Pero te extraño* y le gustó mucho. Aquí te manda ésta con mucho cariño: *La amante perfecta*. No se ha terminado el arreglo, sólo tenemos piano, bajo y batería, pero tú estás acostumbrado a cantar así con los PEG, de modo que adelante: ve al micrófono y repasa la melodía y la letra.

La grabamos sólo con esos instrumentos de base y después él agregó todo lo demás. Quedó bella como todo lo que escribe don Armando y era la mejor manera de cerrar el disco. Doce canciones que me hicieron sentir lo que era la fuerza del amor en plenitud, de ese amor que yo albergaba dentro de mí, de ese amor que me arrullaba los días y las noches sin que pudiera evitarlo. Mientras salía el disco trabajaba en el café D'Piruli, el cual se puso muy de moda como todos los demás de esa época. Seguía bebiendo por tristeza.

Una vez terminada la grabación de mi primer L.P. continuaríamos con la estrategia de lanzamiento. Don Rubén Fuentes me presentó con una talentosa dama, doña Lucero Isaac, esposa de don Alberto Isaac, gran periodista, caricaturista, dibujante, escritor y director de cine. A ella se le ocurrió que llevara el nombre doble y así se le puso el título de *José José* a mi primer disco de larga duración. A mí me pareció perfecto para honrar la memoria de mi padre, de quien heredé las facultades para cantar. Ella misma escribió mi presentación al público al reverso de la carátula de la portada, de su creación, pues también era fotógrafa. Y no sólo eso, me presentó a Nacho Orendain, un modisto original quien diseñó mi ropa, algo diferente de todos. ¡Qué hermosos trajes me dieron para mi lanzamiento como solista! Además, me llevó con la señora Isabel Barrera, la maquillista de doña María Félix, quien tenía su salón de belleza abajo del edificio de las Suites Tecpan en Tlaltelolco. Ella fue la creadora de mi nueva imagen; mi nuevo corte de pelo era algo único, me enseñó a peinarme con las manos y también a maquillarme solo, lo que hago hasta la fecha.

Ya que todos aportaron su talento tan especial, doña Lucero Isaac me citó en una calle de San Ángel, a media cuadra de la iglesia de San Jacinto, donde tomaría mi primera fotografía para la portada de mi disco *José José*, con un esmoquin diseñado por Nacho Orendain, peinado y maquillaje de doña Isabel Barrera y en la fotografía la modelo Susana Fisher, hermana de Óscar, elegantísima, sentada en la banqueta. Toque final: mi contrabajo de siempre, como punto de verificación del origen de la preparación musical que me llevó hasta allí.

Observen por favor cuánta gente tan talentosa hubo detrás de mi proyecto: don Armando Manzanero, don Rubén Fuentes, Claire

Fisher, Joaquín Prieto y los arreglos y las orquestas del mismo Joaquín Prieto, de don José Sabre Marroquín, Arturo Castro, Chucho Ferrer y Eduardo Magallanes, todos ellos acompañando mi voz en las sensacionales canciones de mi lanzamiento.

Ahora venía lo más importante: dar a conocer el producto de seis meses de trabajo. Para ello don Rubén habló personalmente con don Raúl Astor, gran actor y director de televisión, argentino afincado en nuestro país, quien presentaría en México a *Topo Gigio* en una serie de televisión exclusivamente diseñada por él para el lanzamiento del ratoncito de fama mundial. ¿Cómo imaginar que ésta sería mi plataforma de despegue también? Don Raúl Astor destinó un segmento para presentarme a mí y a mis nuevas canciones. Ahí comenzó todo para José José, su nuevo cantante romántico solista, con base en el apoyo de la RCA Víctor y su director artístico en jefe, don Rubén Fuentes. Gracias al maestro Fuentes, a don Armando Manzanero y a Nacho González por creer que podía hacerlo como ellos esperaban. Como les comenté, la canción que se escogió como sencillo de promoción fue *Sólo una mujer*, de Joaquín Prieto (en aquellos años todavía se vendían discos sencillos). Don Raúl Astor la presentó en su programa en el Canal 2 de Telesistema Mexicano en sus estudios de Avenida Chapultepec número 18.

Ahora sí la veía venir en serio, sobre todo cuando fui presentado en la radio por primera vez con todo mi aparato de promoción detrás: fotografías, pósters y las promociones especiales en las estaciones más importantes de la Ciudad de México, en donde se regalaban discos L.P. a las personas que llamaban por teléfono.

Don Rubén se encargó de llevarme él mismo a Guadalajara y Monterrey a cantar a las escuelas normales para señoritas, algo que nunca se había hecho con un cantante. Además, se montó toda una campaña promocional de las presentaciones de José José.

Ya llevábamos casi dos meses de trabajo de promoción constante cuando, ¡oh sorpresa!, el dictamen de los programadores de la radio de aquel tiempo nos cayó como balde de agua helada: "el disco es muy fino, no es comercial, no sirve para programarlo". Después de todo el tiempo invertido en presentar la grabación no sólo no pasó mayor cosa, sino que la reacción era lo contrario de lo que esperábamos.

A todos los involucrados en la promoción nos invadió un sentimiento de disgusto muy grande. Canciones tan comerciales como *Cuidado* y *Una mañana*, en la versión de Claire Fisher, que se convirtió en un éxito mundial para los músicos de *jazz*. ¡Claro que el disco era fino!, la música de Armando Manzanero siempre lo ha sido y en él se encontraba *Pero te extraño* como muestra de la gran calidad de la producción que intentábamos dar a conocer. La confusión reinó en la empresa: se había realizado un lanzamiento a fondo y no resultó.

Mi decepción fue terrible. Hubo momentos en que sentí que no había nacido para ser solista. Fui a contarle lo sucedido a mi mamá a su mini "supercocina".

—¿Ya ves, mamá, cómo tenía razón cuando te dije que no me debía salir de los PEG? —me quejé, frustrado—. Ahora ya tienen otro elemento y nos quedamos sin ese trabajo que era el que nos mantenía.

—No te preocupes —contestó, siempre animosa—, Dios es muy grande, tu disco es bello y, como te dije, estás cantando muy bien. Algo bueno tiene que pasar, ten paciencia, ya lo verás.

3

La nave del olvido

Para colmo de males, don Rubén Fuentes empezó a tener problemas en la RCA Víctor. De súbito ya no estaba a cargo de la dirección artística. Le pregunté a Nacho qué pasaría.

—Hay muchos cambios por ahora —me dijo, un tanto desconcertado—. Parece que don Rubén ya no estará aquí con nosotros, no sabemos quién va a quedar a cargo o qué sucederá con todos los directores artísticos, si nos dejan o nos despiden. Sólo nos queda esperar.

Recibí una llamada para ir a Canal 2 a ver al señor Alfonso Prado, a quien don Rubén le hablara días antes para estudiar la posibilidad de entrar en el programa *Operación Ja Ja*, de Manuel "El Loco" Valdés. Otra vez conté con la ayuda de don Mario de la Piedra y el señor Prado aceptó que me incluyera en el elenco para seguir cantando las canciones de mi nuevo L.P. Al "Loquito" le gustaba *Sólo una mujer* y a cada rato la entonaba en el programa. Nos hicimos muy buenos amigos. Ahí conocí a Verónica Castro, a su hermana Betty y a su mamá doña Socorro. Verónica y Betty tenían un ballet y salían en el programa todos los días. Desde ese entonces (1969) México entero se prendió de la belleza de Verónica Castro como hasta la fecha y para siempre, pues después todos conocimos sus grandes dotes de actriz y conductora, que la convirtieron en la favorita del público de habla hispana en el ámbito internacional.

En uno de tantos viajes a Córdoba llevé a mi mamá Margarita a conocer a todos allá: la familia de "El Chumo" y sus amigos, que ya también eran míos. Incluso visitamos a algunos familiares nuestros a quienes hacía mucho tiempo que no veíamos, como la tía Elisa, prima de mi abuelo Francisco Ortiz. Teníamos familia en toda la carretera, en Puebla al tío Marcelino Pensado, sobrino de mi abuelita Carmen Pensado; en Banderilla al tío Octavio, del Jardín Lecuona; en Jalapa a la tía Clara Pensado, prima de mi abuelita Carmen, quien también había sido cantante de zarzuela, y en el puerto de Veracruz a todos los Ortiz, lo mismo que en Alvarado y Coatzacoalcos. "El Chumo" nos invitó a conocer a unos amigos muy queridos suyos en la región de los Tuxtlas San Andrés y Santiago en la laguna de Catemaco. Se trataba de la familia Betaza, don Kiko y doña Paulina, que eran los dueños del restaurante La Ola. Con sus hijos Jorge, Gabina y Sandra formaban una familia muy unida y feliz. Me encantó conocer a tanta gente bonita; después de ellos siguieron la abuela doña María, el tío Gaspar Namorado y mucha gente que posteriormente se convertirían en otra rama de mi familia.

De regreso en la capital fui a ver qué sucedía en la RCA Víctor. La compañía en México estaba sujeta a las órdenes que venían de Nueva York, lo mismo que los cambios en el personal de alto nivel ejecutivo. Eso fue lo que me contó mi amigo Jacobo García, quien estaba enterado de los movimientos internos de la compañía ya que llevaba veinticinco años en la empresa. Reinaba una gran incertidumbre entre todos los empleados.

Empezó el mes de octubre y a mí me apenaba presentarme en la RCA, dado que ya hasta me echaban en cara la gran inversión hecha en mi lanzamiento y el poco resultado que se obtuvo. Pero mi mamá tenía razón: algo iba a pasar y pasó. Me llamaron para que fuera de inmediato a conocer una canción que acababa de traer a México el señor Guillermo Infante, quien asistió en representación de RCA México al festival de la canción de Argentina. El señor Infante, alto ejecutivo de la compañía, no sólo demostró su gran habilidad para los negocios, sino también tenía una asertividad y una intuición extremas. Resulta que el festival lo ganó la señora Mirta Pérez, de Venezuela, con una de las canciones más bonitas de los últimos treinta años: *La nave del olvido*, del maestro Dino Ramos, de

Argentina. El olfato del señor Infante fue total pues se trajo a México la grabación de la orquesta de esta gran canción en tono de varón, es decir, la prepararon para que la grabara un hombre de inmediato y así fue. No hice más que llegar a la RCA Víctor y me dijeron: "apréndete esta canción para grabarla lo más pronto posible, con ella ya verás que todo va a funcionar como hemos esperado". La canción se quedaba de inmediato en la mente de quien la escuchaba y en la mía permaneció para siempre.

Esa misma tarde la grabé y quedó muy bien. Después me dieron otra canción que sería la cara B de nuestro nuevo sencillo, que también resultó sensacional: era *Nadie, simplemente nadie*, de Sussy y Momy Fernández, también de Argentina. Dadas las letras de estas canciones ya tenía dos temas más que dedicarle a Lucero. Pero no sólo eso, era el comienzo de algo que ni siquiera imaginaba; yo sólo buscaba resolver nuestra problemática económica en casa, ya me había acostumbrado a la derrota cada vez que intentaba ser solista. Me bastaba con tener trabajo fijo en algún lugar y no andar cantando en la calle; además, los contratos en los cafés cantantes eran por muy corto tiempo. Me urgía resolver la situación porque debía mucho dinero; el negocio de mi mamá sólo daba para comer y para lo elemental: el gas, el agua y el teléfono. Yo me hacía cargo de la letra del coche, la gasolina y todo lo extra.

Mi mamá era una de esas mujeres leonas que cuidan a sus hijos y ven por ellos a costa de lo que sea. No se rendía ante nada. De lunes a sábado atendía su restaurancito y los domingos seguía con el negocio de venta de ropa de la abuelita; si no hubiera sido por eso no hubiéramos sacado adelante la situación. Cuando le llevé el nuevo disquito sencillo, lo escuchó y exclamó muy contenta:

—¡¿Lo ves, hijo?, te dije que algo iba a pasar!

¿Qué quería decir con tanta seguridad? ¿Qué era lo que estaba tan convencida de que estaba por pasar? Sólo recuerdo la fe con que siempre me daba ánimos. Esa noche llegó "El Chumo" y le di a escuchar la canción. Su comentario fue similar al de todos:

—¡Ahora sí! —dijo contento—, prepárate para el gran triunfo. Si quieres te acompaño a ver a Nacho mañana para analizar cuál es el plan a seguir.

A nuestra llegada a la RCA Víctor, todos estaban muy contentos. Constantino Escobar, el director de promoción, me llamó a su oficina.

—Pepe —me instó—, ponte listo para otra promoción grande, esta vez tenemos una gran canción especial para radio. Ahora sólo falta lo más importante, alguien que convenza a los programadores de tocarla; en estos momentos estamos faltos de personal adecuado para trabajar una canción así. Debemos organizarnos.

Hicimos una junta con Nacho, Constantino y Raúl Ortiz, pues la idea de Nacho era contratar a éste como promotor de radio de la RCA. Él era un *relaciones públicas* natural y no se equivocó. "El Chumo" fue la clave para darle vida a *La nave del olvido* en la radio; con su "don de gentes" y su carácter sensacional logró que todos los programadores apreciaran que se trataba de una gran canción, de un gran compositor y de un gran cantante. Fue el mejor defensor de la calidad vocal que había desarrollado con los años y todos quedaron convencidos. Con la ayuda de Chelo Chávez, Enrique Ortiz, Raúl Cervantes Ayala y "El Perrito" Diosdado, entre otros, *La nave del olvido* comenzó a tomar forma. Entró a programación en la época más difícil del año, el mes de diciembre de 1969, cuando sólo se programa música bailable y festiva por las posadas y las fiestas de Navidad y Año Nuevo. Así comenzó a darse a conocer esta gran canción con base en el excelente trabajo de promoción de Raúl Ortiz "El Chumo".

Las llamadas para contratos no se hicieron esperar. Uno de los primeros fue en Acapulco, con el licenciado Anastasio López Sánchez en su restaurante bar El Kashba, en la costera Miguel Alemán, enfrente del hotel Presidente. El licenciado fue gentilísimo conmigo, me hospedó en una casa con alberca y me dio para transportarme un Booggie blanco con un gran letrero en letras góticas en la parte de atrás que decía "José José". En ese sitio estrené *La nave del olvido*. Estuve buena parte del mes de diciembre cantando el repertorio de mi primer disco, *bossa nova* y *jazz*, como siempre con muy buenos músicos: Erasto, Aurelio, Esiquio y el gran Macario Lubianos. Fue algo inolvidable, siempre viviré agradecido con el licenciado López Sánchez por su maravillosa amistad. Regresé el fin de año a casa para pasar las fiestas con mi mamá y mi hermano.

Para enero de 1970 *La nave del olvido* ya era una realidad. De pronto todo empezó a funcionar. La gran estrategia y el esfuerzo desarrollado por "El Chumo" rendía frutos. Raúl había dado todo, a veces casi no dormía ya que éramos muy fiesteros, no salíamos del Run Run y del Rigus Bar. Llegábamos al amanecer a la casa y "El Chumo" sólo se recostaba un rato para luego ir a la radio a continuar la promoción. El sueño se hizo realidad: *La nave del olvido* ya se oía en el país entero. Empezaron a llamar de todos lados para trabajar, de modo que formamos una orquesta con el maestro Chucho Ferrer para poder cumplir con los compromisos. También empezamos a ganar dinero suficiente para cubrir nuestras deudas y al fin nos pusimos al corriente.

Me convocaron para hacer muchas entrevistas de radio. Ya *La nave del olvido* era el nuevo éxito de radio de principio de año. Aún faltaba la televisión, pero enseguida surgió la oportunidad: la gran Olga Guillot iniciaba una nueva serie llamada *La Hora de Olga Guillot*. El productor era Juan Calderón, genio de la producción de programas de televisión, gran comunicador, locutor de radio y televisión, conductor, animador, todo en pocas palabras. Él tuvo a su cargo la dirección del programa de doña Olga. Nos invitaron a Alfonso Ontiveros —mi amigo del bar El Cazador, a quien yo acompañaba en el bajo, que también fue contratado por la RCA Víctor con la dirección de Nacho González y grabó como yo su primer L.P. Yo estaba accesando al éxito un poco antes que él, quien más adelante se convertiría en Guadalupe Trigo, uno de los compositores mexicanos más importantes de la década de 1970 por su aportación a nuestra historia musical— y a mí. Yo estrené en la televisión *La nave del olvido* y él *Qué ciega eres*, una sensacional canción yucateca.

El programa fue un éxito y es que se trataba de Olga Guillot, la cantante de música romántica más grande que ha dado Cuba, con una voz preciosa, llena de poder y matices bellísimos, linda como mujer, con unas manos que también cantan, manos que son el complemento perfecto de su fuerza interpretativa, adorada por el público de España, México, América Central, América del Sur y el Caribe. ¡Qué mejor plataforma de lanzamiento en televisión para dos noveles cantantes! Ella cantaba con nosotros a dueto o a trío nuestras canciones y nosotros a veces las de ella.

Un día se fue de gira y nos dejó a Alfonso y a mí a cargo de su programa. Mientras viajaba tuvimos el privilegio de participar en un escaparate en horario estelar para dar a conocer nuestras nuevas canciones. Estábamos felices, cantábamos todo lo que queríamos. Al regreso de doña Olga, ya *La nave del olvido* estaba en primer lugar de ventas en las listas de Mercado de Discos de don Salvador Suárez en San Juan de Letrán, seguida por el disco de Alfonso Ontiveros. ¿Podíamos pedir algo más que una madrina de lujo en el programa de variedades de lujo de la televisión mexicana?

Algo que es costumbre en el ambiente artístico es visitarnos unos a otros cuando trabajamos, compartir con los compañeros sus ideas, aciertos, sentido del humor, intuición y sensibilidad. Chucho Ocaña me invitó a ver a Mauricio Garcés, Mona Bell, Toño Badú y Hugo Goodman en el Luiggi, centro nocturno y restaurante de mucha categoría, ubicado en Insurgentes Sur, en la glorieta de Chilpancingo.

Era muy grato compartir el humor de Garcés y Badú en su *sketch* sobre la edad de Badú; luego la voz maravillosa de Mona Bell y su musicalidad tan especial. Para cerrar con broche de oro, el humor distinto de Hugo Goodman, quien formaba parte de una camada de grandes cómicos sudamericanos como Lucho Navarro y don Juan Verdaguer. Uno pasaba momentos muy agradables en todo sentido al compartir su espectáculo.

Esa noche coincidimos con Juan Calderón. Lo saludamos y lo invitamos a nuestra mesa; Chucho en ese momento entró al baño y yo me quedé platicando con Juan. A nuestro lado pasó una señora muy guapa y con mucha clase. Juan se levantó, la saludó y me la presentó brevemente:

—Kiki —le dijo—, éste es José José, estamos trabajando juntos en el programa de Olga Guillot; yo soy el productor y él es uno de los cantantes que participan en la emisión.

—Mucho gusto, Natalia Herrera Calles —me dijo con gran amabilidad—, que pasen muy buena noche.

Se despidió y se dirigió a la mesa de Garcés y Badú.

—Qué señora más bonita —le comenté a Juan.

—Sí —contestó y me informó—: es la nieta de don Plutarco Elías Calles, el fundador del PRI, el partido del gobierno en México desde hace muchos años.

En ningún momento presentí el importante papel que esta dama desempeñaría en mi vida.

Yo recibí la orden de seguir grabando para completar lo que sería mi segundo L.P., por cuestiones de estrategia, para no seguir vendiendo discos sencillos sino de larga duración. En febrero *La nave del olvido* ya era un éxito en todo el continente americano. Las ventas aumentaron y la canción se mantenía en primer lugar en la radio seguida por *Nadie, simplemente nadie*, la cara B del sencillo. Volver a grabar fue algo hermoso, pues seguimos contando con el apoyo de don Armando Manzanero y otros grandes compositores. Don Rubén por fin decidió abandonar la RCA Víctor, pero nuestra amistad seguía y sobre todo mi agradecimiento por el enorme impulso que le dio a mi carrera, por recomendarme con tanta gente importante. Gracias a él comprendí que la prosperidad en cualquier tipo de negociaciones se alcanza con las relaciones públicas, más aún en el ambiente artístico.

Una vez terminado mi segundo disco realicé una promoción en el nivel nacional para darlo a conocer. Gracias al programa de mi madrina doña Olga Guillot, donde seguimos disfrutando del éxito que con generosidad compartía conmigo y con Alfonso, me fue posible dar a conocer con mayor rapidez mi nueva grabación. Empezando el mes de marzo *La nave del olvido* ya estaba en los primeros lugares de popularidad en Rusia, Israel, Grecia, Italia y otros países de Europa, así como en Japón. Mi mamá recibió las portadas en los idiomas respectivos con mi fotografía; siempre las conservó entre sus recuerdos más estimados.

La serie de televisión de doña Olga Guillot llegó a su fin y el resultado no podía haber sido mejor: teníamos una canción de escala mundial. Doña Olga despidió su programa y a Alfonso y a mí deseándonos lo mejor del mundo a los dos. En mi caso añadió algo especial antes de cerrar la transmisión.

—Aquí —dijo con emoción—, a través de mi programa te entrego a tu público de México; ellos son los que van a mantener tu éxito y tu carrera, como lo han hecho conmigo durante tantos años. Que Dios te bendiga.

4

Dos

A la semana siguiente me llamaron de la RCA Víctor. Me habían inscrito en el Segundo Festival de la Canción Latina en el Mundo. Las canciones que interpretaría serían *Dos*, del maestro Welo Rivas, y *El triste*, de Roberto Cantoral. Se trataba de la segunda edición del festival iniciado el año anterior, también en México, en el que nuestro país fue representado por las hermanas Núñez y por Los Pianos Barrocos; la vencedora fue Lucecita Benítez, de Puerto Rico, quien en esa ocasión destacó internacionalmente para convertirse en lo que es hasta ahora: La Voz de Puerto Rico. Del mismo modo, el representante de Venezuela, José Luis Rodríguez, quedó colocado para siempre en el éxito constante.

Se prepararon las canciones y nos presentamos a los ensayos en el Teatro del Ferrocarrilero. Vinieron cantantes de todo el continente y de Europa, como Claudio Vila, ganador en cuatro ocasiones del Festival de San Remo en Italia, su tierra. Participaban Francia, Rumania, Portugal, España y Grecia, entre otros países. El evento se convertiría después en el Festival de la OTI.

A inicios de la tercera semana de marzo comenzó la segunda edición del festival y a mí me tocó abrir representando a México con la primera canción, *El triste*, de Roberto Cantoral. Esa noche quedamos en primer lugar y al día siguiente José José, el cantante de *La nave del olvido*, apareció en todos los periódicos: "¡México en primer lugar del Festival Internacional de la Canción!" Esa interpretación inicial que arrojó ese resultado hizo que acaparara la atención de todos los medios de comunicación. Recuerdo la fotografía de los periódicos con el esmoquin negro que usé para la portada de mi disco de lanzamiento como José José y una camisa azul cielo con olanes al estilo de los años de la psicodelia, pero muy elegante. ¡Fue enorme la alegría para todos en mi casa y para mis amigos saber que México encabezaba el festival con *El triste*!

A media semana presentamos *Dos*, de Welo Rivas, una preciosa canción de amor de otro de los grandes compositores mexicanos de talla internacional, con un arreglo de Eduardo Magallanes. Por la parte femenina, México estaba representado por la hermosa voz y la belleza de Matilde con otras dos canciones, cuatro en total, como el año anterior.

Yo llegué esa noche con un traje muy sencillo color marfil y una camisa de olanes grandes azul turquesa. Logré que *Dos* clasificara en tercer lugar; es decir, las dos canciones que interpreté entraron a la final, aunque después sólo pude concursar con una.

"El Chumo" me hospedó muy cerca del Teatro Ferrocarrilero, en las Suites Tecpan de Tlaltelolco, para evitar perder la concentración en todo lo concerniente al festival. Me hacía dormir y ensayar, lo cual funcionó a la perfección. Todo debía salir muy bien debido a la cobertura por televisión en el Canal 2 de Telesistema Mexicano (hoy Televisa). Apenas tres meses atrás arrancaron las transmisiones en el nivel nacional de *Siempre en Domingo*, con mi padrino don Raúl Velasco, programa en el que, en actuaciones previas, presenté *La nave del olvido* y todas mis primeras canciones. Había comenzado para México la gran expansión del Canal 2. Pero la noticia impactante fue que, dada la gran cantidad de países que participaban, la final del festival sería transmitida a todo el mundo por Telestar, el primer satélite mundial de televisión.

Le comenté a "El Chumo" que ya no tenía ropa adecuada para presentarme en la final.

—¿Qué vamos a hacer? —le pregunté, preocupado.

—Tranquilo —contestó, con su acostumbrado optimismo—, le llamaré a mi paisano Javier del Valle. Es un excelente cantante con una carrera establecida y se viste muy bien, déjame ver qué sugiere.

En la noche llegó Javier a las Suites Tecpan con un saco de ter-
ciopelo verde de cuello alto tipo antiguo y una camisa y una corbata
de moño muy elegantes, también estilo antiguo, en color negro.
Después de darnos un abrazo me pidió que me probara el atuendo a
ver si me ajustaba. Me quedó a la medida.

—Correcto, justo lo que pensé, somos de la misma talla. Con mucho gusto te presto mi ropa para que cantes el domingo.

—Gracias, hermano, espero hacer buen uso de estas prendas tan
elegantes —le dije, decidido a cumplir mi promesa.

—Estoy seguro de que así será, Pepe. Aquí te las dejo y nos vemos
el domingo en el teatro.

Raúl le agradeció su fineza y lo acompañó a la puerta.

—Por favor, duérmete —me pidió—, que mañana será un gran
día, ya lo verás.

Ese domingo nos levantamos al mediodía, comimos, nos arreglamos
y fuimos temprano al teatro. Al llegar, nuestro amigo Constantino Escobar, gerente de promoción de la RCA Víctor, nos salió al paso.

—Pepe, te deseo todo lo mejor, mira, toma mi anillo, te lo regalo
—me dijo al tiempo que me abrazaba—, te dará mucha suerte.

Nos dirigimos a los camerinos para vestirme y para que me ma-
quillaran. A las ocho de la noche el Teatro del Ferrocarrilero estaba abarrotado, con luces y micrófonos especiales instalados para la
transmisión a todo el mundo.

Inició la final del Segundo Festival de la Canción Latina en el
Mundo.

Lo que sucedió con *El triste* lo narré en el primer capítulo. No
gané el primer lugar, pero a partir de entonces era el José José del
pueblo mexicano; ¿qué mejor premio podía recibir que ése?

El lunes estábamos citados en la RCA Víctor todos los que partici-
pamos en la final del festival para grabar las orquestaciones de las dos
hermosas canciones que presenté. Durante la mañana la gran orquesta del maestro don José Sabre Marroquín dejó todo listo para que yo

llegara en la tarde a montar la voz. Así quedó conformado el disco sencillo de promoción para la radio: Cara A, *El triste,* y Cara B, *Dos.* Con estas dos canciones daba inicio el repertorio de mi tercer LP.

Después de las bellas experiencias del festival y del triunfo de las dos canciones en la radio me llegó una noticia grata en verdad: "El Chumo" logró comunicarse con Lucero, quien accedió a hablar conmigo. Aproveché para cortejarla otra vez. Sin duda, fue un gran alivio para mi dolor interno incluir en cada disco canciones que tuvieran que ver con mi problema íntimo. Asimismo, era muy hermoso observar que canciones que contaban mi propia historia, interpretadas por mí y convertidas en documentos para la posteridad —como sucede con todas las grabaciones—, se convertían en éxitos tan grandes.

Con gran alegría comencé a frecuentar de nuevo a Lucero. Después de pedirle perdón por mi ignorancia acerca de cómo debe comportarse un novio, reanudamos nuestra relación y una tarde que nos quedamos solos tuvimos nuestra primera experiencia sexual. ¡Qué maravilla iniciar una relación sexual con alguien a quien quieres y que te quiere; para mí fue sensacional, ya lo nuestro era una relación adulta! No podía pedir más: trabajo, éxito y Lucero conmigo otra vez. ¡Me sentía realizado!

Había que seguir la regla de vender discos de larga duración en vez de discos sencillos, de modo que continué la grabación de mi tercer L.P. De nuevo recibí el apoyo de don Armando Manzanero y otros excelentes compositores. Ése fue uno de los discos más vendidos del inicio de mi carrera.

Por mi actuación en el festival fui solicitado de inmediato por los mejores programas. En la radio ya había estrenado mi nuevo disco sencillo y en televisión me invitaron al noticiero del licenciado Jacobo Zabludovsky, que era a las siete de la mañana, una hora un tanto impropia para cantar *El triste*, puesto que la mayoría de los cantantes cantamos de noche, primero lo más fácil y luego lo más difícil. Sin embargo, lo hice con mucho gusto a pesar de la dificultad; a esas alturas ya lo tenía muy bien ensayado.

Fui invitado de nuevo a *Siempre en Domingo* con don Raúl Velasco. Ya para entonces todos conocían *La nave del olvido*, *Cuidado*, *Pero te extraño*, *Una mañana*, *Sin ella*, *Del altar a la tumba* y *Nadie, simplemente nadie*. Ahora estrenaría las canciones de mi nuevo L.P.

Don Raúl Velasco se convirtió en el padrino de mi lanzamiento en televisión en el nivel nacional; ya doña Olga Guillot era mi madrina televisiva y de mi carrera y lo sigue siendo hasta la fecha y para siempre. Con dos padrinos de lujo, cantaba todos los fines de semana en televisión y en la radio estaba programado con varias canciones al mismo tiempo.

Un día decidimos mudarnos de Clavería a San Ángel porque era tal la cantidad de gente que sabía dónde vivíamos que la casa estaba llena todo el día de desconocidos. Nos cambiamos a Privada Cuauhtémoc número 10 en San Ángel; incluso la mamá de Lucero, doña Laura, nos ayudó a decorar muy bonito la cómoda casa de dos pisos, con una recámara para mi mamá, una para mí, otra para mi hermano Gonzalo y otra para "El Chumo", quien trabajaba y vivía con nosotros en compañía de Claudio Mouret, otro de mis amigos más queridos de Clavería, quien también nos ayudaba, sobre todo manejando en carretera para ir a trabajar.

Una vez cumplidos nuestros contratos, Raúl le entregaba a mi mamá lo que cobrábamos, menos su comisión y la de Nacho. Vivíamos bien, fue una época muy bella de tranquilidad, armonía y actividades profesionales.

Ahora sí llovía el trabajo y empezamos a recorrer las ciudades más importantes de la república. Fui invitado a cantar a Estados Unidos en el Hollywood Paladium en Sunset Boulevard de Los Ángeles, California, con la orquesta del maestro don René Touzet, gran compositor cubano quien es el papá de la hija de mi madrina Olga Guillot. Ése fue mi primer gran éxito en Estados Unidos. Para ése, que era mi primer viaje al extranjero, saqué mi pasaporte y preparé la música de mis tres LP. A fines de abril el señor Tony de Marco me invitó al Disco de Oro en Hollywood. Salía por segunda vez a continuar mi carrera en el nivel internacional. "El Chumo" y yo preparamos una maleta para quince días porque después de Los Ángeles viajaríamos a Puerto Rico vía Miami para trabajar en San Juan.

Nacho González nombró a Raúl mi representante, ya que él, al ser mi director artístico dentro de la RCA Víctor, no podía aparecer como tal. Por tanto, después de ser mi promotor de radio, "El Chumo" se convirtió en mi primer mánager. Ahora se trataba de cobrar en dólares y era muy necesario viajar con alguien que supiera cómo manejar el asunto económico con los empresarios, igual que en México, sólo que en otra moneda. En este segundo viaje al extranjero me di cuenta de que ahí también conocían ya mis grabaciones más importantes en radio y televisión.

Los organizadores del evento nos recibieron con mucho cariño, nos hospedaron y dijeron a qué hora pasarían por nosotros para ir a la entrega de premios. Raúl fue al ensayo mientras yo dormía un rato en la tarde y al caer la noche nos transportaron al Sports Arena. Transcurrió el evento y al llegar mi turno subí al escenario a cantar *El triste*. Al terminar la interpretación anunciaron que ese año –1970– yo ganaba el Disco de Oro de Hollywood y que me lo entregaría una nueva estrella del cine nacional mexicano llamada Anel. Subió al escenario una pelirroja muy bonita y me entregó el premio, bajamos y nos llevaron a los camerinos. Al terminar el evento, Raúl y yo recogimos la música y nos preparábamos para regresar al hotel cuando nos invitaron a una fiesta en casa de Teddy Fregoso.

—Ve tú si quieres —me dijo Raúl—, yo me voy a dormir. Estoy muy cansado y mañana nos vamos a Miami muy temprano, recuerda que hay que transbordar a Puerto Rico.

Raúl partió y a los demás nos acomodaron en los coches destinados para subir a las residencias de Hollywood donde vivía Teddy Fregoso. A mí me tocó en el asiento de atrás junto a Anel y platicamos durante el trayecto, que sería largo.

Me contó que nació en México y luego vivió en Tijuana y en Los Ángeles, donde creció. Ahí ganó un concurso de Miss México de Los Ángeles, lo que le brindó la oportunidad de regresar a la capital mexicana a hacer carrera en el modelaje y luego en el cine. Como dije, era muy bonita, pero lo que más me gustó fue el color de su piel, como canela oro, algo bello en verdad. Con unos tragos encima tomados en el camerino, me armé de valor y le pregunté:

—¿Me dejas darte un beso en el brazo?

Ella accedió y besé su brazo. Sólo quería saber qué se sentía tocar esa piel tan bonita.

Llegamos a casa de Teddy Fregoso, quien era un personaje súper agradable, siempre alegre y bromista. Locutor y productor de radio, tenía una radiodifusora muy conocida. Además, era compositor; escribió una canción muy famosa y bella, *Sabrás que te quiero*, misma que yo grabaría años más tarde. Todos nos dispersamos por la casa que era enorme y de varios pisos. Ahí conocí a doña Katy Jurado, la gran actriz mexicana del cine estadounidense, preciosa y muy amable. Me encantó. Estaba también Lucha Villa, la estrella de la canción ranchera, y diversos artistas como Cuco Sánchez, inmenso compositor muy querido por todos, y el gran Tito Guízar. Don Tito era un icono de la canción y del cine en español que cantó ópera en sus años mozos; me causó una muy grata impresión conocer a otra gran estrella de Hollywood. Conversamos un rato acerca de la ópera; luego se levantó, me dio un abrazo y me deseó mucha suerte. Fue un gran honor conocerlo. Todo esto ocurría en el piso superior, donde había una especie de kiosco muy grande, con comida, bebida y música de mariachi. La pasamos muy bien.

Miré el reloj: era imprescindible que regresara a hacer la maleta para llegar a tiempo al aeropuerto. Descendí de las alturas de la casa y al llegar abajo encontré a Anel otra vez; ambos buscábamos cómo volver al hotel en alguno de los coches que llevaban a los invitados. Estábamos de pie esperando cuando apareció un hombre alto y muy fuerte.

—Ven, ven —dijo ella, temerosa—, ayúdame a esconderme, ¡pronto!

Yo no entendía qué pasaba. Ella se dirigió a donde había varios autos estacionados y al acercarse el hombre se ocultó debajo de uno de ellos. Yo quedé petrificado. El hombre observó el estacionamiento unos momentos y luego se alejó.

—¿Ya se fue? —me preguntó.

—Sí —contesté, aunque sin saber por qué.

Ella salió de su escondite y me dijo:

—No quiero que me vea porque vengo con él, él me trajo, ojalá vengan por nosotros rápido.

Providencialmente regresó uno de los coches, al cual subimos de inmediato y el hombre no la vio. Al llegar al hotel me invitó a su habitación. Yo estaba sorprendido, ya que apenas si nos conocíamos. Yo viví expuesto a un modelo de educación femenina muy difícil de superar: mi madre, doña Margarita. En mi vida todo era a la provinciana, con un respeto increíble hacia los demás, como ella me enseñó: "¡Buenos días, don Juan!", al señor jardinero y éste le contestaba "¿Cómo está, doña Margarita?"; "¡Buenos días, don Pedro!", al señor de la basura, "¿Cómo está usted, doña Margarita?"; "¡Buenas tardes, don Sergio!", al señor zapatero, "¡Buenas tardes a usted, señora Margarita!", "¡Qué tal, Pepito!", si iba yo con ella. Así era con todos, así crecí. No tenía hermanas, pero sí primas a quienes observar, además de las hermanas de mis vecinos y amigos, todas señoritas de su casa, y qué decir de mis tías, las hermanas de mi papá, ¡el día entero en la iglesia!

Como todo en la vida, siempre hay una primera vez y de repente, gracias al coñac toda mi timidez desapareció y acepté entrar a su cuarto. ¡Cuál no sería mi sorpresa al darme cuenta de que sólo traía el vestido encima! Se despojó de lo único que la cubría y me invitó a la cama. Una vez ahí, justo cuando deberían haber empezado los escarceos, se abrió la puerta y entró una rubia con un señor también muy fuerte y canoso, quienes pasaron al baño de inmediato. Desde luego, nosotros no hicimos nada en absoluto, pues en mi vida había enfrentado una cosa así.

—¿Quién es? —le pregunté, azorado.

—Es una amiga, mi compañera de cuarto, también vino a entregar un premio.

—Y ese señor ¿quién es? —inquirí una vez más.

—Es el hermano del que viste en el estacionamiento, de quien tuve que esconderme, no quería que me viera contigo. Es que ellos nos trajeron, trabajan en una compañía de discos.

Poco después el señor se fue y la rubia se metió a la cama junto a mí. Anel fue al baño y su amiga me dijo en forma directa: "Qué bueno que se fue porque yo quiero contigo" y se pegó a mí, desnuda. A cualquiera le hubiera dado mucho gusto, pero yo, que era primerizo en esas lides, no atinaba qué hacer para entender a estas muchachas tan liberales. "Una se esconde del señor con quien vino para invitarme a su cuarto, y la otra, después de atender a quien la trajo, me dice que quiere conmigo, ¡qué mujeres tan modernas!" –pensé–. La verdad es que la rubia, quien también era muy bonita, sólo llegó a interrumpirnos, me dio unos besos en el oído y se quedó dormida pues ya había tomado mucho. Anel regresó del baño y me preguntó:

—¿Qué te dijo mi amiga?

—Que quiere conmigo —le contesté.

—¡Ah, qué mi amiga, no cambia! —dijo y se metió a la cama junto a mí.

Ahí permanecimos un buen rato muy incómodos; yo no sabía qué hacer en medio de las dos. Ella tomó la iniciativa y para poder intimar tuvimos que acostarnos en el suelo. De repente comenzó a amanecer y yo me marché para hacer la maleta; era hora de salir hacia el aeropuerto con "El Chumo".

5

Alguien vendrá

Llegué a mi habitación y levanté a Raúl. Preparé la maleta y salimos al aeropuerto a tomar el avión rumbo a Miami; ya en el vuelo nos dieron de almorzar y nos preguntaron si queríamos tomar algo.

—Sí, por favor —contesté—, deme un ron con Coca Cola sin hielo. ¿Y tú, Raúl?

—Un refresco de cola con hielo —pidió.

—Pero ¿por qué siempre tomas refresco?, tómate una copa conmigo —lo invité— para celebrar todo lo bien que nos ha ido. Mira, ahora ya vamos al Caribe a proyectar la carrera, esto hay que celebrarlo.

—Es que yo no tomo —explicó.

—Pero ¿qué te va a hacer una copa? —insistí—, sólo quiero brindar contigo aunque sea una vez. Siempre que vamos juntos por acá y por allá todos brindamos y tú, siempre refresco. Ándale, acompáñame —y lo abracé.

—Bueno, señorita —le dijo a la aeromoza—, deme un brandy con Coca Cola y hielo, por favor. Voy a acompañar a mi amigo que está muy contento.

Tomamos la copa y, brindando por el éxito, le dije:

—Hermano, gracias por tu ayuda, sin ti nunca hubiera logrado nada.

—No, Pepe —me dijo con cariño—, tarde o temprano iba a pasar algo muy bueno porque cantas muy bonito. Es sólo que hay que luchar, buscarle y seguir los lineamientos establecidos para que las cosas ocurran, ya luego hay que darle mantenimiento a lo que se consigue. Tú también has trabajado muy fuerte y lo estás haciendo muy bien, así que ¡salud!

Terminamos la copa y le dije:

—Raúl, voy a dormir un rato, desde ayer no he descansado y trabajamos toda la semana. A ver si llegando a Puerto Rico nos tomamos aunque sea dos días antes del debut el fin de semana. Hasta el rato.

—Está bien, duérmete, a lo mejor yo también hago la siesta.

Cuando la aeromoza me despertó para el aterrizaje me llevé la sorpresa de mi vida: "El Chumo" estaba con una copa en la mano alcoholizado por completo, tranquilo pero bebido. Siguió tomando mientras yo dormía. "Bueno —me dije para tranquilizarme—, agarró la copa, está bien; si alguien lo merece es él, que es quien más ha trabajado."

Bajamos en Miami. Le dije que se pusiera mis lentes oscuros y se sujetara muy bien de mí, pero al presentarnos al otro vuelo lo vi tan tomado que decidí que lo mejor era quedarnos un día a descansar para que se le bajaran las copas. "Al fin —pensé—, hoy es lunes y el *show* es hasta el viernes, ahora mismo hablo a Puerto Rico para avisar."

Salimos a la calle y me dijo que le pidiera al taxista que nos llevara a una dirección que sacó de una agenda. Llegamos a un hotel que era muy modesto, pero para una noche estaba bien. Nos hospedamos y lo acosté a dormir, hice la llamada a Puerto Rico y por pura precaución les dejé dicho dónde estábamos. Después me acosté a dormir.

Ya entrada la noche me levanté. Tenía hambre y curiosidad de saber cómo se sentía Raúl. En el suelo de la puerta de su cuarto había un papel con una nota: "Te espero en el Montmartre de la calle Coral Way (número y teléfono), pregunta por Fiñe, el trompetista". "No puede ser, se salió —me dije—, bueno, ha de haber ido a saludar a sus amigos, como dijo que conocía a varios músicos aquí... lo alcanzaré." Llegué al lugar y pregunté por Fiñe.

—Justo está tocando ahora —me informaron—, pase usted.

Entré y vi a Raúl en una mesa con varios amigos y una botella de brandy, otra vez estaba tomando. Me abrazó con mucho cariño y me presentó; luego señaló el escenario para enseñarme a sus otros amigos. Terminando la canción que tocaban mencionaron mi presencia y, obviamente, tuve que cantar algo para la audiencia. Enseguida regresé a la mesa y le dije:

—Raúl, vámonos porque mañana viajamos a Puerto Rico.

—Está bien —aceptó.

Pagó la cuenta y regresamos al hotel, eran las doce y media, todavía temprano.

—"Chumo" —le advertí—, te llamo a las ocho de la mañana para que lleguemos con tiempo al aeropuerto; duérmete y descansa.

—Sí, hermano, no te preocupes —me aseguró.

Hasta ahí todo me parecía normal, que Raúl se levantara, fuera a visitar a sus amigos y se enfiestara otra vez era lógico después de tanta seriedad y profesionalismo todo este tiempo. Lo que sí me preocupaba es que yo ya empezaba a llamar la atención en todos lados gracias a la radio y la televisión y teníamos que estar bien. Claro, en aquel tiempo los medios de comunicación no eran lo que son ahora, pero el Telestar y su transmisión del Festival de la Canción me habían hecho famoso en todo el mundo de un día para otro.

Me levanté a las ocho de la mañana y le llamé a Raúl. No respondió. "Ah, caray! —me dije—, estará bajo el volumen del teléfono." Fui a su habitación y tras mucho tocar tampoco respondió. Pensé que estaría bañándose y le pedí a la recamarera, quien hablaba español, que me abriera la puerta para despertar a mi amigo. Cuál no sería mi sorpresa al descubrir que adentro sólo estaban sus cosas. Había salido otra vez. Supuse que sentiría hambre y estaría en la pequeña cafetería del hotel. Bajé a buscarlo y al no encontrarlo fui a la administración a preguntar por él. El encargado me informó que su hora de entrada eran las siete de la mañana y no lo había visto.

—Quizá salió en la madrugada. ¿Dice usted que ahí están sus cosas y que conoce la ciudad? No ha de tardar en volver —me aseguró—, aquí nadie se pierde.

—Sí, gracias, por favor comuníqueme a Puerto Rico a este número —le pedí.

A pesar de sus palabras, me sentía inquieto. Volví a posponer la llegada y me dijeron que no había problema, que debía estar ahí a más tardar el jueves al mediodía para el ensayo.

—No se preocupe, allá nos vemos —le dije al empresario y me despedí.

Ahora sí ya no me funcionaba la lógica. Que tomara en el avión y después de dormir toda la tarde fuera a ver a sus amistades era de lo más natural dado el gran número de amigos que "El Chumo" tenía por doquier; una vez más lo comprobé al ir a buscarlo al cabaret: todos estaban muy contentos de saludarlo después de tanto tiempo y ahora que regresaba con José José, mucho mejor. "Eso es lo que pasó —imaginé—, alguien del grupo de desvelados del Montmartre debe haberlo invitado a desayunar y no ha de tardar." Subí a su cuarto a acabar de arreglar sus cosas para estar listos por si llegaba de prisa. Dieron las nueve, las diez y "El Chumo" no aparecía. Pensando que habría ido al aeropuerto a encontrarse conmigo —aunque no entendía por qué no me dejó un mensaje—, lo único que se me ocurrió fue pedir un taxi y trasladarme hacia allá con las maletas.

En Eastern Airlines siempre había mucha gente. Busqué a Raúl por todos lados y no lo encontré. Tuve que cambiar otra vez la reservación para el otro día, o sea, para el miércoles. Ahora sí estaba preocupado de verdad, algo sucedía, Raúl no era así. Debía encontrarlo a como diera lugar; teníamos un compromiso muy grande: mi debut en Puerto Rico en el hotel Condado. Regresé al mismo establecimiento con la ilusión de encontrarlo de vuelta y ¡nada! Me registré otra vez para tener dónde esperar a "El Chumo" y la llegada de la noche por si fuera necesario ir a buscarlo al cabaret otra vez; para ser exactos, eso era lo único que me quedaba por hacer.

Pasé una tarde terrible, perdí el apetito y no pude conciliar el sueño. Se me hizo eterno esperar. Todos suponían que estábamos en Puerto Rico y no quise llamar a México para no preocupar a nadie. Ahora no sabía qué hacer. Podía ir solo a Puerto Rico, al fin y al cabo yo tenía la maleta de la música y la ropa de actuación, pero ¿y si le había pasado algo a Raúl? ¿Cómo dejarlo ahí? Mucha gente hablaba español, pero con sólo levantar la bocina quedaba paralizado, no entendía nada en inglés, mi inglés servía para cantar de oído, mi oído músical cantaba en ese idioma, pero no hablaba casi nada. ¿Cómo preguntar si estaba en un hospital o localizar a una persona perdida en una ciudad de ese tamaño?

Por fin llegó la noche y me dirigí al Montmartre a ver si estaba ahí Raúl con sus amigos. Al llegar con Fiñe me dijo con extrañeza:

—Pero si Raúl se fue contigo anoche, ya los hacíamos en San Juan; ¿qué fue lo que pasó?

Después de contarle comentó:

—Ven, vamos a hablar con Freddy, el que toca las congas. Él puede darnos información de la gente que lo conoce aquí en Miami.

Sin embargo, Freddy nos dijo que del único que sabía era de Amado, el pianista que tocaba ahí mismo.

—No sé —dijo Amado al llegar—, pero tal vez los otros amigos que estaban en la mesa con él la noche anterior lo hayan visto.

Gracias a Dios, Amado tenía el número de uno de ellos.

—"El Chumo" —nos informó éste— quedó en ir a visitarnos a otro cabaret donde trabajamos cuando regresaran a Miami, pero más bien vino anoche, bebió con nosotros y cuando cerraron nos dijo que ya se iba al hotel para abordar el avión al otro día.

—¿Se fue solo o acompañado? —le preguntamos.

—Solo, tomó un taxi de los de aquí afuera y se marchó.

—Pues nunca llegó, hermanos —intervine—, lo busqué por la mañana y no estaba, sólo sus pertenencias. Por cierto, él debe traer su pasaporte ya que no lo encontré.

Freddy, Amado y Fiñe también se notaban perturbados.

—No te preocupes, José —pretendió tranquilizarme Amado—, "El Chumo" es así cuando parrandea. Yo lo conozco hace mucho y siempre regresa; además, ya les pedí a los muchachos que si vuelve por allá hoy en la noche nos avisen de inmediato.

Me intrigaron las palabras del pianista.

—Dijiste que conoces a Raúl de tiempo atrás y que cuando se enfiesta se pierde pero que regresa siempre.

—Así es —me reveló—, cuando agarra la parranda la agarra en serio, pero luego se calma.

—Pero si yo nunca lo había visto tomar —protesté, más intrigado aún—, en un año que tengo de conocerlo nunca bebió una copa en ningún lado.

—Así es él cuando trabaja —me dijo Amado—, es muy responsable, pero cuando está de fiesta duramos días y luego se tranquiliza.

Eso me serenó un poco. Como sabía de sobra que teníamos un compromiso, seguro aparecería a tiempo. Con razón, ahora entendía por qué no tomaba; trabajábamos mucho y no se arriesgaba. "Total —pensé—, ésa es su forma de tomar, fuerte y luego nada." Cada quien su estilo; por ejemplo, yo tomaba todos los días y no me pasaba nada, y a veces fuerte y varios días, pero luego volvía a beber normal. "Eso es lo que sucede —me expliqué—, hacía tiempo que Raúl no tomaba y se está dando vida, como él dice cuando nos lleva a los cabarets después de los *shows*."

El administrador del hotel me dio la buena noticia:

—Ya llegó su amigo, le di la llave de su cuarto y está dormido.

—Gracias —suspiré, aliviado—, ya me tenía preocupado.

Al día siguiente nos levantamos a las ocho de la mañana para ir al aeropuerto y Raúl se estaba muriendo de la resaca.

—Come algo —le dije—, así te compones.

—No me entra nada —contestó—, necesito una cerveza.

—*Okay* —acepté—, báñate y yo te traigo la cerveza de allá abajo.

—¡Que sean dos, por favor! —me gritó cuando ya iba de salida.

Le subí las dos cervezas, nos acabamos de arreglar, pagamos y nos pusimos a platicar.

—Me tenías angustiado —le dije, en tono un tanto recriminatorio.

—Perdóname, Pepe, no podía dormir y salí hacia el cabaret donde tocan mis otros amigos, que cierra más tarde. No te llamé porque perdí la llave del hotel, que es donde venía el número. Al salir fui a visitar a un amigo que tiene un restaurante que abre toda la noche y tomé unas copas con él. Luego me invitó a su casa y seguimos con la bebida y la charla, recordando nuestras aventuras. Al amanecer me invitó a descansar en la habitación de su hijo mayor que ya se había ido a la escuela. Me despertó a las doce de la noche cuando tenía que salir para el restaurante pues él lo atiende de noche, le pedí que me viniera a dejar y me dieron la llave. Otra vez, perdón, olvidé decirle lo de Puerto Rico a tiempo, pensé que iba a hacer tan sólo una siesta pero me quedé dormido.

Mientras Raúl tomaba su otra cerveza y llegaba el taxi, yo llamé a Puerto Rico para avisar que saldríamos hacia allá. En el vuelo volvimos a dormir después de desayunar algo. Antes de aterrizar nos peinamos, nos lavamos la cara y nos pusimos perfume para enfrentar a los fotógrafos que nos dieron la bienvenida en compañía del empresario, el señor Tony Chiroldi. A Raúl le volví a poner mis lentes oscuros. Ya en el hotel Condado nos dieron los horarios: el jueves en la mañana un programa de televisión y en la tarde el primer ensayo con la orquesta; el viernes, ensayo general en la tarde y el primer *show* a la medianoche. Nos registramos, nos dieron las habitaciones y Raúl dijo:

—Me voy a descansar para estar listo para mañana.

—Muy bien, hermano.

—Si tienes hambre pide que te suban algo de comer, aquí todos hablan español —me aseguró—. Nos vemos mañana a las doce.

El jueves le llamé a "El Chumo" a su habitación para invitarlo a desayunar y no me contestó. Sentí algo en la boca del estómago que no me gustó. "Tranquilo —me dije—, no pienses mal, se está bañando." Acabé de arreglarme, volví a marcar y tampoco contestó. Pensé que ya estaría en el restaurante esperándome. Bajé y nada. Entonces empecé a ser presa otra vez de la inquietud. En la administración me dijeron que ahí estaba su llave, que había salido en la noche y un taxi lo llevó del hotel al Viejo San Juan y aún no regresaba. "¡Oh, no, Dios mío, no, por favor, otra vez no! Aquí no conocemos a nadie, ¡qué problema!" Desayuné para estar listo y vinieron por mí para ir a filmar uno de los programas estelares de Puerto Rico, el programa de Lissette Álvarez. En la Isla del Encanto conocí a esta gran dama de la canción, bellísima y súper joven. Era una jovencita que ya había triunfado en una tierra donde abunda el talento, que a ella le sobraba. El programa era estelar y así fui presentado en Puerto Rico por una gran estrella.

Como se retrasó la grabación tuve que llamar al hotel para que alguien de la oficina del señor Chiroldi pasara a recoger la música y la revisaran los músicos, pues Raúl no aparecía todavía. Llegué en la noche después de la grabación y nada, ninguna señal de mi amigo. Lo único que me tranquilizaba era que traía el dinero de los gastos, pero a la vez eso le daba la oportunidad de hacer lo que quisiera. Yo no tenía problema pues estaba cubierto por la empresa, pero Raúl ¿dónde andaría?, ¿por qué desapareció de nuevo?, ¿qué le sucedía que se comportaba de esa manera?

Después de una noche llena de inquietud me levanté tarde para el ensayo general. Hablé a la administración para preguntar por Raúl y me dijeron que había llegado hacía dos horas. Lo trajeron dos personas en un coche, venía con tragos y subió a su cuarto, pero ya estaba en el salón esperando a los músicos. Bajé y lo encontré charlando con el pianista. Los músicos empezaban a llegar y se estaba preparando todo: el sonido: la luz y la música.

—¿Qué pasó, Raúl, dónde te metiste? —le pregunté, sin querer parecer molesto.

—Por ahí —contestó, como si nada fuera de lo normal sucediera—, fui a conocer el Viejo San Juan, no sabes qué bonito es. Después del *show* te llevaré.

Traía un vaso en la mano. Simplemente no era la misma persona que conocía, estaba muy tomado. Sin embargo, el ensayo quedó muy bien, dado que tanto él como yo conocíamos la música a la perfección. Estábamos listos para el debut a la medianoche, así que le pedí:

—Raúl, por favor, come algo y vete a dormir para que estés bien en la noche.

—Sí —me dijo—, tranquilo, pídeme algo de comer allá arriba. Nos vemos en la noche; tú también ve a descansar la voz.

Al menos Raúl ya estaba otra vez conmigo, pero me inquietaba mucho verlo en ese estado. Me resultaba difícil vivir todos estos acontecimientos. Después de reposar me levanté a las diez de la noche. Había comido muy bien antes de dormir, así que pedí un coñac doble y me arreglé. Bajé al salón vestido de esmoquin buscando a Raúl, quien otra vez no estaba en su cuarto. Sin embargo, andaba abajo viendo que todo estuviera en su lugar. Todavía se notaba que no estaba del todo bien.

—Por favor —le pedí encarecidamente—, que no te vean así las personas del hotel.

—No hay problema —fue su respuesta—, voy a estar en una mesa con mis amigos.

—¿Qué amigos? —le pregunté. No pude evitar alarmarme un poco.

—Los del Viejo San Juan, me están esperando en la mesa, los invité. Te veo después del *show*.

A las doce de la noche en punto, con el lugar lleno, salí para comenzar el espectáculo y ¡oh sorpresa!, Raúl en primera fila en mesa de pista junto a sus dizque amigos, que lo eran de ocasión. Me aplaudió de pie y, como es lógico, todos se dieron cuenta. Yo, como siempre, tenía bien preparadas las canciones y el *show* comenzó a fluir con la aceptación unánime del gran público de Puerto Rico y con ovaciones de pie de Raúl y sus amigos al terminar cada canción. Yo era el apenado, sobre todo por la empresa porque la gente en Puerto Rico es educadísima y tratan al artista con un gran respeto.

A la mitad del *show* oí que pidieron otra botella en la mesa de Raúl; su algarabía iba en aumento. Él estaba feliz, no se daba cuenta de que llamaba la atención; les decía a todos en la mesa: "Fíjense lo que va a hacer aquí, cómo aguanta la nota y luego el agudo con el mismo aire, ¡es el mejor!" y gritaba "¡Bravo!" Ya casi al final él y sus amigos eran el *show*; la suya era la mesa más entusiasta.

Le di las gracias al público por la gentileza de su amable presencia y canté *La nave del olvido*. Al terminar todos los asistentes se pusieron de pie y me pidieron que interpretara una canción más. "Por supuesto que sí, mis amigos queridos —les dije—, muchas gracias por venir a ésta su casa" y saqué mi as bajo la manga: faltaba *El triste*, mi canción más importante. Cuando terminé, otra vez el público me ovacionó de pie. Me retiré al interior del escenario y entre telones observé a Raúl, quien, eufórico, seguía aplaudiendo. Con cariño, los asistentes se acercaron para tomarse fotos conmigo y pedirme autógrafos; todo lo hicieron con amabilidad y muy en orden, con una gran clase como siempre.

Mientras los atendía, con gusto me volví para ver qué sucedía en la mesa de Raúl. Ya no estaba. Tampoco lo encontré en el vestíbulo, donde hubo otra sesión de fotografías y firma de autógrafos. Tan pronto pude fui a los teléfonos del hotel y llamé a su habitación. Para variar, no contestó.

Salí al frente del hotel y pregunté al portero si había visto salir a unas personas, de quienes le di santo y seña. Me comunicó que, en efecto, se marcharon en un coche con el señor Raúl.

"¡No puede ser! —me dije—. Pero ¿por qué?" Triste y preocupado, me dirigí al salón a recoger la música; ya estaban tocando música para bailar, todavía había mucha gente; fue muy buena la noche para la empresa.

Una vez completa la maleta de la música me dirigí al elevador y me alcanzó uno de los empresarios del hotel.

—Un momento, por favor, el señor Chiroldi quiere hablar con usted.

Se acercó don Toni y me felicitó.

—José —añadió—, todo va muy bien, ya está lleno para mañana sábado y quiero avisarte que en vista del éxito obtenido abrimos otro *show* en el Club de Yates en La Laguna para el domingo al mediodía.

—Excelente —contesté—, qué gran alegría me da saber eso.

—Hablé con el señor González para avisarle y todo está bajo control, está de acuerdo y me dijo que mandaría a otra persona para que le ayude.

Apenas pude darle las gracias y me retiré más triste aún. Era obvio: Nacho estaba enterado de lo de Raúl, era imposible que no lo notaran. ¿Qué pasaría ahora? ¿Quién vendría? Y ¿qué sería de mi amigo?

Transcurrió el sábado y de Raúl ni sus luces. Tuve otra gran actuación en el cabaret. Los empresarios del hotel Condado estaban felices, mi primera presentación en Puerto Rico era un éxito total. Temprano esa misma noche llegó de México Guillermo Zetina, quien formaba parte de Orbivox, empresa a la que Nacho González le encomendó que se hiciera cargo de mi carrera. Era un joven muy agradable, hijo del gran actor don Guillermo Zetina. Nos hicimos amigos de inmediato. Enterado de lo que sucedía, él también estaba preocupado pues sabía cuánto significaba Raúl para mí.

—No te alarmes, ya verás que lo vamos a encontrar. Nacho me pidió que te contara algo: Raúl no tomaba porque estaba "jurado", que es cuando alguien que toma mucho le promete a la Virgen que no volverá a hacerlo por un tiempo determinado o para siempre, depende de cómo le afecta la bebida.

"Entonces era por eso que 'El Chumo' no tomaba y yo le hice romper su promesa. Dios mío, perdóname, qué gran error he cometido sin saber" —pensé.

—Nacho quiere que te tranquilices —agregó Guillermo, intentando hacerme sentir bien—, que termines tu contrato y luego en México él te explicará cuál es la idea de que la compañía a la que pertenezco te represente.

Terminando el *show* me avisaron que Raúl había llegado mientras yo cantaba, que vino solo en un taxi, en muy mal estado. Le pedí a seguridad que me abrieran pues Raúl no contestaba el teléfono. Lo encontré tirado en el suelo en ropa interior, tal vez se había caído de la cama. No acertaba a comprender qué le ocurría. Debía avisarle que el día siguiente tenía que irse a México, pero no hallaba cómo hacerlo ya que estaba desmayado, no reaccionaba con nada. "¿Qué hago, Dios mío?" —me cuestioné, preso de la angustia. Mi impotencia era total, mi mejor amigo, mi hermano en esas condiciones. Me invadía una tristeza profunda, una mezcla de dolor e incertidumbre, de culpa y preocupación por haberlo invitado a celebrar conmigo en el avión. Yo ignoraba lo que podía pasar con las personas que están juradas ante la Virgen, que es la única forma en que controlan su forma de beber. Él me enseñó a ser todo un caballero y ahora yacía inconsciente en el suelo por los efectos del alcohol, incapaz de escucharme. No pude subirlo a la cama, así que me limité a taparlo y dejarlo ahí.

Le conté lo sucedido a Memo Zetina y su reacción fue un alivio para mí.

—No tengas cuidado, tú ve a descansar porque mañana cantarás temprano. Dejémoslo dormir para que se reponga, yo luego vengo a ayudarlo a arreglarse y lo llevo al aeropuerto. Para eso estoy aquí, para ayudarte en todo lo que sea necesario.

Así fue, al otro día cuando yo salí a cantar, Raúl ya viajaba rumbo a México. Lo mismo hicimos nosotros el lunes temprano, después de agradecer a Toni Chiroldi por habernos presentado en su hermosa tierra. Desde ese entonces —abril de 1970— he seguido yendo a Puerto Rico hasta la fecha.

6

Sólo una mujer

Al llegar a México nos presentamos en la oficina de Orbivox, agencia de publicidad situada en la colonia Roma. El dueño, a quien todos le decían "El Pelón" Peraza, originario de Mérida, Yucatán, era amigo de Nacho. La compañía contaba con dibujantes, diseñadores, agentes de ventas y, desde luego, un contador. Llevaban varias cuentas, pero los noté muy entusiasmados con mi llegada. "El Pelón" era un hombre alegre y muy astuto para todo tipo de negocio, según me dijeron. También tenía que ver con los deportes y la publicidad en general.

Fue cariñoso conmigo desde el inicio de nuestra relación. Me trató como si fuéramos amigos de tiempo atrás. Teníamos varias cosas en común; era bohemio como casi todos los yucatecos que conocía por medio de Nacho: Luis Demetrio, Manuel Merodio, Los Montejo, Coqui Navarro y su hermano "Pito Loco", Juan Acereto, Alfonso Ontiveros y, sobre todo, Armando Manzanero. Le gustaba comer y vivir bien, vestía con elegancia y era muy simpático.

Orbivox y la RCA Víctor, donde Nacho seguía siendo director artístico, organizaron una gran campaña de promoción para apoyar mi carrera en México y el extranjero. Imprimieron muchas fotografías y pósters con la leyenda Orbivox en una esquina, mi nombre y los títulos por promover. Las fotografías tamaño postal para los autógrafos tenían al reverso de mi imagen un sello que decía "José José", como si las hubiera firmado yo, pero la gente no las aceptaba, así que tenía que firmarlas yo personalmente.

La RCA Víctor me llevó a hacer labor de promoción de radio y televisión, con la orquesta del maestro Chucho Ferrer, a las ciudades más importantes de la República Mexicana: Guadalajara, Monterrey, Veracruz, Ciudad Juárez, Tijuana, Mexicali, Mérida y otras. Seguí viajando al extranjero: San Antonio, Houston, Chicago; regresé a Los Ángeles al Hollywood Bowl con la orquesta de Eddie Cano, un gran pianista de *jazz*. Este lugar es mundialmente famoso, dado que se trata de una concha acústica situada debajo de las montañas hollywoodenses. Se celebraba el festival de verano de Hollywood y me sentí honrado de compartir con artistas de la talla del señor Bob Hope, Desi Arnaz, don Fernando Lamas, Trini López y una jovencita con una linda voz llamada Vicky Carr.

Fue algo excepcional. Me tomaban en cuenta los señores empresarios estadounidenses. Fui muy bien recibido por el público y cantando en español; después pensé que hubiera sido bueno hacerlo en inglés, pero las grabaciones que estaban de moda en la radio eran *La nave del olvido* y *El triste*, las cuales se tradujeron al inglés tiempo después. De ahí viajamos a Dallas, Phoenix y Miami, Florida.

En la gira siguiente, el empresario don José Gómez me brindó la oportunidad de conocer el país donde radican las personas más educadas del mundo: su tierra, República Dominicana. Canté en el hotel San Gerónimo, en el Monaloa y en una escuela para señoritas. Además, tuve el gusto de conocer al señor don José José, quien era papá del doctor Julio José Santana, de quien me hice buen amigo. El apellido de ellos era José y don José desde entonces –1970– me permitió ser su amigo y su cliente, ya que era un excelente peluquero y barbero de la capital, Santo Domingo. Mi primera serenata en República Dominicana fue para Carmelita, la novia de Julio, quien a partir de entonces ha sido mi médico en su tierra. Siempre conté con el cariño de toda su familia y de otro amigo entrañable, el teniente Puente, quien tenía a su cargo mi seguridad. Y es que, aunque parezca increíble, las niñas eran tremendas y se atrevían incluso a entrar a mi habitación cuando estaba dormido para tomarme fotos a escondidas. Aunque se trataba de travesuras de muchachas de alma blanca, el asunto es que yo necesitaba dormir de día para trabajar de noche.

En otro viaje a Los Ángeles me acompañó "El Pelón" y me llevó a Tuxedo Center, una tienda especializada en esmoquins y ropa de etiqueta. Ahí compramos trajes muy bonitos de trabajo, muy finos; todavía conservo algunos y sigo comprando ahí mi ropa para mis *shows*.

Debido al éxito obtenido con *La nave del olvido* y *El triste*, me hice acreedor a recibir la presea más alta otorgada por la RCA Víctor a sus artistas: el Nipper de Oro. Era el reconocimiento por las altísimas ventas logradas. Joe Vías, nuestro gerente, me hizo entrega de dos de ellos, uno por cada canción. Ese día conocí a don Pedro Vargas y a don Miguel Aceves Mejía, quienes fueron invitados a la ceremonia. Fue un gran honor conocerlos. Ambos me aconsejaron que vocalizara diario, como era su costumbre, para durar trabajando muchos años al igual que ellos. Yo no sabía nada de vocalización dado que nunca pude estudiar, pero les di las gracias por su consejo tan valioso. Al terminar la ceremonia recibí un mensaje de que un día después tenía una cita en la oficina del señor Louis Couttolenc, presidente de la RCA Víctor Mexicana. Me presenté a las once de la mañana, hora en que fui requerido.

El señor Couttolenc fue muy parco y elocuente conmigo:

—*Siéntate y entiende esto* —me dijo con firmeza, en su español con un fuerte acento estadounidense—. *Tú ser una naranja que nosotros tener que exprimir al máximo. Tú tiene que cuidarte de estar siempre bien para nosotros sacarte jugo. Es muy importante que des jugo siempre para que todo esté bien aquí en la compañía y en tu carrera. Recuerda, cuando tú ya no das jugo, nadie saluda a ti; ¿comprende?*

—Sí, señor —le contesté.

—Bien —añadió—, gusto en conocerte, te puedes ir.

Me dio la mano y me despidió. No había estado en su oficina ni dos minutos siquiera, pero este señor me recitó la biblia de este negocio de la manera más cruda y de una vez por todas. Se me quedó muy grabado su planteamiento súper directo de la fórmula y la ecuación de lo que era el mundo de los negocios en general, tajante como era él. Luego me enteré de que había sido militar, de ahí su carácter tan enérgico.

Seguía viendo a Lucero, pero cada vez tenía menos tiempo de frecuentarla por el trabajo y los viajes. De nuevo se enojó y dio por terminada nuestra relación. Me dolió y, si bien sentí que tenía razón, no estaba dispuesto a cambiar las circunstancias a mi alrededor. Lo que se interponía entre nosotros era lo que debía hacer; estaba en el inicio de una carrera muy difícil de entender para la gente cercana, sobre todo debido a las ausencias por causa de trabajo.

El ajetreo se incrementó de tal manera que Nacho, "El Pelón" y yo decidimos poner un alto e ir de vacaciones a Cozumel.

—¿A quién quieres invitar? —me preguntaron, deseosos de que no fuera solo.

—No sé, no tengo a nadie —contesté, desanimado.

—¿No quieres invitar a Anel, tu amiga de Los Ángeles?

—¿Por qué no? No estaría mal, sólo que no sé dónde encontrarla.

Ellos la localizaron y nos acompañó tres días. El primero llegamos en la tarde y ya en la recámara encontré un frasco de pastillas Ambar Extentabs.

—¿Qué es eso, Anel? —pregunté, intrigado.

—Son las pastillas de anfetaminas que tomo todos los días desde los quince años, edad en la que pesaba cien kilos. Yo fui sirvienta de la señora Edith Head en Los Ángeles y en su casa descubrí las anfetaminas para no comer. Así fue como adelgacé al grado de ganar el Miss México de Los Ángeles y trabajar como modelo y actriz en televisión.

—A ver, dame una —le pedí, deseoso de experimentar algo nuevo.

Yo con los músicos ya había probado de todo, pero este efecto fue muy fuerte, hasta empecé a ver raro, algo muy diferente.

—¿Cómo puedes tomar esto? —la recriminé—. Te pone muy "pasado"; es muy desagradable, no me gusta, ya me dio taquicardia.

—Si quieres las tiro —ofreció y lo hizo en el baño.

Los dos días restantes se comportó como si nada. Después no volví a verla sino hasta un día en que acudí a Televicentro a filmar unos programas y se cruzó conmigo en el pasillo.

—Hace tiempo que no nos vemos —me saludó afectuosa—, aquí está mi número telefónico, llámame cuando quieras. Dame el tuyo para hablarte yo de vez en cuando.

Se lo di.

Anel no tardó en llamarme para invitarme a visitarla en su casa en la colonia del Valle. Le dije que iría esa noche que no tenía compromiso. Llegué recién entrada la noche. Me abrieron la puerta y como la familia estaba reunida en el comedor, su mamá me dijo:

—Pásale, hijo, te espera arriba. Sube y llegas directo a su cuarto.

Así lo hice, toqué a la puerta y a su invitación pasé. Había poca luz, ella estaba en la cama desnuda y visiblemente pasada de algo. Había una botella de whisky y otra de pastillas en el buró, las mismas del viaje que tiró al inodoro la última vez que nos vimos. Cuando se dio cuenta de que descubrí el frasco de pastillas otra vez, hizo el numerito de tirarlas en el baño y me prometió que no volvería a tomarlas.

—Ven, te sirvo una copa, ponte cómodo —me dijo con coquetería.

Lo mejor fue que nadie nos interrumpió como la primera vez y disfruté mucho el momento. De pronto, como buen provinciano de ciudad que era, al no reponerme aún de la sorpresa por la bienvenida tan moderna de que había sido objeto, exclamé:

—Oye, yo quiero ser como tú, enséñame, quiero saber todo lo que tú sabes.

Ella no me respondía, sólo me miraba.

—Yo sé que tú sabes muchas cosas —insistí— y quiero aprender.

Silenciosa, ella me observaba fijamente con una sonrisa en los labios.

Después de un buen rato de esperar una respuesta a mis peticiones de recibir lecciones de todo lo que sabía, al no haber una sola y comprobar que ya no había coherencia en la plática, opté por despedirme. Me vestí y sin hacer ruido bajé las escaleras y salí a la calle. Ya no me despedí, avergonzado por todo lo que pasó allá arriba con la familia abajo como si nada. ¿Lo vieron como algo normal? ¿Ya estaban habituados? Por si acaso, yo me marché sintiendo mucha pena con la señora su mamá, sobre todo; nunca había hecho una cosa así; me quedé anonadado, cada vez me sorprendía más esta mujer.

A partir de esa noche nos veíamos en forma muy esporádica por mi trabajo y es que yo viajaba mucho.

El 9 de julio de 1970 es una de las fechas más significativas para mí en el ámbito profesional porque fue entonces cuando debuté en El Patio, el cabaret más tradicional y longevo de la Ciudad de México y el que presentara más estrellas internacionales que ninguno: Maurice Chevalier, Debbie Reynolds, Charles Aznavour, Sammy Davis Jr. y Rafaella Carrá, entre muchos otros.

La asistencia de todas las personalidades (entre ellas don Ernesto Alonso, Wolf Ruvinskis, Marga López y don Arturo de Córdoba), que se empaparon por el gran aguacero que se desató sobre el Valle de México justo a la hora de la llegada y de la entrada del gran público, dio realce al evento.

Además hizo acto de presencia el Canal 2 de la televisión mexicana. Grabarían mi debut en El Patio para mi primer programa de televisión *El Mundo Joven Joven de José José*, que fue mi inicio de actividades estelares como solista en ese medio. El programa pasaba cada semana en horario estelar preferencial.

Todo resultó muy bello, pues ya tenía varias canciones conocidas en la radio para ofrecerle al público, la música de tres L.P. nuevecitos: *José José*, *La nave del olvido* y *El triste*. Y, lo más importante, la gran orquesta dirigida por Mario Patrón acompañándome. El programa fue un gran éxito dado que contábamos con invitados de la talla del maestro Armando Manzanero, Pepe Jara, Carlos Lico, César Costa, Enrique Guzmán, Nadia Milton y muchos otros.

También me invitaron al Teleteatro de don Manolo Fábregas para una actuación en vivo, con don Manolo y doña Carmen Molina, gran actriz mexicana de la época de oro del cine nacional, al igual que el señor Fábregas. La obra se llamó *¿Sabes quién viene a cenar esta noche?*

Después de estar una larga temporada en televisión comenzaron mis viajes a América del Sur. En el primero, a Venezuela, que fue inolvidable, sucedieron muchas cosas inesperadas. Por supuesto, lo principal fue conocer mucha gente bonita en una tierra con una vibración tan especial; debe ser la combinación de las playas, las montañas, el desierto y la selva, todo reunido en una gran metrópoli, Caracas. Una ciudad maravillosa, con su buena comida –las arepas–, sus restaurantes internacionales, su vida nocturna y, en lo que compete a la carrera, las grandes cadenas de radio y televisión. Nos hospedamos en uno de los hoteles más bonitos que he conocido: El Tamanaco, enclavado en un cerro en medio de la gran ciudad, con una vista sensacional y una piscina preciosa con un área para clavados de trampolín, otra para nadar y la otra especial para los niños que apenas empiezan a caminar y a chapotear. Además, un bar al aire libre y el restaurante La Cabaña, lleno de toreros y artistas mezclados con la gente bonita de la ciudad capital. Todo un espectáculo, en particular los domingos desde el mediodía hasta el anochecer.

"El Pelón" me acompañó en ese viaje y nuestra estancia no pudo ser más agradable: el sol, el gimnasio, los masajes después del ejercicio, el menú de los muchos restaurantes del hotel y el trato de la gente, que era excelente. A la mañana siguiente bajé al gimnasio y el masajista me informó:

—Su papá lo anda buscando.

—¿Quién? —creí que no había escuchado bien.

—Su papá —repitió.

—Mi papá ya murió —contesté, molesto ante lo que creí una broma de mal gusto.

—El señor alto calvo que vino ayer con usted —dijo el joven.

—¡Ah, el señor Carlos!

—Ese mismo, nos dijo que era su papá.

Que "El Pelón" anduviera presentándose como mi papá no me parecía correcto, pero no le dije nada.

Mi contrato era en el Novgorod, un cabaret de lujo precioso con restaurante y pista para *show* y baile. Como llegamos unos días antes para los ensayos y la programación de radio y televisión, pudimos gozar de Caracas de día y de noche. Debía cumplir un requisito ineludible: ir en persona antes del *show* al sindicato de artistas para sacar el permiso de presentación en el país. Al llegar se me acercó una señora rubia muy bonita de ojos azules y me dijo:

—Hola, José José, soy Kiki Herrera Calles. ¿Te acuerdas de mí? Nos presentó Juan Calderón en el Luiggi en México.

—Desde luego que sí, señora, ¿qué anda haciendo acá en Venezuela? —le pregunté.

—Venimos con Mauricio Garcés en una gira de teatro por América del Sur. Y tú ¿viniste a cantar?

—Sí —le respondí—, debuto hoy en la noche en un lugar muy bonito, el Novgorod, me gustaría invitarlos.

—Nosotros también vamos a trabajar todo el fin de semana en el teatro —me informó—. Debutamos hoy, pero salimos temprano, me imagino que tú trabajas en la noche, le avisaré a Mauricio y allá nos vemos.

¡Imposible imaginar que acababa de saludar ¡en Venezuela! a quien sería mi primera esposa. No tenía idea de lo que me deparaba el destino.

Esa noche la visita al cabaret de Mauricio Garcés y todo el elenco de su obra de teatro fue una revolución, él era muy admirado por sus películas en todo el continente. Yo preparé bien el *show* y salió redondo. Presenté a Mauricio al público y le dieron un gran aplauso a él y a todos sus actores; todos estaban muy contentos. Al terminar mi actuación fui presentado oficialmente por Kiki con Mauricio

Garcés, me invitaron a sentarme a su mesa y me agradó compartir con mis paisanos. Tocaron música para bailar y nos pusimos de pie para sacar a bailar a las damas. Yo invité a Kiki y bailamos la primera pieza que era muy rítmica. Luego cambiaron de ritmo y se escuchó algo muy calmado y romántico. Bailamos muy pegados y románticos también. Al regresar a la mesa me encontré con una gran reprimenda de Mauricio, quien que me espetó:

—Más respeto, muchachito, está usted bailando con mi primera actriz.

Estaba celoso y pensé que tenían algo que ver; me desconcertó su comentario.

—Perdón —le dije a Kiki, azorado—, no sabía que eran novios.

—No, en absoluto —contestó riendo—, es sólo que nos conocemos hace mucho tiempo y nos queremos mucho; por eso se pone así.

Su comentario me tranquilizó, más aún cuando llegó a la mesa un simpático empresario español llamado Chopera, quien conocía a Kiki de tiempo atrás ya que a ella le gustaban los toros y él era apoderado de toreros. Justo estaba trabajando en Caracas en las corridas.

Charlamos un poco y Mauricio se despidió, quería acostarse temprano. Nosotros organizamos otro grupo para ir a cenar; después de la cena fuimos al hotel de Chopera a tomar la copa y a continuar la conversación. Él era súper simpático y un gran conversador; hablamos de todo un poco: de toros, de toreros, del ambiente artístico, de la política en España –todavía eran tiempos de Franco– e intercambiamos chistes de toda índole. Casi a las cinco y media de la mañana llevé a Kiki a su hotel, pues ella se levantaba más temprano para ir al teatro, en tanto que yo podría dormir hasta las nueve de la noche para ir al cabaret en mi segunda noche. Era sábado y el Novgorod estaba a reventar. Una vez más contamos con la presencia de Mauricio Garcés y de todos sus actores, al igual que Chopera, lo cual garantizaba la diversión en grande si es que Mauricio no se iba a dormir temprano. No lo hizo y después de un gran *show* que les ofrecí a todos armamos una mesa en la que compartimos con casi todo el salón el humor de Mauricio y de Chopera. Eso era lo más bonito: convivir con tu gente y con tu público después de cantar.

Bebimos, comimos y reímos hasta las cuatro de la mañana cuando cerraron el lugar. Yo llevé a Kiki a su hotel y los demás se fueron a dormir. Todos nos llevábamos muy bien, sobre todo Kiki y yo. Ella era muy romántica y en mi presentación le dediqué una canción a ella en especial y, claro, también al grupo de mexicanos encabezado por Mauricio Garcés.

Al llegar a su hotel nos sentamos en el bar a platicar. Me contó que era divorciada, que tenía tres hijos y vivía de la actuación y de una florería de lujo en el hotel Presidente en la Zona Rosa en México. Se desenvolvía en el ambiente de la política desde muy joven por la gran importancia de su abuelo, don Plutarco Elías Calles, en la historia de nuestro país. Natalia era un personaje que todos conocían en México por esa razón y por su estancia de años en el ambiente de la alta sociedad. Nos despedimos quedando en vernos al día siguiente cuando ella terminara su actuación en Venezuela para viajar a Costa Rica a continuar su gira con Mauricio, ahora por América Central.

Tanto el teatro como el cabaret empezaban más temprano, de modo que todos terminamos con más tiempo para disfrutar en la noche. Después del teatro fui a despedirme de Natalia ya que volarían temprano a Costa Rica vía Panamá. Cenaríamos en su hotel para que no se acostara a dormir tarde. En cierto momento me preguntó si tenía novia y yo le platiqué que recién había terminado con Lucero por falta de tiempo para visitarla y que ahora veía a veces a Anel sin ningún tipo de compromiso.

—¿Sabes a qué se dedica Anel? —cuestionó.

—Sí, es actriz, fue modelo y antes Miss México en Los Ángeles.

Me miró fijamente y luego me dijo en forma pausada:

—José, me he dado cuenta de que tú eres un hombre chapado a la antigua, educado y muy caballeroso, así que creo que debes saber con quién andas. Es mejor que no te sorprendan. Anel hace cine y televisión como resultado de sus conquistas en el medio. Es prostituta profesional, se dedica a sacarles dinero a los hombres ricos del ambiente artístico, de la política y de negocios con gran capacidad económica. ¿Estabas enterado?

—Desde luego que no, pero ahora entiendo algunas cosas que pasaron cuando la conocí —le comuniqué, con cierta ingenuidad y le conté lo sucedido el día que la vi por primera vez.

—Así es —me explicó—, ella y su compañera la rubia se contratan solas o en pareja para fiestas o encuentros sexuales o para viajar de acompañantes, como ahora que acaban de llegar de Europa, fueron de paseo con unos abogados muy ricos. Viven de prostituirse, son parte de una agencia que arregla las citas.

—Ah, caray —comenté, impactado—, con razón tan modernas y tan excesivamente liberadas.

—Siempre es bueno saber qué terreno pisa uno.

—Gracias por prevenirme —concluí y le pedí su número para llamarla en México.

Nos despedimos y yo también fui a dormir temprano, dado que me quedaría a seguir mi promoción de radio y televisión por todo el país.

Terminada mi actuación de cabaret, "El Pelón", que debía atender su agencia, voló de regreso a México y yo continué el viaje con mi promotor de la RCA Víctor. Al levantarme por la mañana recibí una súper sorpresa, una bellísima orquídea con una cartita que decía: "Te estoy extrañando, te deseo todo lo mejor, espero verte pronto, Natalia". Mi reacción fue inmediata: que una mujer de mundo, bella y elegante, tuviera esa fina atención conmigo era difícil de creer. Mi impresión fue tan grata que esa noche la localicé en Costa Rica para agradecer su bello detalle.

—Me dio mucho gusto conocerte más de cerca —me confesó—. Nunca imaginé que siendo famoso e importante fueras tan sencillo. Me encantó compartir contigo tu excelente *show* y tu agradable presencia. Espero que te pongas en contacto cuando llegues a México; gracias por tu llamada.

Nos despedimos quedando en vernos cuando nos fuera posible.

Me enamoré de Venezuela y de su gente; Caracas es una de mis ciudades favoritas. De ahí pasé por Costa Rica antes de volver a México. ¡Qué bonito es nuestro continente! Dondequiera que iba me trataban muy bien y los paisajes de cada país se quedaban impresos en mi mente y en mi corazón. Era muy bonito viajar colmado de atenciones y cantarles a todos esos países tan lindos con mi energía de joven y mi cariño de bohemio mexicano. Eso me abría las puertas por doquier.

"¡Bienvenido José José de México! Gracias por venir a cantar a nuestro país y a visitarnos. Acá ya han llegado de tu tierra gente como el doctor Ortiz Tirado, Jorge Negrete, Pedro Infante, Fernando Fernández, Pedro Vargas, Miguel Aceves Mejía, Tony Aguilar, Alejandro Algara y Marco Antonio Muñiz, todos ellos magníficos. Sabemos que tú eres el heredero de su talento, así que bienvenido a tu casa."

Para mí constituía un honor que mis antecesores hubieran dejado el camino abierto. Ser mexicanos y cantantes era más que suficiente para ser bien recibidos; pensaban que con seguridad seríamos buenos.

Volví a México muy contento por el éxito obtenido y listo para seguir esforzándome. Quedaba mucho por hacer, tanto en el interior del país como en el extranjero. En mi papel de artista joven de México empezaba a darme a conocer personalmente entre todos los países hermanos del continente. Ya el satélite mundial me había presentado con todos a través de la televisión.

Una vez en México debía arreglar la situación con Anel, quien se comportaba como si tuviéramos una relación formal sin yo proponérselo. La invité a mi casa y le dije que teníamos que dejar de vernos pues me iría a vivir a Venezuela, que me gustaba mucho el país y pensaba pasar ahí una temporada bastante larga. La impresión que le causó a un pueblerino de ciudad como yo la noticia de las actividades de Anel era demasiado fuerte. Mi imagen de la mujer a quien pretendería formalmente distaba mucho de la de ella; en verdad representaba todo lo contrario. Para colmo, el comentario de Natalia en Venezuela con respecto a sus actividades de trabajo y a cómo conseguía los papeles en la televisión y en el cine confirmó mis sospechas. Así que dejamos de vernos, ya no me relacionaría con alguien que vivía de una manera que mi educación me decía era por completo incorrecta.

Tal vez pensaba así porque nunca en mi niñez y adolescencia me relacioné con prostitutas tan a fondo, sólo en forma momentánea en las fiestas, en los bares o en los cabarets. En realidad yo las consideraba algo así como mis compañeras de trabajo de noche. En su mayoría eran mujeres que no tenían otra forma de mantener a su familia y a sus hijos. Sentía respeto y admiración por su manera de ganarse la vida, siempre paradas en la calle enfrentando los peligros de la noche, con frío, lluvia, calor y todo lo que implica la intemperie, además de los personajes tan peligrosos con quienes tienen que lidiar: borrachos, drogadictos, asesinos, ladrones... En verdad es la profesión más difícil del mundo entero, se necesita mucho valor y mucho estómago para sobrellevar la situación, siempre en busca del sustento diario.

La mujer mexicana y latinoamericana, al vivir en países donde las oportunidades no son propicias para prepararse y destacar, a veces se ven forzadas a recurrir a prostituirse para sobrevivir. Para mí la mujer es el ser más lindo y completo que ha creado Dios sobre la Tierra, es la única con la capacidad de enseñarle al hombre todo lo trascendental, el amor, la ternura, la paciencia, los detalles y su propia capacidad de amar, de dar y de recibir. Todo lo hermoso nos lo enseñan las mujeres. Además, sólo a ellas les concedió Dios el don maravilloso de la maternidad. Todas son dignas de admiración por cómo defienden a sus seres queridos, cómo apoyan a sus esposos y a sus hijos para que salgan adelante trabajando de sol a sol, al grado de prostituirse si es necesario.

Pero cuando lo hace por darse una vida de lujos, la persona más importante de la creación pierde todos sus valores y se convierte en una manipuladora de seres humanos, de su prójimo; sólo usa a los demás, no los quiere ni los protege. ¿Cómo se justifica el comportamiento de una mujer que se prostituye para tener joyas, coches, departamento, programas de televisión, apariciones en el cine? ¿Será que hablamos de niveles de supervivencia distintos? ¿Habrá mujeres que se valen de la prostitución para obtener lo que quieren o necesitan en cualquier situación? Mi abuelo materno decía: "Prostituta no es la que se acuesta noche y día para llevarle de comer a sus hijos; prostituta es la que tiene el alma prostituida". Eso quiere decir que no siente respeto alguno por sí misma y es capaz de no respetar a nadie; sólo le importa su beneficio, su único interés en la vida es el dinero y se convierte en una persona capaz de todo y de usar a quien sea para obtenerlo. Cuando recordé esas palabras de mi abuelo comprendí que lo mejor era poner tierra de por medio, algo que no le agradó a Anel, pero era necesario.

Mi trabajo me ayudó para que así fuera. Viajé a conocer la Capital del Mundo, invitado al Festival de la Canción de Nueva York. Fue una de las emociones más grandes de mi vida que me dieran la bienvenida doña Celia Cruz, Tito Puente, Bobby Capó, Chucho Avellanet, Bienvenido Granda, Mirta Silva, Tito Rodríguez, Daniel Santos, La Lupe y otros grandes artistas participantes en el festival, todos ellos consagrados con anterioridad como estrellas por el gran público de ese triángulo cuadrángulo formado por Puerto Rico, Nueva York, México, Cuba, República Dominicana y Venezuela.

Era mi primera visita a Nueva York y me impactaron la gran urbe y su mezcla de todas las razas del planeta. Fue sorprendente ver la cantidad de puertorriqueños, dominicanos y cubanos afincados en la gran ciudad que ya tenían mis discos y apreciaban mis primeros grandes éxitos: *La nave del olvido*, *El triste*, *Cuidado*, *Dos* y *Nadie, simplemente nadie*. Me alegró sobremanera percatarme de que ya me conocían en la metrópoli por excelencia.

A mi regreso lo primero que hice fue llamarle a Kiki, a quien no había podido ver por mi salida al extranjero; sólo la saludé por teléfono y le prometí que la llevaría a cenar en cuanto llegara a México. Era tan reciente el ascenso en mi carrera que debía trabajar todos los días para cumplir los compromisos, lo cual no me permitía tener momentos de asueto muy seguido para ver tanto a mi familia como a mis amigos. Entonces empecé a sentir el rigor de la fama. Al salir a la calle sientes el gran cariño del público, todos quieren saludarte o darte un abrazo y felicitarte por tu éxito o algo muy importante, decirte que las canciones que cantas son la historia de su vida. Esa parte es la que más me gusta, es el privilegio más grande que la carrera te regala: conocer gente, hacer amigos, amigos tan verdaderos que acabas emparentando con ellos, les bautizas a sus bebés, eres padrino de quince años de sus hijas o de boda de los muchachos; es hermoso tener familia en todos los países que visitas.

Con ese argumento de ser reconocido en todos lados llevé a Kiki a cenar al Rívoli, uno de sus restaurantes favoritos de la Zona Rosa. Justo ahí comenzó a correrse la voz de nuestra amistad y no tardaron los comentarios de la prensa de espectáculos acerca de la diferencia de edad entre nosotros: yo tenía veintidós años y ella cuarenta y dos. ¡Qué ironía!, cuarenta y veinte, estaba por vivir lo que dice la canción de Roberto Livi; veinte años después grabaría esta historia que compete a las parejas entre las cuales hay diferencia de edad.

Los medios de comunicación no eran lo que son ahora, ya me imagino cómo lo hubieran manejado. De todas maneras empezó a generarse el chisme del día, la relación del cantante del momento con una señora de sociedad veinte años mayor que él. Pocos días después de nuestra primera cita empecé a conocer a sus amistades, gente perteneciente a un mundo que yo no conocía, el del glamour, la moda, los mejores lugares en todos lados, lo más fino, lo más caro y lo más bonito, personajes con trayectorias profesionales destacadísimas, pintores, escultores, médicos, y gente muy bonita y cercana a ella del ambiente artístico.

También me tocó conocer a personas que no pensaba que existían: "los políticos mexicanos", una raza especial carente de escrúpulos para hacer toda clase de negocios a su favor sin importarles en absoluto la desgracia del pueblo, de los humildes, de los iletrados, que son quienes sufren las consecuencias del éxito de los negocios de este tipo de seres. Eso no me gustó. Prefería cien por ciento el contacto con las personas tan distinguidas que ella conocía; esas amistades eran mucho mejores seres humanos que los políticos, muy ricos pero sencillos y cariñosos, que me trataron bien. Recuerdo con un cariño especial al doctor Fernando Robledo y a su esposa Teresita. Nos hicimos grandes amigos; ya les contaré más adelante lo que es la lealtad de un amigo de verdad.

Una noche cenamos con uno de sus mejores amigos del ambiente artístico, Antonio Badú, y con nuestro amigo común Mauricio Garcés, ocasión en la que conocí a personajes que nos hicieron reír como nunca: Pepe Kuaik, "El Flaco" Nasif, Carlitos "El Mivi" y Antoine. Después de horas de estar bebiendo, cuando nos despedimos nos besamos y ahí empezamos a relacionarnos con más intimidad, misma que ya no ocultamos a los amigos ni al público. Los comentarios subieron de tono, ya éramos portada de las revistas y los periódicos amarillistas que ya se publicaban, como uno llamado *La Verdad*, del que casi éramos clientes exclusivos. Nos resultaba muy desagradable andar en boca de todos; a partir de entonces tuve que acostumbrarme a los constantes ataques de los seudoperiodistas que todo lo inventan, en particular para desprestigiarte. Es algo muy doloroso: tanto trabajo que cuesta alcanzar el éxito, construirlo a pulso con base en tu trabajo e incluso con el apoyo de muchos compañeros honestos del periodismo que destacan tu labor profesional, para que luego vengan otros a intentar destruir todo lo que has logrado con gran esfuerzo. Es un juego malsano que hay que aprender a jugar para mantener la carrera en un buen nivel. Es una costumbre en el medio artístico, sobre todo ahora.

7

No me platiques más

Un día Kiki me presentó a un amigo suyo, un gran chef que organizaba comidas especiales en su casa de la colonia Roma para gente muy importante de los mundos de los negocios, la política y, más que nada, del espectáculo. Tenía una clientela exclusiva de la cual llegué a formar parte sin siquiera proponérmelo. Fue entonces cuando aprendí a tomar champán y comprobé que mi guitarra era indispensable para amenizar las reuniones de esa gente; la casa era su lugar de confianza para verse con personas a quienes querían mucho y que no podían frecuentar en público pues debían cubrir las apariencias. Ahí aprendí algo que ha sido de enorme importancia en mi vida: ¡ver, oír y callar!, la máxima de todo el que debe guardar discreción con respecto a la vida de sus pares, para asegurar que lo mismo suceda con la suya. Toño Camacho, este amigo de Kiki, era indispensable para su distinguida clientela, que podía confiar en él a ciegas, ya que ni el más mínimo comentario se hacía de lo que sucedía dentro de su casa.

Yo ignoraba todas las habilidades de ese personaje y de muchos otros con quienes fui presentado. Su condición de homosexual le daba alcances insospechados en el medio en el que se desenvolvía y le permitía ganarse la confianza de la mayoría de sus clientes y amigos. Sus capacidades no se limitaban al ámbito de la buena cocina, los vinos finos y las relaciones públicas; no: él conocía el manejo de varias ciencias ocultas que yo ni idea tenía de que existían pero que habría de enfrentar sin saber de qué manera... como hasta la fecha.

A Kiki en ocasiones la veía todos los días. Si nos reuníamos para comer comenzábamos a beber a esa hora hasta la noche. Si era para cenar, solíamos beber hasta la madrugada o el amanecer. A mí me sorprendía su resistencia; tomaba al parejo de todos los hombres que por lo general aguantan más. Era también sorprendente que casi todos los grupos de amistades que frecuentábamos eran buenos bebedores, incluso las damas tenían una gran cultura alcohólica. Yo creía que sólo los músicos y los seres nocturnos tomábamos todos los días, pero no, también las personas de sociedad tienen esa costumbre y lo manejan como algo natural, aunque muy poco se sepa al respecto. Así que yo acabé tomando todos los días, trabajara o no; sin saberlo, me hundía cada vez más en la oscuridad del alcoholismo.

Ya casi no iba a Clavería o a los bares de *jazz* a ver a mis amigos. Ahora, de manera congruente con mis nuevas amistades, era cliente del Jacarandas, del Can Can, del Chips, del Rívoli y del Mauna Loa, de los restaurantes y bares más finos de la ciudad. Sin embargo, añorando mis orígenes, me daba mis escapadas a visitar a mis amigos y a Las Mil Tortas o a comer tacos de carne asada en San Cosme, en el Califa de León, propiedad de don Rodolfo Gaona, o de cabeza con Berna en la calle de Heliópolis en Clavería. En estos sitios tan tradicionales solíamos rematar en la época de las serenatas.

Yo seguía con mis giras. Fui a conocer la gran Colombia, Bogotá, con su hotel Tequendama y su cabaret de lujo en el *penthouse*, así como algo inolvidable: la concha acústica de La Media Torta, abajo del cerro Monserrate. Grandes cantidades de personas se sentaban en las faldas de la montaña para ver el espectáculo de los domingos al mediodía. ¡Qué país!, su comida, sus paisajes, sus mujeres, su música, todo me fascinó; fue para mí una gran alegría compartir con ellos. Empezaba a conocer el continente y, por supuesto, mi México. Viajaba casi todos los días y dondequiera que fuera siempre era bien recibido y me acompañaba el éxito.

Mi relación con Kiki giraba alrededor de las continuas visitas a sus amigos y las reuniones que se celebraban en casa de algunos de ellos. Casi todos sabían de nuestra relación y nos cobijaban ayudándonos a vernos en sus casas para evitar que siguieran las especulaciones de la prensa, sobre todo por sus papás, sus hijos y el resto de la familia Elías Calles.

No sé si fue un acierto viajar juntos a algunos países tan queridos para mí como República Dominicana. Yo sentía que iba a ver a mi gran familia dominicana y a presentarle a mi pareja actual, pero esto complicó poco a poco las cosas, pues ahora los comentarios sobre nuestra diferencia de edad ya se expresaban en nivel internacional. También seguimos viajando por la República Mexicana, donde por momentos empecé a sentir el rechazo de mis admiradoras hacia Kiki. Sin embargo, pese a todos los obstáculos, no dejaba de estar con ella todos los días.

En la RCA Víctor me avisaron que había sido invitado a Río de Janeiro como jurado del Festival Mundial de la Canción de Brasil. Me emocionó mucho la inesperada noticia. Sentí una gran alegría: era una confirmación de que ya estaba en las grandes ligas en activo, en apariciones constantes, todas de gran repercusión internacional a raíz del Festival en México transmitido por el Telestar, luego el Hollywood Bowl en Los Ángeles, el Festival de Nueva York y las giras por América del Sur, América Central y el Caribe. Ahora alcanzaba el privilegio de ser jurado en uno de los festivales de música más importantes del mundo con tan sólo veintidós años de edad.

El viaje comenzó en Panamá, en donde trabajaría una semana antes de llegar a Brasil; allá les cantaría a todos y a quien menos imaginaba. Cuando arribé a la ciudad de Panamá fui recibido por el empresario que me contrató, quien de inmediato me puso en contacto con la orquesta para iniciar los ensayos. Terminada la primera práctica de nuestro espectáculo fuimos a cenar y me retiré a descansar temprano. En el hotel tenía un recado del "Gran Dorrel Dixon", campeón mundial de lucha libre muy conocido en México y gran amigo de todos. Se encontraba en su natal Panamá y me invitaba a comer al día siguiente; le llamé y acordamos vernos. Después de comer con Dixon, el empresario me llevó a las tiendas a comprar ropa, lociones, zapatos, corbatas, en fin, todo lo necesario para estar lo más presentable a toda hora. Yo acostumbro vestir lo mejor posible sobre todo en mis apariciones públicas, más aún cuando voy a subir al escenario. Esto por respeto a la audiencia, a la música y a los compositores, ya que gracias a ellos los cantantes tenemos una carrera.

Por la tarde fui a la televisión a promocionar el evento y ahí tuve el gusto de conocer a don Carlos Eleta, empresario panameño muy querido por su extraordinario don de gentes y por una composición que le ganó un gran reconocimiento: la canción *Historia de un amor*, que fue un éxito total en la voz de doña Libertad Lamarque y de los mejores artistas de aquellos años en todo el mundo de habla hispana. De ahí fui al ensayo. Todo estaba listo para el *show*, sólo faltaba el ensayo general y el debut, así que me marché muy tranquilo a descansar. No obstante, en ese momento recibí una súper sorpresa: una llamada del señor presidente de la república, el general Omar Torrijos, quien, al enterarse por la televisión de que había llegado al país quería hablar conmigo personalmente. "¿Cómo es posible —me dije— que vaya a hablar con el general Torrijos?"

—Buenas noches, José José, bienvenido a Panamá.

—Gracias, señor presidente —le respondí, aún un tanto sorprendido—, estoy a sus órdenes.

—Quiero pedirle un gran favor —prosiguió con la amabilidad que le caracterizaba—, mañana es cumpleaños de mi esposa Carmelita. Hoy por la noche me gustaría llevarle una serenata y quisiera que fuera usted quien le cantara, ¿sería eso posible?

—Desde luego que sí, don Omar, como usted disponga.

—¿Qué se necesita? —me preguntó.

—Tan sólo una muy buena guitarra, por favor.

—Cuente con ella. ¿Le parece bien que mande por usted a las once y media?

—Me parece muy bien —le contesté—, estaré listo en el *lobby* para ir a donde usted diga.

—Gracias de antemano —me dijo con sencillez.

—No, gracias a usted por conferirme tan alto honor, señor presidente, nos vemos al rato.

Cuando colgué la bocina sentí una gran satisfacción al atestiguar lo que logra la música romántica en las personas, sin importar el rango que ostentan.

En esos momentos la temperatura era perfecta para una serenata. La calidez de la noche y la del general Torrijos hicieron de esta experiencia algo inolvidable. Le canté a doña Carmelita la canción *Despierta* y prendió la luz, luego *La gloria eres tú* y abrió la ventana. El general llevaba uniforme militar con su clásico sombrero y su gran estatura. Era difícil de creer que en un hombre de su talante, forjado en la milicia, a la vez hubiera tanto romanticismo. Unas canciones más y doña Carmelita nos invitó a pasar, nos ofreció algo de beber, canté otras dos canciones y la despedida, *Hasta mañana*. Una serenata sencilla, fina y tierna. ¡Con qué amor la señora recibió a su esposo y a mí me llenó de cariño, y era ni más ni menos la primera dama del país! Nos dio las gracias a ambos y nos despedimos.

—Ahora vuelvo, voy a despedir a José —dijo su esposo y salimos de la casa.

Una vez afuera, el presidente de la república me abrazó y me dijo:

—Gracias, José, por ser tan amable y recuerda que aquí tienes un amigo en esta tierra.

Años después el general Torrijos moriría en un accidente aéreo. ¡Qué gran pérdida para Panamá! ¡En paz descanse!

Terminada mi labor en Panamá al fin me dirigí a Río de Janeiro a la tierra de mis ídolos musicales de la *bossa nova*: Antonio Carlos Jobim, Joao Gilberto, Vinicius De Moraes, Chico Buarque de Holanda, Carlos Lira, Wilson Simonal, Maiza Matarazo, Elis Regina, Luis Essa y Tamba Trío, Zimbo Trío, Luis Carlos Viñas y Bossa Tres, entre otros. Llegué al hotel sede del festival pasada la hora de la comida, me instalé en la habitación y de inmediato recibí una llamada telefónica pidiéndome que me presentara en la oficina del doctor Augusto Marzagao, presidente del Festival Mundial de la Canción en Brasil. Me recibió muy amable, le agradecí la invitación para ser parte del jurado, diciéndole que era para mí un gran honor.

—Es un reconocimiento a su talento —me contestó, lo cual me emocionó hasta los huesos—. Gracias por venir y nos vemos en una hora para la junta de instrucción del jurado. Ya mañana comienza el festival; viene gente de todo el mundo: Australia, Europa, Asia, Medio Oriente, África, Estados Unidos y el resto del continente y hay que estar preparados con las reglas y los estatutos.

Al otro día nos llevaron al gimnasio de Maracanazinho, justo al lado del gran estadio de futbol de Maracaná, en donde se desarrollaría el gran evento de carácter mundial.

México iba representado por la voz única de Marco Antonio Muñiz y por el gran Mario Patrón como arreglista y director de orquesta. Acomodaron a los jurados y a mí me tocó casi en último lugar. A un lado tenía al mundialmente famoso Ray Conniff –trombonista y un gran arreglista descubridor de un sonido innovador: la mezcla de instrumentos con voces humanas en su tesitura correspondiente, es decir, las voces de mujeres con las trompetas y las voces masculinas con los trombones; un sonido único–, muy amable con sus esmoquins estrafalarios y su pelo blanco. Del otro lado se encontraba el gran Lalo Schifrin, pianista y arreglista argentino al que le oí por primera vez el gran éxito mundial *Samba de una sola nota*, quien también arregla música para películas como la versión moderna de *King Kong*. Desde entonces he contado con el favor de su amistad. Junto a Schifrin estaba el maestro Augusto Algueró, gran músico y compositor español.

Sentí que en verdad tenía conocimientos musicales suficientes para formar parte de ese jurado de lujo; ya Freddy Noriega, mi hermano del alma, me había preparado para ello. Se inició el festival y, como suele suceder, la diversidad de opiniones no se hizo esperar tanto en el gusto del público como en lo interno. La lucha por el triunfo en un evento de esa envergadura era sin cuartel. Yo ignoraba la mecánica a seguir en lo que se refiere a relaciones públicas, apenas tenía veintidós años y no entendía todavía lo que son los "intereses creados", algo que rige al mundo en *todos* los aspectos. Eso lo aprendí con los años. Yo me limitaba a calificar lo que mis oídos me decían que estaba bien o lo que era superior, fuera de la normalidad, lo que pertenecía a otro nivel de musicalidad. Francia llevó un trabajo bello y excepcional, lo mismo que Portugal; en fin, no era fácil escoger. Sin embargo, al final tuvo que ganar Brasil ya que de lo contrario la gente quemaría el gimnasio. No podía creer la exacerbación del nacionalismo. Por supuesto, su trabajo era muy completo: la canción –lo más importante–, el arreglo –lo segundo– y la interpretación –el gran complemento–. Brasil es uno de los países musicales por excelencia que se identifica con su música de samba y *bossa nova*, al igual que Argentina con el tango, México con su música ranchera de mariachi, los estadounidenses con el *jazz*, el *blues* y el *rock and roll*, y así sucesivamente.

Al finalizar la gran contienda, la presión del público fue la que determinó quién era el ganador, no la votación. Era de llamar la atención algo así, pero lo estaba viviendo.

Al fin y al cabo, para mi carrera la resultante era excelente y de excepción. José José formó parte, en representación de México, del gran jurado del Festival Mundial de la Canción de Río de Janeiro, un evento de alta relevancia internacional para mi edad; de hecho, era el más joven de los jurados.

Mi expansión por el continente se completó con mis visitas personales –ya fuera solo o acompañado por Kiki– a todos los países de América Latina y a Texas, Chicago, Arizona, Florida y California, estados del vecino país con mayor población mexicana y latina. Mis discos se vendían de manera excelente y las canciones se escuchaban también en la radio de todo el continente. Así transcurrió el año 1970, con una bonanza en el ámbito del trabajo que nunca imaginé y un reconocimiento en el nivel mundial que no esperaba.

El inicio de 1971 no pudo ser más satisfactorio: recibimos las portadas de *La nave del olvido* y *El triste* en hebreo, griego, italiano, ruso y japonés. En Japón incluso tenía un programa de radio con la ayuda de dos grandes amigos de México y de todos los artistas mexicanos: Mariquita y Yiro, quienes llevaban continuamente mis grabaciones a ese lejano país. Dado el óptimo funcionamiento del aspecto profesional, hubo que trabajar en un nuevo producto discográfico, el cual fue preparado con base en mis primeras intervenciones en el cine mexicano. Fui contratado por don Pedro Galindo para realizar tres películas. La primera se llamó *Buscando una sonrisa* y para protagonizarla se organizó un concurso en el nivel nacional en busca de la chica con la sonrisa más bonita. El concurso lo ganó Alicia Encinas, del estado de Sonora, quien se convirtió, por su belleza y su talento, en estrella del cine nacional, carrera que continúa hasta la fecha.

La película la dirigió Rubén Galindo, hijo mayor de don Pedro; Fernando Galiana era el encargado de escribir las historias junto con Rubén y la producción estaba a cargo de Pedro Galindo *junior*. En el rodaje tuve el gusto de conocer a Fernando Luján, gran actor mexicano que fue mi soporte principal en mi primera incursión como actor de cine, al igual que a la señora Lucy Gallardo, gran actriz argentina afincada en México, quien me apoyó en mi debut en ese medio. El estelar femenino estuvo a cargo de mi amiga Nadia Milton, buena cantante y actriz de origen chileno, quien también vivía en México.

En una efectiva estrategia mercadotécnica conjunta, la producción discográfica llevó el nombre de la película, lo mismo que el magnífico tema musical escrito por Jonathan Zarzoza. Era la primera vez en mi carrera que se escribían canciones en específico para una película. Con hermosos temas de mis amigos compositores quedó terminado mi cuarto disco de larga duración ligado a mi debut en el cine.

Mi vida en el Distrito Federal se desenvolvía entre mis promociones de radio, la gran tribuna televisiva de mi padrino don Raúl Velasco, *Siempre en domingo*, mis contratos para cantar y mi inesperada vida social al lado de Kiki. Las visitas a casa de su amigo Toño Camacho "el Chef" se hicieron más frecuentes y yo no tenía idea de la razón. Pensaba que se debía a que ahí había más discreción y la pasábamos muy bien, pero la realidad era otra, algo que yo ignoraba por completo, algo que tendría que enfrentar el resto de mi vida.

Un buen día, en uno de nuestros momentos a solas y después de pensarlo mucho, le pedí que se casara conmigo, pero no me respondió y me dejó sumido en la incertidumbre. A veces yo viajaba solo pues ella tenía que atender a sus hijos y su florería. De regreso de mis giras, al encontrarnos en la intimidad, le pedía de nuevo que nos casáramos y no tenía respuesta. Ante tal situación ya no insistía, me conformaba y aceptaba su actitud sin entenderla. Kiki era una mujer muy bella, elegante, con mucha clase y categoría. Su alegría y simpatía aumentaban considerablemente su atractivo; no podía evitar sentirme atraído por todos estos encantos. A fines del mes de junio le pedí matrimonio una vez más y me contestó que sí.

—¿Por qué no decías nada cuando te pedía que te casaras conmigo? —le pregunté.

—Pensaba: "Qué flojera volver a empezar una relación matrimonial, la conducta impecable, la paciencia que hay que tener, el esforzarse por quedar bien y luego de dar el sí tu pareja 'afloja el cuerpo' y se comporta de una manera distinta, ya no hay gran motivación".

Se refería al síndrome de cambio que se efectúa entre muchas parejas una vez que ya están casadas, cómo se transforman en otras personas.

—Además —añadió—, en esas ocasiones no tenía una respuesta.

Algo que no esperábamos sucedió de manera coincidencial. Ante tantos comentarios acerca de la gran diferencia de edad entre nosotros, su papá, don Carlos, estaba sumamente molesto. No entendía cómo era posible que su hija tuviera una pareja apenas unos años mayor que Eduardo, su hijo mayor; eso en una familia tan tradicional a carta cabal como la de ella era inaceptable. De pronto, don Carlos le pidió que ya no viviera en la parte trasera del jardín de la casa de sus padres. Ante tal petición ella me llamó de inmediato:

—José —me comunicó angustiada—, tengo que salir de mi casa, mi papá está indignado por nuestra relación.

—Adelante —le contesté con tono firme—, vamos a demostrarle que no estamos jugando. Busca un departamento o una casa para ti y para tus hijos, en donde, desde luego, yo no voy a dormir ni mucho menos. Hagamos las cosas como deben ser, tú y tus hijos en tu casa y yo en la mía con mi mamá. Yo me hago cargo de todo. Así, sin pensarlo, asumí la responsabilidad por ella.

Kiki encontró un bonito departamento mientras comenzamos los preparativos para casarnos, cosa que planeamos llevar a cabo en mi nueva casa en San Ángel, en presencia sólo de mi mamá, mi hermano y su amigo Toño Camacho.

En plenos preparativos para casarme, al mediodía llegó un Mustang último modelo a la privada. Me asomé y vi que era Lisa Rosell. Ella bajó del coche y se acercó.

—Vengo a hablar contigo— me dijo.

—Sí, por supuesto —le contesté—, qué alegría de verte.

—Me enteré de que te vas a casar con Kiki Herrera Calles, ¿es verdad?

—Sí, así es.

—No lo hagas, José, esa mujer te va a arruinar la vida, no debes casarte con ella.

—¿Por qué? —le pregunté, extrañado.

—Yo sólo vine a prevenirte porque te quiero mucho. Tú no la conoces cómo es en verdad. Recuerda mis palabras.

Me dio un beso y un abrazo y se fue. Me dejó sumamente pensativo. Nadie me había dicho algo similar.

Nos casamos al mediodía y fuimos de luna de miel a San Miguel Regla. Bebimos toda la noche y ya entrada la mañana ella se comunicó por teléfono con su padre para avisarle que habíamos contraído matrimonio. Sólo ellos sabían lo que conversaban. Kiki rompió en llanto y le ofreció una disculpa. Yo, para no intervenir en una plática tan personal, fui a sentarme a la sala y seguí escuchándola desde ahí.

Varios minutos después colgó.

—Parece que mi papá entendió nuestra situación —me informó con cierto alivio—. Me dijo que vaya a hablar con él cuando regresemos al Distrito Federal.

Sus hijos se habían quedado al cuidado de su ama de llaves, su recamarera y su cocinera en el departamento de Polanco, muy cerca de la casa de sus abuelos en Las Lomas, donde habían vivido siempre. Eso nos dio dos días de gran tranquilidad.

Al volver a México y a pesar de que ya estábamos casados, yo me fui a mi casa y ella a Polanco con sus hijos, como una muestra de respeto a éstos y sus demás familiares. Kiki habló con sus papás y, repentinamente, nos invitaron a cenar a mi mamá, mi hermano y nosotros dos con ellos y su hermano Carlos, para así tener un acercamiento, algo elemental.

La cena fue tensa al principio: la casa elegantísima, la mesa preparada muy en especial para darnos nuestro lugar, pues nos sentaron juntos a Kiki y a mí como esposos que ya éramos. Mi madre tomó asiento junto a su mamá, don Carlos en la cabecera y mi hermano junto a Carlos. Al inicio de la reunión no hallamos de qué hablar pues nos impresionó el séquito de sirvientes que salió a atendernos. Unos servían el pan hecho en casa en unos platos especiales, otros prepararon los vinos según lo que fuéramos a comer, nos acercaban las charolas de plata y tú te servías la cantidad de comida que querías. Resultó un desafío inusual para nosotros servirnos con grandes cubiertos de plata; por momentos había que tomar dos de ellos con una sola mano para aprisionar el alimento en medio de ambos, algo que nunca habíamos hecho ninguno de los tres miembros de la familia Sosa. Mi madre, con mucha humildad, se sirvió como pudo y mi hermano y yo intentamos imitar lo mejor posible a Kiki y a sus papás, que sabían hacerlo de sobra. Nos sentíamos como inmersos en una de esas telenovelas en las que siempre muestran los contrastes entre pobres y ricos, para gran desventaja de los primeros.

La cena estaba deliciosa y sólo se hicieron comentarios de nuestra familia para exponer un panorama más explícito a sus papás acerca de sus orígenes provincianos, mismos que coincidieron con los de la familia de ellos, que eran del estado de Sonora, personas muy amables y agradables. Al terminar de cenar, nuestra plática ya era coloquial, al grado de que al final de la reunión hubo incluso momentos de muy buen humor con las ocurrencias de mi mamá y de Carlos y los chistes de don Carlos. Nos retiramos agradeciendo su fina hospitalidad y la magnífica cena. Punto y aparte fue mi agradecimiento a los papás de Kiki por darme la oportunidad de formalizar nuestra relación con esa visita a su casa. Una vez más yo me fui a San Ángel después de dejar a mi esposa con sus hijos.

La gran sorpresa fue que le autorizaron el regreso a su casa con sus hijos y conmigo para que pudiéramos llevar una vida familiar y los chicos estuvieran cerca de sus abuelos. Mi relación con Eduardo y Lucinda, los más grandes, era muy limitada pues ya tenían hecha su vida, Eduardo contaba con diecisiete años y Lucinda con quince; yo tenía tan sólo veintitrés y era muy difícil que ejerciera el papel de papá de adolescentes con las complicaciones naturales de la edad en esa época. En 1971 no era tan fácil ser un joven obligado a enfrentar los peligros de un modernismo implacable, sobre todo en el caso de muchachos como ellos. Carlitos, el más pequeño, estaba por cumplir trece años y era encantador, dulce, cariñoso, un alma blanca con quien me identifiqué de inmediato; nos llevamos muy bien desde el principio.

Dada mi popularidad a principios de los años 1970, nada resultaba más atractivo para la prensa que hablar acerca del matrimonio del famoso cantante con una *socialité* de la magnitud de Kiki Herrera Calles, aunque esto no era un impedimento para el desarrollo normal de nuestra vida en común en su casa de Las Lomas. Todo seguía igual, sólo que formalizado como debía ser según mis principios y los de su familia. Las comidas, las cenas, las reuniones y demás actividades dependían de mis nuevas amistades provenientes de mi relación con Kiki.

Muy agradable resultó la experiencia cuando asistimos a la celebración de la Feria de la Uva en Hermosillo, Sonora. Toda la familia de Kiki provenía de este estado norteño, de ahí el buen número de oriundos de Sonora que se contaban entre sus amistades. Fue muy bello el festival que se desarrolla en la calle; nos subieron a un camión lleno de uvas para repartirlas a la población en las avenidas más importantes de la ciudad. Tras una gran comida, en la noche se realiza la coronación de la reina y mi actuación en el teatro del pueblo. Después, la reunión acostumbrada para departir con las autoridades y brindar por la gran cosecha de uva de ese año.

Los brindis empezaron desde el mediodía y se prolongaron hasta la madrugada, como era nuestra costumbre. Además, seguimos bebiendo solos en la habitación. Al día siguiente no recordaba lo que había pasado en el hotel, "se me borró el casete" a partir de que llegamos en la madrugada. Era la primera vez que tenía una laguna mental, el periodo en el que la mayoría de los alcohólicos cometen atrocidades que luego no recuerdan; ¡una amarga experiencia para el campeón mundial de la buena memoria! Con sólo veintitrés años de edad, con el éxito a mis pies y un gran futuro por delante, me enfrentaba a lo que muchos padecen cuando se encuentran en las etapas más tenebrosas de su existencia. Cuando Kiki me cuestionó si acaso no recordaba lo que platicamos que haríamos al llegar a la Ciudad de México, le dije rotundamente que no. Ella me contó que durante la plática me quedé dormido de súbito, o sea, anestesiado por completo —como les expliqué, el alcohol es un anestésico; a más dosis, más anestesia–. Así sucumbí por primera vez a algo que consideraba normal en mi vida desde los quince años: la bebida.

Además de la gran confusión de ideas, ésa fue la primera vez que experimenté un malestar físico por la mañana, o sea, la cruda, la resaca, el guayabo, como le llamen. En nueve años de beber nunca me había pasado una cosa así, otra nueva amarga experiencia que se convertiría en una aún más amarga compañera de vida desde entonces. Tuve que volver a beber para reponerme, para poder levantarme y enfrentar las actividades del día. No me fue posible probar bocado, no tenía apetito y no soportaba ver siquiera la comida. Volví el estómago, fue algo horrible. No podía pensar y como pude empaqué el vestuario de actuación y todas mis cosas para ir al aeropuerto. Kiki también sentía un gran malestar; en síntesis, se nos pasó la mano sobremanera con los tragos. De regreso en la Ciudad de México nos acostamos a descansar para reponernos y al día siguiente, en cuanto pude comer empecé a sentirme bien.

Se reanudó nuestra vida social, que no era otra cosa más que beber y beber, de nuevo lo mismo. Una noche de fiesta aconteció algo que nunca imaginé. Después de beber considerablemente íbamos de vuelta a casa de Kiki cuando ésta poco a poco se transformó en otra persona. Me dijo que quería seguir tomando, que la llevara a otro lugar, no a su casa. Su petición me sorprendió pues lo de menos era seguir tomando en la recámara como en otras ocasiones. Sin embargo, estaba aferrada a hacerlo, pero en la calle. Era un dilema enorme, no podía complacerla porque por primera vez la veía fuera de control y temía las consecuencias de sus actos. Entonces decidí que, a pesar de sus súplicas, iríamos a su casa para que se calmara. Al llegar bajé del auto para abrir la puerta y meterlo, cuando de pronto ella también se bajó y se dirigió, tambaleándose, por Montes Urales, la calle donde vivíamos, a la esquina de la avenida Reforma. La seguí y le pedí que volviera en silencio; de lo contrario sus papás se darían cuenta pues vivían en la casa que daba a la calle y nosotros hasta la parte de atrás del jardín. No quiso, se soltó de mi mano y siguió caminando. Entonces la sujeté con las dos manos y la hice dar la vuelta rumbo a la entrada de la casa. El coche estaba prendido y la puerta de su lado abierta. No sabía qué hacer, tuve que jalarla para que regresara, quería hacerla entrar al coche otra vez, pero me fue imposible; tan sólo conseguí llevarla a fuerza a la casa por todo el largo pasillo de la entrada a los estacionamientos atrás de la residencia de sus papás. No quería, insistía en ir a la calle. "Déjame —me dijo con necedad—, voy a ir a otro lado." Le tapé la boca pues nos encontrábamos justo abajo de los dormitorios de la gran mansión. Como pude la conduje hasta la casa. "Suéltame" —insistía—. Abrí la puerta, hice que entrara y cerré otra vez con llave para ir a estacionar el coche. No quería hacer ruido por sus papás y su hermano y ahora debía conseguir que sus hijos no notaran nada. Era la primera vez que sucedía algo así; Kiki tenía una gran cultura alcohólica, tomaba igual que todos y siempre conservaba su gran categoría, su educación y su belleza inamovibles. Yo estaba atónito ante el espectáculo que presenciaba; lo bueno es que nadie se dio cuenta. Logré subirla a la recámara y cerré la puerta. Ella, que siempre vestía a la moda, llevaba un abrigo largo muy elegante. La observé con detenimiento y me desalentó ver a otra persona: con la mirada perdida, una incoherencia tras otra salían de sus labios en un balbuceo que se tornó incomprensible. Le quité el abrigo y no insistió más en salir de la casa, luego entró en un sopor que me permitió acostarla y se quedó profundamente dormida. En ese momento sentí un alivio enorme: por fin podría descansar un poco sin temor a que se le ocurriera levantarse y salir Dios sabe a dónde. Y es que los alcohólicos como nosotros no medimos las implicaciones de nuestros actos, lo único que sabemos es que necesitamos seguir tomando.

Resulta irónico, pero al día siguiente no recordaba nada. Le conté lo sucedido al llegar a la casa y lo primero que me preguntó, con gran preocupación, fue si sus papás o sus hijos se habían dado cuenta. Le dije que los muchachos no porque yo la subí lo más rápido posible; de los demás no estaba seguro, dado que me costó mucho trabajo que entrara a su casa. Comentó que si hubieran notado algo, de inmediato le habrían llamado la atención.

—¿No me llamaron por teléfono? —preguntó, un tanto aprensiva.

—No —la tranquilicé—. Ya era la tarde cuando despertaste y no había mensaje de tus papás, sólo de tus amistades.

—Perdóname —me dijo, apenada—, no sé qué me pasó, ha de haber sido el Epamín, una medicina que debo tomar de por vida, a lo mejor "me crucé", como se dice vulgarmente, con los tragos y las pastillas. Pondré mucha atención en ello para que no vuelva a suceder.

—Ya, Kiki, no te apures —le aseguré con cariño—, no pasó a mayores, esto queda entre nosotros, como lo que sucedió conmigo el otro día en Sonora.

Entonces ella me dijo algo que me reconfortó en cierta medida:

—Pero es que en tu caso sigues como si nada ocurriera: conversas, haces todo y de pronto te quedas dormido, no cambia tu forma de ser; pero yo, según me dices, quería irme a la calle, ¡qué horror! Estaba sumamente alcoholizada y cruzada. ¿Qué horrores puedo esperar el día que no estés conmigo para controlarme?

—Mi amor —le sugerí—, será mejor que tomes la pastilla por las mañanas antes de que empieces a beber en las reuniones. Por cierto, ¿para qué es?

—El médico dice que tengo un cierto tipo de epilepsia; este fármaco ayuda a impedir que se siga desarrollando y evita que pueda haber un ataque —me confió.

Imagínense, qué peligroso combinar el alcohol con un medicamento de ese calibre.

Después de comer continuamos charlando.

—Creo que debemos reconocer que ambos bebemos muy fuerte todos los días y ya vemos qué efecto nos produce. Además, el malestar del día siguiente cada vez es más frecuente, nos va a hacer daño. Tenemos que controlarlo, ¿no crees? —le planteé. Y estaba convencido de lo que decía; de momento el alcohol era muy agradable, pero sus consecuencias se volvían cada vez más impredecibles y peligrosas.

—Por supuesto —aceptó—, yo soy mayor que tú y debo cuidarme de las crisis como ésta, provocadas por la costumbre de beber todos los días y ¿cómo no hacerlo con tanto compromiso? La vida social puede ser una trampa ¿no te parece? Hay que corregir eso. Se me ocurre una idea, ¿sabes jugar golf?

No le contesté, pero, como era de esperarse, no conocía ese deporte.

—No importa, yo te enseño, más vale que nos distraigamos en otra cosa que no sea tomar todos los días. Vamos a Ixtapan de la Sal, ahí hay un campo muy bonito, caballos, canchas de tenis y también los famosos baños termales, la pasaremos muy bien.

—Me parece una magnífica idea —comenté con entusiasmo—; este fin de semana tengo que salir de la ciudad a trabajar, pero al volver de inmediato salimos para Ixtapan a desintoxicarnos.

Ese fin de semana sólo bebí lo elemental, un coñac para calentar la garganta y otro doble en el escenario para todo el *show*; al final atendí al público como siempre y me fui a dormir. Por primera vez en dos años de éxito no hubo fiesta en mi habitación, ya que la costumbre era seguir cantando en el hotel o en casa de alguien hasta el amanecer y, de no haber trabajo, la cantada se prolongaba durante días; siempre había buenos bohemios con quienes compartir.

La visita a Ixtapan de la Sal fue muy revigorizante. Un sitio bello, especial para descansar y reponer energías. Además, la curiosidad de aprender a jugar golf y a montar a caballo hicieron el viaje más estimulante para mí. Como era de esperarse, Kiki manejaba a la perfección este tipo de actividades. Con mucho ánimo recordé mis años de deportista y le gané en el tenis, sólo en eso y en la mesa de ping pong logré vencerla. En todo lo demás ignoraba por completo cómo debía proceder. Los caballos me gustan muchísimo, pero siempre quieren morderme, no sé por qué, con lo bien que me caen. En cuanto al golf, éste era el deporte más difícil que había intentado jugar, ¡qué complicación pegarle a la famosa pelotita! Empleábamos todas las tardes para que yo aprendiera la técnica y la maña del juego más *chic* y elegante. Hubiera sido genial que lograra dominar estas actividades propias del gran mundo de la alta sociedad y de los empresarios del más alto rango. Pero no fue así; eso no se aprende en una semana y yo tuve que regresar a trabajar de inmediato.

¡Qué lástima que no podíamos prolongar por siempre la estancia en este ambiente calmado y reconfortante! ¿Acaso nunca podríamos vivir como seres humanos comunes y corrientes, sin grandes complicaciones y sin tantas presiones?

Seguía el éxito en grande, ya estaba haciendo cine y mis grabaciones permanecían en los primeros lugares de popularidad y de ventas. Por tanto, era necesario atender lo primordial: la promoción de radio.

Llegó el momento de filmar mi segunda película. Mi compañera sería mi gran amiga Verónica Castro; también contamos en esta historia con la presencia de doña Beatriz Aguirre, gran actriz del cine nacional en su Época de Oro, y mi amigo Marco Antonio Campos "Viruta", Nelly Alarcón, Antonio Bravo, Juan Gallardo, Sasha

Montenegro, Irlanda Mora, Rosa María Quintero, Antonio Raxel, Armando Calvo y Roberto Cañedo, todos reconocidos actores del cine nacional.

Fue una experiencia sensacional trabajar con quien compartí mis inicios, a quien conocí tan jovencita y vi desarrollar un gran esfuerzo que la condujo al éxito casi en paralelo al mío; en 1970 Verónica Castro fue el rostro de *El Heraldo de México* y yo la revelación como cantante. Me dio mucho gusto hacer esta película en la que ella representó a una invidente y consiguió una actuación magistral, como todo lo que hace. Ya desde entonces –1971– tenía un talento excepcional, además de la frescura de su belleza, la que conservará toda la vida, al igual que su señora madre, doña Socorro, de quien la heredó. ¡Qué maravilla de mujer y qué privilegio contar con su amistad! Siempre seré el presidente de su club de admiradores como persona y como artista, una señora en toda la extensión de la palabra, con valores enormes a la vista de todos, como el gran amor por sus familiares, a quienes ha ayudado a salir adelante sin excepción. Todavía sacó tiempo no sé de dónde para terminar la carrera de relaciones internacionales en la Universidad Nacional Autónoma de México. La sola presencia de Verónica garantizó el éxito de esta cinta escrita por Fernando Galiana, dirigida por Rubén Galindo y producida por su hermano Pedro Galindo *junior*. El título fue *Un sueño de amor.*

8

Sólo yo seguiré siendo tuyo

Al terminar la película me concentré en la producción de mi quinto L.P. que comenzó con una gran canción de Víctor Manuel Matos, la cual le dio título al disco: *De pueblo en pueblo*. Le dediqué a Kiki *Sólo yo seguiré siendo tuyo*. Ya antes le dedicaba siempre del maestro Vicente Garrido su canción que fuera un éxito mundial en labios del gran Lucho Gatica, *No me platiques más*, pero ésta era nueva para ella. Nunca imaginé que esta gran canción, *Sólo yo seguiré siendo tuyo*, era un elemento premonitorio en mi vida.

El final del año 1971 fue muy agradable, ya que, si bien yo trabajaba en Navidad y Año Nuevo, nos las arreglamos para pasarlos juntos en familia mi mamá, mi hermano, Kiki y sus hijos.

Si uno pudiera intuir lo que se avecina en la vida al inicio de un año nuevo, hubiera optado por pasar de largo ese 1972, pues en mi lista de catástrofes dicho año ocupó uno de los primeros lugares.

Para arrancar las hostilidades, la relación de mis clubes de admiradoras con mi flamante primera esposa era cada vez más desagradable.

Otro factor tomó tiempo en revelarse en el ámbito profesional. Un día fui a la oficina de mis representantes a cobrar y don Claudio, el contador, me sugirió que hablara personalmente con "El Pelón". Éste me informó que ya no me pagarían en efectivo. Dijo que mis amigos se aprovechaban de mí y yo pagaba todas las cuentas, que siempre les prestaba dinero o hasta me robaban si traía efectivo. La solución, según él, era hacerme un depósito en el banco y darme una tarjeta de crédito, cuyos gastos ellos cubrirían. A su oficina llegarían los estados de cuenta para llevar el control de la misma. Don Claudio me entregó la tarjeta y el acostumbrado cheque que luego yo depositaba para el gasto en mi casa y cubrir lo esencial.

Al despedirnos me dijo algo que no esperaba de un señor mayor como él:

—¡Cómo me gustaría ser tan inteligente y tan vivo como usted, es algo sorprendente!

¿A qué se debería el comentario? Sin saber qué contestarle, le di las gracias, tomé mis cosas y fui a mi casa; le comenté a mi mamá todo lo sucedido.

—Me vas a perdonar, pero a mí esa gente no me gusta, no me inspira confianza. Ten cuidado.

El gusanito de la duda empezó a hacer su función en mi interior, pero no le di la importancia debida. Sin embargo, creo que poco habría podido hacer para impedir lo que se había fraguado con tanto tiempo y astucia.

Un día recibí una llamada de la oficina de "El Pelón": nos reuniríamos él, Nacho y yo. El momento me pareció perfecto para pedir información acerca de lo que sucedía con mi carrera y con las ganancias generadas por la misma. Pese al trabajo constante, en particular fuera del país donde se cobraba en dólares, yo seguía recibiendo lo mismo en pesos mexicanos y, además, hacía quince días que no cobraba.

Yo inicié la plática con la pregunta acerca de por qué no me habían pagado.

—No te han pagado porque en esta oficina nos están robando —contestó Nacho de inmediato.

Esto me sorprendió, nunca creí que Nacho se expresara así de mi representante.

"El Pelón" brincó de su silla y se dirigió a Nacho:

—¡Óyeme, cínico descarado —le gritó—, tú me contrataste para dejar a este niño sin dinero, para explotarlo hasta donde se pudiera! ¿Cómo me sales ahora con que les estoy robando? No tienes vergüenza, yo no he hecho más que lo que tú me dijiste que hiciera. Tú sabes que estoy diciendo la verdad.

En seguida se dirigió a mí y me dijo:

—Por lo que veo, tú no estás enterado de nada, así que lo mejor es que aquí terminemos nuestra relación.

Con esto dio por concluida la conversación. Lo que me dijo era absurdo. ¿Cómo iba yo a estar enterado de que me esquilmaban y a permitirlo?

Salimos de la oficina y, anonadado, le pregunté a Nacho qué significaba todo aquello.

—Recuerda que yo te dije que este tipo es un hampón de cuidado, no le creas nada de lo que dice —me contestó, indignado.

Después del incidente fui a ver a don Claudio, el contador, con el fin de cobrarle lo que me debía y, para mi sorpresa, me contestó:

—Lamento informarle que no tiene saldo a su favor. Hemos invertido mucho dinero en su carrera y usted nos debe a nosotros, déjeme enseñarle.

Sacó un libro enorme de los que usan los contadores y, según él, me explicó cómo estaba todo, con una parsimonia y un sigilo que me hicieron comprobar lo que tanto temíamos mi mamá y yo: habíamos caído en manos de gente deshonesta.

Disgustado y seguro de haber sido víctima de un atraco, contraté a un grupo de contadores para que revisaran las cifras y estudiaran la posibilidad de demandar a la empresa, pero me dieron la mala noticia de que todo estaba muy bien preparado por don Claudio para cometer el fraude. Si entablaba un juicio no lo ganaría, tan sólo perdería más dinero en contratar abogados.

—Pero, como le dije, según nuestras cuentas hablamos de que hemos generado un millón de dólares —protesté.

—Así es, señor Sosa —me comentó el director del despacho—, sólo que como usted confió en ellos por completo, pudieron acomodar todo a su antojo para despojarlo de su dinero. Lo siento, la próxima vez no sea tan confiado, asesórese con alguien sobre la manera de manejar su carrera en lo que a la contabilidad se refiere para que no vuelva a ocurrirle algo así.

Huelga decir que me invadió una enorme desilusión. ¡Los ingresos de tanto trabajo que se esfumaban para ir a caer en manos de sinvergüenzas que no se tentaron el corazón para engañarme de la manera más vil! Sin duda, estaba pagando el precio de la "novatada" en estas lides de los mánagers y los negocios. Ahora, ¿cómo podría creer en alguien más en este sentido?

Yo me quedé con Nacho por lealtad al amigo que me ayudó a comenzar mi carrera; le creí a él y no a "El Pelón". Abrimos otra oficina, también en la colonia Roma, en las calles de Chiapas, para controlar mi carrera con otros amigos suyos como Joaquín Ancona –yucateco también– y recontratamos a "El Chumo" para que nos ayudara con la promoción de radio otra vez. Él era el mejor para eso y estaba bastante recuperado de su recaída en el alcohol.

Al menos eso suponíamos… Yo mantenía el contacto con él, sobre todo por teléfono. Estuvimos juntos en Córdoba en una fiesta que le organizó a mi mamá por su cumpleaños y no tomó nada. A mis preguntas acerca de su salud, los amigos más cercanos me dijeron que cuando volvió a Córdoba después del percance de Puerto Rico sí siguió tomando una temporada, pero luego se tranquilizó y hasta entonces estaba limpio.

Eso nos dio la confianza para solicitar su cooperación de nueva cuenta. Fue una gran alegría volver a trabajar con él; otra vez estábamos juntos los mismos del principio: Nacho, "El Chumo", Claudio y yo. Laboramos hasta que una salida desafortunada de Raúl a Ciudad Juárez lo hizo caer una vez más en garras de la bebida; tal vez fue el ambiente, encontrarse con sus amigos de antes ya que él vivió allí en su juventud, no sé... El caso es que volvió a tomar –seguramente sin medida, como lo hizo durante nuestro funesto viaje– y cuando regresó a la Ciudad de México fue directo a la casa de San Ángel a recoger su coche muy de mañana. Mi hermano, quien despertó al oír que arrancaba su Volkswagen –inconfundible el ruido que hacía para echarlo a andar–, se levantó y corrió a la ventana que daba a la calle en la privada para gritarle que no se fuera. Y es que, aunque parezca increíble, acababa de soñar que "El Chumo" se mataba en la carretera. Pero el destino estaba marcado. Raúl, tomado, ya no lo escuchó y siguió su camino rumbo a Veracruz. Al bajar las cumbres de Acutzingo, en la última curva, su coche se volcó y mi amigo perdió la vida. Con él iba un sujeto que sobrevivió. Éste contó que lo recogió en la carretera, que también viajaba a Veracruz y bebieron durante el viaje hasta que ocurrió la tragedia. ¿Cómo es posible que el alcohol te haga olvidar la prudencia y te orille a cometer tonterías como consumirlo mientras manejas en una carretera que requiere mucha concentración? ¡Terrible manera de perder el control de tus actos!

Yo me encontraba en Acapulco con Kiki cuando Gonzalo me comunicó lo sucedido. ¡No podía concebirlo! ¡No podía aceptarlo! ¡"El Chumo" muerto y en esas circunstancias! Pero si casi podía hablarse de un suicidio… Todavía sufro al recordarlo.

De inmediato regresamos a México para pasar por mi mamá y mi hermano y asistir a su funeral en Córdoba. En la ciudad había luto general; uno de sus hijos más queridos había muerto, un hombre valioso en todos los aspectos perdió su última batalla contra el alcohol. Yo todavía no sabía que fui quien, sin percatarme en absoluto, propició esta tragedia al invitarle a una copa en aquel vuelo a Miami hacía más de un año. Mi tristeza no tenía paralelo, la pérdida de un hermano tan querido para quienes le conocimos y convivimos con él y con su gente nos hundió a todos en la depresión. Su madre "La Negra Moya", su esposa Juanita, sus hijos todavía pequeños Raúl y Fernando, sus hermanos Salomón, "El Piteco", Manuel, "El Negro", todos estábamos deshechos. Su entierro fue una muestra de cómo quiere el pueblo a sus hijos más preclaros y él era uno de ellos. Descanse en paz un amigo verdadero e inolvidable; su historia seguiría ligada a mí el resto de mi vida.

Pero, como dice el viejo adagio, la vida sigue… A la muerte de "El Chumo", Kiki me sugirió comprarle una casa a mi mamá en Ciudad Satélite en vez de seguir rentando en San Ángel. Me pareció buena idea y Gonzalo y mi mamá se mudaron a Satélite. Dado que la renta en San Ángel era muy alta, mejor dimos el enganche de esta casa y la pagamos poco a poco.

Mi tercera película fue una comedia escrita también por Fernando Galiana y Rubén Galindo, dirigida por este último y producida, al igual que las anteriores cintas de mi contrato, por su hermano Pedro Galindo *junior*. El estelar femenino estuvo a cargo de Nubia Martí y contamos con la participación de actores de la talla de Guillermo Orea, Carlos Monden, Arturo Alegro, Roberto "El Flaco" Guzmán y Armando Acosta. Además, alguien que ya era un compañero de vida y de trabajo, quien desde que lo conocí contó siempre con mi cariño de hermano y mi admiración por ser el gran actor que es: mi compadre Fernando Luján. Con esta película terminaba mi primer contrato para hacer cine.

Una de las fiestas más bonitas e importantes del año era la entrega de los Heraldos, el trofeo del ambiente artístico y del deporte más codiciado por todos, el más respetado por actores, cantantes, actrices, productores y directores de cine y televisión, así como los atletas más reconocidos de cada año. Para todos era un privilegio obtenerlo; además, se consideraba el evento social del año por excelencia, el más elegante.

Yo obtuve en 1970 el Heraldo como cantante revelación y en 1971 como cantante del año; los dos años acudí soltero y sin compromisos. Ahora estaba nominado otra vez como cantante del año y me presentaría casado en el magno evento. El sólo participar era suficiente, ya fuera como nominado, como presentador o, por supuesto, como ganador.

Así, después de más de año y medio, volví a ver a Anel en el escenario, con su pareja de siempre, la rubia; entregaban los premios a los deportistas del año.

Kiki me comentó que la veía muy descuidada y que había subido de peso más de lo normal.

—Siempre fue una gorda con cara bonita y con problemas para mantenerse en forma —dijo.

Yo no respondí, sino sólo asentí.

—Ahora anda con fulano y mengano —agregó, deseosa de darme detalles—, los dos son tremendos drogadictos, ya sabes el mundo en el que se desenvuelve. En el ambiente artístico todos estamos enterados de quiénes somos, qué hacemos y qué nos metemos. Eso sucede en el mundo entero.

Lo mismo ocurre con la mayoría de las personas que son elementos del dominio público, se dediquen a lo que se dediquen y es que yo escuchaba todo eso también del medio de la política. Nadie se salva, aunque hay un código de silencio como protección para que todo quede sólo entre amigos o colegas.

Una vez más tenía razón Kiki y aparecía la frase por excelencia del ambiente de la gente importante: "¡Ver, oír y callar!" Yo supe aplicar esta máxima y me gané la confianza de mucha gente muy conocida de todos los entornos, lo que hago hasta la fecha por lealtad a aquellos que te han brindado su amistad sincera.

Algo que no podía explicarme era que en casa de Kiki, al entrar al cuarto de baño continuamente encontraba veladoras prendidas y objetos desconocidos sobre los lavamanos.

—¿Qué es todo esto? —le pregunté un día, intrigado.

—Acostumbro prender veladoras en memoria de mis antepasados ya fallecidos cuando son sus aniversarios —me contestó.

—¿Y esos objetos?

—Me los regaló una amiga mía, es esoterista y también los usa para el mismo fin.

Yo le creí y no le di importancia al hecho de que a menudo encontrara velas prendidas y objetos raros en diferentes partes de la casa.

Un día fui a visitar a Nacho a la RCA Víctor y me asombró verlo recoger sus objetos personales para irse de la compañía.

—Me marcho —me dijo—; el señor Joe Vías, mi protector, fue transferido otra vez a Nueva York y va a regresar Luis Couttolenc, así que ya no tengo nada qué hacer aquí.

—¿Y por qué no me habías dicho nada? —le pregunté, un tanto dolido.

Él se quedó callado y yo cuestioné de nuevo:

—¿Y la oficina?

—La voy a cerrar.

—¿Cómo que ya te vas de la RCA y cierras la oficina? Y yo ¿qué hago? —reclamé.

—Quédate con Joaquín Ancona —me contestó— para que te ayude con tus contratos. Aquí en la RCA te van a dejar en el grupo de Eduardo Magallanes para lo de tus discos.

Acto seguido se marchó.

¿Qué había pasado en la RCA? ¿Por qué tenía que irse? ¿Por qué ya no iba a manejar mi carrera? Hasta la fecha no he encontrado la respuesta a estas interrogantes. Yo suponía que al casarme controlaría tanto desorden a mi alrededor y aparentemente así fue, pero el cambio no fue para mi completo beneficio pues entré a otro tipo de desorden, sólo que de más categoría y, desde luego, más caro. Lo que sí funcionó en mi favor fue el hecho de que al ser un hombre casado ya no me manipulaban con tanta facilidad.

Como todo se sabe en esta vida, me enteré de lo que "El Pelón" y don Claudio hicieron con mis ganancias de mi primer año y medio de trabajo: montaron una fábrica de refrigeración industrial. Pero el dinero mal habido no dura mucho y ellos no fueron la excepción, lo perdieron todo en diez meses, su proyecto fracasó y se hizo justicia.

Por desgracia, ahí no acababa todo con esta gente. A casa de Kiki llegó una demanda por incumplimiento de parte del banco referente a la tarjeta de crédito, ya que en la oficina de "El Pelón" nunca la pagaban. Desde luego, saneamos esa situación de inmediato.

Una tarde fuimos a una comida en la cual, como siempre, hubo alcohol en grandes cantidades. Al notar que Kiki ya había bebido lo suficiente, opté por que nos retiráramos. Cosa rara en ella, se le empezó a notar el exceso (eso suele ocurrirle a quienes beben muy seguido o a diario; en ocasiones con dos copas ya están borrachos, a diferencia de otras veces, cuando aguantan mucho más o lo mismo de siempre). Ya en el automóvil hizo crisis y se volvió a transformar como aquella noche aciaga en que tanto trabajo me costó que entrara a su casa. Quería bajar del auto para seguir bebiendo.

—Déjame aquí, voy a casa de Toño a tomar una copa —insistía después de transformarse en otra persona.

—Pero mira nada más cómo te pusiste. Ya no debes seguir tomando, vamos a la casa —le contestaba, con mayor seguridad de la que en realidad me embargaba.

Seguí manejando pidiéndole a Dios que no nos tocaran semáforos en rojo y que no tuviera que forcejear con ella para que no se bajara, pues se ponía súper necia. Pronto quedó profundamente dormida. Entonces aproveché para llamar a la casa desde un teléfono público —todavía no existían los benditos celulares que ahora te sacan de muchas emergencias— y pedir a las muchachas del servicio que estuvieran pendientes de nuestra llegada para abrir la puerta de la entrada del coche de modo que sus papás no se dieran cuenta. Por fortuna sus hijos no estaban en casa, era la hora en que salían a visitar a los vecinos. Ahora sí no sabía qué hacer, no estaba seguro de si sus amistades se percataron o no de que estaba tomada, aunque creía haberla sacado a tiempo. Pero ¿en el futuro? ¿Cómo adivinar cuándo sucedería otra vez algo así en público en una de las tantas comidas o cenas diarias con sus múltiples amistades? ¿Qué tal si le pasaba incluso en alguna de mis presentaciones cuando viajaba conmigo? Me sentía muy confundido; después de mi problema de Hermosillo, ahora a ella le sucedía esto dos veces seguidas. No cabía duda: era demasiada bebida, día tras día. ¿Qué podríamos hacer, cómo sacudirnos ese yugo?, me preguntaba, angustiado. Pero ya sabía que, pensara lo que pensara hoy, al día siguiente y al siguiente, todo volvería a ser lo mismo.

Cuando desperté, Kiki no estaba; seguro se levantó temprano después de haberla acostado como a las seis de la tarde el día anterior. Me senté en la cama, algo me ocurría, me sentía raro. Salí de la cama y me dirigí a la ventana. Eran como las dos de la tarde. Observé el jardín y luego la casa de sus papás, estuve un buen rato ahí de pie y empecé a cuestionarme: "¿Qué hago yo aquí? ¿Por qué estoy viviendo en esta casa si no pertenezco a este lugar, a esta gente? ¿Qué me espera con esta vida? En realidad ¿soy feliz? ¿Debo permanecer en este sitio? ¿Qué puedo esperar de la vida si continúo al lado de esta mujer?" Mi contestación fue rotunda: no era de ahí y no sólo ya no me sentía a gusto, sino que me atemorizaba pensar en el futuro de seguir con ese tren de vida. Pero ¿por qué ese cambio tan repentino?, ¿qué me ocurría? No tenía idea, aunque muy cerca estaba el momento de enterarme. Seguí cavilando un largo rato y mi sentimiento de incomodidad se generalizó. En ese momento recordé aquellas lejanas palabras de mi padre: "¡Nunca te cases con una mujer más grande que tú!" Pero ¿por qué pensar en eso si hasta ahora, en realidad, no lo había percibido como un problema?

Cuando llegó Kiki me dijo que había ido a su florería y le conté lo acontecido la tarde anterior.

—No recuerdo nada —me dijo con voz suave.

—¿A dónde vamos a ir a parar con estas borracheras? —le reclamé—. Cuando no soy yo eres tú. Yo ya no quiero seguir así, tomamos todos los días, hasta aquí en la casa; no puede ser, tenemos que controlarlo antes de que tus papás y tus hijos se den cuenta. Creo que ya nos está afectando nuestra manera de beber.

De repente otra vez hicieron acto de presencia las discusiones por diferencias no resueltas de tiempo atrás. Constantemente nos veíamos forzados a salir de reuniones, sobre todo en restaurantes, porque llegaba alguien que había tenido que ver con ella en el pasado; era muy lamentable ver a qué grado de nerviosismo llegaba Natalia cada vez que eso sucedía; no lo controlaba y había que abandonar el sitio de inmediato.

Por ésa y muchas razones más la convivencia se volvió insoportable, al punto que decidí ir a vivir con mi mamá y pedirle el divorcio.

Llegando a la casa en Satélite le conté a mi mamá todo lo que ocurría y me dijo:

—Ven, hijo, siéntate, creo que ya es hora de que te cuente algo que pasó en la casa de San Ángel cuando te casaste con ella. Después de la ceremonia en que los declararon marido y mujer, el señor Antonio, que fue su testigo, la llamó a un lado de la escalera y le dijo: "¿Ves?, tal como te lo prometí, salió todo como lo planeamos, sólo era cuestión de tiempo, cayó redondito, ahí lo tienes a tus pies; ahora es cuestión de seguir controlándolo". No se dieron cuenta de que yo, a punto de salir del baño de visitas, los escuché. Ella le dio las gracias muy efusivamente y volvieron a la sala donde tú estabas con el juez.

—¿Por qué nunca me lo contaste, mamá?

—Es que no comprendí del todo lo que querían decir. Pensé que se trataba de que él había ayudado a Kiki, mediante sus consejos, a convencerte de que te casaras con ella, pero ahora te lo platico porque no me gustó su comentario de que había que seguir controlándote. ¿Qué quiso decir con eso? Recuerda que me hablaste de las veladoras y objetos raros que encontrabas en la casa. ¿Por qué no le preguntas a alguien que sepa de eso?, yo no tengo idea. Averigua de qué se trata, porque una señora de Clavería me platicó que con cosas raras como ésas su marido la dejó para irse con una mujer que vivía con ellos en su casa.

Neófitos en la materia, nosotros éramos católicos e íbamos a misa los domingos cuando nos era posible. Por el momento dejé pendiente la consulta a alguien experimentado en esas lides.

Kiki se negó rotundamente a darme el divorcio y me demandó por abandono de hogar. Mi confrontación con la realidad en cuanto a lo que es un proceso de divorcio fue algo que no esperaba. ¡Cuántas personas que tú creías tus amigos se prestan a declarar en tu contra una serie de mentiras! Además, lo único que está en juego no es lo esencial, como salvar una relación o los hijos, que en este caso no eran míos, como tampoco lo era la casa. Yo sólo tenía un Volkswagen blanco, ése era mi coche pues la camioneta Ford, como no la pagaban "El Pelón" y don Claudio, también se perdió.

Todos sus amigos declararon en mi contra. Me acusaban de muchas cosas que se me exigía pagar: que nunca había cubierto sus sala-

Mi mamá.

Mis papás cuando se conocieron en el Conservatorio
Nacional de Música en 1944.

Mi abuela Carmen,
con quién me crié.

Mi abuelo materno
Francisco, con quien me crié.

La boda de mis
padres en 1946.

Toda la familia Sosa, mi padre
con mis abuelos y tíos.

Mi mamá y yo.

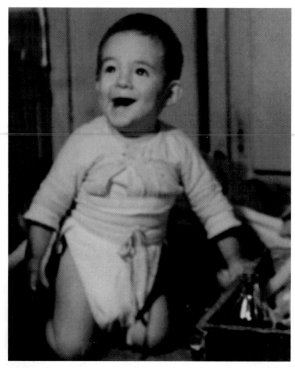

Desde pequeño
ya cantaba, a
los nueve meses.

Gonzalo actuaba en Bellas Artes.

Mis primeras fotos de promoción.

Mi primera actuación en el Mercado de Discos, 1970.

Marzo de 1970, con el ex presidente de México, Miguel Alemán Valdés, entonces secretario de Turismo, quien me hizo un reconocimiento por mi actuación en el segundo Festival de la Canción Latina, donde canté *El triste*. A la izquierda, el maestro José Sabre Marroquín y detrás de él René Ortiz "El Chumo". A la derecha, Consuelito Velázquez.

Jorge Vargas, Raúl
Ortiz "El Chumo" y
Leo Villalobos en 1970.

La familia Betaza de Catemaco, Veracruz, padrinos
de bautizo de mi hijo José Francisco, 1970.

Primer concierto en la
Alameda Central,
9 de agosto de 1970.

Mi primer programa de televisión
titulado *El Mundo Joven Joven de José
José*, septiembre de 1970.

En mi primera película, *Buscando una
sonrisa*, 1971. Con Nadia Milton y Rubén
Galindo, el director.

Con Kiki en el aeropuerto de
la Ciudad de México. Apa-
recen, de izquierda a derecha,
Marucha, de España, Roberto
Jordán, el maestro Chucho
Ferrer, Juan Gabriel
y gente de la RCA Víctor.

Después de la
pulmonía fulminante.

Con Wayne Newton
en Las Vegas, 1971.

Con Sarita Montiel.

La familia Sosa completa.

Mi padre con María Callas, Giuseppe Di Stefano y el maestro Guido
Pico en la temporada internacional de ópera en México. Representando
Carmen, de Bizet.

Mi padre en la temporada de
ópera nacional en 1957,
haciendo gala de la potencia
de su voz.

Mis abuelos en sus bodas de oro, entre
mi mamá y mi tío Pancho, 1958.

Mi papá con Irma
González en *Madame
Butterfly*, en 1961.

Mi padre con Jesús Subizarreta
delante de la Iglesia de San Agustín,
en Polanco.

El maestro Tony Bennett me entregó el
Premio Desi Arnaz por ser el primer latino
en vender más de un millón de copias.

Rally Clavería con
mis amigos de juventud.

Trío los PEG, Pepe,
Enrique y Gilberto, 1966.

Con Beto Izunza y Leo Villalobos en 1968.

Con mi amigo Raphael, en México, D.F. en el
restaurante de Chucho Arroyo, 1975.

Con las estrellas más
importantes de la música latina
en *Cantaré, cantarás*, 1984.

Concierto en el Palacio de los Deportes, 1986.

Con Manuel Alejandro, en el estudio de grabación, 1994.

Con Shakira en la entrega de los reconocimientos que nos dieron por entrar al Salón de La Fama del Billboard.

rios a las muchachas del servicio, a las que, según ellos, les debía seis meses de sueldo, además de colegiaturas, la luz, el gas, el agua, de todo me hicieron una cuenta gigante. Le pidieron al doctor Fernando Robledo una cuenta ficticia de trabajos dentales de toda la familia para aumentarla a la suma de partidas que sus abogados alegaban que debía pagar. Gracias a eso supe que había ganado un amigo sincero, dado que el doctor Robledo no se prestó al juego de las mentiras y la traición y se negó a colaborar con este engaño. Siempre conservamos una hermosa amistad con él, con su esposa Teresita y sus hijas hasta que por desgracia dejó de existir debido a un fatal accidente años después. Lo extraño mucho, pocos amigos como él.

Yo me fui a Satélite en el mes de julio de 1972, exactamente un año y un mes después de casarme. Mi confusión era cada vez mayor. Por un lado extrañaba mucho el orden de vida que aprendí: como contábamos con tres sirvientas todo estaba impecable. Recién casados, Kiki me decía: "Te hice de comer pechugas de pollo, sopa de champiñones y ensalada", y yo, de manera absurda, le preguntaba: "¿Tú lo preparaste?" ¡Claro que no! Yo estaba acostumbrado a que mi mamá nos cocinara todos los días las recetas de mi abuela y las de ella; en casa de Kiki no era así: ella disponía y la cocinera preparaba todo. Además, había una recamarera y otra muchacha que servía la mesa, atendía a los muchachos y lavaba y planchaba lo elemental pues lo demás se mandaba a la tintorería.

Lo que más me gustó de regresar a casa de mi mamá no fue sólo volver a comer todo lo que extrañaba, sino recibir las constantes visitas de mis amigos a los que no vi en mucho tiempo. Ellos me preguntaban qué se sentía vivir en Las Lomas y yo les hablaba de cómo fue el tiempo en el que estuve allá, del ambiente desconocido para mí y de tanta bebida en todos lados.

Uno de ellos, muy simpático, me hizo un comentario que nunca he olvidado:

—Ah, entonces sólo fue un cambio de borrachos. ¡Bienvenido a tu casa y a tu ambiente otra vez!

9

Que tengas suerte

Una vez más la regla universal inamovible de que todo es causal, no casual, se cumplió. En una visita que hice a Clavería, mi barrio querido, fui a saludar a unos amigos muy estimados por todos: Tito y Enrique.

—Me gustaría presentarte —dijo este último— a alguien a quien creo que te hará mucho bien conocer. Necesitas saber lo que tiene que decirte, pues una persona famosa como tú vive con envidia a su alrededor y mucha gente mala intenta dañarte.

—Está bien —acepté—. ¿Cuándo quieres que vayamos?

—Hoy mismo, cuanto antes mejor.

Nos dirigimos más allá de Azcapotzalco a casa de una paisana veracruzana de nombre Margarita. Nos caímos bien desde el principio y me inspiró confianza. Enrique salió de la habitación y nos sentamos a platicar a solas.

—Necesitas saber cosas que han pasado en tu vida y que tú ignoras. Yo heredé el don de leer las cartas y te diré lo que veo de tu pasado, tu presente y tu futuro.

—Tu niñez fue muy difícil —comenzó diciendo—, tuviste un papá que tomaba y a veces te maltrataba y a tu mamá también. Ella callaba. Él ya murió. Tienes un hermano que no te quiere porque desea ser como tú y no puede, no es su destino; a la larga te causará problemas porque te envidia. Tu mamá siempre lo prefirió a él por ser el más chico e intentará sobreprotegerlo; él no quiere estudiar ni prepararse para salir adelante solo, siempre va a vivir de ti, de lo que tú le das a tu mamá.

¡Ah, caray! ¿Cómo sabía esta mujer que no me conocía cosas como ésas que, en efecto, sucedían en casa de mi mamá? Y es que mi hermano, ante el éxito tan grande que yo estaba alcanzando, adoptó una actitud de abandono de todo esfuerzo por superarse. Se dedicaba tan sólo a beber.

Me intrigó más aún que me dijera que mi carrera estuvo en manos de gente deshonesta, de la cual debía alejarme, que nunca recuperaría lo perdido y uno de ellos no era mi amigo de verdad como yo creía. Y ¡lo más increíble: que mi esposa me "trabajó" con un amigo homosexual para controlar mi voluntad y casarse conmigo, pues quería ser famosa a costa mía, que logró hacerme creer que yo la había conquistado a ella, que se enamoró de mí y por eso se casó conmigo! ¡La decepción fue tremenda, siempre creí que así había sido! Ahí estaba la respuesta a lo que escuchó mi mamá el día de mi boda.

—Ahora —añadió—, ese trabajo ya cumplió su cometido, por eso despertaste hace muy poco de ese trance y empezaste a darte cuenta de las cosas como son. Tú tienes un gran problema, eres muy bueno e inocente como tu mamá. No sabes decir no, no sabes dudar de otras personas, cualquiera te convence sólo con palabras; confías en que toda la gente es buena como aquellos con los que creciste y no es así, José: el mundo es otra cosa, sobre todo para los seres exitosos como tú. Muchos se acercan a ver qué te sacan, necesitas aprender a distinguir quién es quién. Tengo que hacerte una limpia para acabar de quitarte todo lo que te hizo tu mujer con el marica ése —me dijo, muy a la veracruzana—. Pasa para acá.

Si bien no entendía nada, me dejé llevar: la fuerza que irradiaba esa mujer era poderosa; no era de extrañar que se dedicara a ayudar a los demás como lo hacía. Me pidió que, de pie, cerrara los ojos; orando, pasó unas hierbas por todo mi cuerpo y luego un huevo crudo de la cabeza a los pies. De manera increíble, sentí como si me quitaran un peso de encima; toda la tensión de los últimos meses desapareció, una gran sensación de estabilidad y descanso me invadió por completo. También se esfumó la sensación de preocupación por todo lo que enfrentaba. En seguida sacó una botella con una loción y me puso unas gotas detrás y arriba de mi cabeza y cuello.

—¿Cómo te sientes? —me preguntó.

—Muy bien —le respondí y era verdad; me sentía distinto, relajado por completo, como que estaba tieso y tenso cuando llegué a su casa.

Volvimos a la habitación donde me leyó las cartas. Llamó a Enrique y le dijo que debíamos volver para que me hiciera otra limpieza con miras a estabilizarme por completo.

Tiempo después regresamos a su consultorio y me leyó las cartas otra vez.

—Conque ésas tenemos —exclamó—, tu mujer te extraña mucho, por eso es que no te da el divorcio, pero lo importante es que tú quedes libre de la influencia maligna de que fuiste objeto.

Al igual que la vez anterior llevó a cabo su rutina y comentó:

—Tienes que permanecer en observación, hay muchos que te envidian por tu éxito y quieren lo peor para ti; observé varios personajes que no distingo bien. Debo profundizar en ello y te aviso después.

—Hay que traerlo en un mes para ver cómo sigue su evolución —le comunicó a Enrique.

Enrique era ya mi acompañante continuo en las visitas que le hacíamos a Margarita "La Veracruzana", quien me ayudaba a descubrir cosas que yo ignoraba.

Empecé a extrañar a Kiki, lo cual pienso que era natural; después de todo, habían sido dos años de convivencia continua. El resumen de nuestra relación arrojaba como resultado una fiesta constante de solteros y de casados y un gran impacto que ella causó en mí; además, ahora enfrentaba lo que me revelara Margarita. Comoquiera que fuere, la echaba de menos y, para variar, la bebida estaba de por medio. No conocía mejor forma de mitigar las penas que beber y cantar. La vieja fórmula volvía a ser una ecuación de vida, otra vez a sufrir por alguien. ¿Por qué no resultó? ¿Sería la diferencia de edad? Eso no era un inconveniente para mí, nos entendíamos en todos los aspectos. Entonces ¿fue el exceso de bebida y sus resultados o en verdad no hubo nada genuino? ¿O era mi sensibilidad que no sabía enfrentar este tipo de situaciones? Fuera lo que fuera, me sentía desestabilizado emocionalmente de nuevo. Al menos, el hecho de estar de regreso en casa con mi familia me hacía concebir esperanzas de que todo volvería a la normalidad pronto.

Fui invitado otra vez a Río de Janeiro, ahora representando a México con una canción de Arturo Castro que parecía haber sido escrita para describir lo que vivía en esos momentos: *Que tengas suerte*. La canté en español y en portugués, pero no calificamos. Al menos no ganó Brasil a la fuerza como en otras ocasiones por presión del público; fue más bien la voz interminable de Demis Rousos la que conquistó el primer lugar para la canción de Grecia.

Una vez más tenía la oportunidad de ser mi propio biógrafo aunque con distinta pareja, pero ¿por qué todo tenía que ser tan feo y doloroso? Me dolió pensar que no podía hacer que una mujer se enamorara de mí. Pepe Sosa con su guitarra despertaba interés, en tanto que José José tenía más capacidad de atracción, pero ¿para qué?, para usarlo, como lo hiciera Kiki. Si bien percatarme de ello me afectaba en gran medida, ésa era mi realidad. Entonces, ¿cuál era la solución? ¡Cantar! Cantarle al amor, al ideal, a la decepción, a la tristeza, como siempre…

Y ya estaban ahí las canciones. Como siempre, un regalo con un valor incalculable de parte de Armando Manzanero: *Tonto*, ¡qué canción!, la historia de millones de hombres en el mundo. Este compendio llevó el título de una bella canción de Raúl Shaw Moreno y Mario Barrios que solía llevar de serenata: *Cuando tú me quieras*. La canción fue un éxito continental en voz de uno de sus autores, Raúl Shaw Moreno, gran cantante boliviano apreciado en todos los países de habla hispana, sobre todo en México.

Éste resultó uno de los periodos de grabación más difíciles, ya que le di rienda suelta a mi tristeza y a mi frustración por mi separación y empecé a beber fuera de control. Como tenía una resistencia excepcional, todo iba bien hasta el otro día. La cruda, la resaca, era cada vez más difícil de controlar.

Tras una actuación en Guatemala regresé a México en pésimo estado por haber bebido en exceso. Me llevaron a un departamento para que intentara descansar pues debía acudir a *Siempre en domingo*. Comencé a sudar en exceso, al grado de que mojé el sofá donde me acostaron. No podía dormir ni comer, sólo sudaba. Si bien estaba rendido y ansioso al no saber qué me sucedía, era indispensable que asistiera al programa de televisión, de modo que me bañé y me arreglé –gracias a Dios no me veía tan fatal como me sentía–.

Ese fatídico domingo de agosto de 1972 realicé mi actuación, la cual salió bastante bien, pero camino a la salida de Televicentro me desmayé. Recuperé el sentido de madrugada en la clínica de la Asociación Nacional de Actores, donde el doctor don Ramón Echenique me tenía en observación, dado que me dio un foco epiléptico, me mordí la lengua y perdí el conocimiento. Me pusieron suero al suponer que el exceso de sudoración me provocó una pérdida importante de potasio y minerales, lo que ocasionó esa reacción de mi parte.

Benditos médicos, ya casi me sentía bien, sólo debía descansar y volver a comer para recuperarme. Cuando desperté al otro día ¡milagro!, tenía hambre, me dieron de desayunar y me sentí a todo dar, sin cruda, sin resaca, sin nada. La hidratación del suero es mágica; te compensa, te limpia, te desintoxica. Llevaba casi dos litros y, según yo, ya estaba en buen estado de salud.

Al mediodía llegó el doctor Echenique para examinarme.

—Quiero que se quede dos días internado para que se recupere por completo. Cuénteme ¿cuánto tiempo llevaba sin comer? —me preguntó con interés.

—Varios días, doctor —le expliqué—, he estado muy deprimido. Me separé de mi esposa y durante ese lapso bebí sin parar. Trabajé pero no dormí ni comí, sólo tomaba y sudaba.

—Ésa fue la causa de su reacción tan extrema. Cuídese —me dijo, buscando motivarme—, está muy joven para tratarse así. La vida tiene muchos momentos muy amargos y si sigue con esas reacciones se va a hacer daño. Descanse, aliméntese bien y aproveche su suero. En cuanto se normalicen sus enzimas y su potasio lo doy de alta, será en unos dos días.

Al mediodía comí muy bien y me volví a dormir. Como a las siete de la noche me despertaron para merendar. El descanso hacía su tarea de recuperación junto con el suero y la comida; ya me sentía perfectamente bien.

Me sacaron sangre para unos análisis ordenados por el médico. Una vez que merendé, las enfermeras, después de su chequeo de rutina de todos los enfermos por última vez en el día, se marcharon hasta la mañana siguiente; sólo quedó personal de emergencia en una central, en caso de ser necesario. De tal modo, en medio del silencio y una gran tranquilidad, me dispuse a intentar volver a dormir para seguir descansando.

Como a las diez de la noche ya dormitaba cuando se abrió la puerta. Era "El Simpatías", personaje que merodeaba siempre por las instalaciones de la Asociación Nacional de Actores, la clínica, el Teatro Jorge Negrete y áreas circunvecinas, conocido por todos y siempre enterado de lo que les sucedía a los artistas. Entró con sigilo y me preguntó:

—¿Cómo te sientes?

—Bien —le respondí, algo sorprendido por la hora de su visita.

—¿Necesitas algo? —cuestionó de nuevo.

—No, gracias, estoy tranquilo.

—Vinimos —insistió— por si no te sientes bien, si estás crudo o necesitas componerte.

Se asomó a la puerta y le dio entrada a otros dos sujetos, quienes también entraron en silencio.

—Mira, aquí mis amigos traen cualquier cosa que desees para sentirte bien —de inmediato sacaron una botella de brandy, refresco de cola y vasos de plástico.

—¿Quieres un traguito? —me invitaron.

—No —contesté—, por el momento no. Además, deben tener cuidado con las enfermeras, puede venir alguien.

—No —intervino tajante—, yo vengo constantemente a visitar a los amigos cuando los hospitalizan para ver si se les ofrece algo y conozco los horarios. A esta hora ya no viene nadie hasta las siete de la mañana cuando empiezan a revisar la temperatura, la presión y el suero; además, estamos de suerte, casi no se han registrado enfermos en estos días, en este piso sólo hay uno y está hasta el final del pasillo, por lo que no nos oyen. Por tanto, podemos hacerte compañía para que no te sientas solo. Sabemos que estás separado de tu esposa, que ya no vives en Las Lomas sino en casa de tu mamá y que tomas porque te sientes muy triste.

¡Qué bárbaros! Estaban al tanto de todos los detalles de lo que me ocurría. Como es lógico, la prensa se encargaba de narrar los sucesos, aunque no como ahora que es algo fuera de control.

Sí había periodistas que atacaban de forma inmisericorde inventando cosas como éstas:

José José rechaza a su madre, que fue a buscarlo a una presentación. La pobre anciana, que como pudo se abrió paso hasta los lugares de adelante, le gritaba: 'Hijito, ¿por qué no has vuelto a la casa, por qué nos has abandonado?, no tenemos ni para comer, por favor dame algo de dinero'. El cantante le dio la espalda sin siquiera saludarla y reconocerla, la ignoró por completo. Para que sepan, ustedes lectores, qué clase de hijo es José José.

¿Qué les parece? ¡Buenos para inventar y para difamar los periodistas!, aunque hay muchos, muchísimos, que ennoblecen el oficio y son nuestros grandes aliados. Como ya dije, yo vivía en casa de mi mamá y gracias a Dios no nos faltaba nada; ya desde aquellos años enfrentaba ataques sin fundamento de gente que no mostraba el más mínimo respeto hacia mi persona. A mí me daba mucho coraje, pero mi mamá me aconsejaba:

—Tranquilízate, tú sabes que no es cierto, eso es lo que llaman el precio de la fama. Déjalos, hijo, no tienen idea de cómo les va a ir con el tiempo, la ley de acción y reacción los alcanzará tarde o temprano.

Yo le prestaba mucha atención a mi mamá, me parecía que era sabia y conocía lo que era mejor para mí; me escuchaba con paciencia y siempre tenía la palabra justa en la boca para aconsejarme o calmarme.

En el caso de los periodistas, si se atrevían a inventar esas historias tremendas era aún más fácil hacer escarnio de cosas ciertas, como mi reciente separación de Kiki y el hecho de que no estaba estable, que bebía.

Pero para eso estaban en pleno ejercicio las fuerzas vivas, que nunca desaprovechan la oportunidad para consolar al amigo en desgracia. Mis visitantes no me preguntaron si podían quedarse, se sirvieron su trago e iniciaron su labor de compañía. Hablamos de todo un poco y cuando me preguntaron qué me gustaba tomar les mencioné que Bacardí blanco, brandy, que aprendí a tomar coñac y champán, y recientemente adquirí el gusto por la ginebra con jugo de piña. Uno de ellos salió del cuarto, regresó como a los cinco minutos y reanudamos la plática entre todos. De repente tocaron a la puerta quedito y "El Simpatías" fue a abrir: eran otros dos de sus amigos con una botella de ginebra y jugo de piña.

—Órale, mi Pepe, aquí está lo que le gusta —dijo uno de ellos—, te lo mandamos traer —y me sirvieron una copa de ginebra y jugo de piña.

Otra vez hizo su aparición el síndrome del que no sabe decir no, del que no se puede negar a nada.

—Los voy a acompañar —les dije, a sabiendas de que estaba en pleno proceso de recuperación de un ataque producido, en gran medida, por el abuso del alcohol— para agradecer su amabilidad de venir a acompañarme.

"Total, ya me siento muy bien, una no me va a hacer daño", pensé… y así fue. Ni cuenta me di cuando me sirvieron la segunda y seguía la plática.

—¿Están seguros de que nadie va a venir? —pregunté, con cierta aprensión.

—Totalmente —me aseguró uno de ellos—, yo hablé con el portero y, como siempre, le di su anforita para que les abriera a los muchachos que trajeron tu ginebra y los dejara pasar. Está todo en calma.

Eso me tranquilizó pues ya me estaba sintiendo alegre. Mi tristeza desapareció y mis acompañantes de ocasión en verdad eran muy simpáticos, me tenían muy entretenido. Me dieron ganas de ir al baño, momento en el que recordé que tenía puesto el suero; lo bueno es que estaba en un soporte con llantas y fue muy fácil desplazarme. Cuando entré olía a mariguana, alguien fumó ahí y yo ni cuenta me di; eran expertos: abrieron la ventana para que se dispersara el olor, que es inconfundible.

Al regresar a la cama ya estaba lista mi otra copa. Siguieron los chistes y las entradas al baño de "El Simpatías" y sus amigos. Como ya habían agarrado confianza, me ofrecieron cocaína y mariguana, pero no acepté para no mezclar recordando aquel consejo. El volumen de las risas era considerable, pero no pasaba nada, nadie se quejaba, nadie nos llamaba la atención, el hospital era nuestro. Empezó a amanecer y yo me sentía muy bien.

"El Simpatías" dijo:

—Compañeros, hay que levantar el campamento.

De inmediato abrieron la ventana para que se fuera el olor a cigarro pues habían fumado toda la noche. En una maleta deportiva donde traían bolsas de la vinatería de papel grueso echaron las colillas de cigarro, los vasos de plástico y las botellas vacías y limpiaron todo. Lo más sorprendente fue que sacaron una botella del mismo desodorante que usaban para limpiar el hospital —en verdad tenían todo controlado—, echaron en el baño y cerraron la ventana del mismo para que se conservara el olor, pusieron desodorante con un algodón en los rincones de la habitación y cerraron la ventana. Por último, el acto más asombroso: de otra bolsa deportiva sacaron dos cervezas Tecate –"Por si te hace falta", me dijeron– y las guardaron en los cajones del mueble de enfrente de la cama. Les di las gracias; la había pasado muy bien y ellos, por supuesto, mejor que yo con todo lo que se metieron.

Se despidieron muy contentos y me di cuenta de que las sorpresas no terminaban al escucharlos decir muy en confianza: "¡Nos vemos esta noche, te traeremos una sorpresa!"

Y ahora ¿qué hacer? Ya traía carrera con la ginebra y faltaba una hora para que empezara la rutina de las enfermeras. Por consiguiente, tomé una de las cervezas y a las siete de la mañana puse en mi boca unas pastillas de menta que siempre traía conmigo. Guardé el bote vacío de la cerveza en mi maleta y el chequeo salió normal. Yo me sentía muy tranquilo, tomé con calma, sin abusos y estaba comiendo y durmiendo; además, traía puesto el suero, con todos sus efectos benéficos. Después de desayunar volví a dormir hasta la hora de comer.

Por la tarde llegó el doctor Echenique con el señor Castro, otro de los grandes actores de la Época de Oro del cine nacional, el famoso Bigotón Castro de las películas, quien tenía a su cargo parte de la administración del hospital que nos daba servicio a los actores, cantantes y compañeros circenses pertenecientes a la ANDA.

Me sentía y me veía a todo dar.

—Sus análisis de anoche salieron muy bien —me informó el médico—. Ya está recuperado, pero quiero que se quede hasta mañana para seguirle pasando suero toda la tarde y toda la noche, será muy positivo para usted.

—Lo que ordene, doctor —le contesté, obediente.

Don Arturo Castro me pidió que le firmara un papel que requería para el servicio médico; fue muy amable y simpático. Nos despedimos y le agradecí a ambos su visita.

—De nada —respondió don Arturo, con una sonrisa—, para eso estamos, para servir a nuestros compañeros artistas.

Por su parte, el doctor Echenique anunció:

—Antes de salir dejaré firmada su salida ya que a esa hora tengo consulta, pero necesito que vuelva a mi consultorio en quince días y no lo olvide: esto sólo fue una llamada de atención.

Se marcharon y sus palabras me hicieron reflexionar. "Aquí hicieron que me recuperara —me dije—, valió la pena venir, ya tenía meses sintiéndome muy mal, qué bendición de Dios son la medicina y los médicos."

Después de la merienda recibí la visita del señor Joaquín Ancona, quien seguía ayudándome con mis contratos. Era un buen hombre, afable, que llevaba bien mi carrera. Nos pusimos de acuerdo para que trabajara el fin de semana siguiente como estaba programado. Puesto que ya estaba dado de alta, seguiría cumpliendo mis compromisos como si nada hubiera pasado. Don Joaquín se retiró y yo ordené mis cosas para irme al otro día.

Otra vez reinaba la calma en el piso y el hospital cuando como a eso de las diez de la noche llegaron los campeones del entretenimiento y, tal como prometieron, traían su sorpresa: una grabadora de cintas profesional con música grabada, cuatro latas grandes de jugo de piña y una botella descomunal de ginebra Oso Negro de esas de columpio, su cargamento de estupefacientes y algo que no imaginaba: cuatro amiguitas para bailar. Yo, como siempre, ni las manos metí. De inmediato me sirvieron mi copa y comenzó la música.

—Oigan —les recriminé—, eso sí no debe ser, estamos en un hospital.

—No te preocupes —fue su desfachatada respuesta—, el enfermo del final del piso ya no está y casi no hay nadie en el edificio, prácticamente estamos solos, así que diviértete. Vinimos por ti, para hacerte compañía.

O sea, yo no era más que el pretexto para su fiesta; compartían con José José, eran sus amigos y compañeros de parranda. Pasadas las doce de la noche yo ya andaba bailando con el suero en una mano y un cigarro en la otra, cuando tocaron a la puerta. "Seguro nos descubrieron" —pensé, pero no; me esperaba otra sorpresa y más grande aún: era Anel. Incrédulo, me acerqué a la puerta: ¿qué hacía esta mujer en el hospital a una hora que no era de visita ni de nada? Sin embargo, no pude evitar sentir agrado al verla.

—Pásale —le dije—, qué bueno que viniste, ¿a qué se debe tu visita?

—Es que me enteré de que estabas enfermo y vine a ver cómo estabas, pero por lo que veo ya te recuperaste.

—Así es, ya me siento perfectamente bien. Déjame presentarte a "El Simpatías" y su grupo de amigos que han venido para que no esté solo.

Ella aceptó la copa que le ofrecían.

—Supe que ya no estás con Kiki —me dijo.

—En efecto, creo que eso se acabó, ya nuestra convivencia no era sana ni agradable.

—Pero ¿qué pasó?, ¿qué fue lo que te hizo? —me preguntó con curiosidad.

—Nada, simplemente nos alcanzó la diferencia de formas de pensar y detalles muy difíciles de superar —le contesté, deseoso de compartir esas vivencias—. El problema ahora es que no quiere darme el divorcio y todo se está complicando. Pero eso es otra cosa, ahora no es momento para acordarnos de cosas tristes, por eso están aquí mis amigos, para que haya alegría.

Siguió la fiesta y en la madrugada el entusiasmo era unánime, todos hacían lo que querían, de modo que Anel y yo nos refugiamos en el baño para tener tranquilidad. Al poco rato se despidió con un:

—Aquí te dejo mi número de teléfono, llámame. Estoy sola en mi casa, mi mamá y mis hermanas viajaron a Estados Unidos otra vez, vivo en la colonia Del Valle, allá te espero —y se retiró despidiéndose de todos.

Al otro día, después del chequeo de las enfermeras y de más pastillas de menta, tuve que echar mano de la cerveza que me quedaba pues no había dormido nada. Desayuné y esperé a "El Chirris" Fernando Rosano, otro de los grandes amigos que me brindó su comprensión, su compañía y su cariño para enfrentar mis problemas personales. Él me acompañó a Río de Janeiro al festival y a la grabación que hice en Buenos Aires para mi L.P. número 6. Incluso me abrió las puertas de su casa cuando andaba en la calle recién separado de Kiki. Siempre le viviré agradecido a la familia Rosano por su maravillosa amistad y su afecto cuando más los necesitaba. A doña Joli, a las tías Blanca y Julia allá en Tacubaya, a Jaime y a Paty –hermanos de Fernando– y muy en especial a sus padres, doña Socorro y don Benjamín. Fernando, bohemio y súper simpático, estuvo siempre a mi lado en una época muy complicada de mi vida, como cuando empecé a visitar la casa de Anel tras salir del hospital.

10

Déjame conocerte

Tras salir del hospital comencé a visitar con constancia a Anel en su casa. Ya recuperado, continué trabajando al mismo ritmo de siempre. Un día Enrique y yo le llamamos a Margarita "La Veracruzana" para saludarla y nos pidió que fuéramos a verla de inmediato. Al tirar las cartas para ver cómo estaba vio un gran peligro para mí, un peligro de muerte.

—Tienes enemigos gratuitos —me comunicó con expresión grave— que envidian tu gran éxito y quieren desaparecerte. Se trata de gente del medio artístico y, como ya sabemos, de tu ex mujer y tu hermano. Hay que hacer algo de inmediato. Un sacerdote amigo mío trabaja conmigo cuando es necesario practicar un exorcismo. En tu caso tenemos que pedirle ayuda. Están trabajando para que no dejes de beber y arruines tu carrera. Además, veo que algo malo viene, muy fuerte, algo que te puede costar la vida .

Yo atravesaba por momentos insufribles debido al alcohol, era presa de ese monstruo que te atenaza y no te deja ir, que te atrapa sin piedad y hace de ti un guiñapo. Ignoraba que mi enfermedad avanzaba y que Alcohólicos Anónimos ofrece una cura para este padecimiento tan terrible.

Además, ¿cuál podría ser ese peligro de muerte del que hablaba Margarita? ¿Cómo prepararme para ese peligro inminente? Una vez más, me sentí a merced de fuerzas negativas que se desataban en mi contra.

En esa ocasión le confié que extrañaba mucho a Kiki. Los momentos bonitos que tuvimos juntos venían a mi mente de manera constante. También echaba de menos a sus hijos, sobre todo a

Carlitos, quien, a pesar de su edad, era mi amigo más cercano en su familia. Me dominaba una gran confusión. Todos los momentos bohemios que surgían los dedicaba a ella, ¡cómo me dolía que ya no estuviéramos juntos! Sin embargo, tampoco podía evitar el dolor al recordar lo que Margarita me dijo en mi primera visita. Estaba tan inseguro de la información recibida y de mis sentimientos que opté por aceptar la ayuda que me ofrecía. Le llamamos al padre y se me practicó el exorcismo por el rumbo de Azcapotzalco. No alcancé a entender la experiencia, aunque fue sumamente impactante; del mismo modo, me resultaba difícil concebir que hubiera gente que me odiara y me deseara tanto mal. ¿Sería este exorcismo capaz de conjurar el mal que enfrentaba? Pronto lo sabría.

Seguí trabajando para cubrir todos los compromisos y cada vez permanecía más tiempo con Anel, ya prácticamente vivíamos juntos. Mi tiempo se dividía entre la casa de mi mamá, el trabajo, las reuniones con mis amigos y ella.

Pero el terrible momento no tardó en presentarse. Una mañana del mes de noviembre de 1972 me despertó en su casa un fuerte dolor en el lado izquierdo del pecho, así como en el brazo izquierdo y empecé a tener dificultades para respirar. Anel, alarmada, le llamó a doña Fanny Schatz, quien era su representante, para preguntarle cómo se pedía el servicio médico de la Asociación Nacional de Actores. La señora Fanny llamó de inmediato y mandaron la ambulancia; cuando ésta llegó mi piel ya tenía un tono azuloso. Es horrible ir en una ambulancia con la sirena abierta abriéndose paso a toda velocidad entre el tránsito de una gran ciudad sin saber qué te sucede; yo sólo sentía que a cada minuto me costaba más trabajo respirar. ¿Habría llegado ya mi hora de morir, era éste el peligro del que me habló Margarita, que ni el exorcismo había conseguido disipar? "¡No, Dios mío —pensaba—, todavía estoy muy joven, dame otra oportunidad!"

Al llegar a la clínica de la ANDA ya estaba morado, me asfixiaba. De inmediato me conectaron el auxilio del oxígeno y me volvieron a la vida. Me analizaron a fondo y el dictamen fue pulmonía fulminante. Intentarían salvarme con una dosis masiva de antibiótico y mantenimiento con oxígeno. Con diligencia me conectaron también el suero para pasarme el antibiótico por vía intravenosa de modo que hiciera efecto lo más pronto posible. La situación era de cuidado. De nuevo conté con la gran ayuda del doctor don Ramón Echenique, quien, con expresión seria, ordenó una estricta vigilancia de mi estado físico, sobre todo durante las primeras cuarenta y ocho horas. Trajeron un aparato portátil enorme para tomar radiografías en el cuarto. Así me enteré de que mis pulmones estaban llenos por completo de pus, razón por la cual no podía respirar. Tenía una parálisis total del diafragma. Por fortuna, llegué a tiempo para evitar un daño mayor; en ese momento era necesario analizar la evolución de la enorme infección, ganarle la batalla y luego intentar desecharla de mi interior para poder recuperar el movimiento de mis pulmones. Por ahora estaba a salvo, sólo quedaba esperar que el tratamiento hiciera su efecto con el tiempo. Me sentí aliviado al escuchar que, a pesar de la gravedad de mi estado, no estaba en peligro de muerte. Le agradecí a Dios que me hubiera escuchado y me propuse luchar por curarme.

Anel decidió dormir en una cama extra en la habitación y, dada la gravedad del caso, estaban prohibidas las visitas. ¿Por qué ella se quedaba a cuidarme? ¿Por qué Kiki, que aún era mi esposa, no era capaz siquiera de llamar por teléfono para preguntar por mi estado de salud? Tal vez no quería saber nada de mí dado que los medios dieron a conocer que entre Anel y yo había algo, sobre todo después de lo que me contó de ella. Mi relación con Anel era estrictamente sexual y amistosa por el mismo hecho de ser compatibles en lo carnal. El que permaneciera conmigo por las noches lo atribuía a que se asustó mucho cuando me puse grave; tal vez sólo quería saber que estaba fuera de peligro. También me imaginaba que deseaba evitar que llegara "El Grupo de la Alegría", como la vez anterior en que estuve hospitalizado.

La primera semana de ese mes todo giró por completo: de un momento a otro estuve a punto de perder la vida; ahora la incógnita era cuánto tiempo tomaría mi recuperación y si volvería a cantar como antes. En lo que se refiere a mi situación sentimental, los cuestionamientos eran mayores y muy complicados de resolver. ¡Cuán rápido se cumplía el vaticinio de Margarita!; era increíble. Quizá sobreviví gracias a su ayuda; ¿cómo saberlo si en ese momento no entendía nada en absoluto, excepto el enorme malestar que me embargaba y el dolor en el pecho, sobre todo cuando intentaba ponerme de lado en la cama? No podía voltearme, el dolor era tan intenso que me impedía hacerlo, por lo que la única opción a mi alcance era permanecer todo el tiempo boca arriba, lo cual resultaba intolerable.

No tenía cabeza para nada, sólo sabía que me estaba divorciando y que era víctima de un mal fulminante. Según yo, los que padecía ahora eran mis únicos problemas, ni siquiera intuía lo que me depararía el destino en los próximos meses.

Mi mamá, muy afectada, me visitaba con constancia en el hospital y llamaba diario para enterarse de mi evolución.

Al inicio de la tercera semana, la pulmonía comenzó a ceder, para beneplácito de todos. Anel, ya más tranquila, empezó a ir a su casa a dormir; incluso reanudó su trabajo, pero siempre pendiente de mí. El doctor Echenique estaba contento con mi mejoría, aunque a la vez le preocupaba el paso siguiente de la evolución de una enfermedad como la que yo sufría, que era sacar la pus que quedaba en mis pulmones.

—Mañana —me informó con voz grave— lo sentaremos después de su radiografía para ver si reacciona y empieza a expectorar.

Al otro día por fin logré estar en otra posición que no fuera boca arriba. Una vez sentado, el médico hablaba del proceso de expectoración cuando de improviso se abrió la puerta y entró Flavio, mi querido amigo, cómico e imitador, a quien todos queremos y admiramos por su don de gentes y su gran calidad artística reconocida en el ámbito internacional. Asomó de inmediato su extraordinario humor, el cual nadie imaginaba que sería la solución del problema al que se refería el doctor Echenique. Su primer comentario fue: "pero qué bien te veo, qué bien estás, qué buen color tienes", con ese tono burlón tan especial que él tiene para decir sus chistes. De inmediato reímos todos, pues más maltratado no podía estar. Al provocarme la risa tosí y arrojé pus del interior de mis pulmones.

—¡Eso es! —dijo muy contento el doctor Echenique—, eso es lo que necesita, sacar toda la pus que tiene adentro. ¿Se fijó, José, que cuando rio y tosió hizo un movimiento de diafragma que impulsa hacia afuera el aire para reírse? Pues eso es lo que necesitamos, se llama expectoración; ese movimiento de toser y sacar apoyando con el diafragma le ayudará a vaciar sus pulmones de la infección, de toda la pus que todavía tiene adentro.

De inmediato Flavio continuó con un chiste:

—Estaban dos boxeadores en el ring, era el sexto round. De repente el de blanco cae a la lona víctima de un tremendo derechazo; el réferi le cuenta cinco, seis, siete, ocho y el boxeador se para a la cuenta de protección. Ya de pie el réferi le pregunta: "¿puede seguir peleando?" y el boxeador le contesta: "sí, pero hoy no".

La reacción fue otra carcajada, una explosión de adentro hacia afuera y, como resultado, la salida de la pus.

—Así —dijo el doctor—, si tose a propósito y apoya en la tráquea saldrá la infección.

Aprendí a hacerlo, pero era mucho más fácil con los chistes de Flavio, quien desde ese día iba diario por las mañanas a ayudarme a expectorar. Nunca podré pagarle lo que hizo por mí con su alegría, dedicación y paciencia. Bien dicen que la risa es el gran remedio para todos los males.

Tras superar esa etapa de la enfermedad, entré en franca mejoría, para tranquilidad de todos, en especial de mi mamá. Después de mes y medio de hospitalización salí adelante y fui dado de alta de la clínica de la ANDA, donde sólo recibí la visita de Flavio, Pepe Alonso, Verónica Castro y mis amigos de Clavería, así como de Manuel Ángel y José Rodrigo Arteaga, quienes estaban muy al pendiente de mí pues trabajaban ahí mismo. Yo me preguntaba: "y los demás supuestos amigos que tengo, ¿dónde están?" Los medios dieron a conocer mi estado de salud a los cuatros vientos; ¿cómo era posible que nadie fuera a verme?, ¿cómo era posible que me abandonaran en circunstancias tan dramáticas? Sentí muy feo y entonces aprendí lo que significan aquellas palabras del pueblo: "en la cárcel y en el hospital se ve a los amigos". Aunque pensé que se debía a que estaban prohibidas las visitas, la verdad me dolió mucho; creo que mi desprendido interés por mis amigos merecía más atención de su parte.

Al ser dado de alta, le avisé a mi mamá que ya estaba bien y le dio mucho gusto.

—Dale las gracias al doctor Echenique por haberte salvado la vida —me dijo.

—Claro que sí, mamá, yo le digo de tu parte. Voy hacia allá, es muy necesario que repose y que siga un tratamiento para mis pulmones. Necesitaremos dinero para pagar todo eso, ¿cuánto tenemos en el banco?

—Casi nada —me contestó, apenada.

—Pero ¿por qué? —le pregunté. No podía salir de mi asombro.

—Es que muchos amigos de Clavería han venido a pedirme prestado y no pude negarme a ayudarlos —se justificó.

—Mamá, ¿cómo es posible? Después de que nos robaron mis representantes ¿no has ahorrado nada? Es inconcebible —le reproché.

—Hijo, nunca me imaginé que pasaría algo así con tu salud, pero déjame ver quién de las personas a las que les he prestado puede pagarme poco a poco lo que me debe.

Sin embargo, se presentó la ecuación de siempre, pierdes la amistad cuando les cobras lo que te deben. Mi mamá tuvo que enterarse por terceras personas de cuál era la reacción de aquellos a quienes intentó cobrarles lo que le debían: "¡Con ese hijo que gana tanto dinero nos viene a cobrar!"

Le conté a Anel que ya podía retirarme del hospital y que tenía planes de ir a casa de mi mamá.

—El panorama no es halagador en absoluto —le confié—. Mi mamá perdió lo que supuestamente debería tener. Además, Kiki me exige dinero de todo lo que inventó su abogado que le debo.

—Déjame hablar con Fanny Schatz —me contestó, buscando animarme—, a ver si te puede prestar un dinero para que salgas de problemas.

Lo que hizo Fanny, con gran amabilidad, fue mejor.

—Intentaré conseguirle trabajo para cuando se alivie; así saldrá adelante —nos aseguró.

Yo le agradecí con sinceridad pues no tenía la más mínima obligación de echarme la mano. Entonces opté por pedirle que me ayudara con mi carrera y ella, que ya era mánager de Anel, aceptó con agrado.

Recogí mis cosas y Anel fue por mí al hospital.

Recibimos instrucciones del doctor Echenique:

—Tiene que recuperar las fuerzas, ha estado muy delicado, usted lo sabe—le dijo a Anel—, así que cuídelo, necesita comer y dormir. Con el tiempo y el tratamiento de presión positiva se pondrá bien.

—¿Qué es la presión positiva? —le pregunté, curioso.

—Es un tratamiento para recuperar la elasticidad de los pulmones. Los suyos apenas empiezan a trabajar sin la ayuda del oxígeno y hay que rehabilitarlos por completo. No se descuide.

Nos despedimos del gran médico, a quien le debía salir con vida de ahí. Anel me llevó a su casa y a partir de ese momento inició mi recuperación. Recordé que yo manejaba una cuenta personal de banco y gracias a Dios tenía fondos suficientes para irla pasando mientras funcionaba el tratamiento.

El escándalo no se hizo esperar. Apenas en proceso de divorcio, ya tenía prácticamente otra pareja pues vivía en casa de Anel mientras me aliviaba.

Un mes después de haber salido del hospital, a principios de 1973, a Anel le ofrecieron trabajo en Los Ángeles, California. Viajó hacia allá y yo me quedé solo en su casa. Me llamaba a diario para saber cómo estaba y le dejó encargado a la sirvienta que me diera de comer. En esos días experimenté algo muy difícil de explicar, sobre todo por las noches. La mayor parte del tiempo estaba acostado y cuando miraba al techo (de acabado irregular por el proceso anómalo de secado del yeso), éste se movía lentamente hasta convertirse en figuras grotescas; verlas me hacía sentir mal. De madrugada me despertaba un sonido malévolo y me invadía el miedo, se sentían sacudidas en los cimientos de la casa como si alguien con un marro enorme forrado golpeara constantemente el cemento. El ruido no era el que hace el hierro contra la piedra, sino algo que provocaba terror y no me dejaba descansar. ¿A qué se deberían esos ruidos? ¿Qué eran esas figuras?

Cerca del fin de semana, Anel no llamó en varios días, lo cual me hizo sentir peor todavía.

Hablé con Enrique para contarle lo que sucedía y me ofreció ir a ver a Margarita.

—Cuando pase lo del techo y los golpes en el cemento —me informó—, reza siete Padrenuestros y no te preocupes; "La Veracruzana" te ayudará a protegerte de las fuerzas negativas que siguen enviando contra ti tus enemigos. No están contentos con que hayas sobrevivido a la pulmonía pues ésta también fue provocada.

Ella lo vio. ¿Recuerdan, un problema grande con peligro de muerte? ¡Dios mío! Pero ¿por qué todo esto? ¿A quién le hacía yo daño con cantarle al amor? ¿Quiénes eran esos enemigos gratuitos y siempre ocultos?

Por fin llamó Anel; yo no tenía manera de comunicarme, por lo que debía esperar a que ella lo hiciera.

—¿Te pasó algo? —le pregunté.

—Ya te explicaré después —fue su escueta respuesta—, es sólo que no pude llamarte. Pronto regresaré a México, ya hablé con la sirvienta y me dijo que todo estaba bien.

Yo me sentí intrigado con su actitud y cuando volvió conversamos.

—Me pregunto si te vas a ir en cuanto te alivies —me comentó.

—Si quisiera irme ya lo habría hecho —le aseguré—, tengo varios lugares a dónde ir empezando por la casa de mi mamá, pero me siento bien aquí contigo. Tú has sido muy amable conmigo, me cuidaste en el hospital, me brindaste tu casa para recuperarme y aquí estoy. Agradezco mucho tu ayuda y tus cuidados. Dime ¿qué te preocupa?

—Es que yo necesito trabajar para mandarle dinero a mi mamá.

—¿Cuánto necesitas?

—Catorce mil pesos, ¿puedes ayudarme? —inquirió, angustiada.

—Desde luego, si es que todavía me alcanza con lo poco que tengo en el banco.

Lo elemental era corresponder a su ayuda, aunque ignoraba que ésa era la primera vez que daría dinero a su familia.

Por intermediación de doña Fanny surgió una oferta de trabajo para ambos. Se trataba de TV Musical Ossart, programa en el que yo, más repuesto, cantaría y ella sería la figura femenina. Aceptamos, conscientes de todo lo que tendríamos que enfrentar, en contra de los medios y su determinación de exhibir nuestra relación. Nos presentamos al primer programa y ¡oh, sorpresa, no pude cantar! El productor Pepe Morris me dijo que no me preocupara, eso tenía salvación inmediata: el *playback*, que grabaríamos. Terminamos el primer programa y yo me fui a dormir destruido. Pensaba "¿qué me está pasando, Dios mío, que ya no puedo cantar? ¡Era lo único que me faltaba! ¿Cuándo acabará esta racha de males?"

Temprano al día siguiente le llamé al doctor Echenique.

—Es muy pronto para que puedas cantar como antes —me aseguró con calidez—, recuerda que necesitas el tratamiento posterior. Ve a ver al doctor González Parra, tú lo conoces bien; él te dirá qué hacer al respecto.

En efecto, al doctor Gustavo González Parra me lo recomendaron cuando yo trabajaba en el fotolito en Repro Arte. En el cuarto oscuro siempre había frío y humedad pues todo el revelado es con agua. En invierno me enfermé de una sinusitis muy seria y el doctor González Parra me curó sin cobrarme un centavo, pues no tenía con qué pagarle dada mi situación económica: no era más que un obrero que comenzaba a aprender el oficio y a vivir de la música. Este bendito profesional siempre me hizo el favor de encargarse de mi garganta y mis pulmones, como lo hiciera cuando me preparó para mi debut en El Patio. Él me ofreció su maravillosa amistad y nunca me cobró la consulta, lo que hacía con todos los compañeros del ambiente artístico, era su costumbre ayudarnos a todos gratis. Siempre fue súper generoso con todos nosotros; formaba parte de la gran familia artística junto a Socorrito, su señora esposa y compañera de toda la vida. Ahora volvía a su consultorio con una gran problemática por resolver.

Cuando vi a don Gustavo sentí una gran calma. Él me abrazó y me informó que ya había hablado con el doctor Echenique.

—Es más —me dijo—, me mandó tus radiografías, que ya revisé. La situación es apremiante.

Las radiografías mostraban que estaba casi libre de la infección, por lo que casi ya no expectoraba. Sin embargo, cuando me señaló cuál era el daño me alarmé: tenía el pulmón izquierdo más chico que el derecho y una lesión en la tráquea. Aún debía recuperar la elasticidad de mis pulmones y resolver el problema de ventilación de la tráquea. No era un problema sencillo el que ahora debía resolver.

—Esto va a tardar —me explicó don Gustavo con paciencia—, pero el tratamiento siempre funciona porque es algo único. Ve a esta dirección (siempre escribía sus recetas a máquina a gran velocidad) y ahí te enseñarán los pasos a seguir. Hablaré con ellos para que estén pendientes.

El tratamiento era difícil de imaginar. Me colocaron en la boca una boquilla como la que usan los buzos en sus tanques, llenaron mis pulmones con aire oxigenado y así empezaron a distenderse. Sentía que era un globo, a eso iba a ese consultorio, a que me "inflaran" como tal para que mis pulmones se despegaran y volvieran a su tamaño normal. Ya me permitían respirar solo y hablar bien, pero no estaban del todo listos para ayudarme a cantar como los tenía acostumbrados.

Don Gustavo resolvió la lesión de la tráquea más rápido de lo que pensé pues al quinto programa ya estaba cantando. Reaccioné de inmediato al tratamiento y me volvió el alma al cuerpo dado que necesitaba trabajar. Los contratos empezaron a llegar gracias a doña Fanny Schatz, quien, entre muchos otros, representaba, ni más ni menos, a doña María Félix, a Alberto Vázquez y a Angélica María. Así podía solventar todos los gastos: los de mi mamá y mi hermano, y los de Anel, su casa y su familia.

Permanecimos dos temporadas de trece programas al aire en TV Musical Ossart. Mis pulmones siguieron respondiendo gracias al tratamiento y a don Gustavo. También seguía en pie mi otro tratamiento, consistente en un licuado de vitaminas y minerales por la mañana para fortalecer mi organismo; lo más importante era subir mis defensas, que andaban bastante alicaídas después de tal embate.

Doña Fanny consiguió que fuera a cantar a Los Ángeles, al teatro Million Dollar, y allá fuimos todos, ella a cobrar, yo a cantar y Anel a preparar el licuado todos los días para mi recuperación. La más agradable de las sorpresas fue compartir el escenario con doña Libertad Lamarque, ¡qué voz, qué humor y qué alegría derrochaba todos los días!

—Doña Libertad, ¿sigue usted haciendo teatro de revista? —recuerdo que le pregunté.

—Sí, en Argentina le llamamos *varieté*. Te presentaré a mi esposo, quien también es mi director musical, el maestro don Alfredo Malerva. Me da mucho gusto volver a verte y no olvides hablarme de tú, no de usted.

A todos nos acompañaba la orquesta de Chalo Campos; era mi primera temporada en el teatro latino más famoso de Estados Unidos.

Ya la convivencia con Anel era no sólo sexual. Su reacción a mi enfermedad indicaba que le preocupaba genuinamente mi salud. El hecho de que me cuidara en el hospital, en su casa y ahora en la gira hizo que el concepto que tenía de ella como persona empezara a modificarse.

Con Lucero aprendí que los detalles son los que construyen una relación, del tipo que sea, pero sobre todo la que se da entre un hombre y una mujer. Su comportamiento imprimió en mí un agradecimiento digno de tomarse en cuenta; esto contribuyó a que permaneciera a su lado y a que, casi sin percatarme, se acumularan los meses juntos.

Mientras seguía en casa de Anel, mi amigo Enrique brillaba por su ausencia; lo extrañaba, pero ya sabía que mi actual compañera y él no eran precisamente muy amigos. La señora Fanny seguía colaborando con mi carrera y, dada mi rápida recuperación, no faltaba el trabajo. Comencé a frecuentar a mis amigos más queridos, como Mario Patrón y su esposa Lenita. Por la admiración y el cariño que me unían a Mario lo consideraba mi hermano mayor y mi mentor musical, y es que después de Freddy Noriega, mi otro maestro en este renglón fue él. En su papel de pianista me adentró en los secretos del *jazz* y del infinito mundo de la armonía, en cuyo manejo era experto, gracias, como él decía, a mi maestro, don Mario Ruiz Armengol, gloria musical de México, a quien los grandes músicos estadounidenses llamaban con cariño "Mister Harmony". Como arreglista me instruyó con gran dedicación para entender el manejo correcto de los diversos instrumentos en una orquestación, incluso desde el proceso de la escritura de un arreglo musical y cómo debían intervenir las figuras musicales para llenar los espacios que correspondían al acompañamiento en una canción. Manteníamos contacto continuo pues él seguía siendo mi director musical y mi director de orquesta.

Un día apareció Enrique, lo cual me vino muy bien. Necesitaba ir a ver a Margarita "La Veracruzana" para indagar qué era todo eso que había enfrentado recientemente y que, según yo, no tenía explicación alguna. En primer lugar, lo sucedido cuando estaba solo en casa de Anel y en segundo, un incidente posterior, ocurrido al dejar la cama tras la pulmonía y que me asustó mucho. Empezaba a anochecer cuando decidí salir a hacer unas compras a la tienda Sears de Insurgentes Sur. Desde muy pequeño iba a ver ahí al Santa Claus acompañado de mis papás o de mis abuelos en Navidad o Año Nuevo, costumbre tradicional para los niños. Era cliente de ese establecimiento desde mi niñez y ésta representaba una más de mis innumerables visitas al almacén. Al aproximarme a Sears por la calle de Sonora vi un lugar donde estacionarme en la esquina de las calles de Ámsterdam y Sonora, justo a media cuadra del consultorio del doctor González Parra, a quien visitaba con constancia para la revisión de mis pulmones y mi garganta. Conocía a la perfección la ubicación de esos dos puntos. Aproveché la oportunidad de estacionar ahí por la cercanía con el almacén, en vez de hacerlo en el estacionamiento del mismo para evitar el congestionamiento de vehículos. Caminé la pequeña cuadra de Ámsterdam a Avenida Insurgentes, crucé la calle y entré a la tienda. Compré diversos artículos, como ropa interior, calcetines, camisetas y pañuelos; pasado poco tiempo abandoné la tienda por la misma parte por donde entré, crucé la calle por el mismo lugar para ir a buscar el coche y, al llegar a la acera de enfrente, me sucedió algo insólito: de súbito todo a mi alrededor se transformó. Me detuve. No reconocía el sitio donde estaba parado. Giré para observar la calle de enfrente y tampoco reconocía nada. Apenas pude apoyarme en un auto que estaba estacionado en la esquina. Permanecí un rato ahí mientras todo seguía transformándose, las imágenes de la calle de enfrente se tornaron irregulares y quedé paralizado con mis compras en la mano. Pasado un rato caminé a la parte de enfrente del coche y me detuve ahí. Me aproximé a otro vehículo estacionado en seguida y volví a darme la vuelta. Otra vez no reconocí dónde estaba parado y me aterré. ¿Qué me sucedía? Sentí como si flotara, me volví otra vez hacia la Avenida Insurgentes, miré la acera de enfrente y mi vista se nubló momentáneamente. Luego todo lo que observaba se inundó de un resplandor muy raro y comenzó a girar justo enfrente de mí. Se veía como cuando das vueltas en los caballitos de la feria, pero brilloso. Yo, inmóvil por completo, sólo miraba, sin reconocer nada de lo que estaba frente a mí. En un momento, las cosas giraron a más velocidad y yo seguía sin poder moverme. De pronto todo se detuvo, miré detenidamente, sin identificar nada aún. Permanecí inmóvil unos momentos más hasta que empecé a recuperar la movilidad.

No tengo idea de cuántos minutos estuve de pie en la calle observando los escaparates de Sears sin reconocerlos y viendo lo que les he relatado. En cuanto pude moverme caminé hacia la esquina que estaba como a seis metros de distancia, o sea, a coche y medio para ser exactos, y seguía sin identificar el sitio. Todo era muy raro. Sin embargo, de un instante a otro recuperé la calma y empecé a buscar mi auto. Caminé la media cuadra y estuve en la esquina de Sonora y Ámsterdam un buen rato hasta que todo volvió a la normalidad. Una vez restablecido el orden a mi alrededor lo vi, cruzando la calle. No podía creer lo sucedido. ¿Qué me ocurrió? ¿Por qué tuve esa experiencia tan especial y tan desconcertante? ¿Era una alucinación? ¿Cuánto duró? Creo que apenas unos diez minutos, suficiente para que dejara una huella imborrable en mi memoria como uno de los momentos más difíciles de enfrentar, entender y resolver. Se necesita tan sólo algo de sentido común para darte cuenta de que hay cosas que suceden que no son normales. La maravillosa mente que Dios nos dio detecta de inmediato cuándo sucede algo que te hace sentir mal y cuándo pierdes contacto con la realidad; es más, cuándo algo se transforma y la cambia.

En una visita a Margarita le conté las experiencias tan extrañas que enfrenté. Me explicó con lujo de detalles que el propósito de esta nueva agresión era robarme la conciencia, ocasionarle un daño a mi mente, lo cual, de manera inevitable, causaría un daño total a mi vida y a mi carrera; no obstante, ella me estaba ayudando a protegerme de mis enemigos.

—¡Cuidado con tu todavía esposa! —comentó en tono tajante—, ella es una de las personas que te quiere desaparecer de la faz de la Tierra.

Una vez más recibí mi curación de siempre: una limpia. A mi petición de que me explicara más a fondo de qué se trataba todo esto, me respondió:

—Todo lo que te sucede se debe a que te están haciendo trabajos de magia negra. Aunque muchos no creen en estas cosas, hay personas que saben manejar las vibraciones negativas y dirigirlas a alguien en específico. Algunos, más débiles que otros, tienen mayor susceptibilidad a ser blanco de estos ataques y resultan visiblemente afectados. Muchos no saben que en su trabajo, entre la gente que les envidia e incluso en su propia casa y sobre todo entre las parejas, alguien los manipula o hace que se comporten de manera distinta. Esto los lleva a cometer errores que dañan su forma de vida, su trabajo, su pensamiento, su capacidad para decidir e incluso su convivencia con sus seres queridos. Tales situaciones se presentan en muchos lugares del mundo, su origen es tan viejo como la misma humanidad. Por doquier encontramos a alguien que sabe cómo manejar lo negro, al punto de ocasionar la muerte. Por eso es tan importante que te dejes ayudar por seres como yo que sabemos cómo contrarrestar todo esto, para que no te causen un efecto tan devastador. Muchas veces en los matrimonios o noviazgos o entre amantes, una de las partes quiere controlar a la otra, como te hicieron a ti para que te casaras, y si te separas de esa persona, hace todo lo posible por que te vaya mal o usa esta clase de control para sacarte dinero, para que no te vayas y hagas lo que quiere. Tú ignoras todo esto, pero te aseguro que es real, lo he visto desde muy pequeña en Veracruz y por el don que Dios me regaló de poder descubrir mediante las cartas qué les sucede a las personas y quiénes son. De tal modo, amigo querido, protégete siempre, pues tú eres uno de los que son susceptibles a absorber todo tipo de vibraciones.

Le agradecí a Margarita y nos despedimos. Enrique, quien me llevó a verla, ya de regreso me hizo una pregunta que no esperaba:

—¿Hasta cuándo permanecerás en casa de Anel? Yo te veo muy recuperado, ¿cuándo regresas con tu mamá?

—Decidí permanecer con ella —le expliqué— porque ahí me estoy aliviando sin causarle problemas a mi mamá, que ya no está en edad de asumir una responsabilidad tan grande, son muchas cosas a las que hay que poner atención para salir adelante.

—No me digas que piensas quedarte con esa mujer. Tú y yo sabemos que entre tú y ella sólo hay sexo, por el momento es una más. Ahora bien —me aconsejó con cariño—, creo que después de la Kiki no es momento de formalizar nada con nadie. La gente habla mucho, en particular la prensa, y eso no es bueno para tu carrera. Debes pensar qué es lo que más conviene que hagas.

—Lo voy a pensar —le prometí.

No sé si era coincidencia, pero Anel no lo recibió de buena gana en su casa, lo rechazaba de manera automática, como si hubiera oído sus comentarios acerca de ella. Eso mantenía a Enrique alejado de mí.

En una comida en Cuernavaca con unos primos de Anel se volvieron a revolver cosas que no se llevan. Ella seguía tomando con regularidad su famosa pastilla porque un farmacéutico de la colonia le vendía de todo; además, en ese tiempo no había el control que hay ahora con los medicamentos. Yo ya sabía cuándo andaba bajo el efecto del fármaco, pero ¿quién era yo para decirle que no lo hiciera si recién salía de un trance que me mantuvo al borde de la muerte y no precisamente por ser disciplinado o gozar de buena salud? Todo lo contrario, ésta era precaria y me encontraba en receso en lo que a la bebida se refiere, fortaleciéndome con base en vitaminas, minerales y todo lo que se requería. Además, no crean que no lo intenté. Una noche que la acompañé a trabajar con el maestro Pérez Prado yo tomé una mesa y pedí un coñac... ¡y por poco me muero! Me puse rojo y luego morado, el corazón casi se me salía por las pulsaciones tan fuertes y rápidas, por la taquicardia. En cuanto terminó su número tuvimos que irnos a su casa y ella le llamó a un médico para preguntarle qué hacía. Al colgar trajo unos medicamentos de la farmacia, con los cuales se me quitó el malestar, pero, excepto cuando contraje la pulmonía, nunca sentí la muerte tan cerca. Tardé unas horas en recomponerme. Entonces ignoraba que ella me daba en la comida unas pastillas llamadas Etabus para no beber, pero es muy peligroso no saber que las estás tomando; ha habido casos de muerte por intoxicación masiva debido al choque entre este tipo de medicina y el alcohol. Tras esta experiencia tan nefasta ¡ni de chiste me tomaba una copa!

Pero ella sí y en esa comida se cruzó; cosa rara, Anel manejaba bien el efecto tan fuerte de sus pastillas, pero ese día no comió y tomó tequila. De regreso en el Distrito Federal le hizo efecto la mezcla al llegar a su casa. Para empeorar la situación, justo a un lado de la puerta de su casa, sin estorbar la entrada a su garaje llevaba varios días estacionado un coche viejo y feo con una llanta baja en la parte trasera. Ella ya me había comentado que le disgustaba sobremanera el hecho de que frente al jardín del exterior de su casa que cuidaba tanto —y en verdad lo tenía muy bonito— hubiera un carro desvencijado y prácticamente abandonado. En cuanto nos bajamos para estacionar el coche en el garaje, ella se subió del lado del volante, metió reversa y se alineó a la banqueta para poner su coche, un Mustang Mac IV 1963, defensa con defensa con el coche descompuesto, aceleró a todo lo que daba el motor V8 del Mustang intentando moverlo, pero como tenía freno de mano y una llanta baja no lo logró en el primer intento. El descomunal ruido y la humareda provocada por la quemazón de la llanta hizo que los vecinos salieran a ver qué sucedía. Yo me acerqué a la ventanilla del coche para intentar hablar con ella y controlarla, pero no me hizo el menor caso. Siguió empujando el coche para quitarlo de ahí y el ruido y el humo fueron tales que los dueños del coche, que vivían en el octavo piso de un edificio de la esquina de enfrente, bajaron a ver qué le hacían a su vehículo. En un tercer intento, el coche enfrenado cedió ante la potencia del Mustang y empezó a subirse a la banqueta; un señor y una señora se acercaron a reclamarle y ella no les prestó atención. La señora le gritaba y él, al ver que Anel empujó por cuarta vez el auto con todo y la llanta baja, subió desesperado al edificio por las llaves pues ya la defensa de su carro empezaba a doblarse. Cuando regresó y abrió el coche para moverlo, ella dejó de empujarlo. El olor a humo era muy intenso. Atraídos por el ruido, los vecinos de la cuadra entera presenciaban el espectáculo. Yo no sabía qué hacer, estaba parado a media calle sin haberme movido, estupefacto por los tamaños de Anel. Ella metió el coche y salió a la calle a comprobar que ya no estuviera estacionado el otro vehículo, mismo que el dueño tuvo que mover como pudo, incluso con la llanta baja.

Mientras tanto la señora, que me imagino era su esposa, le gritaba a Anel toda clase de improperios:

—¡¿Cómo se atreve a hacerle eso a nuestro coche?!, ¿a quién le estorba ahí parado?

—A mí —le contestó muy tranquila Anel—, a mí me estorba ese coche tan feo enfrente de mi casa tan limpia y arreglada, llévenselo a otro lado o no respondo. ¿Me entendió?

La señora optó por insultarla:

—¡Es usted una cualquiera! Una mujer decente no hace este tipo de desfiguros; además, está borracha, a eso se debe su espectáculo.

—Yo seré una cualquiera —se burló Anel— y una borracha, pero aquí no me vuelva a parar su porquería de coche porque ¡se va a acordar de mí y conmigo no se meta!

Al ver la furia de Anel, la señora retrocedió de inmediato y se dirigió al edificio donde vivía; yo seguía en la calle. Los vecinos, incrédulos, entraron a sus casas. Yo, con toda la pena del mundo, tuve que reconocer dos cosas: que nunca habría reunido el valor de hacer lo que hizo Anel y que tenía razón: ese coche se veía horrible afuera de su impecable casa. Ella se fue a dormir. A la mañana siguiente abrió la ventana y se limitó a comentar:

—Ya parece que no iban a quitar esa porquería de aquí.

Ese pasaje del que se enteró toda la colonia me puso a pensar en muchas cosas. Por un lado, era un peligro mezclar la pastilla del diario con el alcohol. Debía prever otro suceso de esa naturaleza. Por otro lado, me dio una lección, pues aunque la calle es de todos, al no hacerle caso a su petición de mover el auto descompuesto se hizo justicia por su propia mano. Asimismo, el cambio tan drástico de personalidad. El fármaco la ponía de buenas, muy ocurrente y "locuaz" (término usado en medicina), que es uno de los efectos de las drogas en ciertas personas. A la postre a mí no me molestaba eso, dado que era agradable, simpática y muy sexual. Su buen humor era uno de los aspectos de su personalidad que más explotaba en su labor profesional, además, por supuesto, de su belleza. Era muy solicitada para actuar como presentadora.

Conforme vivíamos juntos adivinaba otros aspectos de su personalidad y me mantenían a su lado sus atenciones para conmigo. Mi agradecimiento hacia ella era tan grande que fui acostumbrándome e hice a un lado detalles muy acendrados que conservaba de la más peligrosa de sus personalidades: la de prostituta. Por ejemplo, veía en ella una soledad interior devastadora que la hacía adoptar una actitud de suficiencia. Dicha actitud la llevaba a atreverse a lo que fuere con tal de lograr sus objetivos en la vida. La motivaban los satisfactores momentáneos: siempre tenía un coche último modelo –ya fuera comprado o regalado–, buena ropa, joyas y muebles finos. En pocas palabras, le gustaba el lujo y estaba dispuesta a lo que fuera para conservarlo pues eso la hacía sentir bien.

11

A partir de hoy

A medida que se prolongó mi estancia en casa de Anel enfrenté situaciones que me confundieron. Descubrí los rasgos positivos de su personalidad, por ejemplo, cómo compartía y ayudaba a sus amigas, a las empleadas del salón de belleza, a sus maquillistas o a sus secretarios y ayudantes, que casi siempre eran homosexuales. Me convencí de que también tenía mucho don de gentes, sabía ser amiga. Intenté comprender cómo le afectó el hecho de crecer con tantas dificultades en el seno de su familia: un papá que estaba y no estaba; una mamá como las de antes: que no decía nada, no protestaba; una situación económica precaria —ella cuidaba a sus hermanos más pequeños mientras sus papás trabajaban—; los cambios de ciudades en espera de mejorar, lo que la llevó incluso a servir en una casa de gente rica y talentosa del medio del cine de Los Ángeles. Ahí vivió situaciones difíciles de entender para una niña de quince años: homosexualismo, lesbianismo, drogas, de todo. En ese sitio probó por primera vez las anfetaminas, las cuales, según ella, tomaba para adelgazar. El problema que veía era cómo se transformaba con la pastilla igual que el alcohólico que con tres tragos encima cree que puede dominar el mundo.

Todavía no dilucidaba de dónde provenía lo de la prostitución hasta que una noche en que veníamos de una fiesta y ya traía sus copas mezcladas con su pastilla, me habló de sus experiencias en Tijuana. Me contó que no entendía por qué, después de una fiesta, un baile o lo que fuera, siempre tenía que terminar en la cama con su acompañante; entonces decidió que era más redituable prostituirse, lo cual practicaba con sus amigas de Tijuana. Cuando me hacía confidencias cruzada con anfetaminas y alcohol, la observaba con detenimiento para ver si decía la verdad o si fantaseaba; en realidad, nunca estaba seguro del todo.

El caso es que por momentos sentía una gran ternura por ella y en otros un rechazo total, como el día que fuimos a una actividad a una iglesia en San Ángel y dejamos el coche estacionado lejos de ahí. Cuando regresamos observé que un tipo alto y bien parecido dejó algo bajo los limpiadores y se marchó. Al acercarnos leí en una tarjeta su mensaje: "Te espero como siempre en Payton Place".

—¿Quién es? —le pregunté.

—Un amigo mío actor —contestó con suavidad.

—¿Qué es eso de Payton Place? —inquirí de nuevo.

—Son unos departamentos en la colonia Condesa donde hacemos fiestas sexuales por diversión entre gente del ambiente.

—¿Y vas a ir? —cuestioné, molesto.

—Esta vez no, creo que no sabe que vives en la casa.

Yo me dije: "¿Y por qué trasladarse hasta acá a dejar el recado?" Alguien le avisó de la filmación y vino sin importarle mi presencia; hasta ella se sorprendió de que su amigo la hubiera localizado. Me disgustó que en mis narices le fuera a avisar que había acción en los departamentos, o sea, ¿cuál respeto a nuestra rarísima relación? Ya era público que vivíamos juntos, pero ¿qué pensaban sus amigos de eso? ¿Sería uno más que se quedaba a vivir ahí? ¿Cuánto duraría? No parecía interesarles: ellos la seguían invitando a sus fiestas y reuniones, tal vez ya era costumbre, tal vez ella solía acudir aunque tuviera pareja en ese momento.

Otro detalle que me caía muy mal era un chiste suyo. La pared de su recámara daba a un patio de entrada de coches. Ella decía: "¿Te imaginas la cara que pone el vecino cuando escucha el golpeteo de la cama en la pared y no sabe qué es?, ja, ja, ja". Y es que con el acto sexual su cama de metal pegaba contra la pared y hacía ruido. Cosas como ésas no me causaban la menor gracia, ya que así presumía de sus actividades sexuales en su casa.

Mi grado de ansiedad por la falta de alcohol, que era mi muleta para enfrentar la vida, me hizo buscar a mis amigos que fumaban mariguana y empezar con ella otra vez. Esto les sucede a las personas que desarrollan una personalidad adictiva: sustituyen una cosa por otra. Como es lógico, ella conocía la mariguana de tiempo atrás, sobre todo con esos amiguitos. Un día me dijo: "Le voy a prestar la casa a unos compañeros actores para que se vean un rato, por favor prepárales un cigarro de mariguana y se los dejas en el baño". Se trataba del tipo que dejó el recado en el coche y una actriz. Tuvimos que salir de la casa dos horas. Yo, como siempre, accedía a todo; además, era su casa. Otra tarde llegué de la calle y había unos tipos fumando mariguana en la ventana de una recámara del segundo piso que daba a un patio interior; conocía a uno de ellos por sus películas, es más, lo admiraba mucho. Cuando los descubrí en la recámara se sintieron a disgusto y se fueron. En otra ocasión le abrí a un actor que venía a buscarla, lo hice pasar, ella me presentó con él y nos dejó platicando. A él le molestó mucho mi presencia en la casa y, después de decirme con actitud de desprecio que era un "ñero" y un corriente, se marchó.

—¿Qué le pasa a tu amigo? —le pregunté.

—Está enojado porque no se le hizo —me contestó, muy tranquila—; una vez estuve con él, pero ya no más.

Yo me quedaba como si nada ante tales explicaciones.

Doña Fanny Schatz me consiguió una gira por Estados Unidos con el señor Arnulfo Delgado, "El Gordo Delgado", famosísimo empresario que llevaba una caravana de artistas a las ciudades con un número mayor de habitantes mexicanos. Fueron treinta y dos ciudades las que trabajamos a razón de dos *shows* diarios entre semana y tres los fines de semana. Para mí fue una alegría enorme compartir con gente a la que quería y admiraba: don Antonio Espino

"Clavillazo"; don Adalberto Martínez "Resortes"; la señora Celia Viveros; Lucha Villa —a quien conocí en casa de Teddy Fregoso en Los Ángeles—; la señora Vicky Villa, quienes serían mis hermanos de corazón para siempre: el ídolo de todos nosotros Vicente Fernández, otra gran voz de México para el mundo que empezaba a triunfar en grande, y una personalidad especial y diferente de todos, dueño de una voz sin igual, el gran Alberto Vázquez. También estaban el trío Los Dandys, de Hüicho Cisneros; las hermanas Huerta, grandes exponentes de la música mexicana, y otro de los grandes humoristas de México, a quien le digo compadre de corazón por el cariño que, al igual que todos, le tengo: Chatanuga. Para cerrar con broche de oro, contábamos con la presencia inimitable de una de las cabezas del *show* por sus éxitos del momento, excepcional en todos los sentidos: Cornelio Reyna, quien era la alegría de la caravana con su personalidad y simpatía, así como sus chistes y ocurrencias a toda hora. Por último, alguien a quien conocí en la entrega de los Nippers de Oro en la RCA Víctor, una estrella consagrada por su voz singular, poderosa y educada, dueño de una singular manera de interpretar la música mexicana de todos los tiempos y todos los estilos, lo que lo convirtió en el "Rey del Huapango" y "Rey del Falsete": don Miguel Aceves Mejía, célebre por sus películas de la época de oro del cine nacional.

En la caravana trabajaban muchos ayudantes y coordinadores; uno de ellos era Mauro Perdomo, mi compadre del alma, con quien mantuve una amistad sincera hasta su muerte acaecida hace apenas tres años en Los Ángeles; lo extraño mucho cuando visito California. Otro era Javier García, gran alumno del señor Delgado y ahora uno de los empresarios más importantes de nuestro vecino del norte; Javier es un buen amigo y un ejemplo de cómo se llega al éxito con base en el amor al trabajo. A todos los colaboradores del señor Arnulfo Delgado "El Muñeco de Oro" los recuerdo con mucho cariño.

Una anécdota divertida de esa gira que me gustaría compartir es la siguiente. En uno de esos muy pocos días en que no hubo *show*, cuando se hacía aún más nutrida la jugada de póquer entre los elementos del mariachi, Los Dandys y la orquesta de Chalo Campos, alguien dijo que prepararía un menudo –mondongo o pancita–. Otra persona pidió comer ese plato tan sabroso, pero que picara bastante.

—No se preocupen —dijo uno más—, yo traigo los chiles, les avisamos cuando esté listo.

¡¿Cómo imaginar que se pondrían a cocinar en el cuarto del hotel?! En cuanto empezaron a tostar el chile para la pancita, el único piso del hotel, que era muy pequeño, se impregnó del olor y el sabor a chile y todos empezamos a toser, ya saben, te lloran los ojos y sientes que te ahogas. El pobre señor estadounidense encargado de la administración que estaba junto al cuarto donde los paisanos prendieron el anafre y el comal empezó a gritar "¡La guerra, la guerra bacteriológica! ¡Están usando gases venenosos! ¡Avisen a todos, la guerra bacteriológica!" y salió corriendo a la calle. Qué guerra ni qué nada: los paisanos tostando chile casi nos ahogan a todos; inolvidable situación. Tuvimos que explicarle al administrador lo que sucedía y les llamó fuertemente la atención porque estaba prohibido cocinar en las habitaciones. Entonces, fueron a hacerlo a otro lado, pero es que ¿cómo se les ocurre ahí en el cuarto? ¡Qué bárbaros, es muy peligroso! Sin embargo, así somos los latinos, nos resulta muy fácil hacer de todo en cualquier lugar, alegando la clásica frase: "¡No pasa nada!"

Dondequiera que íbamos yo me preguntaba: "¿dónde están los estadounidenses?", dadas las cantidades de mexicanos que se presentaban a ver la caravana; ¡tremendo poder de convocatoria! Con el elenco que escogió el señor Delgado, los domingos llenaba el estadio tres veces: matineé, tarde y noche. La música mexicana era un fuerte imán para nuestra gente. Todos los *shows* estuvieron llenos en todas las ciudades, que fueron treinta y dos, entre ellas Nueva York, Las Vegas, Houston y San Francisco. Cuando fuimos a Chicago, la señora Fanny me dijo que Anel, quien no me acompañaba en los viajes de trabajo, llegaría allá pues me extrañaba mucho.

Se avecinaba otra más de esas desagradables experiencias por su comportamiento tan extraño. Cuando llegó estaba terriblemente ansiosa, tal vez no podía controlar en ese momento el tremendo efecto de las pastillas. Me dijo que había venido a verme porque tenía ganas de estar conmigo —eso siempre nos sucedía a los dos—, pero pensé que era muy raro que viniera desde tan lejos para ello. Por muchas circunstancias, algunas que no podrían imaginar, no estuve a gusto con ella esa noche. Su actitud era distinta de las ocasiones en que intimábamos en México, como si la obligara algo que no entendía; no fue agradable en absoluto.

Nos quedamos dormidos y por la mañana la gran sorpresa fue que no encontraba mi cartera; estaba seguro de haberla dejado sobre una silla del cuarto dentro de mi pantalón.

—¿No has visto mi cartera? —le pregunté, un tanto apenado.

—No, bueno, sí, yo la tengo porque no sé si me vas a dejar sin dinero.

—¿Para qué? —inquirí de nuevo, molesto.

—No sé qué clase de persona eres, si me vas a dejar aquí abandonada sin dinero para regresar a México.

Mi primera reacción fue de incredulidad. ¿Cómo, después de meses de vivir juntos en su casa, no sabía qué clase de persona era? Siempre sentí que, mientras le diera dinero para la casa y para su familia, podía seguir ahí sin problema alguno ya que al parecer le agradaba mi compañía y copular conmigo. Ahora bien, desde luego que no viajó a Chicago porque me extrañaba y, por otro lado, no creo que se haya presentado ahí por celos, para espiar si andaba con alguien, con esa mente tan liberada ni los conocía. Además, yo nunca le preguntaba qué hacía cuando me iba a trabajar. Entonces ¿cuál era la razón? Necesitaba dinero extra para algo y tomó un avión para sacarme la cartera pensando que traía conmigo el dinero de los *shows* en los que estaba trabajando, pero no: tiró plancha porque la que lo llevaba consigo era doña Fanny Schatz. Yo traía dinero, sí, pero no lo que ella pensaba. En ese momento tuve una segunda reacción, ahora de impotencia. No sabía qué hacer en este tipo de situaciones, fue una mujer muy distinta la que llegó a Chicago. ¿Cómo relacionarme con esta nueva Anel?

Lo absurdo de las circunstancias me hizo recordar algo que me disgustó sobremanera; en una ocasión, después del *show* llegó a la habitación del hotel un conocido de alguien con unas amigas y estuvimos conviviendo. Las chicas se quedaron a dormir con mi amigo en turno y conmigo; el día siguiente los dos nos encontramos sin cartera y sin reloj. Ni siquiera pudimos quejarnos en el hotel pues nos dejaban hacer lo que queríamos hasta altas horas de la noche; ahora pienso en los pobres vecinos que aguantaban la cantada y las risas provocadas por los chistes y los tragos. Una vez más les pido perdón a todos por su paciencia. Sólo en Estados Unidos se quejaba la gente, bien sea que nos llamaran por teléfono, tocaran a la puerta del cuarto o pegaran en la pared. Pero esa noche nos topamos con la verdad: hay una clase de prostitutas que no se tientan el corazón para llevarse tu cartera, tu anillo, tu cadena, tu reloj, lo que sea, al fin y al cabo ¿para qué te metes con ellas?

Ahora enfrentaba un caso similar y me dio mucho coraje. No comprendía si me estaba cobrando el haber venido a estar conmigo o qué cosa sucedía. ¡Y pensar que se trataba de la mujer con la que vivía, de mi pareja! Le pedí que me devolviera la cartera y al final, después de tanto insistir, lo hizo, aunque sin dinero. Se fue al aeropuerto y yo le conté a doña Fanny lo sucedido.

—No le hagas caso —me dijo—, está loca, así es ella.

Su actitud con respecto al incidente me tranquilizó, ya que minimizó lo ocurrido y de inmediato cerró el caso; claro, la conocía mucho más que yo. De todas maneras, su proceder me dejó un sabor amargo y me lastimó. Yo sentía que al vivir con ella le daba una oportunidad de cambiar; le aguantaba sus pasones y sus cruzadas, sus amigos y sus amigas, y ahora esto, ¡no era posible!, no había aportado nada a la causa. Con sus chistes sexuales y actitudes como ésta borraba por completo mis intenciones de seguir con ella; además, me impacientaba su insistencia en: "No sé cuándo te irás para regresar con Kiki". ¿Cómo podía desear volver con Kiki si, en vez de una llamada al hospital para investigar si sobreviví o no a la pulmonía fulminante, recibí de ella una demanda llena de mentiras de sus abogados y sus supuestos testigos? En absoluto tenía ganas de verla o de reanudar mi relación con ella.

Pero, amigos lectores, aun frustrado, regresaba a su casa. ¿Por qué? En principio, la verdad es que no tenía a dónde ir. Por un lado estaban mis amigos los fiesteros y yo simplemente no podía beber. Amigas no tenía como para quedarme en su casa. A casa de mi mamá ya no me gustaba ir porque mi hermano, que no hacía nada por superarse, dejaba que su situación empeorara cada vez más; no hacía otra cosa que beber y tomar pastillas; no sé quién le enseñó esas mañas desde que vivíamos en Clavería. ¿O estaría siguiendo mi ejemplo y el de mi padre con el alcohol? Mi mamá, como siempre, no decía nada, se limitaba a tolerar la situación. Así que volví a casa de Anel, quien me recibió con la noticia de que estaban vendiendo departamentos nuevos en un edificio enfrente del Parque Hundido, con una vista preciosa. Quizá cambiándonos de su casa se solucionaría lo de las frecuentes visitas de sus amigos, lo que obstruía las posibilidades de regularizar su vida, aunque fuera de manera gradual. El caso es que nos mudamos y eso la motivó mucho pues tenía que decorar el inmueble de arriba a abajo, o sea, ¡a gastar dinero otra vez! Así nos escondimos un poco de sus amistades.

Una vez ahí me invadió el espíritu de posesión y empecé a hacer algo que no había hecho antes. La interrogué acerca de quiénes habían sido sus amantes y descubrí que varios de ellos eran amigos míos muy queridos. Fue horrible, sentí odio y rechazo hacia ella. Además, mi educación hizo acto de presencia para inducirme a preguntarme una vez más: "¿Qué hago viviendo al lado de una mujer como ésta?" El criterio antidiluviano también dijo "¡presente!" y ése sí que era de verdad, era mi personalidad auténtica, la que me recordaba que la mayoría de las personas que conocía en el ambiente artístico no pensaban como yo lo hacía de acuerdo con las enseñanzas de mis abuelos y mis padres. Su criterio era mucho más amplio que el mío y me daba cuenta de que para ellos situaciones como ésta que ahora enfrentaba eran de lo más común en el ambiente. Además, ¿cómo resolver la gran incógnita de por qué no me marchaba de su lado? ¿Por qué seguía aguantando hasta el hecho de que hubiera sido amante de amigos míos? No tenía una respuesta, ni siquiera para mí, simplemente seguí ahí.

Tras enterarme de eso y muchas cosas más que ella misma me dijo me sentí usado y ni así fui capaz de protestar o de marcharme. ¿Acaso era por debilidad de carácter o porque no sabía decir no a nada? ¿Qué me sucedía? En ese momento, dolido, comencé a sentirme a disgusto con ella porque ¿qué culpa tenían ellos de ser sus clientes o amantes? Además, se suponía que todo fue antes de conocernos, lo cual me consolaba pero no aminoraba el dolor. Entonces ¿era que sentía algo por esa mujer? Pero ¿cómo iba a sentir algo por ella que no fuera lástima al ver la clase de vida que llevaba y a dónde iría a parar si seguía así, o genuina preocupación por la intoxicación con anfetaminas a la que estaba acostumbrada? Por lo visto, esto no le importaba en lo más mínimo, menos aun con sus cambios de carácter que podrían provocar una tragedia de grandes proporciones, ya sea al conducir su automóvil, o en una pelea o discusión con alguien similar a ella. Un cuestionamiento que me obsesionaba era: "¿Será que mi personalidad atrae a personas como ella o como Kiki, que sólo podrían acarrearme dolor? ¿Qué puedo hacer para desprenderme?"

Le conté lo que me ocurría a uno de mis amigos de más edad —tenía varios mayores que yo— y la respuesta no pudo ser más contundente.

—Lo que tienes es que estás "enchulado". Quieres que esa mujer sea sólo para ti porque ella te da todo lo que anhelas sexualmente. Pero ¿te has puesto a pensar que tú eres José José y puedes tener todas las mujeres que quieras y todo el sexo que quieras sin que te cueste tan caro? ¿O de veras crees que lo que te da es gratis? Pon atención en todo lo que gastas en ella: el coche último modelo, el departamento nuevo, dinero para su familia, ropa, perfumes, bueno hasta las pastillas que toma las pagas tú. Además, ¿quieres saber por qué no puedes abrir los ojos y darte cuenta de las cosas? Porque te han dado algo en la comida que te hace ser sumiso y obediente a todo lo que ella diga: brujería o magia negra, eso es común en el mundo entero.

Samuel, este viejo amigo tan querido, me decía más o menos lo que me explicó Margarita "La Veracruzana", y todavía agregó lo siguiente:

—En ese estado, el hombre no piensa, no razona y te informo que es bien difícil salir de ese trance. A mí me ha pasado varias veces y aprendí que sólo otra mujer que esté más guapa y que te haga el amor mejor que ella será capaz de conseguir que la olvides. Lo dice el famoso dicho: "un clavo saca a otro clavo".

Eso quería decir que estaba a merced de la fuerza del sexo que, según los entendidos de la mente, es lo que mueve al mundo. ¡Qué complicación!; para mí todo esto era nuevo por completo, no entendía la mayoría de las cosas relacionadas con ello, sino sólo seguía ahí como si nada sucediera, sin darme cuenta de cuánto daño me causaría a la larga.

Doña Fanny Schatz le consiguió a Anel un contrato como presentadora del nuevo *show* del Terraza Casino que estaba integrado por mi madrina Olga Guillot y por Marco Antonio Muñiz. Ahí estuve toda la temporada con ella cargándole el neceser y sirviéndole de chofer.

Ante todo este enredo de vida se presentó la oportunidad de volver a grabar, de modo que emprendí la búsqueda de canciones apropiadas para conformar mi nuevo disco de larga duración, que sería el número siete. La canción que abrió esta nueva grabación fue de Felipe Gil, *Hasta que vuelvas*; la inspiración de Manuel Merodio, gran compositor yucateco, hizo eco en mi corazón pues lo que él escribió era, ni más ni menos, lo que yo estaba viviendo en esos días: *Ya viví*.

12

Ya viví

La situación empeoró para mí porque a partir de ese viaje a Chicago Anel se puso en un plan muy difícil. Lo mismo decía que no tenía idea de quién era yo y si permanecería a su lado, que me corría del departamento, ocasiones en las que me iba al hotel Diplomático con todas mis cosas. Luego llegaba a buscarme para pedirme dinero. A mi protesta "pero si te dejé un cheque antes de marcharme", ella alegaba "es que se me perdió, dame otro" y aumentaba la cantidad. Inventaba que faltaba lo del seguro del coche y lo del mantenimiento, entre muchas otras cosas. Le daba el cheque y desaparecía para luego volver a decirme que regresara, y ahí va el barquito otra vez al departamento. Yo no tenía voz ni voto, estaba a merced del efecto de sus pastillas de anfetaminas; si le caían bien y estaba de buenas podía quedarme con ella; de lo contrario, no me soportaba y me corría, me echaba a la calle.

Anel pertenece al grupo de mujeres-hombre, con una autonomía basada en su belleza que les permite hacer lo que quieren; necesitan pelear con alguien para demostrar su superioridad y únicamente respetan al hombre que es capaz de controlarlas y dominarlas. Yo distaba mucho de ser así, sólo sabía que la mujer que había idealizado, a la que le llevaba serenata, la mujer a la que pedimos a Dios los hombres encontrar para unirnos a ella para siempre, en mi caso era el modelo de mujer con que había crecido: mi mamá.

Más bien, era una mujer con quien resultaba muy complicado compartir. Era inútil tener paciencia ante todo lo que implicaba relacionarse con ella, sus amiguitos, sus discusiones y peleas cuando estaba cruzada, sus arranques de correrme de la casa. Nunca tomaba en cuenta todo lo que había que aguantar para vivir con ella, eso sin contar el hecho de que se dedicaba a la prostitución y lo que ésta conlleva.

Una noche, cuando todavía vivíamos en su casa, se fue a trabajar y regresó en la madrugada tocando la bocina. Yo me asomé por la ventana y vi el coche a media calle. Cuando bajé ya estaba tocando a la puerta, le abrí y entró con un ataque de paranoia y pánico:

—¿Qué te pasa? —le pregunté, aún adormilado.

—¡Ayúdame! —me dijo.

—¿Qué hiciste?

—Es que me dieron mariguana y me siento muy mal —fue su respuesta—. ¡Ayúdame!

Claro que se sentía muy mal. La mariguana no se mezcla con nada o sientes que te mueres; a mí ya me había pasado, así que le sugerí que intentara volver el estómago y me contestó que no podía. La acosté y fui a estacionar el coche que estaba solo y andando a media calle. Cuando regresé ya estaba sentada en la cama.

—Acuéstate —le dije.

—No puedo —se quejó—, me siento peor; por favor, ayúdame.

Le di a tomar varios vasos de agua y empecé a hablarle buscando que se calmara.

—Cuéntame qué pasó.

—Fuimos al evento de Los Pinos y nos presentaron con el señor presidente, departimos con él y con sus invitados. Me invitó a acompañarlo a Europa, ¿qué hago?

—No sé, piensa si te conviene —le respondí.

En seguida pasé al tema que nos ocupaba en ese momento.

—Tomaste la pastilla ¿verdad?

—Sí —contestó, temblorosa.

—No debes mezclarla con nada, es muy peligroso —le aconsejé—. Hueles a alcohol y además fumaste mariguana.

—Sí, a la salida nos quedamos a platicar en la calle, prendieron un cigarro de mariguana y fumé. Después vine hacia acá y empecé a sentirme muy mal.

Estuvimos sentados en la cama agarrados de la mano hasta que amaneció, no se le quitaba la cruzada que traía. Como era domingo por la mañana de pronto sonaron las campanas para la misa de ocho y saltó asustada.

—¿Qué es eso? —me preguntó.

—Tranquila, son las campanas de la iglesia.

¡Imagínense cómo estaba que no reconocía el sonido de las campanas! No fue sino hasta las once de la mañana cuando por fin se quedó dormida.

El lunes reaccionó después de dormir todo el domingo y le conté todo: en qué estado llegó, que dejó el coche a media calle, que se sentía morir, y su comentario de que el presidente la invitó a Europa. Sólo guardó silencio. ¿Por qué me dijo eso? Por presumir, por hacerme sentir mal, por menospreciarme, quién sabe, pero todas esas cosas tenía que soportar al vivir con ella, lo cual arrojaba un saldo nada halagador para mí. Le aburría no tener con quién pelear, no tener a quién dominar pues yo estaba por completo controlado; José, el barquito, no le era suficiente para sentirse a gusto. Pero, algo sorprendente es que para lo que sí le servía era para hacer el amor; qué ironía, para eso sí le funcionaba y era lo que originaba su gran malestar. Éste no pelea, no me controla, me da todo lo que quiero, no me domina, pero me gusta estar con él en la cama; a ella también le pasaba lo mismo que a mí, había caído en su propia trampa, la fuerza del sexo, una trampa de la que es muy difícil salir, incluso más que de la del amor.

Doña Fanny le consiguió a Anel un contrato en el Teatro Blanquita para salir cantando y otra vez me tuve que prestar a cargar el neceser y hacerla de chofer; también debía estar listo para hacer el amor en el camerino cuando la pastilla se lo pidiera. Algo que no esperábamos y que resultaría tremendamente negativo ocurrió durante esa temporada que fungí como secretario de Anel en el Blanquita. De nuevo fui presa del síndrome del que no sabe decir no a nada. En una visita a los músicos en su camerino me dieron a inhalar cocaína y esa vez sí me gustó, me sentí lleno de energía y vitalidad y, para colmo de males, salí del lugar con un envoltorio que contenía la droga como regalo de los muchachos para su amigo el cantante. Ya tenía otra muleta que sustituyera al alcohol. Yo todavía no bebía por lo que me sucedía cada vez que quería tomar —como dije, no sabía que Anel me daba pastillas en la comida para que no lo hiciera—. De tal modo, la única forma de controlar el efecto de la droga, ya que no podía tomar alcohol, era beber agua mineral todo el día. Los muchachos me dijeron: "Esto es una maravilla, con una dosis puedes tomar todo lo que quieras y aguantas tomando durante días". Sin embargo, no me advirtieron de la adicción tan tremenda que enfrentaría y, sobre todo, que tendría que vivirla a escondidas.

Ya la relación con Anel era muy tensa y algunas circunstancias arruinaron de una vez por todas la convivencia. Yo, tranquilo, no tomaba pero tenía que enfrentar una época de desquiciamiento por parte de ella. Por ejemplo, una noche que llegué de trabajar estaba totalmente cruzada; para variar intenté acostarla y no se dejó, quiso levantarse pero no lo logró. Fue de rodillas de la cama al baño y empezó a buscar algo entre los perfumes, los jabones y los shampoos; abría una por una las cajitas de las cremas, en busca de algo, sin encontrarlo; siguió con los cajones del clóset y nada, no entendía ni atendía a nada, tan sólo buscaba. Sólo ella sabía qué había escondido en esos cajones, yo nunca me enteré.

Un día me tocó a mí hacer el numerito de irme con un amigo de ambos a comer y regresamos muy tarde al departamento. Anel, empanterada por mi demora, me corrió de nuevo y esa vez sí le tomé la palabra pues yo no era yo. Después de esa comida me sentía lleno de vida, fuerte y vital, así que recogí lo que pude y esa noche me fui a casa de mi mamá; al otro día Anel me mandó todas mis cosas. Otra vez surgió la causalidad y apareció Enrique, quien no nos visitaba muy a menudo en el departamento porque no era bienvenido. La charla volvió al tema en el que nos quedamos la última vez: "¿Verdad que tenía razón? Sólo era un romance de calentura, me alegro por ti; ya sabes que no estás solo, cuentas conmigo para todo".

Me dio gusto volver a ver a Enrique, quien ahora me acompañaría. Llegó mi turno de cantar en el Blanquita, con Anel como presentadora. Es decir, otra vez juntos en la cartelera, el morbo no se detiene nunca y ahí fuimos a dar. Yo no tenía idea de que la droga me estaba haciendo daño a la garganta y empecé a enfrentar problemas en los ensayos.

—Necesito un trago — le comenté a Enrique—, pero no puedo tomar, me siento muy mal con sólo probar el alcohol.

—Es que por ahora no debes tomar, te hace daño —me respondió—; te tengo cerradas las válvulas de la bebida. Aguanta, es por tu bien, yo te voy a ayudar, por ahora confórmate con el polvo, que además está muy bueno (yo compartía todo con él). No te preocupes por tu garganta, he estudiado mentalismo y ciencias ocultas y puedo ayudarte. Tranquilízate, estaré a un lado del escenario mandándote la vibración que necesitas para cantar bien; ya verás que no tendrás problemas.

Y así fue. Canté muy bien en el debut y las dos funciones fueron un gran éxito. La que arruinó la noche fue Anel. Llegó con un actor amigo suyo a quien paseó por el teatro para que todos los viéramos y lo metió a su camerino para acostarse con él. Su propósito era que todos nos diéramos cuenta, en especial yo. Eso me recordó las escenas que veía en algunos lugares a donde íbamos a compartir la bohemia, que no siempre eran de lujo; en ellos había a veces mujeres que compartían y tomaban con los hombres y oíamos las pláticas entre ellas; son capaces de cualquier cosa con tal de lastimar a alguien si están despechadas, la respuesta clásica de las prostitutas. Pero ¿qué podíamos hacer? Era necesario terminar el contrato en el Blanquita.

Después de la primera semana fui a cobrar a casa de doña Fanny y le pregunté por Anel, dado que seguía siendo su mánager.

—Igual que siempre, ya sabes, ahora tiene ahí metido a un tal Antonio, un señor de mucho dinero.

—No te creo. ¿En el departamento?

—Sí, así es.

Sin más ni más me dijo que tomara la extensión del teléfono, marcó al departamento y Anel le contestó. Doña Fanny sólo le hizo un par de preguntas sobre un contrato próximo cuando Anel la interrumpió y le dijo:

—Te llamo al rato porque Antonio está aquí conmigo, llegó hace un rato y lo voy a atender.

Colgaron y Fanny me preguntó:

—¿Convencido?

Yo sólo moví la cabeza.

—Hay que ver si su separación es definitiva —agregó— para que recuperes tu dinero del departamento.

—¿Para qué, Fanny? —le contesté con desaliento—, que se lo quede todo, yo no quiero nada.

Seguimos trabajando y yo ya no comía lo suficiente, estaba atrapado por la cocaína, pero cantaba y lo hacía bien con la ayuda de Enrique siempre a un lado del escenario. Teníamos mucho éxito. Una noche, antes de salir a cantar me topé a un lado del telón con el actor amigo de Anel, el de las fiestas sexuales en la colonia Condesa, lo saludé y salí a cantar; cuando volví ya no estaba.

Terminó la función, que era la última de la temporada, y al salir a la calle para retirarnos del teatro unos individuos me secuestraron y me subieron a un coche ante la mirada atónita de mis compañeros de la orquesta, de Enrique y del público que se congrega a saludar a sus artistas a la salida del Teatro Blanquita. Los hombres, que eran de la Policía Judicial, me registraron y no me encontraron nada; todo se consumió entre las dos funciones, ya que siempre lo compartía con los muchachos. Me llevaron casi a las afueras de la ciudad, por Tulyehualco, a un centro de recuperación de alcohólicos y drogadictos. Al entrar nos esperaba un médico, quien me dijo que mi mamá pidió que me internaran, que firmara los papeles correspondientes. Indignado, le dije que no firmaría nada, algo me iluminó porque de haberlo hecho todavía estaría ahí. Luego de mi negativa quisieron inyectarme algo y tampoco lo permití. Entonces me comunicaron con mi mamá por teléfono y ella me explicó que Anel la convenció de internarme ahí para curarme de mi adicción a la cocaína. Al oír su voz me tranquilicé; además, tenía razón: era fundamental que me alejara del tóxico a tiempo, antes de que fuera demasiado tarde. Tras sólo tres meses de haberme iniciado en él, ya era un problema tremendo para mí. En el mundo de las adicciones hay una línea invisible y si te pasas del otro lado ya no hay vuelta atrás, tus neuronas de la voluntad no responden y quedas a merced del tóxico, de la droga, del alcohol o del tabaco o cualquier cosa a la que seas adicto. Acepté entrar y me llevaron a una pequeña habitación muy modesta con una cama, un inodoro, un lavabo y una regadera.

Al otro día me encontré con otro mundo que nadie conoce, sólo los que están encerrados ahí, un mundo que me heló la sangre. Me sacaron a tomar sol a un patio grande lleno de personas, que en su mayoría se veían de escasos recursos y humildes.

Un muchacho delgado de bigote se me acercó y me preguntó:

—Eres nuevo ¿verdad?

—Sí —atiné a contestar.

—Eres José José, ¿no? —me preguntó, después de observarme detenidamente.

—Sí, mano, me trajeron aquí anoche; ¿hace cuánto que estás encerrado?

—Tengo dos meses aquí, que se han hecho interminables. Mi familia me trajo por borracho, porque tomaba mucho, pero ya estoy bien, ya me quiero ir, mírame.

Y sí, en verdad se veía bastante bien, lúcido, entero, joven.

—¿Y por qué no te has ido? —cuestioné, pensando que algo así podría pasarme a mí.

—No me dejan salir ni ver a mi familia, sólo les dicen que todavía estoy en tratamiento, así siguen pagando; yo ya quiero que me dejen salir, a ver si tú puedes ayudarme.

—¿Qué es lo que te dan?

—Sólo pastillas —me informó, compungido—; a los tres días de llegar aquí ya estaba bien, pero no han querido soltarme.

Guardé silencio y, al observar a mi alrededor, descubrí un panorama escalofriante: personas de todas las edades tomaban el sol como largartijas, sin moverse.

—Dime, ¿qué les pasa a ésos? —le pregunté.

—Están empastillados, así no dan lata. Al rato los meten para que no les dé una insolación.

Unos gritos y una pelea llamaron mi atención. Todo lo que sucedía en ese sitio parecía salido de una película de horror. Ni siquiera tuve el valor de preguntarle qué ocurría.

—Ven, asómate para que veas —me invitó—, aquí están los trepanados, los que ya no van a salir nunca y les siguen cobrando a sus familias por cuidarlos. Esto es una mafia, debes tener mucho cuidado.

Algunos de los más grandes y fuertes del grupo de los trepanados discutían por uno de los vegetales humanos reunidos en una parte del patio especial para ellos.

—No entiendo por qué pelean por ellos si ya no pueden platicar, ni siquiera piensan igual que los demás —le comenté al joven.

—Por eso —me explicó—: es que abusan de ellos sexualmente; se están peleando por uno.

—¡No puede ser! —protesté.

—Sí, es que de este lado sólo estamos los hombres, nos tienen divididos, pero dicen los que han estado mucho tiempo aquí que del otro lado es igual o peor —señaló una gran barda—; ahí están puras mujeres, muchas tienen consigo a sus hijos y los del centro le cobran a la familia por cuidarlos, aduciendo que es bueno que estén con ellas para que el tratamiento surta mejor efecto. Resulta difícil de creer la cantidad de personas que son abandonadas por sus familiares porque ya no tienen para pagar los tratamientos.

Estaba en *shock* total. ¡Cuánto sufrimiento a cambio de dinero, de un dinero que muchas veces significaba todo para una familia! Me despedí de mi nuevo amigo y busqué salir del patio para subir a hablar con alguien, pero no había manera de hacerlo. Todas las puertas estaban cerradas con llave, me acerqué a una de ellas y toqué y grité para ver si alguien venía, pero nadie me hizo caso.

Me sentí en la cárcel o algo parecido, privado de mi libertad por hacerle caso a mi mamá, ¿qué clase de hospital era ése donde tenías que estar encerrado? Otra persona, al verme desesperado por hablar con alguien, me dijo:

—Tranquilícese, joven, después del mediodía nos meten y nos llevan a comer.

—Gracias —repliqué, con cierto alivio—, esperaré hasta poder hablar con alguien.

Ese lunes después del mediodía nos subieron a todos y me mandaron a mi cuarto. Intenté hablar con alguien para que me explicara cuántos días estaría ahí, qué podía esperar de mi tratamiento, pero no lo logré. Lo único que me dijeron fue que, de acuerdo con sus instrucciones, podía comer ahí; me dieron un plato con arroz y carne deshebrada, un pan y un refresco. Comí poco, no tenía hambre. Intenté dormir, pero casi no pude; el ruido de los tráilers y los camiones de carga era incesante pues el establecimiento estaba a orillas de la carretera que salía de la ciudad. Sentía mucho coraje, Anel se había valido de mi problema con la cocaína para meterme en ese sitio, habiendo tantos otros que proporcionan tratamiento en mejores condiciones. Sin embargo, ya sabía que si una mujer despechada es peligrosa porque la mueve el odio, una prostituta despechada es lo más peligroso que hay, es capaz de todo: únicamente piensa en aniquilar a quien quiere si no está con ella. Y aquí se trataba de vengarse.

La noche se me hizo interminable. Cuando al fin amaneció tocaron a la puerta, abrieron y me dieron un café con leche y un pan dulce. Querían administrarme pastillas y no las acepté; los ayudantes, sin decir nada, cerraron la puerta y se fueron. Dos horas después tocaron de nuevo y me avisaron que podía ir a tomar sol; aunque no lo deseaba, el aburrimiento del encierro era peor, así que bajé para enfrentar el deprimente espectáculo de los enfermos que se asoleaban. ¿Cómo era posible tanta miseria humana en un solo lugar? ¡Cuántos sufrían tanto por sus problemas físicos como por los emocionales! Y ya no hablemos de sus familiares, quienes, además de la pena que sentían al dejar a su pariente en esas circunstancias, acabarían con problemas económicos con el tiempo cuando ya no tuvieran para pagar. Veía a los pobres trepanados con la cabeza rapada y la cicatriz de la operación que les hacían para separarlos del mundo, de su conciencia, de lo elemental a lo que tenemos derecho todos por mandato divino. ¿Era esa especie de herradura fatídica, grabada en su cráneo como recuerdo de que ya nunca más volverían a pensar ni a darse cuenta de nada, la solución para el alcohólico y el drogadicto? Desde luego que no, estos enfermos necesitan comprensión y soluciones para su problemática existencial.

No podía creer lo que vivía, ¡cuánto atraso en todos los sentidos! Busqué al flaco del día anterior y no lo encontré. Se me acercaron otros compañeros de dolor y uno de ellos me preguntó:

—Usted es José José, ¿verdad, señor?

—Sí, amigo —le contesté.

—¿A quién busca?

—Al flaquito que conocí ayer en el patio.

—Sí —contestó presuroso—, los vimos ayer platicando. No ha venido por acá el día de hoy. En la mañana se lo llevaron a darle electroshocks; es una lástima, ese muchacho no tiene nada, está sano, sólo lo hacen para sacarle dinero a la familia y tenerlo más tiempo encerrado.

Otra vez el mismo comentario, ahora de boca de otra persona.

—Y usted ¿por qué está aquí? —indagué.

—Por borracho —me confió—, se supone que ya estoy bien, pero mi familia no ha podido pagar el tratamiento y por eso no he salido.

¡Qué impresión, cuántos de ellos estarían enfrentando la misma situación! Nos llamaron a comer, ya tenía hambre. El menú consistía en una torta de frijoles y un refresco. En ese momento recordé a mi mamá que, como pudiera, se aseguraba de que nunca me faltara mi pan con frijoles y mi refresco a la hora de comer cuando era obrero de la industria litográfica y no ganaba ni el salario mínimo.

Esa misma tarde, después de comer abrieron la puerta para ver si quería pasear por el interior de uno de los pabellones; así lo hice y pude comprobar el grado de insalubridad en el que se prestaba atención a los enfermos. Además, había una sobrepoblación alarmante; sólo porque el lugar era inmenso podían albergar a tanta gente. De pronto por uno de los pasillos vi venir al flaquito, lo llevaban a su cuarto en otra sección diferente de la mía; iba desencajado y pálido. Cuando se aproximaron más a mí le pregunté a los ayudantes qué le había sucedido; me contestaron secamente "Le dieron un electroshock" y se alejaron casi cargando al pobre flaquito entre los dos. De esta manera lograban convencer a las familias de que los enfermos todavía no estaban bien. Sólo de pensar que pudieran hacerme algo así me hizo entrar en pánico.

Otra noche de tráileres y cargueros, otra vez mi ánimo encolerizado por la cantidad de cosas que me hubiera gustado hacer, pero ni siquiera era capaz de protestar por estar ahí encerrado. Ya eran tres días entre desconocidos, algunos de los cuales deambulaban por el inmueble visiblemente afectados de sus facultades mentales. En realidad, eso era ese centro, un manicomio, y yo formaba parte ahora de un conglomerado de vegetales humanos y gente que a duras penas sobrevivía a los tratamientos tan arcaicos. ¿Qué sería de mí? ¿Me quedaría ahí encerrado como tantos que me platicaban sus penas todos los días? ¿Qué le contarían a mi mamá para retenerme ahí? Para empezar, no la había visto en persona como en el hospital de la ANDA cuando estaba siempre pendiente de mí; sólo hablé con ella por teléfono el día que me secuestraron y me llevaron a ese lugar inmundo. "¿Dónde está mi mamá? Seguro sigue las instrucciones de los médicos, si supiera lo que estoy sufriendo", me decía. Si las familias estuvieran al tanto de lo que ocurre adentro no internarían al adicto, ciertamente no en sitios como éste. Para convencerlas, los directivos les prometen que harán lo posible por curar a su enfermo, pero no les enseñan las instalaciones. Todo empieza en un escritorio muy limpiecito con gente de bata blanca, para que las familias tengan confianza y caigan en la trampa.

Ya llevaba cinco noches sin dormir bien por el ruido de los camiones, el cual tampoco cesaba de día, de modo que sólo a ratos descansaba; las instalaciones se encontraban en la peor ubicación para reposar y curarse de los nervios. Viernes por la noche ¡lotería!, huevos con jamón y café con leche. "¿A qué se deberá el regalo? Sólo Dios sabe", pensé. Al otro día en la comida, pollo, qué raro.

—¿Y ese milagro que han mejorado la comida? —comenté en la tarde a los ayudantes que me llevaban los alimentos, quienes ya eran casi mis amigos.

—Sí, así es —contestaron—, a ver cuánto dura, a veces escasea.

Me hice una promesa: "Si logro salir de aquí no volveré ver a Anel en mi vida, es el colmo de lo que es capaz". Ignoraba que todavía habría más circunstancias y trampas difíciles de superar en el futuro orquestadas por ella.

Como era opcional, la tarde del sábado y la mañana del domingo no quise salir al patio. No deseaba volver a presenciar el abuso de que eran objeto los más débiles y los impedidos para defenderse de los fuertes; me dolía mucho observarlo y no poder hacer nada al respecto, era superior a mí. Sólo una vez más volví a ver al flaquito, el lunes por la mañana, intentando sacudirse el efecto de los electroshocks; no era el mismo que conocí el primer día, qué tragedia. Con apenas una semana en ese sitio de ultratumba, ya era testigo de lo que les hacían a los pacientes; ¿qué más me tocaría contemplar mientras estuviera encerrado?

Lo único que me sostenía era pensar en mi mamá. Había logrado comer y descansar a medias otra vez, pero ¿cuánto tiempo más estaría ahí? Si bien la justicia divina me hizo el milagro, era fundamental que entendiera lo que me estaba haciendo daño y lo que no debía hacer, pues por eso supuestamente caí ahí. De algo sí estaba seguro: ése no era el lugar apropiado para curar a nadie, eso era un manicomio. Así trataban hace muchos años al alcohólico y con mayor razón al adicto; sólo quedaba un camino para ellos: el manicomio y yo estaba encerrado en uno sin saber qué hacer.

De pronto me mandaron llamar de la dirección.

—Vamos a tener que dejarlo ir —me informó el director del Centro de Rehabilitación de Tulyehualco, que creo era el nombre del lugar— porque usted, como mayor de edad que es, nunca firmó de conformidad los documentos que le presentamos cuando llegó. Además, no sé cómo, pero ya se enteraron afuera de que está aquí y no quiero verme en dificultades por mantenerlo con nosotros sin su consentimiento. Ya hablamos con su mamá para que venga por usted pues ella fue la que solicitó el internamiento; a las seis de la tarde viene a recogerlo.

Al encontrarme en esa oficina se me avivó el coraje por lo ahí experimentado en el periodo —más de una semana— que llevaba en esas terribles condiciones, pero ya para qué, lo importante era salir lo más pronto posible. Con alivio, preferí pensar que lo mejor de todo, lo que había obtenido de este aislamiento tan asfixiante, era que no extrañaba la droga en absoluto. Eso era un verdadero milagro pues habían transcurrido tan sólo ocho días sin consumirla. "Después de todo valió la pena el encierro", reflexioné.

A las seis de la tarde llegó mi mamá con mi primo Arturo.

—Ya estoy bien, no te preocupes, gracias por ayudarme a salir adelante — le dije, con gran emoción—. Perdóname, mamá, son cosas que le suceden a uno sin sentir y sin darse cuenta de lo que hace. Por favor llévame a ver a unas amistades mías, no pienso ir a tu casa por ahora.

Su reacción fue inolvidable para mí. Su rostro se transformó por completo, de una expresión de esperanza cambió a una tristeza enorme y luego a la desesperación.

—No me pasará nada —la tranquilicé—, sólo necesito estar tranquilo unos días y me voy a tu casa como antes, ¿está bien?

—Sí —me dijo—, pero llámame para saber que estás bien, cuando no lo haces sé que algo malo te sucede.

Y así era, acostumbraba llamarle casi diario, estuviera donde estuviera, a la medianoche. Llegamos a casa de mis amistades y me despedí de ella y de mi primo con la promesa de ir pronto a Ciudad Satélite, mi cuartel general donde tenía todas mis cosas.

Mis amistades me recibieron con alegría como siempre, sobre todo al ver que estaba bien después del revuelo que causó mi secuestro y que durante toda una semana no se supo nada de mí. En cuanto llegué, quiero pensar que sin plena conciencia de lo que hacían, me ofrecieron una copa y yo la acepté, a sabiendas de que cada vez que tomaba me ponía tan mal que prometí no volver a hacerlo. Me daba miedo sentirme así, pero me animé y no me pasó nada, así que esa misma noche volví a beber para sacar toda la compresión de los meses pasados, en especial de la semana anterior. Pasamos una noche preciosa riendo y cantando hasta el amanecer como siempre. Recién salía del encierro en un sitio terrorífico por una adicción y ya me lanzaba de lleno a otra. ¡Qué terrible falta de responsabilidad, ahora que lo veo en retrospectiva!

Una vez terminada la reunión fui a casa de mi mamá como le prometí.

13

Vive

Como ya les conté, las cosas en casa de mi mamá se habían complicado pues mi hermano no hacía nada en absoluto. Yo le daba a ella lo que podía y es que apenas empezaba a trabajar para mí, es decir, para tener dinero yo. Todo se había ido en Anel, en su familia y en sus lujos; además, se quedó con lo que teníamos en común. Para ayudarse con los gastos, mi mamá le rentó una habitación de su casa a unos muchachos sensacionales que vinieron a estudiar a México capital desde provincia. Por consiguiente, cuando llegué a Ciudad Satélite, además de volver a ver a muchos buenos amigos y a sus familiares, conocí a Donato y Ricardo, quienes se convirtieron en acompañantes inseparables de este romántico emperdenido que ahora tomaba porque se sentía usado y explotado.

Gracias a Dios, mi mánager doña Fanny Schatz me hizo el favor de seguirme apoyando. Su prestigio era enorme tanto en el ámbito nacional como en el internacional –tenía muy buenas relaciones en todo el continente e incluso en Europa– y, como consecuencia, el trabajo no faltaba.

Pero algo me preocupaba. Al asistir continuamente como invitado a entrevistas de radio, empecé a darme cuenta de que en las estaciones no contaban con discos con las canciones más importantes que había grabado hasta entonces: *La nave del olvido* y *El triste*. Los empleados de la radio acostumbraban llevarse los discos a su casa y eso nos dejaba desprovistos de material musical siquiera para presentar y fondear las entrevistas. Por tanto, tuve que dedicarme a resurtir a las estaciones más importantes y a las que no lo eran tanto para asegurarme de que continuaran tocándolos en la radio; todo esto se logró gracias a la ayuda de promotores de radio de la RCA Víctor. Ahora necesitaba otro disco L.P.

En esos años se logró que en los palenques aceptaran a cantantes de balada –hombres y mujeres– y eso incrementó el trabajo.

Ese año de 1973 parecía una réplica de 1972: problema tras problema... ¿Sería la vida tan difícil de vivir y tan complicada como mucha gente mayor que yo opinaba? ¿Sería cierto que lo impredecible siempre estaba a la vuelta de la esquina? O, como decía mi mamá, ¿estaba pagando el precio de la fama? ¿Todas estas situaciones tan adversas eran el precio que debía pagar por el éxito tan grande que Dios me concedía? ¿O es que no sabía manejar a quienes me rodeaban por causa de ese mismo éxito? También resultaba obvio que era un ingenuo ignorante de la malicia, que creía que toda la gente era buena y no le ponía atención al dinero que ganaba. Era un volátil enamorado del amor que sólo pensaba en cantarle a la primera mujer que le sonreía o se le acercaba porque él no tenía arrestos siquiera para iniciar una conversación con una muchacha, menos aun con una mujer. Incapaz de contestar una agresión, de pelear o discutir por nada, si a algo le tenía pavor era a la violencia. Imaginen a alguien a quien todo le lastimaba, incluso un detalle falto de educación, intentando enfrentar la realidad de la calle y del mundo en general en esas condiciones, además de la del ambiente artístico y todo su elenco: alcohólicos, drogadictos, prostitutas, vividores, explotadores. Todos me cayeron encima y me usaron a su antojo; lo único que me sostenía era la contraparte de ese ambiente: aquellos que servían como base del auténtico medio del arte musical, los grandes cantantes, los grandes compositores, los grandes músicos, los seres talentosos y amables que me tendieron la mano con sinceridad cuando me dolía algo, cuando me lastimaban. Ellos me ayudaron a no perder la fe en que todo podía ser de otra manera.

Me sentía decepcionado de mí mismo. No sabía distinguir ni escoger a las personas con quienes deseaba convivir, siempre me equivocaba y me frustraba descubrir que no eran lo que yo pensaba.

Después de conversar de estos temas tan personales, otro amigo mayor que yo me brindó su generosa opinión:

—José, no has observado que tú no has escogido a nadie; ellos te escogen a ti, te usan y se van llevándose lo que pueden. El problema es aprender a distinguir quién se te acerca. Tú eres muy bueno y todos lo perciben, pero no te preocupes, Dios te hizo así y Él te enseñará con quién te conviene relacionarte. Es muy complicado aprender y comprender el manejo adecuado de las relaciones humanas, y ¿qué puedo decirte de la que se entabla entre un hombre y una mujer? Es donde más se sufre cuando te equivocas. Ahora que ya lo sabes por tus fracasos, procura acumular experiencias, por pequeñas que sean, para aprender a defenderte. Te deseo lo mejor del mundo, amigo, mucha suerte que la vas a necesitar.

Mientras tanto, intentaba encontrar las canciones adecuadas para mi nuevo disco. Necesitaba sacar todo lo que tenía dentro y compartirlo con el público maravilloso que estaba pendiente de mi trabajo. Además, dado que era fundamental sonar fuerte en la radio otra vez, ahora más que nunca debía encontrar nuevas canciones románticas. Por tanto, me dirigí a la RCA Víctor a ver a Eduardo Magallanes, mi director artístico, para pedirle ayuda en la búsqueda del nuevo material. Así comenzó a tomar forma mi L.P. número ocho. La gran sorpresa de este disco fue una canción que también le estaba dando la vuelta al mundo de la mano de su autor Paul Anka: *Déjame conocerte*.

Inmerso en la problemática de andar en la calle un rato aquí y una noche allá, viví muchos "días sin huella", sin dormir, ni comer, sino sólo bebiendo. Necesitado de reposo, me "dieron posada" en casa de unas amistades por el rumbo de Mixcoac. La experiencia fue aterradora. En esa casa tenían muchos perros muy grandes y era muy difícil reposar pues los animales ladraban y se peleaban todo el día, hacían mucho ruido.

Después de una fiesta me quedé a dormir en su casa. Estaba rendido, necesitaba comer y dormir y con gran amabilidad me cedieron una recámara. Ya entrada la madrugada me disponía con mis mejores deseos a quedarme dormido, pero los perros me despertaban a cada rato. De repente callaron y todo se envolvió en un silencio extraño. Dejaron de oírse las sirenas de las patrullas y todo ruido propio de la ciudad. Los perros aullaron horrible, como si fuera a temblar; yo me asusté, pero nada pasó. De súbito callaron, no me gustaba ese silencio y me senté en la cama. Intentaba deducir por qué se acallaban todos los ruidos normales. Sentí con claridad que alguien o algo entró al cuarto y me aterroricé. Retiré las cobijas, fui de rodillas al frente de la cama y me senté ahí. Entonces me llegó un hedor muy fuerte y también olor a cuerno quemado —ése ya lo conocía cuando preparábamos las cornamentas para entrenar con los toreros, es inconfundible—. Quedé petrificado. Después del olor nauseabundo sentí que eso que entró a la habitación se paró delante de mí, lo que hizo insoportable el olor, y se acercó. Me observaba cara a cara y yo no sabía qué hacer, el miedo no me dejaba reaccionar. Tan sólo atiné a decirle:

—Quienquiera que seas, te respeto, sé que existes porque te siento frente a mí. Por favor, no me hagas daño.

Recé el Padrenuestro en voz alta. El ente permanecía frente a mí, observándome. Seguí con el Ave María. El silencio era pesado, podía sentirlo, lo mismo que a esa extraña y diabólica presencia que me respiraba encima. Con mucho miedo, no cesaba de rezar, pero eso y su olor no se iban. De pronto, la presencia dejó de observarme y percibí que empezó a alejarse de mí, como si se hubiera dado media vuelta. El olor se desvanecía también. Yo rezaba más fuerte para que se fuera del todo y lo hizo. El silencio prevalecía. Incrédulo ante lo que me sucedía, continué paralizado hasta que, como si le subieran el volumen al radio, poco a poco el ruido de la ciudad se hizo presente otra vez con gran lentitud; volví a escuchar a los perros, las sirenas, los camiones y todo volvió a la normalidad. El ser y su olor nauseabundo se habían marchado. Entonces recordé que los muchachos novilleros, al arreglar con la pulidora los cuernos de los toros, dicen que así huele el Diablo. Yo acababa de comprobarlo.

Un día, de regreso de un ensayo, ya entrada la noche me puse a ver televisión y mi mamá me sorprendió con su comentario:

—Te busca un joven que dice que es hermano de Anel; necesita hablar contigo.

En primer lugar, yo no lo conocía y en segundo, no tenía la menor intención de volver a saber de Anel. Salí para investigar de qué se trataba. Era un joven de pelo negro que hablaba español con una falta de fluidez muy notoria.

—Hola, soy Manolo, el hermano de Anel que vive en Los Ángeles, tú no me conoces. Mi hermana me mandó a darte un recado, ella ya se va a vivir a Estados Unidos y quiere despedirse de ti; me pidió que te llevara al departamento porque quiere hablar contigo en persona.

A leguas se veía que Manolo no estaba enterado de nada, él iba a lo que le mandaron y, para variar, no pude decirle que no. Fue a recogerme en el Mustang último modelo de Anel. Llegamos al departamento. A esas alturas la vista de la ciudad era hermosa; tenía una alfombra blanca peluda, piano de cola, mesa de cristal, todo nuevecito. Como siempre, esperé a que terminara de maquillarse. Después salió con una pijama transparente, me pidió que pasara a la que fuera mi recámara y me invitó una copa.

—Deseo probar suerte en Estados Unidos, podría no volver. Por eso quería verte y estar contigo quizá por última vez —me comentó.

Como yo ya no vivía con ella y no existía el más mínimo compromiso, tampoco pude negarme y copulamos.

Cuando recuerdo todas esas cosas me pregunto ¿qué hacía ahí? ¡Lo mismo de siempre! Complacer a Anel cuando tenía ganas de estar conmigo; sin duda, yo era quien le gustaba para la cama. Después Manolo me llevó de regreso a mi casa y, según yo, en ese momento se cerró un capítulo de mi vida.

Entre todos mis amigos uno se había vuelto indispensable: Enrique, quien a la hora de cantar siempre estaba a un lado de la orquesta reforzándome con sus vibraciones y energías, como me hizo creer. Era un hombre extraño que sabía bastante de esoterismo y de magia negra. Sus conocimientos me impresionaban.

Un día nos detuvimos en la carretera a buscar algo en las maletas y se nos quedaron las llaves adentro de la cajuela. Yo hice hasta lo imposible por abrirla, sin conseguirlo. Enrique se acercó, se arrodilló ante la cerradura, la miró fijamente y con un movimiento de su mano derecha se abrió. Él se limitó a sonreír y a decirme: "Vámonos". Eso fue algo que no imaginaba que pudiera hacer, pero qué bueno que así fue porque pudimos continuar el viaje. Yo le pedía que me acompañara a cantar para que todo saliera bien y siempre lo hacía, hasta que un día me dijo:

—Ya que la señora Fanny consigue tanto trabajo, para yo poder viajar contigo necesito que me des un porcentaje de las ganancias. Así puedo dejar dinero en mi casa.

Acepté darle el veinticinco por ciento después de gastos de las fechas a las que me acompañaba. Sin embargo, pronto me indicó que necesitaba el cincuenta por ciento pues ya iba a trabajar conmigo a América del Sur y a otros países. Un día en Caracas llegamos a un hotel con muchas escaleras y sin elevador. Como era muy tarde, no había quien ayudara con las maletas, de modo que yo empecé a subirlas. Doña Fanny, al ver que Enrique no cooperaba, le dijo una de sus clásicas frases:

—Oiga, buen hombre, ¿qué no ve que él solo está subiendo todas las cosas? ¿Por qué no le ayuda?

—No vine a eso —contestó Enrique.

Fanny lo miró fijamente sin entender por qué yo no decía nada.

—Ya que no le ayuda a él —añadió—, ayúdeme a mí, que soy una señora —y le dio su maleta.

A regañadientes Enrique ayudó a doña Fanny.

Después, a solas, me dijo:

—Oye, necesito que le digas a Fanny que yo no soy tu secretario, que soy tu médico, ¿o acaso no lo soy, no soy yo el que te ayuda a cantar?

—Sí —respondí—, pero no te quita nada que me des la mano con las cosas.

Él se quedó callado. Eso no era ser buen amigo. Justo en ese momento me acordé de mi mamá, quien antes del viaje me comentó:

—No me gusta ese muchacho que anda contigo, no sé por qué, pero no me parece de fiar.

Como siempre, yo no le presté importancia a su intuición y le contesté:

—Ay, mamá, es un buen amigo. Además, me está ayudando a cantar. Por eso viaja conmigo para darme energía a la hora del *show*.

—Mira, hijo, yo no entiendo eso de la energía, sólo cumplo con decirte cuando alguien no me simpatiza porque es muy extraño que eso suceda.

¿Por qué recordé eso precisamente cuando él me demostraba que no me tenia consideración, aun cuando yo le entregaba la mitad de lo que ganaba? No me gustó su actitud, a veces con un detalle tan pequeño como ése te das cuenta de cómo son las personas. Ah, porque eso sí, para la fiesta era un as, organizaba las cosas a la perfección y conseguía todo lo necesario.

Así estaban las cosas cuando un día mi mamá me despertó con la noticia de que había llamado Anel. Dijo que don Frank Sinatra quería contratarme para que grabara en su compañía de discos Reprise Records.

—Pero, mamá —le respondí, sorprendido—, ¿cómo puedes creerle a Anel con lo mentirosa que es? Tiene una facilidad asombrosa para decir mentiras, para inventar cosas. A lo mejor la pastilla le había hecho un efecto atravesado y por eso te habló nada más por molestar. Ya sabes, si se comunica otra vez dile que ya me diste el recado, por favor.

En efecto, volvió a llamar.

—Si no quiere hablar conmigo —comentó—, que no lo haga, pero es urgente su respuesta a estas personas. Que hable con Manolo, él sabe muy bien cómo está la situación. No son mentiras.

Manolo llamó y le contesté. Me contó cómo habían ido a dar mis grabaciones a manos de don Frank Sinatra. Los Noreña conocían en

Los Ángeles a Jules Boucheri, quien era amigo de muchos grandes artistas estadounidenses y tenía varios discos míos. Un día que lo visitó el señor Lou Adler, gran productor de películas y de música, sin querer se llevó unos discos míos entre otros que le pidió prestados a Boucheri. Salió directamente a la oficina del señor Sinatra en Reprise Records, la compañía de discos de su propiedad, donde tendría una junta con él y otros ejecutivos. Una vez en la junta, en el sonido general de las instalaciones comenzó a sonar la música de mi primer L.P., *José José*. A alguien se le ocurrió poner mi disco en el sistema de audio.

—¿Quién está cantando? —preguntó Frank Sinatra.

—Es José José, de RCA Víctor México.

Le llevaron la portada de mi disco y él pidió que me localizaran. Adler le avisó a Boucheri y éste a los Noreña. Anel me llamó para informarme y luego Manolo, que fue con quien hablé.

Yo me comuniqué con los directivos de RCA Víctor para ver la posibilidad de que se pusieran en contacto con Reprise Records. Don Frank Sinatra, retirado en esos años, estaba produciendo discos para su compañía. Una muestra de ello era la carrera de Trini López, el de *El martillito*, que fue un éxito mundial. Don Frank quería que fuera a grabar un disco a su casa disquera; yo mantenía las pláticas con Manolo y luego transfería las peticiones a RCA.

El señor Sinatra propuso que fuera hacia allá, que me pondría un departamento para vivir en él mientras grabábamos el disco. Les contesté que no podía dejar a mi madre sola pues dependía de mí y yo necesitaba trabajar para pagar la casa. La respuesta fue que llevara a mi mamá y que mandarían cincuenta mil dólares para cubrir los gastos. Ante su petición de que mi arreglista fuera Mario Patrón, les comuniqué que Mario era casado y tenía un hijo. "Bueno, entonces les pondremos una casa para todos, así estarán cómodos", ofrecieron. "Ahora tengo varias deudas que cubrir, aparte de la casa de mi mamá y el maestro Patrón también necesita dejar dinero en su casa", aduje. "Entonces don Frank mandaría el doble –cien mil dólares– para que puedan estar con ellos sin prisas ni deudas de ninguna especie, concentrados sólo en trabajar", fue la tentadora oferta.

¡Qué bárbaros, qué manera de resolver! Lo único que faltaba era saber si a la RCA Víctor le interesaba el proyecto. Su respuesta fue negativa: no podía ir a grabar con otra compañía pues acababa de renovar mi contrato por otros cuatro años y, como siempre, el contrato era universal, o sea, estaba comprometido con la RCA Víctor en todo el mundo. Como no sabía nada de contratos, me limité a darle las gracias a don Frank Sinatra y los funcionarios de su compañía, ya que no me daban autorización para ir a grabar con él. También le agradecí a Manolo su ayuda con el inglés; él lo hablaba perfectamente y fue mi traductor.

Tras el incidente me invadió una gran tristeza y anduve deambulando y bebiendo unos días. Después volví a casa de mi mamá. Arrastré esa amargura por mucho tiempo, creo que ha sido una de las más grandes oportunidades que han surgido en mi vida. Me la pasaba tomando y oyendo las grabaciones de don Frank Sinatra con la nostalgia de lo que pudo haber sido.

Seguimos trabajando y nos tocó ir a Tijuana, donde otra vez tendría que enfrentar algo terriblemente desagradable. Llegamos un día antes y fuimos a cenar Enrique y yo solos. Pasada media hora llegó un grupo de hombres y mujeres, quienes, al reconocerme, nos llamaron a su mesa para compartir con ellos. Tomamos hasta tarde y cuando cerraron el restaurante nos invitaron a otro sitio para seguir la fiesta. Como éramos muchos, nos dividimos en varios coches; a mí me tocó con uno de ellos y una muchacha. Ya de camino a la fiesta, el hombre nos pidió que antes le diéramos oportunidad de pasar a su hotel por un agasajo. Al llegar nos dijo:

—No se queden en el coche, me da pena dejarlos solos, acompáñenme.

Subimos a su habitación y lo que hizo fue buscar un paquete de mariguana y empezar a limpiarla en una mesa. De repente comentó:

—Olvidé el papel para preparar los cigarros en el coche, ahora mismo regreso.

Salió dejando la mariguana esparcida sobre la mesa; no pasó un minuto siquiera cuando tocaron agresivamente a la puerta. Fui a abrir y era la policía: nos habían tendido una trampa o, como se dice vulgarmente, "un cuatro".

De inmediato empezaron a sacar cosas del clóset, pero les dije que no buscaran más.

—Lo único que hay es eso —y señalé la hierba— y esto —y señalé los tres gramos de cocaína que por casualidad me acababan de regalar en el restaurante.

—Quedan detenidos —contestaron y nos llevaron a los separos.

Yo le di gracias a Dios. Quién sabe qué hubieran encontrado si seguían buscando en esa habitación, tal vez algo que nos comprometiera aún más. Desde luego que los policías no fueron muy amables en esta primera vez en mi vida que enfrentaba una situación con los agentes de la ley de por medio. Justo para ese viaje yo me propuse no tener contacto con nada que me hiciera daño, me lo prometí a mí mismo; pero por no saber decir que no a nada, ahora me encontraba en esa situación tan difícil. Estuvimos detenidos varias horas y cuál no sería mi sorpresa al ver que un tipo malencarado que me llamó para dar fe de los hechos traía, encima de la corbata, una cadena de oro que decía Anel. Entonces lo comprendí todo; ella tenía muchos amigos funcionarios y clientes que pertenecían a la policía, de modo que no hubo problema alguno para prepararme la emboscada. Transcurrieron unas horas más y me soltaron. Yo les dije que no me iría sin la mujer que venía conmigo pues ella no tenía nada que ver. Resultó ser una compañera cantante que sólo conocía a uno de los que nos invitaron a beber con ellos. A ella también la dejaron salir. Luego me enteré de que fueron órdenes del señor gobernador, quien estaba enojado porque, en vez de luchar contra los que traficaban en grande, encerraran a jovencitos tontos como yo que no sabían lo que hacían de su vida. En verdad yo no había consumido nada esa noche. Como les platiqué, estaba en un afortunado receso de todo, excepto el alcohol, pero aun así me tocó cargar con el resultado de la trampa tendida por los policías amigos de Anel.

Me dirigí al hotel, donde me encontré con otra sorpresa: Enrique había desaparecido como por encanto; milagrosamente no lo involucraron. "¿Qué clase de amigo es éste?", me pregunté. La noticia salió y al llegar a México me encontré con algo más doloroso todavía. Mi mamá me esperaba con el periódico en la mano y, sin importarle la cantidad de gente que bajaba la escalera para salir del aeropuerto, se me paró enfrente y exclamó:

—¿Qué es esto? ¿Qué significa esto? ¿Hasta cuándo vas a entender que no debes juntarte con sujetos como ese tal Enrique?

Sin poder contestarle, guardé silencio y nos marchamos a su casa.

Tenía a todo el mundo encima. Se hizo un escándalo mayúsculo, ahora ya no era sólo el alcohólico, sino el drogadicto. ¿Y Enrique? Ni sus luces. Así son las cosas, en el hospital y en la cárcel se ven los amigos. Nadie habló del hecho de que yo siempre digo la verdad, el único que me defendió fue el señor don Carlos Samayoa, de la revista *Impacto*. Le viviré eternamente agradecido por sus consejos y su apoyo.

Como cosa curiosa, en una de esas charlas de abogados Kiki Herrera y yo nos reconciliamos y ella retiró todos los cargos que había fabricado. Nos extrañábamos mucho pues siempre estábamos juntos. Ella cantaba en El Chips en la Zona Rosa; la fui a escuchar una noche y lo hacía muy bien. Alternaba con ella otra gloria de la canción, Daniel Riolobos, cantante argentino hermano de todos nosotros, triunfador en el nivel continental. Ella me sugirió que la llevara conmigo para abrir mi *show*; es más, yo no sabía que tocaba tan bien la guitarra, nunca me dijo que sabía hacerlo; en las reuniones el que cantaba era siempre yo. Me extrañó sobremanera, pero en un intento por llevar la cosa en paz empezamos a viajar juntos con el concepto profesional de llevar a cabo su propuesta.

La gente no entendía muy bien de qué se trataba la situación con Kiki, mis admiradoras menos y, al final, los empresarios tampoco. Todo se vino abajo en un viaje a Veracruz al cabaret Tropicana, de

Avelino Gavito. Éste me contó de las pretensiones absurdas de Kiki de llevar el primer crédito en la publicidad y de ganar más que yo. Insistía en que el lugar se llenaba porque la gente quería verla a ella para conocerla y comprobar su belleza y sus dotes artísticas.

—¿Qué le pasa? —me preguntó Avelino Gavito—; además, quiere cobrar por los dos.

Visiblemente enojado por lo sucedido, le reclamé su actitud y me asombró escucharla afirmar que así debería ser.

—Pero si te estamos dando a conocer como cantante —le expliqué—. La gente sólo sabe que eres actriz, pero no que cantas. Hay que empezar poco a poco. Ningún empresario querrá centrar su promoción en tu persona cuando ni siquiera has grabado un disco. A mí me contratan porque estoy sonando en la radio constantemente; si no, tampoco me llamarían.

No hubo poder humano que la convenciera de lo contrario y discutimos muy fuerte en el vuelo de regreso. Al llegar a la capital volvimos a separarnos en definitiva, pero sin divorciarnos todavía.

Hubo una bohemia preciosa llena de gente linda como Ofelia Guilmain, la gran actriz española que para mí fue siempre como una hermana mayor por sus sabios consejos.

—Cada vez que te sientas mal, ve al hospital, siempre vas a salir mejor —solía aconsejarme.

Yo ya lo sabía por experiencia, pero era hermoso ver que se preocupaba por mí.

Asistieron David Moreno, querido hermano y exquisito guitarrista español, bohemio de corazón, Polo Portillo y Alma y una señora muy especial llamada Flora. Después de horas de cantar canciones de amor y de dolor con David Moreno a la guitarra, Flora me invitó a platicar.

—Cuéntame qué te pasa, ¿por qué estás tan lastimado?

Yo le hablé de mi fracaso matrimonial con Kiki y que Anel sólo me usaba. Me sorprendió muchísimo ver que ella, quien pertenecía a la alta sociedad, supiera del ambiente artístico. Me dijo que las conocía a las dos y luego agregó:

—Puedo asegurarte una cosa: tú vas a volver con Anel.

—Eso no —repliqué—, para nada. Después de todo lo que me ha hecho, no creo que sea posible.

—Ya verás que sí —me dijo—, te vas a acordar de mí.

Por fortuna, doña Fanny Schatz me consiguió un magnífico contrato en el Terraza Casino, otro de los cabarets de lujo de la Ciudad de México, un sitio de gran abolengo donde también se presentaban artistas internacionales de todo el mundo. Ahí empezamos a ensayar y el segundo día por la tarde cuando terminamos salí a la calle, donde me esperaba Enrique. No podía creerlo, ¡qué descaro!, pero era verdad. Intentó convencerme de trabajar otra vez conmigo –desde luego, ¿quién le iba a dar cincuenta por ciento de las ganancias de un cantante de moda?–, pero en ese momento me acordé de las palabras de mi mamá y me negué.

—No, Enrique, olvídalo, me dejaste "tirado" en Tijuana y eso no se vale, así que es mejor que te vayas. No vuelvas a buscarme, nuestra amistad ha terminado.

—Mira —contestó, preocupado—, regresé a México porque mis amistades de la Presidencia no debían enterarse de que andábamos juntos la noche del problema.

—Qué bueno —fue mi indignada respuesta—, pero eso no se le hace a un amigo, así que adiós.

Él, en un intento por detenerme, me tomó del brazo cuando me iba, pero yo reaccioné con fuerza y me solté.

—¡Déjame! —le dije con energía y me retiré del lugar.

Que yo recuerde, ésa fue la primera vez que le decía que no a alguien actuando en defensa del sagrado principio de la amistad. Y es que, como dice el dicho: "La amistad te convierte en un sujeto de derechos y obligaciones". Si eso es en ella, imagínense lo que sucede con el compromiso del amor... Dada por terminada mi relación con Enrique, no volví a ver a Margarita "La Veracruzana".

A partir de mi debut en el Terraza Casino, mi mamá se convirtió en mi asistente. Los dos meses estuvo conmigo todos los días. Se encargaba de que mi ropa estuviera en perfectas condiciones para trabajar y me ayudaba a atender a la gente. Un día recibimos una visita insospechada: el señor comandante Arturo Durazo fue a saludarme; a él le gustaba la música romántica y cómo cantaba yo. Platicamos un buen rato los tres y luego se retiró. Volvería a verlo años más tarde.

El último sábado de despedida llegó doña Fanny Schatz con don Ernesto Alonso, uno de los más grandes actores y productores de televisión que ha dado México, todo un señor a quien conocería después y que me brindaría su amistad toda la vida. La mesa era muy numerosa y cuando salí al escenario sólo saludé al público en general. Presenté a don Ernesto y cuando empecé a mirar con mayor detenimiento descubrí que Anel estaba ahí sentada también. Mi reacción fue muy notoria, toda la mesa estaba al pendiente para ver qué hacía, lo mismo que el público. Lo que hice fue saludarlos a todos y seguir cantando. Supuestamente, invitaron a Anel para que confirmara que ya no tenía interés alguno por mi persona, pero resultó todo lo contrario. Al final del *show* recibí a la gente en el camerino. Casi en último lugar llegó Anel, con mi mamá presente. Nos saludó.

—¿Dónde andabas? —le pregunté.

—En California —respondió—, pero ya estoy de vuelta.

—Qué bueno que ya terminamos de atender al público, así que vámonos.

Ella asintió, guardé mis cosas y los tres fuimos a la nueva casa, más grande, a la que nos mudáramos poco tiempo atrás (mi mamá rentó su casa para tener un dinero extra).

Así comenzó de nuevo la relación con Anel. ¿Cómo era posible que no me acordara de tantas cosas tan desagradables que vivimos juntos? Aunque parezca increíble, ahí estaba con ella una vez más, complaciéndola. Ella también se instaló en Satélite: rentó una casa cerca de mí en el mismo fraccionamiento.

Para ese entonces yo ya bebía otra vez. Mi enfermedad empezaba a atacar de nuevo, mi alcoholismo crecía poco a poco, pero de
manera muy consistente. No obstante, seguía viajando para cumplir
mis contratos.

Sin querer, de nuevo visitaba constantemente a Anel en su casa.
Una de esas noches me dijo algo que nunca olvido: "Perdóname
por incrustarme en tu vida", y así era, ni más ni menos. Otra vez
nuestra relación era mayormente sexual —aunque ya comía y dormía
en su casa muy seguido—; no la concebía de otra manera, sobre todo
después de conocer el desdoblamiento de sus varias personalidades;
algunas llegué a aborrecerlas en definitiva hasta la fecha.

14

Nace Pepito

Visitaba continuamente a Mario Patrón, director musical, gracias a quien seguí aprendiendo música y logrando grabaciones memorables. Mario era el sastre prefecto de cualquier cantante, sus arreglos de las canciones eran a la medida, insuperables. Durante días enteros estudiábamos y preparábamos los arreglos: él al piano y escribiendo y yo cantando las canciones para ponernos de acuerdo, compás por compás, en cómo sería todo y cómo se grabaría. Escuchábamos a los grandes maestros de la música clásica: *Las escalas* de Ibert, *El bolero* de Ravel, *Claro de luna* de Debussy, *Concierto en fa* de Rachmaninoff, entre otros. Todo explicado por Mario paso a paso para entender la manera de orquestar. Desde luego, el plato fuerte era la música de *jazz* y sus máximos exponentes: Michelle LeGrand, Gary MacFarland, Jaco Pastorius, Herbie Handcock, Count Basie, Duke Ellington, Don Seveski, Don Costa, Nelson Riddle y muchos más. Eran días y días de trabajo, de alegría y de comer, tomar y disfrutar de su familia. Mario y Lenita acababan de tener un hijo y eso les dio más alegría a nuestras reuniones; yo veía a mi amigo radiante, completo y dichoso. Siempre me aconsejaba: "Esto es maravilloso, tienes que tener un hijo, es lo máximo, la bendición más grande de Dios".

En consecuencia, empecé a decirle a Anel: "Si quieres que esta relación sobreviva debemos tener un hijo; si seguimos así no iremos a ninguna parte; tú con tus pastillas y yo con los tragos ¿a dónde vamos a dar?" Así que tomé la decisión de acudir al doctor Hernán Cristerna, eminencia de la gastroenterología que me presentó Fanny Schatz, quien tenía a su cargo la dirección de la especialidad en la Beneficencia Española en el Hospital Español. Él me hizo por primera vez el análisis de hígado, estómago, vesícula y páncreas. Los resultados no fueron nada halagadores: tenía dos úlceras de duodeno y dos puntos de cirrosis hepática.

—Necesita cuidarse, está muy maltratado para ser tan joven —me aconsejó el médico—, hay que atender ese hígado y eliminar la gastritis porque ya generó dos úlceras. Lo internaré en el hospital para ayudarlo a salir más rápido de esta crisis.

Yo creí que con eso resolvería de una buena vez por todas el problema con el alcohol. Estuve 15 días internado con suero y dieta para luego seguir el tratamiento en casa de mi mamá.

Aun con mi gran éxito, padecía ansiedad y bebía. No me gustaba en lo más mínimo mi problemática de vida. Me preocupaba mucho el no vivir de una forma normal. Para colmo, por momentos no entendía por qué estaba al lado de una mujer con una problemática de vida incluso más complicada que la mía. ¿Qué es lo que resultaría de una unión así?

Sin embargo, las inmutables leyes divinas siguieron su curso y Anel se embarazó. La inquietud de si su embarazo tendría un final feliz, dado el coctel de pastillas y alcohol de tantos años de los papás fue suficiente para orillarme a empezar a beber otra vez. Por las noches, después de cantar, celebrábamos el triunfo con un grupo de amigos y la pasaba muy bien, pero cuando me quedaba solo me embargaba un malestar enorme: ¿y si le pasaba algo al bebé por culpa de mi mala salud? Nunca me perdonaría traer al mundo a un hijo enfermo, sería horrible. Todo ello me colmaba de dudas y de ansiedad.

Cuando la prensa interfirió en esto fue de lo más desagradable:

> Anel está esperando un hijo de un hombre casado. José José sigue sin divorciarse de Kiki Herrera Calles y ya Anel, su compañera actual, está embarazada.

Ya se imaginarán el escándalo, es decir, todavía más presión emocional. Decidimos que lo mejor era vivir juntos otra vez, ahora en Cuernavaca cerca de sus primos Paty y Beto. Rentamos una casita muy bonita, donde se fue cumpliendo el proceso de gestación de mi primer hijo. Yo salía constantemente a trabajar con doña Fanny y Leo Villalobos, quien también colaboraba conmigo como mi asistente personal y al regresar a México manejaba rumbo a Cuernavaca, en ocasiones hasta dos veces al día por los compromisos en la capital.

Yo me sentía muy mal porque todavía estaba casado con Kiki, quien, pese a que había retirado los cargos que construyeron los licenciados, no me daba el divorcio. Una tarde, estando en casa de mi mamá llegó su chofer, el señor Margarito y me dijo: "Aquí le manda esto la señora Kiki". Era una cajita que yo le regalé llena de mi cabello y el anillo de bodas. ¿Qué quería decir esto? La respuesta la recibí en una llamada telefónica de mi gran amigo Freddy Noriega. Me contó que Natalia le dijo que me daría el divorcio, que me presentara la semana siguiente a firmar en la Delegación Álvaro Obregón y asunto arreglado.

—Pero ¿cómo le hiciste, Freddy, para que aceptara, si estaba tan renuente? —le pregunté, tomando en cuenta que él y Kiki eran primos lejanos.

—Yo sé lo que le dije. Lo que importa es que aceptó. No dejes de ir —me advirtió.

—Desde luego, Freddy, no tengo con qué pagarte lo que has hecho por mí, te lo agradezco de corazón.

Tal como quedamos, me presenté en la Delegación Álvaro Obregón y cuando llegué a la oficina del juez, Kiki estaba ya sentada luciendo sus hermosas piernas. Muy sonriente saludé a ambos, procedimos a finiquitar el proceso legal y quedamos divorciados. Era abril de 1975, había estado con ella cinco años de mi vida. Nunca volví a verla.

Yo seguía bebiendo y parece que Anel, centrada en la realidad, dejó las pastillas para que no le pasara nada al bebé. Un día, ya con seis meses de gestación, me dijo: "Quiero saber qué va a ser de nosotros y de nuestro hijo. ¿Te vas a curar y formamos una familia feliz y normal como debe ser o nos morimos detrás de ti y tu botella nuestro hijo y yo?" Esas palabras me hicieron reaccionar pues tenía toda la razón. Tal vez en mi inconsciencia alcohólica, al ver la felicidad de Mario y Lena Patrón, yo la había orillado a embarazarse. Ahí estaba ya mi petición consolidada, así que en esos momentos debía enfrentar la realidad. Una mujer a la que nunca le pedí siquiera que fuera mi novia en razón directa de su comportamiento para conmigo, ahora estaba a punto de convertirse en la madre de mi hijo. ¿Cómo iba a ser capaz de controlarla después de las muestras de autonomía inconsciente que me daba a cada momento? Sólo Dios sabía de qué se trataba todo esto. Por lo pronto, volví a pedirle ayuda al doctor Cristerna y él me ofreció una vez más su apoyo para rehabilitarme. Me internó de nuevo, esta vez por tres semanas. Al salir regresé a Cuernavaca para acompañar a Anel en sus dos últimos meses de gestación. Sin embargo, decidimos quedarnos en la nueva casa que mi mamá había rentado en Satélite y le pedimos a ella que por favor volviera a su casa propia. Así, con buen ánimo preparamos una recámara para el bebé y otra para nosotros en esa casa.

Lo que sí se me hizo muy raro fue que la pareja de mi hermano Gonzalo esperara un bebé que nacería, según los cálculos, dos meses después que el mío.

Yo me sentía muy bien. A pesar de todo lo sucedido, me embargaba una enorme ilusión por la llegada de mi primer hijo. Incluso viajamos a Los Ángeles a ver a su familia y hacer las compras de todo lo necesario para recibirlo. Ahí conocí a mi sobrino Patricio, quien sería en realidad mi primer hijo; era de Marcela, la hermana menor de Anel, gemela de Manolo. Después seguía la más chica, Gabriela. Con todos hice buenas migas, incluyendo a su mamá, la señora Elena; estaban muy contentos con la llegada del bebé.

Yo tuve que salir a República Dominicana a cumplir un contrato. Me acompañaban Mario Patrón como mi director musical y su hermano Homero, el menor de la familia, otro heredero de la musicalidad de don Ramón Patrón, su papá y jerarca de la familia. Yo me sentía parte de ella, con doña Herminia, mamá de Mario, Víctor,

Ramón y Homero, así como de un primo hermano que creció con ellos, Rafael. Mario preparó a Homero desde pequeño no sólo como pianista sino también como arreglista, así que tenía dos pianistas y dos arreglistas de lujo en la orquesta.

Justo al segundo día de estar trabajando en Santo Domingo, el 27 de noviembre de 1975, nació mi hijito.

—¿Está bien? —fue mi primera pregunta.

—Sí —me dijo doña Fanny Schatz —, están muy bien los dos.

Hablé con Anel y le dije que lo mejor era que se quedara en el hospital para recuperarse del parto por cesárea mientras llegaba a México para ir yo por ellos.

El doctor Kashmer fue quien trajo al mundo a Pepito en el Hospital de México, el cual se convirtió en un hervidero de periodistas y otras personas que fueron a ver si de verdad el bebé estaba bien. Todos pensaban que tendría problemas dado el deteriorado estado de salud de su padre. Ésa era la incógnita general y a mí me preocupaba más todavía después de mi alcoholismo y las anfetaminas de Anel.

Pero Dios escribe derecho sobre renglones torcidos y el bebé nació completo y sano para beneplácito de toda la familia, amigos, conocidos y el público en general. Cuando llegué a recogerlo después de nueve días de nacido, el hospital era una fiesta continua, recibía arreglos florales de parte de todo México. Era una belleza la habitación llena de globos y juguetitos para bebé. El pasillo lucía adornado por los múltiples arreglos florales enviados a la habitación; todos de color azul, amarillo y blanco también. El teléfono no paraba de sonar para felicitarnos. Mi mamá estaba que no cabía en sí de felicidad, era hermoso verla tan orgullosa y tan contenta con su primer nieto. Ya se imaginarán lo que el suceso significó para todos.

Agradecí a médicos, enfermeras y demás personal del hospital y nos llevamos a Pepito a la casa de Satélite, la cual ya tenía una historia que contar acerca de las noches de tristeza que pasé oyendo a don Frank Sinatra y añorando lo que podría haber sido de haber aprovechado la oportunidad que me brindó la vida de ir a grabar con él a los veintiséis años. Pero ahora toda la tristeza quedaba atrás; Dios nos había enviado un angelito a quien teníamos que cuidar y educar. Cuando lo vi instalado en su cuna sentí que por él le ganaría la batalla al alcohol y todos sus sustitutos. Su llegada me colmaba de una energía real. Era la respuesta del cielo a mis peticiones de formar una familia para poder controlar al fin un modo de vivir que no me gustaba. Dios, que todo lo sabe, me hizo el milagro de que la maternidad de Anel causara en mí un efecto de sublimación hacia ella; ahora menos que nunca me interesaba todo lo que habíamos vivido en el pasado, era la madre de mi hijo y eso resultaba lo más importante. Yo ignoraba que ella se hizo practicar cuatro abortos antes de tener a Pepito, pero, comoquiera, el niño estaba sano y completo por obra de Dios.

Anel consiguió de inmediato una persona que se hiciera cargo del bebé, de bañarlo, alimentarlo a sus horas y cambiarle los pañales, entre muchas otras tareas. Luchita se llamaba la nana de Pepito; era muy ordenada y súper limpia. Tenía un horario estricto con el niño, al grado de que una vez que se acostaban ya no podíamos verlo sino hasta el día siguiente; se encerraba en la habitación y sólo abría por la mañana. Una noche que llegué ya tarde, muriendo de ganas de verlo y abrazarlo, quise entrar y estaba cerrado, toqué y no me abrió. Yo le reclamé y me dijo: "Es que el niño debe tener su horario y yo también; en cambio, usted trabaja de noche y duerme de día". Ni modo, Luchita estaba en lo cierto, por lo que tuve que acostumbrarme a que si llegaba tarde ya no lo veía hasta el día siguiente.

Ésa fue una de las navidades más bellas que recuerdo haber vivido, ya con mi bebé al lado y todo tranquilo. No pensaba en el alcohol en absoluto. Tenía trabajo de sobra y mucho éxito, sonaba con regularidad en la radio, no como antes pero siempre estaba presente. Dicen que los niños traen torta y Pepito no fue la excepción, pues mis giras al extranjero se incrementaron y en México trabajaba en palenques y en centros nocturnos. Compré una camioneta Ford Galaxy para que cupiéramos con todo y las cosas de Pepito: su cuna, su bañera y todos sus extras, la pañalera, las mamilas y su aparato para hervirlas, el carrito para transportarlo, en fin, todo lo acomodábamos ahí.

15

Bautizo y boda

A doña Fanny Schatz se le ocurrió presentarme en el Teatro del Ferrocarrilero, el mismo donde se realizara el Festival Mundial de la Canción Latina y donde canté por primera vez *El triste*. Su idea fue un gran acierto. Estuve cuatro días (jueves, viernes, sábado y domingo) con llenos extraordinarios y un éxito total. Sin embargo, algo terrible sucedió que se quedaría grabado en mi mente para siempre. En la última función del domingo, después de cantar *El triste* y con la gente enardecida de júbilo aplaudiendo de pie, salió mi hermano Gonzalo al escenario muy bebido y tal vez cruzado con las pastillas que tomaba —recuerdo que estaba muy rojo, totalmente intoxicado—, caminó cuatros pasos a un lado del telón y comenzó a dar las gracias al público en una actitud muy solemne. Lo observé con más detenimiento y me di cuenta de que no era el mismo de siempre, realizó varias caravanas con los ojos cerrados y luego se metió por donde había salido. Eso me hizo recordar un amanecer que pasamos juntos tomando los dos en la nueva casa de mi mamá en Ciudad Satélite. Yo le pregunté entonces: "¿Por qué no trabajas, por qué no haces algo?" Como respuesta dio un puñetazo en la mesa del comedor donde platicábamos, me miró de tal manera que sentí miedo y me dijo: "Es que tengo odio, mucho odio". Después se puso de pie y subió a su recámara. Yo le pregunté a mi mamá:

—¿No será que extraña cuando él salía en Bellas Artes al escenario y le aplaudían tanto porque actuaba excelente para ser un niñito? ¿Se sentirá frustrado porque ahora se invirtieron los papeles y yo soy el que tiene éxito y él no? ¿A ti te ha hecho algún comentario al respecto?

—No, para nada, sólo se encierra en su cuarto a tomar.

—¿Y qué responde cuando le preguntas por qué no hace nada, por qué no trabaja? —quise saber.

—Dice que tú y yo tenemos la obligación de mantenerlo.

—¿Cómo?, ¿eso dice? —cuestioné otra vez.

—Sí, hijo, así es —contestó—; según él, por eso no trabaja. Además, afirma que no le dan trabajo porque es tu hermano y cuando se lo dan no dura porque es tu hermano.

—Pero, mamá —protesté—, eso no es cierto. Él no hace nada porque no quiere. Como vive aquí sin hacer nada y tú no le exiges que coopere porque con lo que yo te doy alcanza para todo, nunca va a salir adelante en la vida. A ver, mamá, ¿puedes decirme qué va a ser del bebé que está esperando? ¿Quién lo va a mantener? ¿Tú también? O, mejor dicho, ¿yo?

—Tienes razón —admitió ella—. Ojalá lo del bebé lo motive para que haga algo por él y por el niño.

La mejor manera de descargar mis sentimientos era grabar y empecé a hacer la que sería mi novena recopilación.

Conformar una familia implica formalidad, de modo que lo primero que quería hacer era bautizar a Pepito. Para eso viajamos a Catemaco con don Kiko Betaza y doña Paulina, a quienes les pedimos que apadrinaran a nuestro bebé en la iglesia de La Virgen del Carmen. A diferencia de Kiki, Anel se llevó de maravilla con toda mi familia de Veracruz y lo bautizamos en compañía del primer hijo de Jorge, quien era hijo de los Betaza. La iglesia estaba preciosa y los dos bebés, ni se diga. Mi hijo lleva los nombres de Carmelo, por la Virgen de Catemaco y por mi abuela Carmen, mamá de mi mamá; José, por mí y por su abuelo, mi padre; Francisco, por mi abuelo, el papá de mi mamá, y Augusto, por el otro abuelo de la familia de mi papá. Su nombre completo es un homenaje a todos sus antepasados y a la Virgen del Carmen, a quien le pedimos que naciera sin problemas y nos lo concedió. También en Catemaco empezamos a planear nuestra boda, pero tendríamos que esperar un año después del divorcio como marca la ley para efectuarla. Y así lo hicimos, yo me divorcié en abril de 1975 y nos casamos el 1 de mayo de 1976.

Cuando decidimos casarnos, Anel y yo teníamos otro programa nuevo de televisión, *La Hora Bacardí*, un programa de música romántica y de humor fino que estuvo a cargo primero de mi compadre del alma Fernando Luján; luego, por compromisos de éste pues nos prorrogaron el contrato, entró en su lugar mi gran amigo Alejandro Suárez.

Les pareció buena idea grabar la boda para el programa y esto que estaba planeado por nuestros compadres los Betaza como un acontecimiento social en Catemaco resultó una fiesta para el pueblo. La boda civil fue en casa de don Kiko y doña Paulina y hubo un detalle que muy pocos notaron. Cuando el juez preguntó bajo qué régimen se estipulaba nuestra unión, doña Fanny Schatz con su voz ronca dijo tajante y sin titubear: "bienes separados". Hubieran visto la cara de Anel, todavía no olvido lo desagradable que fue para ella la decisión de doña Fanny; le agradezco que intentara protegerme a futuro. Y no se equivocó: si alguien conocía a Anel era ella. A la postre, después del divorcio de todas maneras me dejó sin nada.

Cuando llegamos a la iglesia de la Virgen del Carmen ya estaba repleta de gente. Como pudimos llegamos hasta el altar mientras el padre encargado de la iglesia pedía orden a los asistentes. Nos casaría mi amigo el padre Gerardo, llegado de la Ciudad de México.

Tomar la decisión de casarme otra vez no fue fácil, sobre todo porque Anel, argumentando que tenía que bajar de peso, comenzó a tomar las pastillas de anfetaminas otra vez. Ésa ha sido su muleta de siempre para enfrentar la vida a diario, exactamente igual que yo con el alcohol, sólo que yo ya no tomaba y así se me dificultaba más aguantar sus arranques y su manera atrabancada de vivir.

Era necesario descifrar la ecuación porque, por otro lado, ocurrió en ella la sublimación. Alguna vez leí algo muy bello: "No importa lo que haya hecho en el pasado esta mujer, ahora es madre y hay que tratarla como tal. Ha recibido la máxima bendición de Dios, la maternidad". Por supuesto que eso tenía que modificar muchos aspectos del comportamiento de Anel. Se volvió más dócil en cierta forma y estaba encantada con su bebé; ¿cómo no estarlo si era la primera vez que enfrentaba la culminación de uno de sus múltiples embarazos?

Recuerdo como si fuera ayer el momento en que decidí casarme con ella. No fue sólo por su belleza muy especial como mujer, sino también por su gran atractivo como persona; era muy simpática y alegre, aunque también sufría una depresión constante y hacía cosas sin realmente pensarlas.

Todos esos detalles de la vida diaria, además de su comportamiento pasado, me hicieron optar por formalizar la relación. En primer lugar, así es como debe ser, un niño debe tener a su papá y a su mamá casados. En segundo lugar, no la dejaría sola pues yo le pedí que se embarazara. En tercer lugar, ante lo inestable de su forma de ser y de vivir, yo debía proteger al niño de cualquier locura que se le ocurriera para bien o para mal. Yo pensaba: "Si lo dejo solo con ella va a ser como mi sobrino Patricio —el hijo de su hermana Marcela—, quien creció al lado de la abuela —su mamá— tomando mamila a los siete años, viendo televisión a escasos veinte centímetros de la pantalla y haciendo lo que se le antojaba como niño que era, sin dirección ni disciplina algunas". Cuando me comprometí con mi hijo, me comprometí también con mi sobrino y de corazón. De hecho, él fue mi primer hijo y lo quiero como tal. Y, por último, yo tenía fe absoluta en que Pepito nos transformaría a los dos para bien. Si Dios te da un hijo no sólo es la máxima bendición, sino también tu máxima responsabilidad. Decidir volver a casarme era una reacción lógica dada la educación que había recibido, cualesquiera que fueran las circunstancias por vencer, y yo enfrenté la incógnita con toda mi alma, por mi hijo, por mí, por Anel y por Patricio.

16

Comienza mi psicoanálisis

Como es lógico, empecé a involucrarme en mayor profundidad con la familia de Anel y a intentar entender qué había pasado entre ellos, pero no era fácil resolver la ecuación. Su mamá, doña Elena, era como mi mamá: chapada a la antigua y educada. Era una dama de exquisitos modales, culta, amable y muy trabajadora, pues tuvo que sacar a sus hijos adelante casi sin ayuda del padre de los mismos, quien, como me contaba en nuestras pláticas, a veces estaba y otras no. Don Manuel Noreña y ella estaban separados hacía muchos años; nunca me contó si se casaron o no. En el tiempo que duró su relación tuvieron cuatro hijos, luego se disgustaban y vivían cada uno por su lado en Tijuana, por ejemplo, o como yo los conocí, en Los Ángeles, California. Doña Elena trabajaba en una fábrica de pantallas para lámparas de decoración muy bellas y de buen gusto y don Manuel con su hijo Manolo en lo de la herrería, también para decoración.

Manolo estaba casado con una muchacha estadounidense que no le caía bien a nadie en la familia por un suceso trágico y bastante inusual. Perdieron una bebé que se les insoló por sacarla al sol con bronceador; no sobrevivió a la deshidratación causada por las quemaduras. Algo en verdad conmovedor, ¿no creen?, lo que provoca la ignorancia con respecto a lo que se puede hacer o no con un bebé. Según recuerdo, Manolo y Doris también vivían juntos por temporadas y a veces separados. Marcela, la mamá de Patricio, era madre soltera y Gabriela, la más chica, ya había abortado una vez. Su disfuncionalidad era producto de sus experiencias cuando niños y de la forma de vida estadounidense en su adolescencia.

Pero todos eran buenas gentes. Sus complicaciones de vida se debían a que en Estados Unidos las cosas estaban diez veces peor para los jóvenes que en México; en esa época había mucha más droga y libertinaje en Estados Unidos que en ninguna otra parte del mundo. Si yo ya era víctima de las circunstancias, ¡imagínense a los jóvenes estadounidenses! Y ahí les tocó crecer a ellos con todo lo que conlleva lo que incluía el menú para los jóvenes de entonces en Los Ángeles: sexo, droga y *rock and roll*. Ya ninguno iba a la escuela, tenían que sobrevivir y ayudar con el departamento que rentaban, sobre todo las mujeres, que eran las que vivían con su madre.

Doña Elena era como mi mamá, que no decía nada; más o menos se daba cuenta de todo, pero no opinaba. Recuerdo que un día llegó un tal Richie a recoger al departamento a Marcela y a Gabriela para llevarlas a una fiesta, pero todavía no estaban listas. Yo le abrí la puerta y como no hablaba bien inglés, doña Elena fue quien le dijo que viniera más tarde. Así lo hizo y cuando le abrí la puerta otra vez venía cambiadísimo, apenas podía hablar y tenía las pupilas dilatadas al máximo. Doña Elena y yo lo miramos fijamente, pero de todas maneras sus hijas se fueron con él, no sin antes recibir el consejo de que regresaran temprano pues debían trabajar al otro día. Al cerrar la puerta, la señora me dijo, enojada: "¿Viste nada más el cambio? ¡Qué bárbaro!, no es posible con los muchachos de ahora". ¿Qué no le habría tocado soportar a doña Elena, primero con Anel porque era la que los mantenía y ahora con la siguiente generación, que venían corregidos y aumentados?

La vida nos sonreía como siempre a toda hora, sólo es cuestión de darse cuenta. Bien dice un amigo mío, Arturo Meneses: "Hermano querido, no hay días malos, sólo son distintos; cuando sea así no te preocupes, ocúpate".

Ya vivíamos muy contentos en Ciudad Satélite, en Circuito Poetas, Pepito, Anel, Luchita y yo. Mi amigo Leo se cortó el pelo al rape como una promesa para que yo siguiera sin beber y así era: me conservaba sobrio. Seguimos trabajando con doña Fanny Schatz y a dondequiera que íbamos, la prensa ya no hablaba mal de nosotros, todo eran comentarios acerca de Pepito y nuestra boda. Con ese hermoso cerco de comentarios en derredor vino mi grabación número diez para la RCA Víctor. También se acercaba el final de mi contrato con ellos y las sorpresas no se hicieron esperar.

Nuestro segundo sencillo fue la canción de Manolo Marroquín, *El príncipe*. Gracias a ella me llaman El Príncipe de la Canción. Resulta que fue escogida para hacer trabajo de promoción en la radio y una tarde acudimos con ese fin a un programa de Radio Mil encabezado por el gran José Luis Moreno. Al terminar de escucharse dijo con su voz inconfundible: "Acaban de escuchar *El príncipe*, de Manolo Marroquín, con El Príncipe de la Canción, José José". Desde entonces me llaman así, creo que al público le gustó y se me quedó. Al igual que siempre, los arreglos estuvieron a cargo de nuestro grupo favorito de colaboradores: Homero Patrón, Eduardo Magallanes, Nacho Rosales, Enrique Neri y el gran Mario Patrón. Como cosa curiosa, en la contraportada del disco apareció Pepito iluminando con su sonrisa de bebé la que sería mi última colaboración con la RCA Víctor.

Puesto que entre compañías de discos todo se sabe, recibí algunas ofertas de varias disqueras por si no renovaba con la RCA. Yo cumplía con todos los requisitos para ser liberado, pues ya una vez me habían renovado automáticamente por una carta que no se presentó, como estaba estipulado, un mes antes de la fecha límite. Ahora todo estaba en orden para mi liberación, así que fui solicitado para hablar por segunda vez en seis años con el señor Louis Couttolenc. Acudí a su oficina y su secretaria, muy amable, me anunció y me dijo que esperara. Estuve sentado durante una hora en el recibidor y al fin me hicieron pasar. Don Louis, como era su costumbre, me dio asiento y fue al grano de inmediato:

—¿Qué tienes pensado hacer ahora que termine tu contrato con RCA? —me preguntó con su marcadísimo acento estadounidense para hablar su medio español.

—Tengo varias ofertas, todavía no me decido por ninguna.

—*Si tú decide irte de RCA* —agregó en seguida—, *no vuelve a poner un pie en ninguna RCA del mundo; ¿está claro?, nunca más.*

—Está bien —le dije.

Me despidió con un "puedes irte " y así lo hice. Salí de su oficina sin saber que tenía a mis espaldas a un enemigo formidable.

Yo ya tenía tiempo vocalizando con don Carlos Cea y Díaz, ilustre literato, poeta y cantante de ópera con una hermosa voz de bajo profundo excepcional. Él y su esposa Irma, soprano de la Ópera Nacional, tenían una pequeña llamada Toto, quien es la heredera de toda la gran sabiduría y experiencia de don Carlos en lo que a la técnica del canto se refiere; a mí me tocó ser su padrino de quince años. Ellos formaban una unida y hermosa familia, querida y admirada por todos. Gracias a los consejos de don Carlos me mantuve en buena forma trabajando. Él me preguntó si quería conocer a don Proceso Sánchez Ortega, ¡gloria médica de México!, experto en la maravilla de medicina que es la homeopatía, fundador del Instituto de Homeopatía de México y quien legara al mundo toda su experiencia y su cultura, sus conocimientos y su sabiduría en el campo de la homeopatía, en un gran libro único: *El tratado de los miasmas.* Tuve el privilegio de conocerlo y de contar con su amistad, así como con la de los herederos de sus conocimientos, su hija Eduviges y su yerno, el doctor René Torres. Yo traía conmigo secuelas importantes de la pulmonía fulminante que padecí que me afectaban con frecuencia. Él me ayudó a compensarme con la homeopatía en situaciones como ésta que describo: en un vuelo de hora y media a Monterrey, por ejemplo, el aire acondicionado del avión era suficiente para afectarme al grado de que no pudiera desarrollar todo mi potencial en la noche a la hora del *show.* Tenía que usar cortisona para contrarrestar el efecto del aire acondicionado; es más, en aquella época en los hoteles sólo contaban con aire acondicionado central y no podía apagarse. Yo me la pasaba tapando las ventilas del aire acondicionado so pena de no poder cantar en la noche. La homeopatía me fortaleció de tal manera que, sin dejar de tener los cuidados que seguían siendo necesarios, fui retirando la cortisona poco a poco y respondiendo a un maravilloso tratamiento basado por completo en la medicina homeopática.

El doctor Proceso Sánchez Ortega me dio consejos muy valiosos acerca de cómo manejar, también con medicina homeopática, en la psiquis lo referente a las adicciones que enfrentaba pues cuando no bebía, fumaba mariguana; siempre sustituía una cosa por otra, como suele suceder en la mayoría de los enfermos de alcoholismo o de cualquier adicción. Un día me llevó a su consulta un libro que era un tratado sobre el daño que provoca la mariguana en el cerebro y otros órganos del cuerpo humano. Eso de que la mariguana no hace daño es mentira, aunque no es tan nociva como el alcohol u otras sustancias. En el libro venía un estudio de los últimos descubrimientos acerca del gran daño que la mariguana puede infligir a los que la consumen. Me leyó varios párrafos relacionados con el peligro que conlleva su consumo. Eso me ayudó a alejarme poco a poco de la hierba, al grado de que fue quedando en el olvido para mí. No podía dejarme: tenía una gran ayuda en don Proceso Sánchez Ortega. Asimismo, fue él quien me pidió que conociera a una persona que me ayudaría a dejar todo lo que yo consideraba que eran mis muletas para enfrentar la vida: el alcohol, la mariguana o la cocaína, que consumía esporádicamente, como en años anteriores. Don Proceso me refirió con la doctora Ana María Saldívar Ondarza, dama finísima especializada en el psicoanálisis. Así conocí algo tan maravilloso como lo es el estudio de uno mismo por medio de contar todo lo que ha vivido y la manera en que, con el tiempo, nos afecta el no saber compensar el efecto de las cosas desagradables que nos suceden. A veces los adultos cercanos a nosotros cometieron errores por ignorancia cuando éramos niños y es muy importante cuantificar y descifrar el efecto que han causado en nosotros.

La doctora me pareció muy amable y me inspiró una gran confianza. También sentí de su parte un interés genuino en ayudarme a resolver mis problemas, mis adicciones y, en particular, todo el gran desbalance en el que había vivido y que apenas si parecía tener probabilidades de equilibrarse con el nacimiento de Pepito y mi boda con

Anel, lo cual hablaba de nuestro anhelo de formar una familia para bien de todos. También me entusiasmó la idea de aprender a reconocer tus errores y cómo te afectan y, más que nada, a cómo defenderte de ti mismo y tus debilidades. Además, algo verdaderamente genial: aprender a conocer a fondo no sólo tus equivocaciones, sino también tus aciertos y tus virtudes, pues en ellos te sostendrás para luchar contra ti mismo y todo lo que originó tus fallas y sus efectos en tu ser.

Esto del psicoanálisis debería estar al alcance de toda la población mundial, ser de fácil acceso como ir al dentista y, por supuesto, no tan caro como lo es en la actualidad. Considero que es una rama de la medicina con la que deberíamos tener contacto desde temprana edad; así podría evitarse cometer tantos errores en la educación desde pequeños y, en especial, desarrollar enfermedades que a veces son consideradas incurables y que los seres humanos van generando a la par de su ignorancia sobre cómo controlar su sensibilidad y sus sentimientos. Está comprobado que enfermedades como la diabetes y el cáncer son de origen emocional, muchas veces producidas por los resentimientos que la persona acumula.

Gracias a la doctora Ana María Saldívar me di cuenta de que para poder avanzar en el conocimiento de mí mismo tendría que desarrollar una capacidad de perdón que me permitiera dejar atrás cosas que me sucedieron desde niño, por ejemplo: las agresiones de mi papá por su carácter neurótico. La profesional me explicó que crecemos siendo víctimas de víctimas, por la manera como involuntariamente educaron a tus papás. Todo se hereda; por eso hay que perdonar sus errores, pues se basaron en imitar los que sus papás cometieron con ellos. ¡Qué gran verdad! Aprender a perdonar genuinamente a las personas que te han dañado y han originado resentimiento en ti te libera de ese sentimiento tan negativo, al deshacerte del efecto que causa el daño. Entonces, con más razón, ¿por qué no perdonar a los que lo hicieron sin querer o sin saber lo que produciría en ti? Un ejemplo era lo que pasaba con mi mamá. Me dolía mucho que nunca me hubiera defendido de mi papá, que nunca dijera nada. Pues bien, además de que en esa época se usaba que las señoras no reaccionaran en contra de las decisiones de los señores, mi mamá fue así toda su vida: sólo hacía lo que se le decía que hiciera y nunca supo decir que no a nada. Era un gran alivio para mí tener a alguien que me explicara el porqué de muchas cosas que me dolieron de niño y cómo se resolvía ese sentimiento tan ambivalente, pues por un lado quieres mucho a tus papás y por el otro te lastiman. Eso genera confusiones en el niño. Alguien debería explicarles a los pequeños las cosas que pasan en su vida con respecto a sus papás, pero es casi imposible cuando ni siquiera los mayores saben por qué lo hacen.

Así de complicado es crecer. No hay un manual para ser niño, ni adolescente, ni adulto, y menos para ser papá o abuelo. Todo el aprendizaje es sobre la marcha; sólo sé que la universidad de la vida son los hijos y el doctorado los nietos. De tal forma, poco a poco aprendí a ir borrando de mi subconsciente mis primeras situaciones desagradables desde niño. Mis constantes compromisos de trabajo me impedían ir con la asiduidad necesaria para avanzar más rápido en el conocimiento de mí mismo y de la cantidad de oportunidades que la vida nos brinda para superarnos y ser mejores, oportunidades que en ocasiones desperdiciamos por ignorancia o porque no sabemos detectarlas en su momento. De manera gradual progresé en mi incipiente psicoanálisis, algo que sería definitivo en el futuro para mí.

Anel comenzó a sacar las uñas aprovechando que ya estábamos casados y acusó a mi amigo Leo Villalobos de malos manejos a su favor en mi cuenta de banco, ya que él me ayudaba a contabilizar todo lo que ganaba y los gastos. Leo se sintió abrumado por la acusación y renunció a trabajar conmigo para evitarme problemas con mi ahora esposa. Se quedó trabajando con doña Fanny Schatz atendiendo a otro de sus artistas. En consecuencia, el manejo de mi dinero quedaba por completo en manos de Anel, lo cual era muy cómodo pero a la vez muy peligroso. Parecía haber olvidado cómo me había ido al respecto la vez pasada que vivimos juntos; al principio fue muy cautelosa con abusar del saldo de mi cuenta de banco, el cual permanecía a favor, pero eso sí, el dinero para ayudar a su familia en Los Ángeles había que ponerlo cada mes. Además, adquiría para Pepito una cantidad de ropa tal que tenían que cambiarlo todo el día para que alcanzara a usar todo lo que se le compraba. Hasta vestido de niña lo encontré una tarde cuando llegué de la compañía de discos.

—¿Quién es esa niña? —le pregunté a Anel.

—Es Pepito, ¿no lo reconoces? Es que el vestido me gustó tanto que se lo compré aunque sea niño.

Y lo vestía de niña, con tal de gastar dinero y comprar todos los días. Empezó con cosas pequeñas y me di cuenta de que otro de sus satisfactores comenzaba a crecer otra vez. Así terminó 1976. La única ventaja para mí es que estaba sobrio, ya tenía un año sin tomar.

17

Gavilán o paloma

Ya sólo faltaba que terminara por completo mi contrato de grabación para poder negociar con otra compañía de discos. Aunque trabajaba continuamente, necesitaba volver a tener canciones que sonaran en todo el continente, como *El triste* o *La nave del olvido*, que fueron las que más se oyeron al principio de mi carrera. Había que reforzar la promoción en nivel continental, como antes. Intentaba dilucidar lo que debía hacer para mantener mi carrera en primer plano, donde mi público quería verla siempre, cuando la fortuna tocó a mi puerta una noche de principios del año 1977.

Eran dos señores que no conocía. Muy amables ambos, al abrir la puerta me preguntaron "¿Vive aquí el mejor cantante de México?". Sin saber qué decir ante tal sorpresa, me limité a invitarlos a pasar. Eran los señores Fernando Hernández y Sergio Blanchet. Con gran parsimonia me explicaron el porqué de su visita. Pertenecían a Ariola, una compañía alemana fundada un año atrás y buscaban artistas para conformar un elenco. Ya contaban con Marco Antonio Vázquez encabezándolo. Sabían que Estela Núñez, Juan Gabriel y yo estábamos casi fuera de la RCA Víctor y nos proponían contratarnos a todos con promoción internacional firmada por contrato, no de palabra. La oferta adicional era de primera: todas las grabaciones se harían en Europa, sobre todo en España e Inglaterra.

Eso era una bendición de Dios. Yo quedaría libre a finales de marzo.

—¿Le parece que volvamos la próxima semana? —me preguntó el señor Hernández—. Estará en México nuestro jefe, el señor Ramón Segura, de Barcelona, que es donde está la central en español de la compañía.

—Desde luego que sí —le contesté—, los esperamos a cenar con sus esposas aquí la próxima semana.

Y así fue. Muy amables todos, como siempre, trajeron al señor Segura a mi casa de Ciudad Satélite y conocí a un gran hombre de negocios, joven y dinámico, quien tenía a su cargo la expansión en el continente de esta nueva compañía. En todos los países estaban comprando a los artistas más importantes, si se hallaban disponibles. Quedamos en que firmaríamos el contrato en abril para ir a Madrid primero y a Londres después. Sin duda, ésta era la torta que trajo Pepito; ¡estábamos felices!

Algo que no esperaba sucedió en Los Ángeles. Manolo Noreña, el hermano de Anel, se separó de su esposa y vino a México, con nosotros, por supuesto. Ya que Anel se había deshecho de mi asistente Leo Villalobos, Manolo entró en su lugar para ayudarme a trabajar. Poco a poco entendió qué implicaba andar con un cantante de éxito como yo: atender a la gente el día entero y estar pendiente de que todo estuviera en orden en el escenario para salir a cantar –el sonido, la luz y cada uno de los detalles–, de que no se perdieran en los aeropuertos la maleta de la música y la de la ropa para trabajar, de que los boletos de los músicos y nuestros estuvieran en orden, así como de las reservaciones de los hoteles.

Al fin quedé libre de la RCA Víctor y firmé contrato con Ariola como quedamos. Ese mes de abril mi vida cambió radicalmente en todos los sentidos. Había llegado el apoyo que necesitaba para mantener mi carrera en primer plano. Ni siquiera imaginaba lo que sucedería con mi primera grabación para mis nuevos amigos. Empezamos la preparación para el viaje a Europa. Manolo me acompañaría para ayudarme con el inglés en Londres; yo todavía no hablaba con fluidez el idioma y él lo dominaba a la perfección. Llegamos a Madrid para acabar de estructurar el disco y me sorprendió sobremanera comprobar hasta dónde estaban organizados los nuevos ejecutivos que llevarían mi carrera. Había un grupo de asesores formado por destacadas personalidades de la radio y algunos de los compositores más famosos de México, como Roberto Cantoral, quien dio inicio a la recopilación número 11 de mi carrera y la primera para Ariola con su canción *Recuerdos*. También les gustó la canción que yo le escribí a Lucero: *Si alguna vez*.

Viajamos a Barcelona a conocer a los demás ejecutivos de la compañía y ahí escuché en la radio la canción éxito de la temporada de primavera: en primer lugar estaba *Gavilán o paloma*, de Rafael Pérez Botija, en su versión original en la voz de Pablo Abraira.

En Barcelona me dieron *Buenos días, amor*, de Juan Carlos Calderón, gran compositor español conocido de todos. Estando en las oficinas de la compañía en Madrid, vi en un escritorio, totalmente abandonado, un casete del enorme Manuel Alejandro, compuesto y cantado por él en su totalidad; al escucharlo en el vuelo a Barcelona, descubrí una canción que formó parte de mi primer disco con Ariola y se convertiría en la Biblia de los enamorados de todo el mundo de habla hispana: *Amar y querer*. Ya tenía mi disco completo cuando recibí la orden del señor Segura de que eliminara una de las canciones que no tenía mucha fuerza y grabara en un casete, con guitarra y en mi tono, mi versión de *Gavilán o paloma*. Debía mandarla, días antes de mi llegada, a Londres a Tom Parker, quien iba a colaborar con los arreglos del disco.

Para mi sorpresa, esa canción que entró en último lugar al disco, *Gavilán o paloma*, fue la que escogieron como primer sencillo para mi debut en la compañía. La canción era de una originalidad excepcional, como todo lo que escribía Pérez Botija, este nuevo compositor que impactó al mundo con sus temas de corte internacional. El tema sugería un encuentro sexual que originó una confusión muy grande; todos suponían que se trataba de un travesti y estuvo a punto de ser prohibida por la censura. Sin embargo, al fin entendieron que se trataba de alguien que había salido a "ligar" a un bar y, por ser tan joven, creyó que lo había conseguido cuando que él fue el "ligado"; a la hora de la verdad, como era su primera vez, le dio miedo y empezó a pedir auxilio (como nos sucedió a todos en esos momentos). Entonces, ¿qué eres —se pregunta en la canción—: gavilán o paloma?

Como en el mundo de los negocios el que pega primero pega dos veces, al salir la canción gustó de inmediato. Además, sabíamos de antemano que, al haber una versión original, era necesario desarrollar un trabajo de promoción más allá del acostumbrado. Por tanto, después de presentar la canción con todo el bombo y platillo que se merecía en la capital de la república, Anel, Manolo y yo viajamos en mi camioneta ciudad por ciudad para dejarla personalmente en la radio, primero por toda la costa del Pacífico hasta Los Ángeles. Nos turnábamos para manejar y dormíamos en la parte de atrás, entre cajas de discos, pósters y fotografías de promoción. Un día se dañó el aire acondicionado allá por Sonora. El viaje se tornó interminable e insufrible pues, aparte del calorón, los discos empezaron a derretirse con el sol. Lo bueno fue que la camioneta no se descompuso del todo y en Los Ángeles arreglamos el aire. Continuamos el viaje por toda la frontera y al regreso por la costa del Golfo. En cada ciudad dejábamos nuestro producto personalmente en la radio y grabábamos el número musical para los programas de televisión locales. Asimismo, recogíamos los datos de todos los programas de ambos medios y de los periodistas para seguir atendiéndolos de manera personal.

Fue una labor titánica, pero bien valió la pena porque el disco se distribuyó en todo el país y en Estados Unidos con la ayuda de Sergio Blanchet y su equipo de promoción.

Ahora seguía lo más importante. Ya la disquera que tenía la versión original se había dado cuenta del trabajo que desarrollábamos con nuestra versión de la canción y se apuraron a contrarrestar los efectos de nuestro trabajo monumental, el que incluyó viajar con Sergio Blanchet a Centroamérica y Sudamérica, país por país y ciudad por ciudad, a entregar en persona nuestro disco, a cantar en vivo o dejar grabados todos los programas de televisión de todas las estaciones que nos recibieron. Hasta las más humildes radiodifusoras y televisoras recibieron nuestra visita de promoción y nos dieron sus datos para una futura atención.

La resultante no pudo ser mejor: nosotros, con nuestro esfuerzo, cubrimos noventa por ciento del continente con la nueva y exitosa canción, *Gavilán o paloma*. Nuestra satisfacción era ilimitada; existía una comunión de trabajo con Ariola como nunca la tuvimos con la RCA, estábamos organizados de todo a todo. El disco, más que promovido, empezó a generar ventas de excepción en cada uno de los países. Entonces, tuvimos una amarga experiencia. Ariola había firmado un contrato de distribución internacional de sus productos con la RCA Víctor, pero Louis Couttolenc se negó a respetar el documento firmado de antemano y paró la distribución de nuestro disco. ¿Cuál sería la razón? Ni más ni menos: estábamos demostrándole lo que es capaz de lograr la promoción cuando se hace como se debe. Muchas disqueras te prometen todo por contrato, pero distan mucho de cumplirlo. La RCA Víctor me tenía abandonado a mi suerte y Ariola les ponía la muestra de lo que era capaz José José bien trabajado.

No había poder humano que convenciera a Louis Couttolenc de cumplir su contrato, herido en su amor propio al darse cuenta de lo que Ariola lograba por sus artistas, ya que también tenía a Joan Manuel Serrat, Camilo Sesto y Rocío Dúrcal. Además, recientemente habían firmado artistas mexicanos de talla internacional, como Juan Gabriel y Estela Núñez, que dejaban la RCA por la falta de atención y de promoción de sus carreras. Hubo que recurrir a los tribunales internacionales para obligar a la RCA Víctor a distribuir nuestro producto como se comprometiera por contrato. Todo esto originó un escándalo de grandes proporciones, lo cual orilló a nuestros ejecutivos a buscar un nuevo trato con otra gran distribuidora para asegurarse de que nuestro producto caminara como debía ser, y lo consiguieron pues empezaron a llamarnos de todos lados para ir a cantar. Se completaba la ecuación: grabación de buenas canciones más magnífica promoción igual a éxito en la radio, éxito en la radio igual a llamado de la televisión y ello equivale a tener trabajo a granel.

Volvimos a recorrer todos los puntos importantes de la República Mexicana y conocimos otros. Lo mismo sucedió con Centroamérica, Sudamérica y Estados Unidos. La única problemática que se presentaba de nuevo, ahora en forma más palpable, eran las ausencias del hogar, cada vez más frecuentes y más largas; eso significa triunfar, o andas de un lado a otro sin parar o se va el momento justo de aprovechar que estás sonando y que los empresarios te llaman. Seguíamos trabajando con doña Fanny Schatz, pero Anel insistía en que ya era tiempo de que manejáramos mi carrera entre los tres. No era mala idea. Manolo y yo compramos un sistema de sonido que instalábamos entre los dos antes del *show;* era mucho trabajo, pero así ahorrábamos lo de la renta del sonido. Manolo manejaba la consola y todo salía bien; sonaba muy bonito y la gente salía satisfecha de haberme escuchado interpretar los éxitos del momento. ¿Éxitos?, se preguntarán. En efecto, de manera inesperada, *Amar y querer* empezó a ser solicitada por el público en la radio y se convirtió en un éxito tal en provincia que fue cercando por todos lados a la ciudad capital, luego al extranjero y, casi sin proponérnoslo, fue el segundo gran éxito del disco. En Puerto Rico, por ejemplo, duró seis meses en primer lugar en la radio, algo fuera de lo común. ¡Qué gran satisfacción representaba cosechar una siembra tan ardua! Otra vez se nos escuchaba en el continente entero. Entre todos lo logramos; no cabe duda: es el trabajo de equipo el que consigue éxitos de esta dimensión.

Todo marchaba satisfactoriamente hasta que llegamos a República Dominicana con nuestro cargamento de éxitos nuevos a presentar el disco al público en general en concierto. Obtuvimos resultados fenomenales como en todos lados; era la confirmación de que José José seguía produciendo canciones triunfadoras, de que seguía vigente. Al fin teníamos otra vez canciones del tamaño de *La nave del olvido* y *El triste.* El público nos vistió de aplausos en todas las ciudades de provincia; ya sólo faltaba la capital, Santo Domingo, para cerrar la gira. Llegamos a dormir la noche anterior, lo que era una gran ventaja para poder descansar, pero no contaba con que me visitarían mis amigos de ocasión, los que siempre estaban en cada una de las fiestas de años anteriores.

—Venimos a celebrar tu gran éxito otra vez. ¡Felicidades, amigo!
—y entraron botella en mano.

—¡Qué alegría, José, te mereces eso y más, eres el mejor, no cabe
duda! —y me sirvieron un ron con refresco de cola, lo que tomaba
siempre con ellos.

—Muchachos —les comenté—, me van a perdonar, pero no estoy tomando nada, esta vez no puedo compartir con ustedes.

—Ya sabemos que has trabajado muy fuerte, que no has dejado de
viajar desde hace meses —me dijo uno de ellos.

—Así es y por eso tengo que cuidarme. Terminando aquí en su
tierra —les confié— viajaré a Madrid a grabar con Rafael Pérez
Botija. Por fin lo conoceré en persona, ya voy a hacer otro disco, así
que tengo que estar bien, muchachos.

—Bueno —intervino otro de ellos—, entonces sólo acompáña-
nos a brindar por ti y por tu nuevo éxito; ya en otra ocasión que
puedas te festejaremos como es debido.

No era muy tarde y para que se fueran acepté una copa. No sabía
que el alcohólico no debe tomar la primera copa, pues hay un dicho
en Alcohólicos Anónimos: "A la primera le siguen mil y quién sabe
cuántas más; con una copa puedes recaer semanas, meses o para
siempre y malograr tu vida, con una copa"; pero yo lo ignoraba y la
tomé. Después vinieron la segunda y la tercera sin sentir hasta que se
acabó la botella. Por fin se fueron y me acosté pensando que no me
pasaría nada, pero al otro día me sentía muy mal, tuve que abrir el
servibar y volver a beber para componerme. No podía creerlo: si hacía casi dos años que no tomaba, ¿cómo era posible que me sintiera
tan mal? Ya un poco mejor, me arreglé para salir a cantar; lo estaba
haciendo bien, pero a la mitad del *show* empecé a sentirme mal otra
vez y fue notorio que me faltaba concentración. Necesitaba beber,
pero no puse un trago en el escenario para que no se dieran cuenta
de que estaba tomando. El *show* se me hizo larguísimo y todavía
tenía que atender a la gente; lo bueno fue que lo hice en mi suite y
así pude prepararme otro trago para sentirme bien y luego otro para

sentirme mejor y después otro, según yo para irme a dormir, pero seguía llegando gente a felicitarme como todos los años.

Manolo no me conocía a fondo; después de todo, no tomaba desde que entró a trabajar conmigo y no se percató de lo que pasaba, sólo yo estaba al tanto. Cuando subió a la suite después del *show* ya me sentía bien y no le dije nada; había mucha gente y él se despidió ya que teníamos que viajar a España al día siguiente. Pero la desgracia se había instalado ya en mi destino; sin darte cuenta sigues bebiendo y yo lo hice hasta que se fue el último invitado. Me quedé dormido y al sonar el teléfono caí en cuenta de que no había empacado. Era Manolo para asegurarse de que ya me estaba preparando para irnos. ¡Qué desolación tener tanta cosa que guardar! Por primera vez lancé todo como pude a la maleta sin colgar los trajes ni los smokings, total, no iba a actuar, iba a grabar. Sólo me preocupaba que no había comido nada desde la noche anterior, tenía treinta y seis horas sin probar alimento y tomando; con razón me sentía pésimamente. Eché mano del servibar, tomé varias botellitas y las puse en mi maleta de mano. Luego le llamé al tipo que controlaba el consumo para que tomara nota de lo que había usado y también tomé unas galletas para el aliento. Le hablé al maletero para que me ayudara con las cosas y entonces, de nuevo, sucedió lo que menos esperaba. Una vez que se llevaron el equipaje, yo me quedé solo acabando de vestirme y de juntar lo que llevaría en mi maleta de mano, incluyendo las botellitas del servibar. Ya de salida, en el pasillo de la suite, junto a la puerta, en una repisa que estaba abajo de un espejo con un motivo de decoración encima, vi una botella de ron de un litro, nuevecita, sin abrir. ¿Quién la puso ahí? Quién sabe, era un crimen, pero ahí estaba, retándome a decidir si la llevaba conmigo o la dejaba ahí abandonada. Cavilé: "Me voy a morir a la mitad del Océano Atlántico de la cruda, de la resaca". ¡Eran ocho horas de vuelo! No lo pensé dos veces y la guardé en mi bolsa de mano.

Llegando a la administración, Manolo me preguntó:

—¿Abrieron el servibar?

—Sí —le contesté—, hubo mucha gente que atender, mejor así que hablar al servicio de cuartos; si no, no se van nunca.

Pagó la cuenta y nos dirigimos al aeropuerto a tomar el avión a España. Al llegar me dirigí al baño, tomé una botellita de las del servibar y compré unas pastillas de menta para el olor. No tenía hambre, pero como pude comí algo en el restaurante antes de abordar el avión. Como Manolo se quedó dormido, yo me fui tomando las botellitas, luego abrí la botella de ron y traguito a traguito la terminé durante el vuelo. Me sentía peor que nunca cuando llegamos y Manolo me vio tan mal que tuvo que actuar con rapidez. En principio, no me llevó al hotel donde se suponía que debíamos llegar; le pidió a un taxi que nos llevara a otro lado para que no me vieran los directivos de la compañía, me acostó y caí en un sueño profundo.

Tuve una experiencia en el sueño que nunca he podido olvidar. Soñé con mi tío Pancho, el hermano de mi mamá, quien muriera en fecha reciente; lo veía intentando rescatarme de un autobús de pasajeros de esos antiguos como los que tomábamos en Clavería, la colonia donde vivíamos antes. Yo estaba solo por completo en el interior del autobús y él intentaba entrar con un hacha rompiendo los cristales de las ventanas. Todo era color verde oscuro, el autobús estaba volcado y él no podía entrar; veía sus esfuerzos buscando salvarme y no resultaba. Al final me quedaba solo en el interior y todo se volvía más denso, aún más verde oscuro y yo sufría mucho. De pronto mi sueño fue interrumpido con brusquedad. Era Manolo, acompañado de un médico, quien llegó con una enorme ampolleta que supuestamente era el suero ordenado por mi cuñado. Él habló con Anel a México y ella le dijo: "Que le pongan suero, así lo curó el doctor Cristerna la última vez". El hombre que manipulaba una aguja del tamaño y del grueso de un clavo tenía cara de todo menos de médico. Era domingo y como pudieron localizaron al doctor Cristerna, quien me atendía en el Hospital Español con todos los adelantos actuales, como un catéter intravenoso directo al corazón para bombear el suero a todo el organismo, una maravilla. En ese domingo, ahí donde estábamos no había más que ese ampolletón gigante, una manguera parecida a una sonda de hule y el descomunal agujón con el cual el galeno atravesó varias veces mis venas tan delgadas sin poder conectarme correctamente el suero.

Manolo comunicó al médico de España con el doctor Cristerna en México; él le describió cómo me sentía, cuál era mi aspecto y los síntomas que presentaba. El doctor Cristerna se alarmó.

—Hable mañana mismo con los ejecutivos de su compañía en España y cancelen la grabación —le dijo a Manolo—, es muy urgente que regrese a México lo más pronto posible. Está en un precoma hepático y en España no tienen lo que hay aquí en México para salvarlo. Si no lo trae, se le va a morir allá.

Yo no entendía del todo lo que sucedía, pues de repente retornaba al lugar denso color verde oscuro y entraba en un sopor total. Sólo volvía en mí con los piquetazos del doctor al intentar ponerme el suero.

Al día siguiente de inmediato me trasladaron a México y de ahí al Hospital Español. No recuerdo absolutamente nada del vuelo de regreso, excepto cuando llegué al hospital y me conectaron el catéter con suero y el medicamento que me salvaría la vida: Ripason. Fue la primera vez que estuve internado más de un mes. Finalmente salí adelante gracias a Dios, al doctor Cristerna, a Manolo y a mis amigos españoles que se movilizaron con premura para enviarme de regreso a México.

El mes me pareció interminable, sobre todo por la "cruda" moral, que era peor que la física. ¡Qué manera de estrenar mi exitazo continental! Otra vez estaba donde debía estar, pero mi peor enemigo hizo explosión con tan sólo una copa. No podía ser, si yo tenía una resistencia excepcional para beber. ¿Cómo era posible que una copa hubiera ocasionado todo esto, al grado de poner en peligro mi vida por primera vez? Aunque ya tres años atrás había llegado con el doctor Cristerna al Hospital Español con una úlcera sangrante, ahora sí lo ocurrido era muy peligroso. Mi hígado me avisaba que no andaba nada bien. "Es necesario hacer algo —me dije—; tengo que poder, no es posible que esto me pase ahora que todo marcha de maravilla." La imagen de esa botella en la repisa me asaltaba constantemente. ¿Quién la dejó ahí para perjudicarme? ¿Tal vez alguien que sabía que no resistiría la tentación de llevármela y seguir bebiendo? Sentía una mezcla de ira, de tristeza y de vergüenza muy profundas.

El doctor Cristerna no se limitaba a sacarlo a uno del problema médico. Acostumbraba ayudar también al enfermo a recapacitar acerca del daño que se hacía. A mí en especial me tomó mucho cariño y me brindó su amistad sincera, nos hicimos muy amigos y sus consejos me dieron mucho ánimo para seguir en la lucha por no seguir lastimando mi organismo. Pero la verdadera concientización de lo que me ocurría me llegó por medio de la doctora Ana María Saldívar. Con ella comencé a conocer lo que es la evasión de la realidad en el ser humano. La estructura mental de las personas siempre busca un escape a las cosas difíciles de resolver; somos más propensos a huir de las responsabilidades y a no enfrentar las cosas, siendo que al encarar los problemas es como todo se resuelve.

—¿Sabes cuál es la antítesis del amor? —me preguntó la doctora Saldívar.

—El odio —le contesté, pues me parecía lo más lógico.

—No, "Josecito" (como me llamaba de cariño) —me corrigió—. La antítesis del amor es el miedo, y no sólo eso, también es lo que no nos deja ser felices. Hay personas que tienen miedo a ser felices, creen no tener el derecho a serlo. Usted, por ejemplo, le teme al éxito. Cada vez que hay un gran éxito en su vida, usted mismo crea un boicot en su contra. Si bien ha habido circunstancias en su vida que no han sido favorables en absoluto, como la pulmonía, también hay cosas que pasaron hace muchos años que no lo han dejado crecer lo suficiente para aprender a vivir la vida sin muletas, como el alcohol o las drogas.

Yo consultaba desde hacía más o menos un año a la doctora Saldívar de manera esporádica. Sus charlas eran de una intensidad formidable; para todo tenía una respuesta concreta, siempre con una veracidad abrumadora, con una contundencia que sólo da el saber lo que se dice porque se ha estudiado y se ha vivido. Yo le platicaba de mi vida desde niño y ella me explicaba cómo se va afectando la psiquis del individuo por sus vivencias en favor o en contra de sí mismo.

18

Volcán

Después de mi recuperación empecé a trabajar de nuevo. Me llegaban muchas solicitudes para cantar dentro y fuera del país. Además, ya había que preparar la otra parte de la gira, en la que cubriría todo lo que se hizo en primera instancia en promoción; ahora se trataba de ir con la orquesta para cantar y cobrar por las presentaciones. De tal forma, lo que restaba del año seguimos viajando por todo el continente. En verdad fue algo memorable ver el recibimiento de la gente, dondequiera que íbamos llegábamos con nuestro cargamento de éxitos y bellas canciones.

Fuimos a trabajar a Tijuana al Flamingos con Raúl Miramontes. Al terminar de atender a la gente después del *show*, Raúl entró al camerino y me dijo:

—Vino a ver tu *show* Frank Sinatra; estuvo conmigo allá arriba en el privado; se acaba de ir. Te dejó saludos. Dice que si sigues cantando así te vas a lastimar, que tienes que estudiar vocalización.

Don Frank Sinatra conocía a Miramontes de años atrás. Cuando le daba por visitar Tijuana le llamaba para ir a comer al Ceasars con él y luego al Flamingos al *show*. Así supe que había ido a verme.

Ariola trazó un plan de salida de un disco L.P. cada nueve meses, por lo que preparamos el nuevo, ya con la colaboración directa del gran Rafael Pérez Botija. Al fin lo conocí personalmente y pude estrechar la comunicación personal que tanto se requiere entre un compositor y su intérprete. Me extrañó verlo tan joven para la clase de canciones tan profundas que escribe y que para mí fueron una fuente de inspiración. Eran justo lo que me hacía falta para continuar mi crecimiento como intérprete, una forma distinta de ver la vida a través del romanticismo de un hombre excepcional como compositor y como persona. Rafael es dueño de un talento único para todo; habla cuatro idiomas: español, inglés, francés y alemán. Sus triunfos comenzaron a los dieciséis años con una canción que escribió para darle la bienvenida a la primavera y cada año ese éxito se repite pues al iniciar dicha estación, *Bienvenida primavera* es tocada en la radio. También me impresionó saber que es un músico clásico completo y un conocedor a fondo del proceso de una grabación profesional, pues empezó en esto desde abajo, como ayudante en el estudio, como cortacintas, y así dominó poco a poco el uso correcto de todos los aparatos que se utilizan para grabar, incluyendo la gran consola de grabación, en la que es un experto.

Además de su sabiduría al respecto, causó impacto en mí el hecho de que no sólo escribe las melodías y las letras de sus canciones, sino que también hace los arreglos musicales de las mismas, o sea, es un productor de discos en todos los sentidos. Nuestras personalidades fueron compatibles desde el principio y así se desarrolló una relación de amistad y de trabajo que dio como resultado diez años continuos de éxitos en radio, televisión y, sobre todo, en ventas. Fue algo fabuloso año con año y, como es lógico, nuestra amistad nos ha hermanado para siempre. Rafael Pérez Botija es uno de los amigos a quien más quiero y admiro profundamente.

Nuestra labor conjunta dio frutos extraordinarios. Rafael escribió una canción que, como cosa extraña, es la única que he grabado cuya letra no habla de algo que me haya tocado vivir: *Volcán*. Se trata de la historia de un hombre mayor que se enamora de una joven que le corresponde del todo, pero su diferencia de edad es mucha y al final ella lo abandona. Otra bella experiencia fue *Farolero*; ¡qué hermosa manera de narrar la diferencia de clases sociales en el amor! Sin duda, había encontrado otro tipo de manejo del lenguaje; del mismo Rafael Pérez Botija, *Por una sonrisa* y *Pregúntaselo a ella* son una muestra de lo que comento e incluso algo que me comprobó que el amor verdadero es totalmente incondicional: *Amor lo que se dice*. Ésta cerró la colaboración del magnífico Rafael Pérez Botija para este disco tan especial. Luego vinieron *O tú o yo* y *Solos los pájaros*, de Luis Gómez Escolar Roldán, Julio Seija Cabezudo y Honorio Herrera Araujo; *Amándote* y *Jaque mate*, de Manuel Soto, y la única colaboración mexicana —los demás compositores eran españoles— fue de mis amigos Lázaro Muñiz y Armando Martínez, *Libérame*. Este disco, que fue el de 1978, resultó un gran éxito. Empezaba a funcionar la fórmula de Ariola.

El gran éxito obtenido por *Volcán* y las otras canciones me dieron la oportunidad de presentar nuestro espectáculo en el Teatro de la Ciudad de México gracias al apoyo de Tina Galindo, quien desde esa época me ofreció su amistad sincera. ¡Qué lejos estaba de saber cuán auténtica era esa gran amistad que intervendría en mi salvación en el futuro!

Nuestros conciertos tuvieron llenos todos los días. Gracias a la respuesta del público comenzaba otra etapa de mi carrera en lo que respecta a presentaciones personales y a la gran venta de discos, pues las canciones eran una novedad total y fueron súper bien aceptadas por la gente. También ese año doña Fanny Schatz consiguió que cantara en el Salón de los Candiles del hotel del Prado; fue una magnífica temporada de cabaret, un éxito total a diario.

El entrenamiento de mi cuñado Manuel Noreña continuaba, al darse cuenta Anel de los triunfos que se avecinaban con la nueva compañía de discos porque lo primero que nos daban era promoción continental para mis nuevas grabaciones. De tal forma, ya no necesitaba tener una mánager como la señora Fanny Schatz, sino que los tres manejaríamos todo. Supuestamente, Manolo estaría a cargo de vender las fechas, ella del dinero y yo de la parte musical y de promoción. Manolo también intervendría en la preparación del montaje del espectáculo en lo referente a lo técnico y yo en lo musical.

Para independizarnos poco a poco de doña Fanny se le vendió la gira por Centroamérica a un empresario de nombre Pedro Osante, quien con mucha formalidad realizó los trámites para presentarnos en Guatemala, Costa Rica, El Salvador y Panamá, alternando con Los Sobrinos del Juez, de Carlos Oliva. Sería la primera experiencia como mánagers de nuestra carrera. El primer *show* estuvo muy bien, en el hotel Camino Real de Guatemala y, tal como se acuerda en los contratos, tenían que pagarnos después de recolectarse toda la taquilla del evento. En efecto, Pedro nos liquidó el primer *show* por completo. De inmediato le pagamos al sexteto musical que me acompañaba en el escenario y todos contentos. Creíamos que lo mismo sucedería con el resto de la gira, pero no fue así: en El Salvador sólo nos pagó la mitad, en Costa Rica apenas una parte y en Panamá ya no nos pagó. Para ello escenificó un drama con el otro empresario; se culpaban mutuamente de robo y entre que se amenazaban y no se ponían de acuerdo, los dos desaparecieron al otro día. Nos dejaron abandonados en el istmo sin saber qué hacer. Desde luego, a Carlos Oliva y Los Sobrinos del Juez les pasó lo mismo.

El poco dinero que quedaba después de mantener a la orquesta los días que no había espectáculo sólo alcanzó para pagarles los *shows* contratados. No contábamos con boletos de avión ni dinero para salir del hotel. Gracias a que yo tenía una cuenta en el Bank of America en Estados Unidos me giraron diez mil dólares para poder regresar a México con todo y la orquesta.

Nuestra carrera como mánagers no fructificó a la primera. Constantemente los empresarios nos salían con trucos nuevos y no nos pagaban. Por ejemplo, el tipo entraba lamentándose de que le abrieron el coche y se llevaron el portafolios con el dinero de la nómina. "¡Qué tragedia", decían. ¡Qué va!, son unos actorazos, todos inventan cualquier tipo de cosa con tal de no pagarte. Por eso tuvimos que aprender a ser fuertes: primero que nada un depósito de cincuenta por ciento y un contrato para ir a la presentación, y el otro cincuenta por ciento antes de salir a cantar. Por lo general te pagan cuando ya acabaste tu presentación, puesto que es cuando hay dinero en la taquilla. Eso lo aceptábamos sólo de personas decentes que ya tenían un nombre y una trayectoria reconocida de antemano.

Hubo momentos en que teníamos que ir a la taquilla antes del *show* ya que, a pesar de estar lleno el lugar, no te pagaban. Entonces, como es lógico, no cantas pues te van a salir con una mentira. Como consecuencia, confiscábamos la taquilla para no salir perdiendo, dado que viajábamos con mucha gente para montar y realizar el *show*.

Así aprendimos a cobrar. Fue una inversión, nos costó mucho dinero y mucho esfuerzo sin remunerar el aprender cómo se maneja la carrera en lo que se refiere a los *shows*. Por lo demás, empezamos a comprar mejor equipo de sonido y de luz para trabajar en lugares cada vez más grandes. Lo mejor de todo era la parte de la promoción, pues yo había aprendido de sobra cómo hacerla. Era agotador, pero no dejábamos estación de radio o de televisión sin visitar y atender personalmente, por pequeñas que fueran.

En la casa las cosas marchaban bien. Había dinero para todo: para mi mamá, para la familia de Anel y para la carrera; incluso a mi hermano le compré un equipo completo de cámaras fotográficas profesionales para que pusiera su estudio y trabajara en algo que hacía muy bien: tomar fotos. Gonzalo necesitaba hacer algo pues convenció a la mamá de su hijo de que se lo dejara a él y en realidad quien lo atendía era mi madre Margarita, ya grande para esos menesteres. Con todo el equipo profesional de fotografía a su disposición, a Gonzalo no le quedó más remedio que ponerse a trabajar.

Anel no tenía en qué gastar pues la casa era rentada y contábamos con todo. Se conformaba con cambiar de coche cada año como siempre y comprarle a Pepito cualquier prenda que veía; seguían cambiándolo el día entero para que alcanzara a estrenar la ropa, la cual dejaba luego luego por la rapidez con que crecía. Un año después de haberse separado de su mujer, Manolo ya vivía con nosotros en definitiva. Así que todo funcionaba; en ocasiones trabajábamos con doña Fanny, pero cada vez era menor su intervención en mi carrera.

Llegó de nuevo la selección anual de la música que había que escuchar para decidir las canciones que conformarían el nuevo disco, el tercero para Ariola y el decimotercero de mi cuenta personal. La compañía ya contaba con mi contrato y el de Estela Núñez, ambos salidos de la RCA Víctor; el tercero fue Juan Gabriel y seguían teniendo a Joan Manuel Serrat, Rocío Dúrcal, Juan Pardo, Camilo Sesto y muchas estrellas más del ámbito español. Yo recibía casetes de música en todos mis viajes, además de lo que llegaba a la compañía, por lo que escogíamos entre un promedio de mil canciones de cada uno de los países de habla hispana. No era fácil, pero yo me organicé; siempre traía conmigo una grabadora portátil y en una ocasión fue tan útil que no dejo de llevarla conmigo hasta la fecha.

De visita en Managua, Nicaragua, después de unas entrevistas en la radio tenía que cambiarme para ir a la televisión. Al llegar al hotel Intercontinental me esperaba un joven con su guitarra. Quería que lo oyera cantar una canción que había escrito a ver si me gustaba. Lo invité a pasar a mi habitación y a grabarla en mi grabadora portátil mientras yo me duchaba para mi compromiso. Le pedí que dejara sus datos ahí también. Así lo hizo este romántico nicaragüense y nos despedimos sin imaginar ninguno de los dos lo que sucedería con su canción.

Seguía el éxito dondequiera que nos presentábamos, el público me demostraba lo contento que estaba con mi nueva etapa de triunfos en ventas y las canciones nuevas que sonaban muy bien en la radio. Los viajes tan constantes me alejaban de Pepito, lo extrañaba muchísimo. Con Anel las cosas se enfriaban lentamente. Por la sublimación que representó para mí su maternidad y el hecho de que nunca bajó de peso después del parto se iba desactivando el mecanismo que –aparte de todo lo que yo ignoraba que se ocultaba detrás– nos mantuviera unidos durante catorce años: el sexo. Nuestra relación se basaba en lo sexual y en que yo me casé con ella, decidido a no dejar a Pepito enfrentarse solo a su destino. Como es lógico, la felicidad que experimenté con la paternidad me mantenía equilibrado y encariñado con ella y con toda su familia.

Ella seguía con su pastilla de siempre y yo, como cosa curiosa, me había convertido por primera vez en un bebedor social, cuidando al máximo el no arruinar en lo más mínimo el éxito que obteníamos por nuestra labor en conjunto. Creamos un magnífico equipo de trabajo.

Dice un dicho anglosajón: "In the right time in the right place", que quiere decir en el momento preciso y en el lugar adecuado y yo siempre le agrego: "and with the right people", esto es, con la gente adecuada. Yo sentía que por eso las cosas funcionaban en otro nivel en mi vida; a veces había logrado estar en el lugar y en el tiempo precisos, pero con la gente equivocada. Creía que ahora sería distinto pues todo quedaba en familia.

Eso me hizo recordar algo que sucedió en una visita que hice a Guatemala en 1976. Transcurría el mes de febrero y se acercaba mi cumpleaños. Ya tenía tiempo viajando sin ir a casa y llegué antes de la presentación para hacer promoción de radio y televisión antes del evento. Un mediodía, de regreso al hotel me esperaba en el vestíbulo un individuo de aspecto indígena; al verme caminar rumbo al elevador pronunció mi nombre; cuando volteé se levantó del sofá, se dirigió hacia mí y me saludó con cordialidad, pero no como te saludan los admiradores o alguien que quiere un autógrafo, sino con una seria familiaridad que me hizo preguntarme: "¿Quién será este señor que me saluda con tanta confianza si nunca lo he visto?"

—¿Puedo hablar contigo un momentito? —me preguntó.

—Siéntese, por favor —le dije—. ¿Qué se le ofrece?

Él me miraba fijamente. Tendría unos sesenta años y el pelo largo con algunas canas, vestía la ropa típica de la región. Me dijo que había nacido en el interior de México y que era descendiente de las extintas tribus mayas que habitaron la zona siglos atrás. Me interesó sobremanera su plática pausada, al grado de que yo tampoco dejaba de mirarlo directamente a los ojos, esperando qué más me diría.

—Pon mucha atención a mis palabras —me comunicó con dulzura y a la vez con firmeza—; mi nombre es Pacal y he venido a traerte un mensaje de los abuelos de mi tribu. Ellos viven en México, en Tenosique, casi en la frontera con Guatemala; tú nunca hubieras pasado por ese pequeño pueblo. Yo vivo en la frontera, pero de este lado. El mensaje es el siguiente: tú vives con una mala persona que nunca te va a perdonar que la abandonaste por otra mujer; ahora tiene un hijo tuyo y se va a casar contigo nada más para hacerte pagar lo que le hiciste. Es un plan preconcebido para arruinarte. Ella siente envidia de tu éxito y te tiene trabajado para que sigas bebiendo, de modo que pueda manejarte a su antojo y labores para ella. Ten mucho cuidado porque lo acabarás haciendo para toda su familia, fíjate muy bien en lo que te digo. He cumplido con darte el mensaje de estos paisanos tuyos mayas que saben quién eres y te quieren mucho, José. Lo único que puede cambiar esta situación es que la dejes o la controles.

Me abrazó y se fue. Lo vi alejarse con una seguridad y una paz tan especiales que adiviné que éstas sólo pertenecen a las personas que durante años han vivido en el conocimiento de la verdad. Sus palabras me dejaron muy pensativo, su presencia me fue muy agradable y su mensaje, dramático. Me insinuaba que debía tomar decisiones a corto plazo, de lo cual dependería en gran parte mi futuro.

Pensaba tan a fondo para descifrar el mensaje que acababa de recibir que sólo salí del trance con la voz del empresario que me dijo: "Te tenemos una sorpresa allá arriba". Eran Pepito y Anel, que habían venido a mi cumpleaños. ¡Qué hermosa sorpresa! Mi pequeño estaba en su corralito como siempre impecable, limpiecito, precioso. Lo abracé con todo mi amor y él me sonrió de igual manera, en verdad fue el mejor regalo de cumpleaños. Observé a mi bebito y era el más bello del mundo... y Anel era su mamá.

19

Lo que un día fue no será

Al regresar a México fui citado por el señor Fernando Hernández para reanudar las juntas para el nuevo L.P. Había mucha música que valía la pena apartar. Cada vez que regresaba de un viaje iba a la compañía a seguir separando lo mejor que había y a llevar lo nuevo que traía de fuera para analizarlo también, así es que fuimos encontrando verdaderas joyas.

Mientras todo eso sucedía aconteció algo que me llenó de alegría. Con el apoyo de mi compañía grabadora pude comprar mi primera casa, en el Pedregal de San Ángel. Al fin tenía una casa propia y mi mamá contaba con la suya. Gracias a Dios y al éxito que alcanzábamos ya no seguiríamos rentando dónde vivir. Dadas las circunstancias llevamos a cabo una comida en la nueva casa con todos mis amigos, entre ellos Juan Gabriel, para celebrar el acontecimiento. En esa ocasión el señor Hernández lo convenció de que escribiera algo para mí y así lo hizo. Días después llegó con mucha prisa a explicarme cómo quería que se desarrollara la grabación, pues él, debido a sus múltiples compromisos, no estaría presente. Se trataba de *Lo pasado pasado*. Me dijo: "Cuando llegues al estribillo de la canción donde dice "pido un aplauso", junta a todos los presentes en el estudio, ponlos a aplaudir muy fuerte e incluye eso en la grabación". Yo pensé: "¿Qué querrá decir?, ¿cómo sonará?" El disco se grabaría en Londres, otra vez con la orquesta y los arreglos de Tom Parker. De entrada ya teníamos una canción sensacional y además biográfica, pues hablaba de cómo encontré el amor en mi nuevo matrimonio, pude formar una familia y olvidar el pasado tan difícil que me había tocado vivir. Y hubo más sorpresas: al ir buscando material, José María Napoleón Ruiz nos regaló su hermosísimo tema *Lo que un día fue no será*. Además, después de tanto escuchar lo que se había recopilado, continuaría la historia de Adam Torres, el joven nicaragüense que dejó en mi grabadora su canción *Almohada*. Intentamos localizarlo en la dirección que dejó en la grabadora y nada; sucedió que dos días después de que yo lo conocí en Managua estalló la revolución sandinista. Simplemente no lo encontrábamos, pero su canción se fue con nosotros a Inglaterra.

Este disco tuvo aún más fuerza que los otros dos anteriores, con el primer sencillo, *Lo pasado pasado* y el segundo, *Lo que un día fue no será* (recuerden que cada sencillo duraba más de cuatro meses en los primeros lugares y luego subía el otro). Todavía antes de que preparáramos una nueva edición de larga duración la gente empezó a pedir *Almohada*, canción que ha hecho historia a través de los años; el público no deja de pedirla en la radio y en los *shows* en vivo: dondequiera que voy tengo que cantarla. Hubo ventas fuera de serie de este gran disco y no localizábamos a Adam Torres, su autor, por ningún lado; creíamos que había muerto en la revolución de su país. Fue cuatro años después cuando lo encontré en Los Ángeles, California, trabajando en una lechería, refugiado con su esposa y sus dos hijas. Hasta allá le llevé su contrato de la editorial y su enorme cheque de regalías por la venta de su canción tan sensacional.

Todo esto desató otra temporada de cabaret, ahora en el hotel Fiesta Americana, de nuevo con un éxito inusitado. Los empresarios estaban felices y nosotros también. Mi carrera seguía creciendo, lo mismo que la inversión en la misma; había que viajar con toda la orquesta, los coros y, además, el equipo completo de luces y sonido, que todavía no era tan grande, pero resultaba un gran gasto en exceso de equipaje en los aviones. Para viajar por tierra compramos un pequeño camión en el cual transportar todos los equipos; los demás viajábamos en autobús.

La gente supone que nuestra carrera es muy fácil. Un día alguien me comentó: "Quién como tú, nada más cantas y te pagan", pero no es así. A veces no comemos, no dormimos y no descansamos lo suficiente para desplazar a toda la gente y a todo el equipo día con día a una ciudad distinta; en sí eso es lo más complicado. Recuerdo nuestras peripecias para trabajar con Chucho Ocaña y el tío Andrés Figueroa allá en la selva en Tabasco. Había que atravesar en panga (un transbordador) los grandes ríos de la región y luego era preciso tener siempre una planta eléctrica para poder conectar el equipo; en esos pueblos era indispensable contar con la energía necesaria para el *show*. Aquí una anécdota ocurrida en un pueblo de Zacatecas: una noche tuvimos que esperar a que la gente acabara de ver el noticiero 24 Horas para que apagaran los televisores y así tener suficiente energía eléctrica para comenzar nuestra presentación. En el estado de Tabasco casi siempre hacíamos dos *shows* diarios.

Una vez al terminar la actuación se descompuso el autobús en el que viajábamos la tramoya, los músicos, los coros, Manolo y yo. Teníamos forzosamente que alcanzar un avión en Villahermosa. Entonces, no hubo más remedio que ir todos encima de la carga del pequeño camión del equipo, acostados con un calor insufrible en el hueco que quedaba entre la carga y el techo del camión. Atravesamos en dos pangas entre los ríos y fueron seis horas de viaje en carretera todos en ese pequeño espacio, encerrados; sólo una pequeñísima ventila nos daba acceso al aire que necesitábamos para respirar. Logramos llegar a tiempo para embarcar el equipo, a toda la orquesta y a la tramoya en el avión rumbo a México y después a Monterrey para cantar en la noche. Yo al menos dormía unas horas para descansar la garganta y trabajar a la medianoche. Ahora bien, si el *show* era más temprano, a las ocho de la noche como en los gimnasios, ya casi no descansaba nada. Los demás no dormían, tenían que montar el equipo y ensayar, hacer el *show* y luego levantar todo sin que se les quedara un tornillo para poder armarlo al día siguiente en otro lado, en otra ciudad.

Eso es el éxito, aprovechar cuando las cosas marchan y todo el mundo te quiere ver y todos te llaman y te buscan para contratarte. Trabajábamos diario: los palenques lunes y martes, los gimnasios y las plazas de toros miércoles y jueves y centros nocturnos y cabarets viernes, sábados y domingos.

Un domingo que no trabajamos regresamos a la Ciudad de México al mediodía y fuimos a pasar la tarde con Anel y Pepito; en ese entonces Manolo también vivía con nosotros en la nueva casa del Pedregal. Cuando el inmueble estaba en obra negra, antes de acabar de construir pedí que en un baño que era muy amplio me hicieran una tina grande de mármol verde para jugar con Pepito y sus numerosos juguetes para agua: patos, barcos, lanchas, etcétera. Ese día preparé el agua tibia y nos metimos a jugar. Anel entró y me preguntó:

—¿Quieres una copa de vino?

—Sí —le contesté—, me va a caer muy bien antes de la comida.

En ese momento Pepito, quien todavía no hablaba correctamente por su edad, me miró y me dijo en voz alta, en perfecto español:

—Nada más no abuses.

Me sorprendió mucho con sus palabras. Desde luego, no era normal que un niñito de tres años pronunciara con tanta claridad esas acotaciones respecto de la bebida. Alguien me habló a través de mi hijo, seguro mis abuelos maternos, quienes conocían de espiritismo y ya habían hecho algo parecido con mi tía Magda de Veracruz cuando vinieron a conocer a Pepito desde allá. Ella lo cargó y sintió a la perfección cómo mi abuelita Carmen, la mamá de mi mamá, se posesionaba de su cuerpo para cargar a su bisnieto. Ella me platicó esta experiencia especial con grandes detalles. El caso es que mi hijo pequeñito me daba este mensaje tan importante.

Por temporadas venían mi suegra, mis cuñadas y mi sobrino Patricio, quien aún era mi hijo mayor y siempre estaba con nosotros. La mamá de Anel, doña Elena, tenía un departamento rentado en Los Ángeles, pues en realidad aún vivían allá y trabajaban en las lámparas de decoración.

Empezamos a amueblar la casa. Anel, que era emigrada, tenía el privilegio de traer de Estados Unidos todo lo que quisiera para ese fin y así fue que llegó la primera gran mudanza cargada con todo lo necesario para una casa de tres plantas. El gasto fue enorme, pero se pudo absorber con nuestro trabajo diario. La casa quedó muy bonita y confortable, excepto que cada vez teníamos menos tiempo de disfrutarla por el exceso de trabajo.

En aquellos años todavía se trabajaba en Navidad y Año Nuevo, de modo que teníamos que inventar cómo hacerle para ver a la familia en las fiestas. De no ser así, empezamos a destinar quince días en enero para vacaciones y quince días en agosto para estar en el verano con la familia. Lo demás lo dividíamos en un mes para la grabación, otro mes de promoción, y el resto del año *shows* todos los días.

El año de 1980 llegó con la preparación de otro disco L.P. La fórmula de Ariola era un éxito evidente: cada nueve meses un disco nuevo. Una vez más, la producción de éste se haría en Madrid y en Londres. En España se grabó la primera parte con canciones como *Si me dejas ahora* y *Dónde estás*, de Camilo Sesto o Camilo Blanes, que es su nombre verdadero. Otra canción fue *Será*, de Manuel Alejandro, también de ese casete que tenía guardado cantado por él mismo. Para ese disco se suponía que íbamos a grabar con él, por lo que se preparó el estudio y la orquesta, pero el maestro no llegó. Por la noche lo encontré en el bar del hotel Melia Castilla y al fin me presenté; para mí fue una gran emoción. Le dije: "Lo esperamos por la mañana, ¿por qué no se presentó a la grabación, maestro?" y me contestó: "Es que no se me ocurrió nada". Luego, tomándome de los hombros, añadió: "No te preocupes, chaval, que yo a ti te voy a hacer un disco, ya lo verás". Me dio un abrazo y se despidió; me impresionó su actitud tan desconcertante pero amable a la vez. Ese hombre a quien ya admiraba tanto me estaba diciendo la verdad: volvería a verlo cuatro años después. El recuerdo más hermoso que conservo de esta grabación fue la participación de Mario Patrón, mi arreglista de lujo, para lo cual escogí una hermosa canción de doña Consuelito Velázquez, *Franqueza*. Al terminar la grabación del arreglo, los músicos ingleses se pusieron de pie para aplaudir a mi director por el arreglo tan sensacional que había llevado, ¡qué cosa más bella el reconocimiento de toda la orquesta para este gran músico mexicano!

La promoción continental se basó en la canción de Camilo Sesto, *Si me dejas ahora*. Fue un exitazo en toda América, como todo lo que escribe Camilo. El segundo sencillo fue *Será*, de Manuel Alejandro, un regalo, como dije antes, para medir la tristeza de no ser correspondido.

Siempre que se hacía una grabación se grababan más canciones de las que saldrían publicadas. Después de escogerlas quedaban dos, tres y hasta cuatro sobrantes. Esta vez quedó fuera una que yo le compuse y le regalé a Mario Patrón, *Ay amigo*. Éste es un canto de agradecimiento a todas las noches que pasamos juntos estudiando, oyendo música o bebiendo y hablándole de mis problemas y amarguras por cómo me trataba la gente a quien yo quería tanto. Él fue siempre, tanto para mí como para todos los que lo admirábamos, un hermano mayor. Su muerte años después llenó de luto al ámbito musical de todo el continente y algunos países de Europa, donde también era ampliamente reconocido. Descanse en paz.

Nuestro éxito era enorme y nos llevó a los lugares más apartados del continente: Argentina, Chile y de nuevo a Estados Unidos, pero en esta ocasión –gracias a Julio Iglesias– a los mejores lugares de trabajo, antes vedados para los artistas latinos. En esos años en que iba a grabar a España regresaba yo del estudio de madrugada y cuál no sería mi sorpresa que al abrirse la puerta del elevador del hotel en Madrid vi salir a Julio con un abrigo enorme pues hacía un frío congelante y con una barba de tres días. Nos abrazamos cordialmente, pues él fue el único artista español que me apoyó en su país al invitarme a su programa estelar de televisión a cantar con su ballet y con su orquesta. Eso nunca lo he olvidado y siempre lo he querido mucho.

—¿Qué haces en el hotel a esta hora? —le pregunté.

—Estoy celebrando mi nuevo contrato con la CBS, me voy a vivir a Miami a proyectar mi carrera en inglés —me contestó, muy contento.

Platicamos hasta que empezó a clarear y le deseé toda la suerte del mundo, ya que de su éxito dependía la entrada de todos nosotros, los que cantábamos en español, al mercado latino manejado en grande por los estadounidenses. Éstos, al darse cuenta de cómo funcionaba Julio Iglesias en los lugares de primera categoría, al llenarlos de gente latina, empezaron a llamarnos a los demás también. Su estrategia de promoción para su lanzamiento en inglés resultó un éxito y se convirtió en un artista mundial.

De tal forma, poco a poco compañeros como Roberto Carlos, José Luis Rodríguez y un servidor empezamos a trabajar también para los casinos en Las Vegas, el Radio City Music Hall en Nueva York, el Amphitheatre de Universal Studios, el Teatro Griego en Los Ángeles, el Chicago Theater en la ciudad de Chicago, así como en los casinos de Atlantic City y de las islas del Caribe. Por supuesto, ganábamos más dinero y, sobre todo, vendíamos más discos pues nuestra promoción se extendió a los medios de comunicación de primera importancia.

20

Amor amor

Una gran noticia: El Patio abría sus puertas otra vez y nos llamaron para lo que sería una nueva serie de presentaciones anuales. Ése era el lugar por excelencia para mí, ahí había debutado y era donde el público de cabaret se identificó con mis actuaciones en vivo y en directo. Además, el abolengo de El Patio permitía que siempre estuviera lleno nada más con la lista de clientes de don Manuel Gómez; por eso durábamos tanto tiempo en cartelera para también atender al resto del público. Una vez más la respuesta de nuestra gente convirtió en un gran éxito mi temporada anual. Don Manuel me dijo un día que el público de nosotros era el mejor, el que más gastaba y más consumía; en ciertas ocasiones El Patio se llenaba de niñas que sólo consumían Coca Cola para ir a ver a sus ídolos jóvenes y no salía la inversión. Con nosotros era distinto.

También hice temporada en el Auditorio Nacional y acudieron a verme unas cuarenta y dos mil personas esa semana. Fueron un triunfo mis primeros *shows* en el Auditorio.

En esa época apareció en nuestra vida la abuela Estrella, quien nos llenó de amor, dulzura y protección con su sabiduría. Ella me ayudaba a limpiar mi aura de vibraciones negativas con sus hierbas y nos enseñó a limpiar los escenarios y a prepararlos para los *shows*, cosa de la que se encargaba Anel personalmente. Ella decía:

—"La Tarántula" —como llamaba a Kiki Herrera Calles— no deja de atacarnos con sus brujerías para que nos vaya mal; hay que limpiarnos constantemente.

Lo mismo me advertía la abuela:

—Tú recoges mucha envidia, hay que quitarla. Cuando yo muera, busca quién te ayude a limpiarte, pero ten cuidado, hay mucho charlatán.

A esta hermosa señora la recuerdo todos los días en mis oraciones, era una iluminada. Fue ella quien me predijo: "Un día tú vas a acabar viviendo en Miami, ¡ya lo verás!"

Al igual que todos los años debía preparar el disco nuevo y eso fue posible gracias a la continua colaboración de Rafael Pérez Botija, quien, como era su costumbre, nos regaló a todos su maravillosa canción *Amor amor*, que le dio título a este mi decimoquinto L.P. y número cinco para Ariola.

Para 1981 la carrera no podía ir mejor, todo salía bien y era triunfo tras triunfo: los discos en la radio, grandes ventas y los *shows* siempre llenos en todos lados.

Pero empezaron a suscitarse cambios radicales. Ya Manolo no iba conmigo a las grabaciones, menos aun a las promociones pues tenía mucho trabajo en la oficina, la cual abrimos en la casa del Pedregal para atender a los empresarios. Anel tampoco: tenía que cuidar a Pepito, que ya asistía al jardín de niños. Muchas cosas se modificaron. Anel nunca bajó de peso y ya no era tan mesurada con el dinero; después de su pastilla para adelgazar —que no le servía para nada, sólo para andar "pasada"—, su entretenimiento favorito era gastar.

Lo que sí permanecía igual era que yo no decía nada, sólo trabajaba muy fuerte. Nuestra vida sexual desapareció, me sentía relegado, nuestra relación se convirtió en uso. Las mujeres como Anel siempre necesitan tener con quién pelear y a quién dominar y si logran esto último se aburren. Las mujeres-hombre como Anel necesitan el reto, dominar, ser superiores al hombre. ¿Cómo? Usándolo, explotándolo. Siempre te tratan muy joviales y condescendientes como en el prostíbulo, como si fueras un cliente, pero nada es cierto, eso es sólo para hacer lo que se les pega la gana. Por eso con ánimo de entretenerse son muy dadas a organizar muchas fiestas con sus amigos y amigas.

Yo le contaba a la doctora Saldívar todo lo que me pasaba y sólo con sus consejos lograba controlarme. ¿De qué sirve tener paciencia con las personas con quienes vives, consentirlas y comprenderlas esperando a ver si cambian? ¡Para nada, no hay tal cambio! Todo siempre a mis espaldas, ¡qué tristeza! Al menos Pepito estaba bien, lo mismo que nuestras familias. Gonzalo entró a trabajar al estudio de grabación de Los Babies, de Carlitos Ávila. Mi hermano era un magnífico ingeniero de grabación. Sin embargo, ya tenía a Carlitos, otro hijo aparte de Ángel, su primogénito, y también logró convencer a la mamá del pequeño que se lo dejara. Para variar, mi mamá era quien lo atendía; por lo menos, él hacía algo por ellos: "trabajaba". De cualquier forma, yo seguía ayudando a mi mamá en todo.

Las giras se intensificaron, al igual que las personas de servicio en la casa: cocinera, recamarera, jardinero y chofer. Don Celedonio, el señor jardinero, todo un profesional, sigue llegando a las seis de la mañana a la casa del Pedregal para atender el jardín día con día, excepto los domingos. Siempre lo mantenía en excelentes condiciones; por eso le extrañaba muchísimo que Anel le ordenara arrancar todas las plantas y flores bellamente cuidadas por él y plantara otras nuevas. Era una discusión constante con Anel: ¿por qué destruía una y otra vez el magnífico trabajo de don Celedonio? La respuesta es que lo hacía sólo por gastar, era lo único que la gratificaba. Siempre decía: "Yo me compraría los vestidos, los usaría una vez y luego los tiraría; todo siempre nuevo". ¿A dónde íbamos a dar con esa mentalidad? Su lema era: "A mí que me sirvan". Para eso, únicamente con dinero de por medio, siempre había gente extra trabajando en la casa: la masajista, la peinadora, la manicurista, la amiga de compañía para que no se aburriera y le ayudara con Pepito. Había que mantenerla entretenida pues si se aburría, ¡auxilio!, otra vez a gastar. No transcurría un día en que no inventara alguna manera de gastar el dinero.

De vez en cuando salíamos de paseo unos días a Catemaco. Era un espectáculo ver cómo Pepito se mojaba con la manguera en el patio del restaurante de sus padrinos doña Paulina y don Kiko Betaza. Verlo así de contento hacía que todo valiera la pena.

En el año 1981 proyectamos una grabación especial en busca de emular el gran éxito continental de don Lucho Gatica cantando boleros románticos. Mi amigo Val Valentin nos ayudó a producir este excelente disco. Val había sido ingeniero en jefe para los conciertos y grabaciones de discos de don Frank Sinatra; era un verdadero erudito con un concepto del purismo auditivo, el cual avalaba su extraordinario trabajo. Yo lo conocí en México cuando lo requerían las compañías de discos para la construcción de estudios de grabación; uno de los más bonitos y de lo mejor de México lo construyó Val para la compañía La Gab.

De tal forma comenzó nuestra relación amistosa y la profesional con su colaboración para mi grabación. Él conocía muy bien a mi director Mario Patrón y a su hermano Homero. Le gustaba sobremanera trabajar con ellos y con los mejores músicos de México, miembros de la orquesta que me acompañaba siempre: Víctor Ruiz Pasos, bajista; Miguel Peña, guitarrista; "Tilico" Muñoz, baterista; "El Kennedy" Armando Noriega, saxofonista tenor y arreglista; "El Gallo" Ramón Flores, excelente trompetista. Siguiendo el ejemplo de don Frank Sinatra, siempre estaba rodeado de lo mejor, musicalmente hablando.

Se trataba de grabar una recopilación de las maravillosas canciones románticas que fueron éxitos totales en sus versiones originales. El disco no fue promovido en el nivel internacional como todos los demás y me quedé con las ganas de representar al bolero romántico en el mundo de habla hispana. Pensé que esto se debía a que las canciones no eran nuevas y no les interesaba gastar en un disco así. Estaba equivocado.

Durante la grabación, Val nos contaba anécdotas de don Frank Sinatra, sobre todo de la forma en que enviaba ayuda a gente que la necesitaba sin decir de dónde provenía. Y era porque gente cercana a él le comentaba: "Frank, a la familia de fulano de tal la van a sacar de su casa porque deben la renta"; entonces, él mandaba pagar la deuda y un año adelantado. Eso es filantropía pura. Asimismo, hablaba sobre su sentido del humor: cuando le preguntaban si le había gustado el trabajo del ingeniero de sonido del evento, contestaba: "No, en absoluto, ya le pusimos sus zapatos de cemento y lo tiramos al río para que no siga echando a perder los *shows*". El señor Sinatra era extremadamente exigente para eso.

Otra maravillosa faceta de Val Valentin era el espiritismo. Me invitó a una sesión después de terminar el disco, el cual grabé por completo en una tarde porque conocía a la perfección todas las canciones. Esa sesión fue algo inolvidable para mí, pues era la primera a la que asistía. El médium entró en trance y fue la presencia de santo Tomás de Aquino la que nos iluminó. Conversó con cada uno de nosotros. A mí me dijo: "José, debes tener mucha fuerza de voluntad para vencer tus debilidades; cuídate, hay mucha gente a tu alrededor que no te quiere. Tienes que ponerte en manos del Espíritu Santo".

Al otro día nos despedimos y le di las gracias por su gran colaboración. Hace muchos años que no lo veo, lo extraño mucho, no sé si vive todavía, me encantaría abrazarlo otra vez.

Ese 1981 vino a México Rafaella Carrá, la gran artista italiana que cautivó con su talento y belleza al público de México en El Patio. Nos hicimos amigos gracias a don Manuel Gómez y ella nos invitó a Italia a su casa en Roma y en Porto Stefano. Fuimos a comprar ropa para la temporada de El Patio y una vez allá Anel se comportó de forma muy extraña; empezó a comer y comer con una desesperación que me hacía enojar. Comía todo el día y a toda hora, aun estando a dieta con sus famosas pastillas y bajo un nuevo tratamiento; simplemente se mostraba insoportable. Yo le dije: "Llegando a México te haces unos estudios a ver qué tienes". Así lo hizo y resultó que estaba embarazada; sólo Dios sabe cómo si ya casi no teníamos relaciones. La noticia me petrificó. Por un lado, ya estaba harto de vivir así, trabajando sin descansar y sin poder disfrutar de lo que ganaba, viviendo con alguien a quien no le importaba si iba o venía mientras ella pudiera seguir gastando para ser feliz.

En una sesión con la doctora Saldívar, ella me dijo: "José, usted bebe porque tiene una gran depresión de fondo desde su niñez". Tal vez ése era el caso de Anel con la pastilla, pero el tiempo se encargó de destapar la verdad de nuestra relación: amor era lo que menos había. De su parte, era interés. De la mía, resignación por mi hijo; estaba ahí pero ya no aguantaba más, tenía que irme para dejar de sufrir, vivir con una mujer que vive empastillada y cambia de manera de ser tres veces al día es insoportable. Ahora con esta noticia no sería tan fácil salir de la casa.

En el ensayo general del debut en El Patio nos dieron la noticia de su embarazo. Todos me felicitaron. Me fui al camerino a pensar qué quería decir eso. Justo en Roma acababa de tomar la decisión de separarme de Anel, pero entraba en la misma encrucijada del principio: dejarla con dos hijos con lo desequilibrada que estaba. Ahora había que ver cómo venía el bebé, con tanta pastilla que tomó estando encinta.

No tuve más remedio que quedarme otra vez. Además, pensé que todo eso era una buena señal de parte de Dios. Tal vez todo cambiaría y en verdad así fue. Regresó el estado de sublimación, incluyendo a Pepito, quien le tocaba el vientre a su mamá y le decía: "Hoy amanecí con más amor para darle a Marysol"; ya sabíamos que era niña y tenía nombre. Eso aumentó mis expectativas de cambio; tal vez lograríamos el equilibrio tan necesario en nuestra relación.

Una vez más no estuve presente en el nacimiento de mi segundo bebé. En esta ocasión llegué de madrugada al hospital desde Zihuatanejo. Primero pasé a visitar a Anel, quien sufría un ataque de llanto llamado depresión posparto. Cuando se calmó nos llevaron a ver a Marysol a un sitio especial, pues tenía hipocalcemia. Anel estaba muy gorda de tanto comer, de modo que la niña recibía una cantidad tal de alimento en el vientre que al nacer y cortarle el suministro umbilical le faltó calcio y empezó a temblar. El doctor Kashmere y su equipo lo detectaron de inmediato y le conectaron suero en su piecito. La vimos boca abajo, gorda, gorda —parecía japonesa— y llena de vello por todos lados. Estaba semidormida. Cuando nos acercamos al vidrio para observarla de inmediato sonrió, nos sintió mirándola a través del vidrio, ¡increíble!

Otra vez hubo muchas felicitaciones de parte de todos, muchas flores y ropita, globos y juguetes, entre otras cosas. Una gran felicidad nos embargó a todos. Mi cuñado ya llevaba tiempo involucrado con una muchacha de Torreón, de nombre Chayo, que tenía una hija pequeña. Así más o menos empezaron a formarse las dos familias. Dada la situación, Manolo ya no vivía con nosotros sino con Chayo y su hijita.

Dentro del panorama familiar la bebé nos unió mucho a Anel, a Pepito y a mí, pero en lo que era el negocio y los excesivos gastos de todos ¡nadie me hacía caso en absoluto! "¡Hay que guardar algo!", solía decirles y nadie entendía; es más, ya el error empezaba a dar muestras de catástrofe. Anel y Manolo administraban todo con base en los anticipos como los de El Patio. Cuando trabajábamos ya se debía el dinero y lo habían gastado.

Además, se hizo una enorme inversión en equipos de luz y de sonido para los *shows* de El Patio y de todos los lugares grandes que trabajamos. Los equipos los metimos al país con la ayuda de personal de la aduana, ya que yo fui el primero en traer a México esos gigantes y estaba prohibido. Gracias a las relaciones de Cuauhtémoc Sánchez, quien trabajaba con nosotros desde el año 1978 como elemento de seguridad y perteneció a la Policía Judicial, nos conectamos con la gente adecuada para tener nuestros equipos. A esto hubo que agregar una enorme mudanza para transportarlos, un autobús para la tramoya y los ingenieros y otro para los músicos y los coros; la orquesta ya constaba de diecisiete elementos más tres coros y los empleados de administración.

Hubo una gran discusión pues Anel llevaba todas las cuentas en un cuaderno de escuela y ya se escuchaba el rumor de la reforma fiscal; además, yo nunca sabía dónde estaba todo el dinero que ganábamos. De tal modo, le pedí a mi mejor amigo de la infancia, quien era licenciado en administración de empresas y contador público titulado, que me ayudara con la contabilidad de millones de pesos que Anel llevaba en su cuaderno de tercer año de primaria. En cuanto le dije que mi amigo vendría a ayudarnos con las cuentas, ella pegó el grito en el cielo, pero mi amigo había dejado su trabajo de planta en la universidad y le pedí que viniera a revisar todo en la oficina.

Bastantes problemas tenía con lo que pasaba en mi casa, cuando llegó otra gran canción de Rafael Pérez Botija titulada *Gracias*, la cual le dio título al L.P. número siete de mi carrera con Ariola.

Hicimos la promoción en México y Estados Unidos. Luego me llegó la noticia de que se contrataba una gira por Sudamérica. "Qué bueno —me dije—, aprovecharé para promover el disco nuevo." Y así fue: dejé hecha la promoción, cantamos en vivo en los *shows* y regresamos a México. Como yo viajaba por todo el continente con diferencia de sólo tres meses entre una y otra fecha, me di cuenta de que en Sudamérica se oían nuestros nuevos éxitos pero con artistas locales, no con nosotros; o sea, yo llevaba a cabo la promoción y la empresa ya no defendía nuestro producto. Eso no era lo estipulado en el contrato, que era la promoción en todos los países de habla hispana y en donde hubiera población latina como Estados Unidos.

Por tanto, comenzó un periodo de tensión con Ariola por incumplimiento de contrato. Ellos argumentaban que eran problemas internos con las subsidiarias y que por eso nos robaban las canciones. Prometieron que lo arreglarían.

Joaquín Guerrero procedió a organizar lo concerniente a lo contable. Anel ni le dirigía la palabra. Le hizo la guerra al grado de que cuando llegó mi debut en Las Vegas en el hotel Dunes —gracias a don Zioma Neyman, quien me consiguió el contrato con el señor Shenkel, el dueño del hotel, y a don Martin Tabashnick—, todos fuimos al evento menos Anel porque iba Joaquín con su esposa. Me dio un ultimátum: "Joaquín o yo". Fue muy desagradable su posición en contra de mi amigo y lo hubiera hecho en contra de quien fuera, no le convenía en lo más mínimo que alguien revisara sus cuadernos y la chequera. Se puso en un plan tan insoportable que tuve que darle las gracias a mi amigo después de sacarlo de su trabajo y haberlo hecho perder su planta de por vida. Qué pena más grande me hizo pasar. Sin embargo, Joaquín lo entendió y se retiró a buscarse la vida en otro lado.

De todas maneras, yo no quité el dedo del renglón y se contrató a un bufete de contadores para que nos llevaran la contabilidad, pues ya era un dineral lo que se manejaba, del cual había que dar cuenta al fisco como se empezó a exigir en esos años a todos los profesionales.

En estos años, por medio del tío Ted Week tuve la oportunidad de conocer a parte de la familia de don Frank Sinatra. En una casa abajo de una montaña rumbo al Laurel Canyon en Los Ángeles vive doña Nancy Barbato, quien fuera la primera esposa del señor Sinatra. Nos recibió con gran amabilidad. Poco rato después llegó su hija Nancy. Hablamos de mi admiración por don Frank y también de cuando me invitó a grabar en su compañía. Después la plática giró en torno a Ted Week y su relación de toda la vida con la familia. Él, que vio crecer a los hijos de doña Nancy y don Frank, siempre mantuvo una relación muy cercana y especial con ellos, por lo que le llamaban tío Ted. Tomamos unas fotografías y le dimos las gracias a doña Nancy por recibirnos en su casa. Nos fuimos porque ya se acercaba la hora del almuerzo; en la mesa, como todos los días, estaba puesto el lugar de don Frank, por si llegaba. "Nunca se sabe –me dijo el tío Ted–, es una persona tan especial; de repente viene de visita, así que todo está listo siempre."

Yo me encontraba grabando en A&M, la compañía de mi amigo Herb Alpert, ubicada en lo que fueron los estudios de Charles Chaplin, cuando un día, a media semana, me llamaron de parte del tío Ted. Había conseguido que fuera a cantarle una canción a don Frank Sinatra en su casa: sería ese domingo. Desde luego, pidieron total discreción de mi parte y que fuera de esmoquin. El domingo pasaron por mí al hotel y nos dirigimos al rumbo de Beverly Hills y Bel Air. Al llegar me presentaron al pianista que iba a acompañarme. Yo escogí la canción *Misty*, de Errol Garner, pues la tenía muy bien ensayada. Era el conjunto tradicional de piano, bajo y batería y la conocían a la perfección. Ellos eran los amenizadores de la fiesta y yo cantaría en cierto momento ya que tenían su propia vocalista, una muchacha de color que cantaba excelente. Fue ella quien me anunció a don Frank y los invitados en un momento especial y canté lo que había preparado. Lo hice muy bien, les gustó mucho y me dieron un gran aplauso. Don Frank Sinatra se acercó, me dio la mano y me dijo muy amable: "Thank you, I'll see you later" (Gracias, te veré después).

Y, en efecto, una semana después me hablaron al hotel para invitarme a una reunión que organizaba don Frank Sinatra en otra de sus propiedades en Los Ángeles, esta vez en Mulholland Drive, una calle muy famosa porque atraviesa las montañas de Hollywood. En la cima de una de éstas se encuentra la casa. Se trataba de una reunión para jugar póker. Había gente muy conocida y una vez más me pidieron discreción. En un estudio con unos bellos muebles de piel y un librero de caoba muy grande nos dieron asiento; a mi lado se hallaba un señor muy elegante que fungiría como mi intérprete de ser necesario. Esperamos unos veinte minutos y entró el señor Sinatra vestido de *sport* con un suéter color naranja, su color favorito. Me saludó con familiaridad. Permanecí de pie después de darle la mano, no hallaba qué hacer, tenía las manos frías de la emoción. Sólo atiné a decirle:

—Gracias por recibirme.

—Anytime, thank you for coming (cuando quieras, gracias por venir) —me contestó sonriente—. Tenía ganas de conocerte personalmente así en privado; en Tijuana no nos hubieran dejado platicar tus admiradoras.

No podía creer lo que me decía de tan buen humor con respecto a cuando fue a oírme cantar en el Flamingos de Raúl Miramontes en Tijuana.

—Un consejo —añadió—: estudia vocalización, tarde o temprano es lo único que te va a ayudar a durar cantando correctamente.

Hablamos de Ted Week y de su familia, sacó sus cigarros Lucky Strike, me ofreció uno y lo acepté. Le comenté que trabajé con Val Valentin.

—Es un buen amigo mío y un gran ingeniero; salúdamelo cuando lo veas.

Alguien entró a avisarle que ya estaba todo listo en la mesa de póker.

—Okey —contestó.

Me miró con esos ojos azules que lo petrificaban a uno de entrada, aunque detrás de la primera impresión había una bonhomía y una honestidad muy particulares.

—Buena suerte —me dijo—, sigue cantando tan bonito y no te olvides de algo: triunfar es muy bello, pero tiene un precio muy alto. Yo, por ejemplo, siempre estoy encerrado, no puedo ir al cine ni al súper, eso duele, aunque tiene sus compensaciones. Nunca dejes de ser José José, el que va al cine con sus hijos y lleva a su mamá al mercado, así como tú eres.

Apagamos los cigarrillos, me dio la mano y se despidió diciéndome: "Que siempre te vaya muy bien". Iba a reunirse con sus amistades a jugar a las cartas, algo que lo apasionaba. Me había regalado unos minutos para darme las gracias por haberle cantado en su fiesta. Para mí fue un verdadero honor conocer al hombre que era la inspiración de todos los cantantes del mundo. Todos queríamos ser Frank Sinatra y yo logré conocerlo en persona.

Marysol también tuvo su nana, Juanita, una muchacha más accesible que Luchita. Juana María —su nombre completo— era muy amable y profesional. Así comenzó a crecer la bebecita que nos llenó de amor a todos. Fue mi regalo de cumpleaños, nació dos días antes de que cumpliera treinta y cuatro años.

El año 1982 transcurrió con la misma problemática de los anteriores. Anel estaba cada día más gorda. Como es lógico, después de cuidarse de las pastillas durante su embarazo dio rienda suelta al consumo del fármaco y el efecto fue aún más devastador que antes, o tal vez la razón era que había cambiado las pastillas por otras. El caso es que no dejaba de comer, de gastar y de asumir continuamente sus actitudes de prepotencia para con todos en la casa, familia y servidumbre.

Yo seguía asistiendo, de manera irregular debido a mi trabajo, al psicoanálisis con la doctora Saldívar. Le conté que no tenía dinero ni para gasolina, traía la cartera de adorno. Ella me decía: "Pídales todo lo que necesite, no se calle, pídales que le den dinero cada semana para lo que sea necesario". ¿Por qué no decía ni pedía nada? No alcanzaba a comprender el porqué de mi actitud. En una ocasión, al terminar una promoción me dio bronquitis aguda y tuve que viajar a Houston para cantar. Necesitaba comprar el medicamento y prepararme para el *show*, pero no tenía dinero. Llamé por teléfono a Anel y a Manolo, y les tomó un día entero decidir cómo mandarme algo para la medicina; lo hicieron por medio de un banco de Texas. Apenas así pude controlar la bronquitis y estar listo para el *show* de Houston pues el dinero no llegó a tiempo. ¿Cuál fue la razón? Muy sencilla, no querían que me diera cuenta de que tenían cuentas de banco en McAllen, en San Antonio y en el Citibank de Los Ángeles, California.

Por supuesto, yo no detecté nada, no entendía de bancos ni de números, sólo sabía que nunca contaba con lo suficiente en la bolsa. Fue gracias a la doctora Saldívar y a su petición personal de hacerse cargo también del psicoanálisis de Anel para tener injerencia en la vida de ambos, que se intentó equilibrar mi situación. De tal forma, empezaron a darme dinero suficiente para mis gastos. La doctora convenció a Anel de estudiarse a sí misma mediante esta maravilla de escuela de quiénes somos que es el psicoanálisis. Eso fue lo único que puso un poco de orden en mi casa.

Claro que faltaba que Manolo entendiera de qué se trataba. Un día bajé a la oficina en la casa y escuché una conversación en inglés, entré y me paré enfrente de Manolo, quien seguía hablando. Cuando colgó la bocina le pregunté quién era y me dijo: "Era Maurice Gibb, de los Bee Gees. Quería que fueras a hacer un dueto con ellos, pero le dije que no podías porque no tienes tiempo, estás muy ocupado". Me miró fijamente, asintió y añadió: "¿No es verdad?" Como siempre, yo no dije nada, ya él había tomado la decisión. Qué raro que a mi mánager no le interesara que su artista hiciera un dueto con el grupo musical que estaba en primer lugar de ventas y popularidad en todo el mundo, los Bee Gees. Otra gran oportunidad para triunfar en el nivel mundial se esfumaba. Ellos llamaron personalmente y a Noreña no le interesó, ¿por qué? ¿O sería envidia?

No sabía que Manolo poco a poco sacaba las uñas. Con rapidez aprendía cómo hacer dinero por su lado. Ya tenía muchas cosas bajo su control, no todo, porque su hermana todavía estaba a la cabeza de la administración. Yo lo quería como si fuera el hermano que me hacía falta, pues el mío propio me odiaba gratuitamente.

Manolo Noreña se hizo cargo de la nueva oficina que se abrió en la colonia del Valle, en la calle de Luz Saviñón. Tenía un Mercury último modelo y su hermana Anel un Ford Victoria, también último modelo, en tanto que yo seguía con la misma camioneta Ford para los viajes a Catemaco.

21

Mi vida

Al menos las fiestas de fin de año eran muy bonitas, teníamos de todo y nos sobrellevábamos bien entre tanta diversidad de caracteres: mi mamá Margarita, doña Elena, Anel, sus hermanos Manolo, Marcela y Gabriela, mi sobrino Patricio, Pepito, Marysol, Chayo, Chayito y yo. Compartíamos muy poco tiempo todos juntos, de modo que era importante aprovecharlo.

El año de 1983 venía cargado de sorpresas. Realicé uno de los mejores discos de mi carrera, con la ayuda de Rafael Pérez Botija, como ya era habitual, con *Desesperado* y *Mi vida*. Éste fue el primer tema biográfico que escribió Rafael para mí. Pudo hacerlo porque es un genio; ya me conocía muy bien, éramos amigos de tiempo atrás y me retrató por completo en esta canción.

Una vez que se realizó la promoción continental para este gran disco, sólo de salida se prensaron cuatrocientas mil copias. La radio difundió como primer sencillo *Mi vida*, la historia de cualquier hombre que por amor corrige todos los errores de su pasado. Después vendría *Desesperado* como segundo sencillo, una canción que fue muy criticada por un periodista que afirmaba que un hombre no debe perdonarle a una mujer su pasado y menos aún rogarle que regrese. Yo le contesté que era obvio que él nunca se había enamorado de verdad de nadie; cuando pierdes a alguien a quien amas lo das todo porque regrese.

Fueron enormes las ventas y el éxito en radio de estas grandes canciones, pero una vez más comprobé que Ariola no las defendía en

Sudamérica como quedamos. Tuve que recurrir a un abogado para exigir el cumplimiento de mi contrato de grabación con la empresa.

La demanda de los conciertos fue innumerable, no nos dábamos abasto para cumplir con todas las solicitudes. Ya nuestro espectáculo contaba con tres coristas y bailarinas estadounidenses y la orquesta completa. Se pagaba una nómina alta; cincuenta y dos familias vivían de mi garganta entre músicos, coros, ingenieros, técnicos, tramoyistas, choferes, ayudantes y secretarias. Ahora todo se controlaba desde la oficina nueva de la colonia Del Valle.

Un día Anel fue a cobrar las regalías de los discos y regresó con la noticia de que había comprado un departamento en un edificio ubicado en el Periférico, en el Pedregal de San Ángel. Contaba con alberca, gimnasio y todos los servicios en espacio suficiente para una familia completa.

—Vamos a verlo todos —dije.

Fuimos y estaba precioso.

Yo tomé las llaves y le dije a Manolo:

—Ten, hermano, te lo mereces, para ti, Chayo y Chayito. Quiero que tengas tu casa, te lo regalo.

Manolo no pronunció una palabra, sólo me miró cuando le di las llaves, no me dio las gracias, no dijo nada. Ahora entiendo por qué: ¿deberme un favor de ese tamaño a mí? Si el importante era él, no yo; como su papá decía: "Mi hijo es el que vale aquí, José nada más canta y se duerme". ¿Y la promoción? ¿Quién hacía lo más importante, la promoción? ¿Quién tenía que cantar aunque estuviera muerto de tanto trabajar y de viajar todos los días? Yo. Él contaba con todo su séquito de ayudantes y a mí ¿quién me ayudaba a cantar y a atender a la gente?

Me quedé esperando un "gracias", un abrazo, algo, pero no hubo tal. Yo sentía que era muy justo recompensarlo por su dedicación, no fue fácil construir en equipo una carrera del tamaño de la mía. Todos le echamos muchas ganas. Nunca olvido su expresión de tamaña sorpresa, y más la de Chayo, su pareja. Ella sí estaba contenta, él no, sus razones tendría. Yo al menos sentí que estaba cumpliendo con ser equitativo, todos debíamos tener lo indispensable para vivir después del esfuerzo tan grande que se realizaba.

Las temporadas de El Patio eran apoteósicas, unos llenos increíbles, pero siempre eran para pagar los anticipos que se gastaban Anel y Manolo. Si bien la carrera, como comentamos, salía muy cara, sobre todo por los viajes con tanta gente –había que pagar sus honorarios, boletos de avión, hospedaje y alimentación–, los empresarios nos pagaban muy bien y cubrían muchos de los gastos porque éramos un cheque al portador.

Años atrás, en 1978, en Madrid, conocí a Óscar Fisher. ¡Qué pequeño es el mundo!: él era hermano de Susana Fisher, la modelo de la portada de mi primer L.P., el de mi lanzamiento como José José, donde estoy con un contrabajo. Nos hicimos amigos y le presenté a mi cuñado, ellos también congeniaron de maravilla. Desde entonces, Manolo pasaba mucho tiempo en el departamento de Óscar; es más, éste fue quien le presentó a Chayo. Él colaboraba con nosotros con artículos de promoción como camisetas y gorras. Nos acompañaba en las giras.

Un día, en plena tormenta de éxito, cuando nadie hacía caso de nada de lo que decía, me quedé en casa a cuidar a Marysol pues su nana Juana María tenía el día libre. La puse en la alfombra y como pudo empezó a pararse sujetándose de la colcha de la cama. Me causó mucha ternura y tristeza. Me dije: "Pobrecita mi Marysol, no sabes dónde veniste a caer, en medio de qué y de quiénes". Su nana la atendía las veinticuatro horas del día. La familia era un desastre, todos enloquecidos con el dinero que generaba mi carrera.

Yo sólo trabajaba y bebía. Seguía sin preguntar por el dinero. Al fin y al cabo, todo estaba en orden porque había trabajo y no faltaba nada. Además, teníamos nuevos contadores que se encargaban de poner los asuntos al corriente: las cuentas, los libros y, en particular, lo referente a los impuestos. Ya el gobierno imponía nuevos lineamientos a seguir; no era como antes que nadie pagaba, ahora había que cumplir y cubrir todo a tiempo con Hacienda.

Ahora nuestro equipo de trabajo contaba con ayuda calificada de seguridad, pues en ocasiones los traslados eran por carretera y, como se pusieron de moda los asaltos, más valía proteger el salario de todos.

A mí me ayudaba Jorgito, quien fue secretario personal de Anel cuando hacía telenovelas. El muchacho siempre estaba de buen humor y como nació homosexual derrochaba simpatía. Era muy buen amigo de los miembros del equipo, con todos se llevaba bien y con todos bromeaba, en especial con los músicos. Era un espectáculo en los aviones con su sombrero blanco tejido y su pitillera de cincuenta centímetros para fumar; ya lo conocían todos los sobrecargos de las líneas aéreas y le llamaban cariñosamente "La Jorja". Él fue mi compañero de vida y de trabajo muchos años, quien en verdad supo todo lo que yo pasaba para salir a cantar, para descansar a medias entre vuelo y vuelo o en autobús en carretera, aun en los hoteles con el problema del aire acondicionado y del ruido. Sólo tienes horas para reponerte de la noche anterior, sobre todo si seguiste la fiesta. De ahí sales para el aeropuerto, es fatal; y cuando llegas al hotel, para agradarte te dan una suite con vista a la plaza de la ciudad y el ruido de camiones, coches, ambulancias y agentes de tránsito o, en su defecto, suite con vista a la piscina llena de niños que juegan y gritan al son del sonido del hotel que toca música para bailar.

Siempre buscábamos el cuarto más alejado del ruido de la ciudad, de los niños e incluso del personal de limpieza, la aspiradora, la plática de las muchachas que limpian. Pero lo más importante era desconectar el teléfono pues todos quieren entrevistarte, saludarte, darte una canción para que la grabes, pedirte que les bautices un hijo o, lo más común, pedirte prestado. El letrero de "no molestar" a veces cumplía su cometido y otras no. Entonces, no descansas, no te recuperas a tiempo de subir al escenario. Puesto que la gente ignora todo lo que has pasado para llegar hasta ahí, tienes que cantar perfectamente bien como en el disco; de no ser así, dicen que ya no sirves, que ya no cantas igual que antes. Aunque estés enfermo, agotado o ronco, hay que salir a cumplirle al público; no debes dejarlo plantado nunca, por nada del mundo merecen que les falles. Los asistentes a El Patio, por ejemplo, primero se bañan, se arreglan y se desplazan hasta el centro nocturno, a veces desde lugares muy lejanos. Ya compraron sus entradas y reservaron una mesa con bebida y cena, lo que es todavía más caro; se forman para entrar, se sientan y consumen hasta la medianoche cuando sales a cantar, comparten tu espectáculo dos horas y después van a saludarte al camerino. Pero todos quieren entrar, así que permanecen horas esperando para la foto y el autógrafo. Siempre se atiende a la gente hasta el final porque la visita en vivo al *show* es un apostolado, tú no debes fallar por nada del mundo, estés como estés, pase lo que pase y te sientas como te sientas. Sólo Jorgito, como le llamábamos todos de cariño, supo todo lo que necesitaba hacer para salir a cantar; inyectarme vitaminas, cortisona si era necesario porque estaba muy ronco y agotado, y hasta antibiótico por las infecciones, las bronquitis y los enfriamientos por las bajas temperaturas o el aire acondicionado.

Nunca olvido una noche con Felipe Blanco, el empresario de Torreón. Veníamos de Chihuahua por carretera y se descompuso el autobús. Fueron a recogernos a las afueras de la ciudad en un camión de línea, sin asientos, sólo con colchonetas. Lo usaban para viajes con los grupos musicales en los alrededores de Torreón. Ahí nos metieron a todos. Tras una jornada agotadora, yo venía muy enfermo del estómago. Ésa es otra historia: te enfermas con el cambio de comida, de agua, de leche en otro país o ciudad; es más, hasta con el aire. La contaminación es distinta en todos lados por la cantidad de plomo y de bacterias que hay en el aire y, como dijimos, en los alimentos. No tenía fuerzas, estaba muy debilitado por la diarrea, pero era necesario salir a cantar. Para colmo de males, no había camerino. Todos bajaron a instalar el equipo y a preparar el escenario para la orquesta. Yo me quedé solo, me dolía el bajo vientre muy fuerte y estuve vomitando. Como siempre, traía medicina para todo y para todos (nadie se me quedaba abajo del escenario, yo los curaba). Decidido, me inyecté una ampolleta de Torecan para no seguir volviendo el estómago y tomé Enterotalidina para la infección intestinal. Estuve ahí solo casi dos horas. Más o menos logré controlar el cuadro infeccioso, pero de tanto estar sentado en una sola posición en escuadra me empezó a doler con fuerza la cabeza del fémur derecho. Estaba desarrollando un desgaste del hueso por el uso de las inyecciones de cortisona. No podía sentirme peor y más desanimado. En ese momento, en el piso del camión me puse a reflexionar en si valía la pena vivir así. Ésa era la realidad del éxito, todo lo que hay que superar para cumplirle al público. Extrañaba horriblemente a Pepito y a Marysol, extrañaba mucho a mi mamá, extrañaba mi cama, mi televisor, a mis amigos. Me sentía muy mal, si la gente supiera... ya eran varios años de vivir así, sólo trabajando.

22

Secretos

Mi petición del cumplimiento de mi contrato de grabación surtió efecto. Mi abogado logró que se hiciera efectivo y que la distribución de mi siguiente disco la llevara a cabo la compañía, lo mismo que la promoción correspondiente a todo el continente. Tan en serio tomaron el hecho de que me iba de la compañía que contrataron a Manuel Alejandro para mi nueva grabación. Él accedió con la condición de producirme un disco completo; él fue quien impulsó la modalidad de que el compositor hiciera todo el disco sin la participación de nadie, sólo sus canciones. En el caso de Manuel Alejandro, quien es un genio, éste escribía la letra y la música de todos los temas y, además, algo fundamental: los arreglos musicales. Se firmó el contrato y el maestro cobró la —para ese entonces— estratosférica cantidad de trescientos mil dólares.

Para que Manuel Alejandro le escriba a alguien, antes que nada tiene que gustarle su trabajo, como sucedió con José Luis Rodríguez, a quien situó en el pináculo de su éxito discográfico con el L.P. que le escribió. No olvidemos la total contribución que el maestro tuvo en el éxito de Raphael, sobre todo en los inicios de su carrera, lo que lo llevó a demostrarnos a los cantantes de lo que era capaz cantando en español. El ejemplo, su participación en el *show* de Ed Sullivan en Nueva York, en el cual cantaron alguna vez los Beatles. Y todo eso fue con las canciones de Manuel Alejandro.

El maestro recibía peticiones de todos lados, pero con claridad les decía: "No me gusta, no puedo trabajar así". Me dio mucho gusto saber que le agradaba lo que yo hacía y que aceptara trabajar conmigo.

En este tipo de situaciones los compositores tienen la encomienda de escribir lo que tú eres, lo que piensas, lo que sientes, lo que estás viviendo, etcétera. De modo que un día llamaron por teléfono a mi casa a las cuatro de la mañana. Era el maestro, quien me preguntó:

—¿Qué haces?

—Estoy durmiendo —le contesté, amodorrado.

—¿Está tu mujer ahí contigo? —inquirió de nuevo.

—Sí.

—¡Ah!, entonces no puedes hablar, te llamo otro día.

Así lo hizo y me cuestionó acerca de mis pensamientos con respecto al amor, a las parejas, a la vida, si era feliz, si tenía novia, si estaba enamorado, si extrañaba a alguien, si sufría por amor, si estaba conforme con mi pareja, si pensaba en otra mujer, entre otras cosas. Fue un cuestionario total para conocerme y poder escribirme las canciones a la medida. Yo no tenia idea de lo que me esperaba al trabajar con este hombre tan especial.

Inicié el viaje a Madrid yo solo. Ahí me esperaba Luis Hernández, mi gran amigo español, a quien quería mucho y era asistente del señor Segura, el director de la compañía de discos en España y en el continente americano; también trabajaba en ocasiones para Manuel Alejandro. Me hospedaron como siempre en el hotel Melia Castilla, donde esperaría a que estuvieran listas las canciones. En cuanto llegué, el maestro me dio la bienvenida por teléfono y me dijo: "Descansa, relájate, yo te hablo el lunes y te digo cómo está todo". El lunes por la mañana recibí otra llamada: era Manuel Alejandro, quien se limitó a decirme: "Te busco el otro lunes a la misma hora, tranquilo, todo va bien".

Yo me dediqué a comer y a extrañar a todos. Estaba encerrado el día entero durmiendo y viendo televisión. Esporádicamente Luis me llevaba de paseo. Con él conocí El Escorial, la tumba de Franco, varias atracciones turísticas como Toledo y sitios de interés de la ciudad de Madrid. El lunes siguiente, a la misma hora sonó el teléfono. Como acordamos, era el maestro; volvió a decirme: "Todo va bien, tú tranquilo, que te lleven a conocer el Acueducto Romano de Segovia y a comer cochinillo, yo te llamo el otro lunes a la misma hora".

De México recibí la noticia de que operarían a doña Elena, mi suegra, de la columna vertebral, cosas de la edad. Ya mi madre Margarita también había tenido que operarse de la matriz para no sufrir complicaciones a futuro. Tal era el caso de mi suegra; la intervención era necesaria para que pudiera vivir más años sin molestias de ninguna especie.

Otro lunes llegó. Una vez más escuché al maestro por teléfono: "Ya le he pedido a Luis Hernández que te lleve a conocer La Mancha, el sitio de Don Quijote y los molinos". Fue muy bonito conocer esos lugares tan famosos en todo el mundo. Una noche Luis me llevó al cabaret del hotel Melia Castilla, espléndido lugar para hacer una temporada de centro nocturno. Ya no hallaban en qué entretenerme y para mí era muy atractivo visitar lugares de España. En mis viajes anteriores sólo conocí los aeropuertos y los estudios de grabación, pero la verdad es que ya no podía más. Extrañaba a mis hijos y un día, encerrado en mi cuarto, acabé llorando. Me dije: "Hubiera sido mejor quedarme allá con ellos y cuando estuviera todo listo venir a grabar". Me estaba desesperando.

Me entretenía comprando ropa para la portada del disco, corriendo y haciendo ejercicio en el parque. Manuel Alejandro me mandó a ver a un médico de la garganta para que me hiciera una revisión. Éste recomendó que consiguiera unos tés de hierbas especiales para las vías respiratorias, ya que la contaminación de Madrid contiene mucho plomo y se me estaban resecando la nariz y los pulmones. Como Manuel Alejandro me advirtió de ese fenómeno, yo le pedí al doctor Eduardo Martínez, quien era mi pulmonólogo particular y me ayudaba a mantener mi organismo en orden después de aquella pulmonía fulminante, que me prestara uno de sus humidificadores ultrasónicos con el fin de prepararme para la grabación.

Si bien me llevaban a comer constantemente a lugares preciosos de primera categoría, como Botín y La Dorada, también en el hotel se comía riquísimo. ¡Cómo extraño la ensalada de angulas de su restaurante! Ese sábado llamó Manuel Alejandro y me dijo "Te mando el coche el lunes, te espero en mi casa a las ocho de la noche". Ese día me puse un traje nuevo y fui a saludar al maestro a su casa y a conocer el material de nuestro disco. Para romper el hielo, me recibió con un platón enorme de percebes, un sabroso marisco que crece en las rocas. Después de comer me mostró la primera canción: *He renunciado a ti*; la letra me impactó profundamente, sobre todo donde dice "He renunciado a ti como lo hace el mendigo ante el juguete caro que llevaría a su hijo" ¡Qué manera de definir la impotencia que se siente por no tener algo! Ésa fue una de las que escribió en especial para mí. Luego me cantó *Lágrimas*, *Lo dudo* y *Cuando vayas conmigo*. Lo único que yo decía tras oír cada una de ellas era: "¡Qué maravilla!"

Empezamos la grabación con este grupo de canciones. Ya para ese entonces estaba en Madrid quien se había convertido en mi compañero para estos menesteres en todos lados: el señor Fernando Hernández. El impacto de los temas en él fue total, se puso muy contento de cómo quedaban después de grabarlas. Grabábamos dos canciones diarias y reposaba. Sólo cantaba cada tercer día, por lo cual mi voz sonaba siempre fresca y descansada. Siguieron *Esta noche te voy a estrenar*, *Quiero perderme contigo*, *Voy a llenarte toda* y otra sensacional: *A ésa*.

Una vez terminada la grabación de este segundo grupo de canciones vi al maestro muy nervioso en el estudio.

—¿Por qué estás tan tenso? —le pregunté.

—Es que ya casi se termina el plazo para entregar —me respondió— y me faltan dos canciones.

—No te preocupes —le aseguré—, ya tenemos ocho maravillosas; si ya no hay más no importa, con éstas tenemos de sobra.

Sin contestar, se dio la vuelta y se fue a su casa. En la madrugada sonó el teléfono: era él. "Te estoy haciendo dos canciones que no te las mereces, nos vemos en tres días", me dijo y colgó.

Al tercer día nos vimos en el estudio. Había escrito especialmente para mí *Entre ella y tú*, y para él *El amor acaba*, dos verdaderas obras maestras. Logramos terminar el disco a tiempo, pero sin cansancio ni prisas. Le comenté al señor Hernández si recordaba cuando tuve que cantar dieciséis horas seguidas en Los Ángeles para terminar el L.P. *Gracias* y al día siguiente tomar un avión e ir a trabajar hasta Puerto Rico. ¡Qué diferencia trabajar con Manuel Alejandro! Él imponía lo más importante para el cantante: el descanso de su voz, sin importar cuántos días se emplearan en terminar o cuánto costaba el estudio si te pasabas de tiempo. Esto fue un detalle muy especial para mí del maestro.

Así quedó constituido el disco que llegaría a ser el más vendido de mi carrera, con siete millones de copias hasta la fecha, luego de veinte años de haber sido publicado. Es el disco más vendido en la historia de las grabaciones en nuestro país. El éxito fue tal que más que nunca se perdió la proporción del dinero que entraba y de lo que gastaban los hermanos Noreña. Yo tuve que hacer los videos de promoción de todas las canciones, de las diez que venían en el disco de Manuel Alejandro. Fue excepcional, todas fueron éxitos, algo insólito en la historia de la discografía en español. Todas las canciones escritas por él llegaron al *Hit Parade*. Estuvimos cuarenta semanas en primer lugar en las listas, todo un récord. Y seguíamos trabajando día tras día.

En esos días Jorgito, mi asistente, tuvo que decidir entre quedarse con nosotros o con la planta en Petróleos que le heredaba su padrastro y optó por lo segundo porque era algo para toda la vida. Nos despedimos con mucha tristeza y hasta la fecha lo extraño. Entonces Anel y Manolo decidieron que Cuauhtémoc Sánchez "Temo" se fuera a trabajar conmigo exclusivamente. Ya "Temo" sabía demasiado de todo lo que ellos hacían a mis espaldas con el dinero. Estaba al tanto de los depósitos en los bancos de Texas, en McAllen y San Antonio, en Los Ángeles, California, y en Bancomer en México. También conocía algo que yo ignoraba por completo: el contrabando de aparatos eléctricos en la mudanza de carga del equipo; cada vez que la mudanza iba a la frontera, regresaba cargada de contrabando. Manolo tenía todos los contactos para ello, por supuesto argumentando que era para mí.

Ese año fue cuando menos supe de todo. Apenas alcanzaba a cumplir los compromisos Dios sabe cómo, era demasiado trabajo con los conciertos, mi garganta no descansaba nunca, pues además tenía la promoción continental de radio y televisión. Aunque eran hermosos los logros, todo se diluía al ver que no guardaban nada. Anel y Manolo, como siempre, cambiaron de coche, él un Lincoln Continental y ella otro Ford Galaxy último modelo. Al fin reemplazaron mi camioneta por una nueva, aunque no me duró el gusto porque me la robaron de inmediato.

Las vacaciones eran un suspiro, pero luego luego había que volver a trabajar, veíamos a los niños muy poquito. El triunfo era absoluto: el Radio City Music Hall, el Amphitheater de Los Ángeles, los casinos en Las Vegas y Atlantic City, el Chicago Theater, otros sitios en Houston, Dallas, etcétera. La gira en Estados Unidos fue con llenos totales. Me pusieron el apodo de "Mr. Sold Out" (el señor que llena todo). Lo mismo pasaba en Puerto Rico, República Dominicana, Venezuela, Centroamérica, en fin, por doquier recibía la misma respuesta. Siempre me acompañaba la orquesta del maestro Jorge Neri. También fui contratado por la relojería Juvenia para todo Estados Unidos; se hizo la promoción de las joyas y relojes. El señor don José Robin, mi amigo entrañable, me dio este contrato fabuloso.

Yo no tenía mayor escape que las fiestas organizadas después de los *shows* o cuando llegaba a México a veces me iba a beber y a cantar con mis amigos bohemios. Para mí, triunfar sólo significaba más trabajo y menos tiempo para ver a mis hijos. Decidimos comprar un *penthouse* en Beverly Hills, al cual sólo podíamos ir en Navidad y en los quince días de vacaciones de verano. Le pedimos a mi suegra que por favor fuera a habitarlo en compañía de mi cuñada Gabriela, para que siguieran teniendo un hogar en Los Ángeles y el departamento no se deteriorara por estar solo. Doña Elena se había retirado de trabajar, cosa que hizo toda su vida; ya era justo que descansara.

En casa de mi mamá el trabajo aumentó para ella. Seguía cuidando a los dos hijos de Gonzalo; ¡qué bárbaro!; éste no entendía que ella ya no estaba en edad de andar de nana. Dado que, como es lógico, siempre le dábamos a mi mamá su dinero mensual, Gonzalo no movía un dedo. Al igual que yo, se dedicaba a beber, sólo que sin trabajar como yo lo hacía, sin descanso.

Chayo, la pareja de Manolo, también se embarazó y así se aseguró de que a mi cuñado no se le ocurriera abandonarla pues ella también bebía muchísimo y eso ocasionaba problemas en su convivencia. Tuvieron un varoncito al que llamaron Manuelito. Seguían viviendo en el departamento de lujo que yo les regalé, rodeados de sus amigos y familiares.

23

Payaso

Manuel Alejandro nos hizo millonarios a todos, incluyendo a los ejecutivos de la compañía. Al pasar los años uno se entera de cosas increíbles sobre lo que sucede en el nivel contable con el dinero que generan discos como éste de *Secretos*. Así es como vamos aprendiendo.

Durante unos conciertos en Acapulco dos situaciones me llenaron de felicidad. En primer lugar, don Carlos Amador tuvo la idea de llevar mi vida a la pantalla y me dio la noticia en el camerino del hotel Hyatt. En segundo lugar, conocí a un médico judío-mexicano de nombre Roberto Chiprut, quien me ofreció su amistad sincera; con el tiempo se convirtió en un hermano para mí; fue una gran ayuda para mi carrera y mi persona.

Comenzó el rodaje de mi cuarta película en marzo de 1985; gracias a don Carlos Amador volvía al cine. La filmación duró cinco semanas, incluyendo una en Nueva York y en Atlantic City durante mis conciertos en los casinos. Hacía mucho frío y tuvimos que enfrentar las bajas temperaturas con todo el equipo de filmación. También hubo que manejar largas distancias contra las inclemencias del tiempo para cumplir con el rodaje y con los *shows*. Por fortuna, lo logramos y se terminó el film, el cual se estrenaría en septiembre.

Mi sobrino Patricio vivía con nosotros mientras mi cuñada Marcela, su mamá, intentaba rehacer su vida con otra pareja. Fue difícil disciplinarlo y optamos por mandarlo a una escuela militar en Wisconsin, lo cual fue un acierto en su favor.

La disquera me dio instrucciones de grabar otro disco. El único compositor de habla hispana capaz de mantener el éxito que representó mi grabación con Manuel Alejandro era, por supuesto, Rafael Pérez Botija, quien se dio a la tarea de escribir todo el disco para mí. *Reflexiones* también recibió promoción continental y toda la atención que requería; por consiguiente, alcanzó una venta de más de dos millones de copias.

Para Manolo y Anel, "Temo", mi asistente, representaba un problema porque sabía demasiado de sus actividades a mis espaldas. Por la gran confianza que le teníamos, "Temo" hacía los depósitos en los bancos y solía llevar consigo grandes cantidades de dinero cobrado por las actuaciones y correspondiente a la nómina de los empleados. En consecuencia, decidieron tenderle una trampa: lo acusaron de haber robado dieciséis mil dólares y no le permitieron ya trabajar conmigo. Yo protesté pues era un elemento, como pocos, de toda mi confianza. Si bien "Temo" se defendió, Manolo y Anel lo inculparon a toda costa.

—Si quieres, te puedo decir todo lo que está pasando, pero no te va a gustar —ofreció.

—¿De qué se trata, "Temo", de separar familias? —rebatí, pues, como era de esperarse, seguía la inercia del grupo original con el que se generó el éxito que teníamos otra vez.

—No deseo desunir familias, no hablaré para no hacerte daño. Sólo te digo que algún día me vas a dar la razón.

"Temo" abandonó nuestra organización. Yo no estaba conforme, albergaba muchas dudas respecto de lo que sucedía con el dinero que se ganaba. Si bien éramos muchos, al grado de que no podíamos dejar de trabajar o se derrumbaría todo el aparato de promoción que construimos en la oficina de la colonia del Valle, los empresarios hacían cola para contratarnos y el que lo lograba, desde luego, dejaba un depósito. Una vez se organizó una comida para el personal que laboraba con nosotros e incluso se rifó un automóvil entre ellos; así era la bonanza de aquellos años.

Sin embargo, se suscitaban problemas. Manolo y Chayo empezaron a sentirse autónomos; ya Chayo, al igual que Anel, se llenaba los brazos de pulseras de oro. Intentaba emularla a toda costa. Según Óscar Fisher, Manolo lo invitaba a Las Vegas, donde rentaban coches de lujo y limosinas; se daban la gran vida. También lo acompañaba a hacer depósitos a los bancos de San Antonio y McAllen. Ahí se dio cuenta de que Noreña —a quien yo le subí la comisión al veinticinco por ciento para que le alcanzara con su mujer y dos hijos— depositaba en su cuenta un extra que les cobraba a los empresarios por venderles los *shows*. De esas ganancias adicionales no informaba a Anel, mucho menos a mí. El primero que me puso sobre aviso de lo que hacía Noreña con los empresarios fue mi amigo Marco Antonio Muñiz.

Fisher dice que muchas veces lo dejó con altísimas cuentas de teléfono sin pagar de su departamento, que era su otra oficina. Ahí realizaba sus actividades; por ejemplo, en una ocasión nos cobró diecisiete mil dólares por el equipo de sonido que "Temo" pasó gracias a un comandante del resguardo aduanal que nos hizo el favor. Se les agradecía invitándolos a El Patio cuando había *show*.

—Me enseñaba —narra Fisher— el dinero en efectivo, era como festejar su audacia y su inteligencia para obtenerlo, aunque fuera fraudulento.

Un día después de acompañarlo a cobrar anticipos de futuros *shows* en Estados Unidos y de depositarlos en el Citibank de Los Ángeles, trajo cinco amigas en el avión a México. Yo hice dos *shows* y regresé con ellos. Mientras yo atendía a la gente de la aduana y a los presentes, Manolo salió a la calle, donde lo esperaba Anel para entregarle doscientos treinta y cinco mil dólares en efectivo. Luego de despedirse se dirigió con Fisher al departamento de éste con las amigas y ahí le enseñó otros treinta y dos mil dólares que traía aparte. Se daban la gran vida, aunque a veces en el negocio de las camisetas y artículos de promoción le quedaba a deber a Fisher su inversión. O sea, si podía transarlo lo hacía, con su dinero, con el teléfono o con lo que fuera. "Era como una costumbre —decía Fisher— no pagar, sólo recaudar y gastar en lujos de toda especie." Cobrarle era un problema, ya que solía salirse por la tangente con alguna excusa.

Continuamos nuestro recorrido por todo el continente y en una ocasión, cuando llegamos a Puerto Rico nos fue a visitar mi amigo el señor José Robin, de la compañía Juvenia de Joyas y Relojes.

—Hermano, aquí te traigo estos cinco mil dólares —me dijo, después de abrazarme—. Veo que a ti nunca te dan nada y me da mucho coraje. Tu cuñado va a cada rato a mi oficina en Nueva York a cobrar lo de los relojes y sé que a ti no te dicen nada. Entonces, no me lo tomes a mal, aquí te dejo esto, cada vez que pueda verte te lo daré a ti.

Le agradecí su confianza y su gesto de amabilidad, aunque a la vez me dio mucha tristeza comprobar lo que me hacía mi propia familia.

Ya contábamos con una pantalla electrónica y un nuevo juego de luces de vanguardia. Esto incrementaba en mucho la inversión en equipo, pero todo era en beneficio del *show*. Cada temporada de cabaret aumentaba de nivel, contábamos con lo mejor y lo más moderno para ofrecerle al público. El Patio siempre estaba lleno. Me gustaba mucho hacer la temporada pues sólo así veía a mis amistades, ahí me visitaban y compartíamos después del *show*. Sólo algo no me gustaba: mis amigos meseros me comunicaban que Anel firmaba una enorme cantidad de cortesías cada noche. Eran cuentas muy grandes que me descontarían a mí, amén de que a ellos no les daban su propina. Eso sucedió año con año con la temporada de cabaret. Parecía querer demostrar cuánto dinero ganábamos; al cabo luego lo más fácil era pedir el anticipo y quedar a deberlo para la próxima temporada.

Lo bueno fue que nuestro disco obtuvo un gran éxito. *Y qué* se convirtió en el himno de la comunidad homosexual. Yo los admiro y los quiero mucho. La gran ventaja que tienen para enfrentar al mundo que no los comprende es su gran sensibilidad. Tengo muchos amigos homosexuales de ambos sexos y me llevo muy bien con ellos. Son extremadamente románticos.

Llegó el mes de septiembre y con ello el estreno, el 18, de *Gavilán o paloma*, nuestra película biográfica, en el cine Regis, propiedad también de don Carlos Amador, el productor. Estábamos seguros de que sería un gran éxito como lo fue el estreno. Estuvieron con nosotros Christian Bach, quien representó a Anel pues ésta no pudo participar por su exceso de peso, Gina Romand, Jorge Ortiz de Pinedo y toda una pléyade de celebridades convocadas por don Carlos para la primera exhibición. La película quedó muy larga y la recortaron a una hora y diez minutos. Yo pregunté por qué y me informaron que para poder hacer tres funciones y que funcionara la dulcería, que es la que deja dinero. No podía creerlo, le quitaron la mitad a la historia y trece canciones que íbamos a cantar; sin embargo, quedó muy bonita.

Algo que no esperábamos sucedió: el fatal terremoto ocurrido después del estreno. Justo en la mañana del día 19, México se enfrentó a la catástrofe más grande de su historia. La tragedia nos sumió a todos en una tristeza tan grande que no pudimos quejarnos de no haber podido proyectar nuestra cinta como esperábamos; en esa área del centro de la ciudad sólo el cine Regis quedó en pie. De todas maneras, la película tuvo mucho éxito en la provincia y fuera de México.

Anel seguía mandando hacer programas de televisión especiales para ella, pero con esa gordura no le aprobaban ninguno, era una pérdida total la inversión. Daba pena verla vestida a la moda de ese tiempo en que —como ahora— se usaba enseñar la cintura y el ombligo con esa cantidad de kilos. No había poder humano que la convenciera de hacer dieta y ejercicio, que es lo único que funciona para adelgazar, pero, eso sí, las anfetaminas las tomaba mínimo dos veces al día.

Una vez la observé detenidamente al salir de bañarse y me pregunté, pasmado: "¿Dónde quedó la belleza de mujer que yo conocí? ¿Cómo es posible tanto abandono?" Salía a la calle vestida toda de negro pues se supone que eso te ayuda a verte esbelta, con medio kilo de oro en pulseras y varios anillos de brillantes para ir de compras a Beverly Hills. Ahora el turno era de Marysol. El mismo proceso que con Pepito: toneladas de ropa, hasta el punto que se le cambiaba varias veces al día para que pudiera estrenar toda. Un día llevé a mi hija al homeópata y me di cuenta de que se quejaba de dolor en los bracitos, ya marcados por lo apretadas que le quedaban las mangas del vestido; y es que, aunque no era de su talla, le gustó tanto a Anel que de todas maneras se lo compró y se lo puso. Ahí mismo le rompí la tela para que dejara de apretarle tanto.

—Gracias, papá, me dolía mucho —me dijo la niña, aliviada.

¿Qué hacía yo, me preguntaba, viviendo con una persona así? Sin duda imitaba a mi papá al esperar a que crecieran mis hijos para poderme marchar. Aun adorando a esos niños, vivía inconforme e infeliz. No obstante, tenía que resignarme, menos que nunca los abandonaría a su suerte con la mamá que les tocó, cada día más enferma y psicótica.

Mi gran alegría era ver a mis hijos jugar en Disneylandia, a donde invitábamos a mi sobrino Ángel, el hijo de Gonzalo, quien desde muy pequeño compartía con nosotros —Carlitos, su medio hermano, era muy pequeño— y a mi sobrino Patricio. Yo sentía que al menos les daba a todos lo que yo no tuve de niño: viajes, juguetes, ropa, lo que necesitaran. Hay que aprovechar cuando se tiene lo suficiente para criar a los hijos. No nos faltaba nada y eso me daba un poco de felicidad temporal.

Pero mi enfermedad empezaba a hacer crisis momentáneas y, para variar, siempre salía perdiendo, pues como ignoraba lo que hacían a mis espaldas Anel y Manolo, cuando yo fallaba todo estaba en mi contra. A veces, por haber bebido, salía en malas condiciones a *shows* muy importantes y no se obtenía el diez de calificación. En ese momento se me culpaba por completo, pues era el único que podía cerrar con broche de oro la labor de tanta gente detrás de mí, incluyendo la de Manolo. De pronto, éste me anunció que se iba porque yo no tomaba en cuenta su esfuerzo por tener las cosas en orden para que saliera a triunfar, que en vez de ser así las arruinaba. Tenía razón, sólo que era yo quien ya no estaba a gusto con la vida que llevaba de puro trabajo para que todo les saliera bien a ellos. Yo bebía y a veces no alcanzaba a reponerme para salir al escenario. Sintiéndome culpable, incluso tuve que pedirle perdón y rogarle que no se fuera. Yo lo exalté a tal grado en su desempeño profesional que ahora no podía fallar, ni por estar enfermo o cansado, mucho menos por haber tomado.

De pronto algo ocurrió entre Anel y Manolo, quien me dijo que estaba harto de su hermana, que sólo trabajábamos para que ella gastara a más no poder, que no era posible que nada ni nadie la controlara para que dejara de hacerlo. En efecto, de pronto le dio por comprar departamentos: para su mamá, a la que hizo que volviera a México y lo habitara; para mi mamá, a la que sacamos de su casa para que viviera en él, con la excusa de que así Gonzalo tendría que trabajar para mantener a sus hijos, y para su papá y su novia, de modo que no estuviera solo.

También compró un terreno en Acapulco y otro en Catemaco, en los cuales nunca tuvimos oportunidad de construir pues se presentó una sorpresa fenomenal. El grupo de contadores que contraté nos pidió una suma estratosférica por arreglar el pago de los impuestos, que también constituían un monto descomunal por lo generado con tanto éxito. Anel y Manolo no accedieron a pagar la cantidad que exigían los contadores y ellos mismos nos denunciaron ante la Secretaría de Hacienda. ¡Genial! No había dinero para pagar porque nunca guardaron nada. Sin duda, aun ignorando que algo así sucedería, yo tenía razón cuando les aconsejaba: "Guarden algo de lo que estamos ganando, no lo gasten todo".

Tuve que trabajar a marchas forzadas para poder cubrir la deuda. En ese momento empezaron los dobles *shows* diarios y claro que alcanzó. Demostramos que cuando se trabaja para algo en concreto, cualquier cosa se puede conseguir y la situación se normalizó.

En cuanto a lo familiar, las cosas no resultaron como esperábamos. Ni tardo ni perezoso, para no tener que trabajar Gonzalo se instaló con sus dos hijos en el departamento de mi mamá –bueno, eso es un decir porque todo estaba a nombre de Anel.

La situación no era fácil. Debía costear los gastos de mi casa de México, de la oficina de Luz Saviñón y los cincuenta y dos elementos que trabajaban conmigo, del departamento de Beverly Hills donde vivía Gabriela. Además, Anel le puso a su hermana Marcela una fábrica de pantallas para lámparas de decoración, justo en el Pedregal de San Ángel, donde su mamá podría supervisarla. Se trataba de una casa que decoraron de todo a todo ya que también vivirían en ella Marcela y su hija pequeña, tras el fracaso con su nueva pareja. Forraron hasta las paredes, bueno, no hallaban qué hacerle a la casa-fábrica instalada para que Marcela saliera adelante. Como se trataba de gastar, lo mismo hizo Anel con los dos departamentos –para mi mamá y mi suegra– de la colonia del Valle, situados en el mismo edificio, luego con el de mi suegro y su novia en San José Insurgentes y, por supuesto, los pagos a Hacienda. Gastos mínimos eran lo que se le daba a mi mamá para que mis sobrinos fueran a la escuela, los de la escuela de Patricio y lo que se le mandaba a Gabriela para que viviera en el departamento de Los Ángeles.

El conflicto entre Manolo y Anel empeoró hasta que se le dejó la oficina de la colonia Del Valle a él. Ella le pidió que nos diera tres millones de pesos de aquella época por presentación y asunto arreglado; así podría hacer lo que quisiera. Noreña no tardó en echar leña al fuego pues primero abrió una compañía nueva y luego empezó a organizar *shows* por su cuenta. El colmo fue que usaba mi equipo de luz y sonido para sus artistas y a mí me mandaba equipo rentado, sin importarle la calidad del mismo.

Además, la situación en la familia ya era de "ustedes y nosotros", es decir, José y Anel contra Chayo y Manolo. Empezó a generarse una separación horrible.

Gracias a Dios, otras eran las circunstancias en el ámbito de lo discográfico, donde todo iba viento en popa. Bendito Rafael Pérez Botija que nos compuso otro disco maravilloso completo como volvió a pedírselo la compañía: *Promesas*.

Anel no quería saber nada de lo que era la oficina y la administración de tanta gente, por lo que se desligó totalmente de esos asuntos.

Los contratos seguían llegando solos; bien dice el dicho: "el pan caliente cualquiera lo vende". No había problemas para vender el *show*, los empresarios seguían acudiendo a la oficina a dejar su anticipo.

El trabajo se desarrollaba con la misma intensidad. Las giras por México, Centroamérica, Sudamérica y Estados Unidos eran una constante. Todos estaban enterados de que pasaríamos a verlos aunque fuera una vez al año y dos veces más, como en el caso de Monterrey, pues hacían presentaciones hasta tres veces al año. Comenzamos a trabajar sitios más grandes: plazas de toros en México, el Madison Square Garden en Nueva York, los estadios para *hockey* en Chicago, las enormes arenas en Dallas, San Francisco, Houston y Puerto Rico, e incluso los palacios de los deportes en México con llenos increíbles. Nuestro público nos proporcionaba una calurosa respuesta en todos lados. Seguíamos sonando muy fuerte en la radio.

Por otra parte, en la disquera comenzaron a soplar vientos malos. Yo estaba al pendiente siempre del señor Fernando Hernández, nuestro director, y de Sergio Blanchet, gerente de promoción, que eran la base para el mantenimiento de mi carrera. Gracias también a la colaboración de los programadores de radio más importantes: Marcos Olivares, Gabriel Hernández, Enrique Ortiz, Chelo Chávez, Manuel Trueba, Adolfo Fernández, Elías Cervantes, Lupita Hurtado, Ramón Aguilar, Gustavo Páez y los demás programadores de la república y del continente.

Un buen día Anel decidió que nos mudáramos a vivir a Los Ángeles y allá fuimos a dar los cuatro con mi suegra otra vez. No resultó fácil adaptarnos, sobre todo para los niños; uno de los obstáculos fue el idioma.

Aunque por mis viajes yo veía muy poco a la doctora Saldívar, Anel la frecuentaba y me daba cuenta de que empezaba a asimilar cosas importantes; a veces actuaba de manera coherente y me complacía que así fuera. Para mí el apoyo de la profesional resultaba fundamental. Era la única persona a quien podía contarle todo lo que me pasaba, la única que me oía, me aconsejaba correctamente, me daba fuerzas para resistir y luchar contra mi situación anímica y, en particular, contra mi peor enemigo: el alcohol. En una sesión ella me enseñó algo que me dejó frío.

—Josecito —me preguntó—, ¿sabe usted cómo se llama el ángel negro del alcohol, del alcoholismo en sí?

—No lo sé, doctora —le respondí.

—Se llama ¡Algohol! No lo llame, José —prosiguió—, no lo llame porque acude de inmediato, lo invade y lo domina. Usted lo ha sentido, cada vez que bebe se deja dominar por ese ángel negro, es superior a usted. ¿Acaso no se ha dado cuenta de cómo lo maneja cuando usted lo llama? Y no me diga que no ha visto cómo lo maneja usted a él cuando no le hace caso a su subconsciente. Quiero, José, que ponga mucha atención a la mecánica que sigue para empezar a beber. Usted no es un autómata, es decir, no se sirve una copa y bebe porque sí. Primero recibe una orden de su subconsciente, que es quien le dice: "¡Cuánta complicación!, eso se resuelve con una copa", o "Ya es la hora del *show*, tienes que beber para que salga bien". Siempre hay un impulso primario, ahí es cuando usted decide si le abre la puerta al ángel negro o si no se deja vencer por él. Aplique todo lo que sabe, José. Aquí en el consultorio usted recibió una iniciación en la hermandad blanca, no lo olvide, no está solo. Aquí aprendió a meditar y a ponerse en contacto con su verdadero yo, que es el ángel blanco que lo protege de todo, es el Espíritu Santo de usted, llámelo y verá que en seguida viene en su ayuda y todo lo demás desaparece. No lo olvide, José, nunca está solo.

Eso era lo que más falta me hacía, hablar con ella, aunque me dijo que, sin importar dónde estuviera, le llamara por teléfono para conversar. La doctora era la única que me ayudaba a controlar mi enfermedad con sus pláticas y su sabiduría sobre el comportamiento humano. Ella enseña a resolver nuestras problemáticas existenciales si ponemos en práctica sus consejos. Yo a veces podía hacerlo y a veces no; entonces, el resultado siempre era el mismo: más complicaciones.

Cuando fallaba del todo, el recurso que quedaba era ir al hospital. Anel nunca dejaba que los niños fueran a verme, según ella, para que no se compadecieran de mí. Yo me sentía pésimo porque, aunque no me veían en mal estado –yo me ocultaba siempre para beber en otro lado y no en mi casa–, desde luego que deben haberse enterado; lo más seguro es que ella se los dijera. El caso es que con tanto trabajo, yo apenas tenía tiempo para ir al hospital con el doctor Cristerna.

Una vez contraje una hepatitis tipo A y hubo que internarme por órdenes del médico. Éste detectó el contagio por unos análisis que me hizo para ver cómo estaba mi hígado por mi costumbre de beber constantemente. Manolo Noreña me fue a sacar del hospital pues tenía que cumplir un compromiso en Puerto Rico. El doctor le dijo que estaba bastante delicado y debía permanecer internado, pero Noreña lo convenció de que sólo necesitaba que fuera a cantar una noche y volvería al día siguiente. Viajé con el catéter del suero al corazón instalado ya que como sólo tenía una vena buena para eso, si me lo quitaban no podrían ponérmelo otra vez en el mismo brazo y en la misma vena. Así tuve que trabajar para cumplir con ese *show*. Quién sabe qué urgencia tenía Manolo de que así fuera, porque una vez fuera del control normal de los compromisos cuando trabajábamos juntos en la oficina, ahora era más fácil controlar lo que hacía él solo.

Noreña tenía un socio, Héctor de Zulueta, con quien se hacía la gira por la República Mexicana: nos acompañaba a todos lados, incluyendo los compromisos en Estados Unidos. Me caía muy bien, organizaba todo con mucho profesionalismo, pero yo ignoraba que él también estaba al tanto de lo que hacía Manolo sin yo saberlo.

Ese año me enteré de que en los *shows* de fin de año de su compañía, Manolo abandonó a todos sus ayudantes después de las presentaciones en la frontera. Les dijo que iba por el dinero para pagarles, los dejó reunidos en una habitación del hotel y se dio a la fuga con el dinero de la semana en una camioneta llena de juguetes y de aparatos eléctricos, como era su costumbre. Todos esperaban volver a la capital a pasar año nuevo con sus familias y cuando se enteraron de lo que hizo fueron a alcanzarlo a la carretera para cobrarle lo que les debía.

La gente se quejaba conmigo de que no les pagaba a tiempo, pero ya no trabajaban para mí. La compañía era otra, la llamó Espectra. Incluso empezó a quedarnos a deber a nosotros y Anel se enojó muchísimo. Los empresarios también comenzaron a quejarse en mi casa en Los Ángeles. ¿Qué sucedía? Sencillo: usaba el dinero para él, sus lujos, sus viajes, sus diversiones y sus negocios. Cuando todo dependía de mí, lo primero era pagarle a la gente; además, había de sobra. ¿Por qué ya no alcanzaba? Yo le llamaba por teléfono y Chayo me informaba: "No te quiere contestar"; "déjalo, bien sabe por qué le estoy hablando".

Entre tantos problemas hubo algo que me llenó de alegría: grabar a dueto con uno de mis amigos más queridos en el ambiente artístico, a quien admiro y respeto: mi hermano José Feliciano. Nos conocimos muy jóvenes cuando llegó a México la primera vez y triunfó con su bella voz y su estilo inconfundible. Ahora el destino me daba la oportunidad de cantar con él para su disco la canción *Por ella*, de Rudy Pérez. Lo mejor de todo fue el video de promoción, pues él sale manejando un automóvil por Sunset Boulevard en Los Ángeles, una muestra del magnífico humor con el que José enfrenta la vida.

La canción fue un gran éxito internacional y nos dio la oportunidad de abrirnos mutuamente mercados que no habíamos capturado ninguno de los dos con anterioridad. Por eso se llegó al acuerdo de realizar esta grabación.

24

Y quién puede ser

El año de 1987 comenzó con la grabación de un disco que nos produjo Paco Cepero, guitarrista español muy inspirado, por recomendación del señor Segura, nuestro director.

A Noreña no le gustó, por lo que solicitó en la disquera que no lo sacaran, alegaba que sería un fracaso. La compañía no hizo caso a su petición y el disco salió con todos los honores. Por fortuna, también fue un gran éxito con más de un millón de copias vendidas.

Viviendo en Los Ángeles, ya enfrentaba serios problemas con mi garganta. Decidido, acudí a visitar a Seth Rigs, reconocido maestro de canto quien tenía a su cargo a numerosos cantantes de éxito, entre ellos Natalie Cole y Barbra Streisand. El maestro me hizo un reconocimiento y después de unos ejercicios especiales me comunicó que tenía nódulos en la garganta y seguramente requeriría una operación. Me recomendó que consultara al doctor Edward Kantor en Beverly Hills, quien era el médico de don Frank Sinatra. Eso me hizo recordar las dos veces que este sensacional cantante precisamente me sugirió que estudiara vocalización. Yo trabajaba tanto que no contaba con tiempo ni para vocalizar; lo había olvidado por completo. Al comentarle a Seth Rigs lo dicho por don Frank Sinatra, me contó que a éste le pasó lo mismo, que con los años tuvo que estudiar para no lastimarse. Así seguí conociendo los secretos de la vocalización.

Mi amigo Roberto Chiprut consiguió que diera tres conciertos en Israel: dos en Tel Aviv y uno en Jerusalén. Era una oportunidad maravillosa para conocer el país donde *La nave del olvido* o *Espera*, como ellos la llamaban, salía todos los veranos a programación.

—Usted tiene unos nódulos muy raros —me dijo el doctor Kantor después de revisarme—, me costó mucho trabajo encontrarlos. Acérquese para que vea su garganta en el televisor.

En efecto, mis nódulos no eran como la mayoría, que salen uno al frente del otro. Yo tenía uno arriba en la cuerda izquierda y otro abajo en la cuerda derecha; además, no estaban en el borde de arriba de las cuerdas sino en el interior del borde de abajo; escondidos prácticamente, no eran notorios a simple vista, pero él sabía cómo encontrarlos.

—Sus nódulos ya no son susceptibles de deshacerse con tratamiento o con medicamento —me informó—, ya se endurecieron. Necesitamos pulir sus cuerdas.

—¿Cómo puedo cumplir el compromiso en Israel? —le pregunté.

Estaba programado un viaje a Tel Aviv para hacer los programas promocionales de televisión y luego otro para los conciertos. Revisamos mis fechas y me dijo:

—Regresando del primer viaje lo opero y deberá guardar silencio los quince días que transcurrirán antes de que vuelva. Lo único que hará será vocalizar con Seth Rigs dos veces al día para fortalecer sus cuerdas otra vez.

Así lo hicimos. La operación se realizó en el hospital Cedar Sinai de Los Ángeles y Roberto Chiprut estuvo presente en ella. Todo salió bien, el médico estaba muy contento con el resultado. Yo guardaba silencio y vocalizaba dos veces al día.

Sin embargo, constantemente recibíamos en casa llamadas de empresarios, sobre todo de Sudamérica, quejándose de que Manolo Noreña los había estafado con los anticipos de conciertos a los que yo nunca llegaba. El caso es que Noreña vendía varias veces la misma fecha y, como es lógico, yo sólo podía ir a una de las plazas a cumplir. A los demás empresarios les decía que estaba borracho o enfermo y por eso no iba, pero que luego les repondría la fecha. Hubo empresarios a quienes les vendía la gira completa, según me explicaban al hablar conmigo reclamando su dinero. Le dije a Anel que le pidiera a su hermano que viajara para vernos en Los Ángeles. Tardó varios días en llegar y dar la cara, pero cuando por fin lo hizo, le agradecí haber trabajado conmigo todos esos años —diez para ser exactos— y di por terminada nuestra relación comercial, por el deterioro que causaba a mi imagen profesional al crearme fama de irresponsable con los empresarios. Éstos pensaban que, además de dejarlos plantados, yo me embolsaba el dinero, cuando el que se quedaba con los anticipos era él. Ahí terminó mi relación con Manolo Noreña, la que tanto bien le causó a mi carrera, sobre todo en lo referente a la producción del *show*. Entre nosotros ya nada era igual que al principio, no había respeto de su parte por lo elemental. Hacía cosas que yo no esperaba, para las cuales no había explicación apropiada. Por ejemplo, ¿dónde estaba mi pantalla electrónica, por qué ya no la montaban en mi *show*? Según me enteré, se vio en la necesidad de dejársela a un empresario después de un *show* a cuenta de una deuda que tenía con él. La situación era insostenible, de modo que en presencia de su hermana puse muy en claro que ya no sería más mi mánager y, por consiguiente, no estaría autorizado a vender mis fechas de trabajo.

Después del desagradable momento en el que tuve que interrumpir el silencio prescrito por el doctor Kantor fui a vocalizar con Seth Rigs. Todo el mundo habla de más cuando suceden cosas como ésta. Era muy incómodo que mucha gente reclamara su dinero, no sólo los empresarios como don Manuel Gómez, de El Patio, sino también escenógrafos, carpinteros, pintores, choferes, cargadores, tramoyistas, gente a la que me parecía inadmisible que le quedara a deber, que le ayudaba a quedar bien con todos. Incrédulo, comencé a recibir llamadas de personas que se ofrecían a representarme; argumentaban que sabían lo que sucedía pues en el ambiente uno se entera de todo; únicamente yo no me daba cuenta de los manejos. Como siempre, eres el último en percibirlo. Aunque compañeros como Marco Antonio Muñiz, amigos entrañables e incondicionales, me avisaban de lo que estaba pasando, yo les comentaba a Manolo y a Anel y siempre se salían por la tangente, nunca me aclaraban nada; aducían que eran mentiras, que los demás envidiaban nuestro éxito tan grande.

Llegó la hora de regresar a Israel. Mi hermano del alma, el doctor Chiprut, me acompañó pues había que vigilar muy de cerca mi garganta. Enfrenté mi primer concierto en Tel Aviv con mucha inseguridad. Sentía un pedazo de madera atorado en mi garganta, era muy incómodo. Hubo que aplicarme una inyección de cortisona para sacar adelante el primer compromiso. El público, muy amable, fue a oír *Espera* o *La nave del olvido*. La empresa tuvo el acierto de contratar a un locutor de radio que hablaba español para que tradujera la canción antes de que yo la cantara y así la gente tuviera una idea lo que yo decía. El segundo concierto fue en Jerusalén al otro día y luego el último otra vez en el teatro de las Bellas Artes de Tel Aviv con la sinfónica, siempre acompañado de mi director musical de aquel entonces: el maestro Chilo Morán. Esa noche contamos con la presencia de personalidades prominentes como el general Ariel Sharon, el héroe de la Guerra de los Seis Días contra los árabes, el personaje más querido y admirado de Israel. Yo preparé dos canciones en hebreo, una que era un éxito actual y la otra, muy popular entre el pueblo judío; con muchos años de existencia, era un canto de unidad muy hermoso. Con eso cerré mi presentación y el detalle aseguró un éxito enorme.

Cuando llegué al salón de relaciones públicas del teatro a atender a las personas ahí reunidas me informaron que el general Sharon me esperaría para cenar en un lugar muy especial. Yo tardé más de una hora en dar las gracias a todas las personalidades presentes, como el señor Chich Lajat, alcalde de la ciudad. Cuando salí, la seguridad del general Sharon me condujo a un lugar nada ostentoso; era como los locales del barrio de San Cosme en la Ciudad de México, donde la gente acude a cenar. Llegué y lo encontré comiendo. Se disculpó por ello y me dijo que me había traído a ese sitio para que probara su comida tradicional, lo que come el pueblo. Me acercó un plato de lo que estaba comiendo: unos filetes de arenque en salsa blanca. Yo sabía comer de todo y me gustó mucho, luego me ofreció aceitunas y verduras crudas y el plato fuerte: unas brochetas de hígado de ganso exquisitas.

Me felicitó por mi actuación y me dijo que esperaba verme otra vez. Me dio un abrazo y se despidió con todo su cuerpo de seguridad. Fue un honor cenar a solas con un hombre tan importante en Israel en ese rústico lugar donde, por supuesto, nadie nos interrumpió; todos lo respetaban, lo admiraban y lo querían; para mí fue como un premio conocerlo. Después vendría una gran fiesta con los empresarios y organizadores del evento que había sido un éxito total. Todos felices, bebimos, cantamos y bailamos hasta bien entrada la madrugada y, como siempre, luego al hotel a hacer la maleta para volar a Los Ángeles.

Regresé a revisión con el doctor Edward Kantor.

—Es muy pronto para seguirle dando a esta garganta el tren de trabajo que le ha impuesto —me recomendó—. Es demasiado esfuerzo todos los días, tiene que descansar lo que sea posible. Ha sido un milagro lo que pudo hacer en Israel.

Le dije a Anel que necesitaba descansar una temporada larga.

—¿Cuánto tenemos en el banco para hacer un cálculo del tiempo que puedo hacerlo? —le pregunté.

—En el banco no hay nada —contestó—. Tu carrera es una inversión constante que ha sido muy fuerte y no queda un centavo.

Qué descaro, pero ahí seguía por mis hijos y por algo que todavía ignoraba...

Dadas las circunstancias, le propuse a Carlos Bustelo que manejara mi carrera. En el principio de ésta había trabajado con él en Argentina, de donde es originario. Éramos buenos amigos, él sabía mucho del negocio de artistas, fue diplomático, era licenciado en derecho y, culto y elegante, tenía una habilidad excepcional para hablar de cualquier tema. Hicimos un trato que era muy caro, pero yo necesitaba una persona de ese calibre conmigo. Él pidió veinticinco por ciento de las cantidades brutas, o sea, del total de lo contratado antes de gastos. Anel protestó y yo acepté. Las demás propuestas me parecían muy arriesgadas, como la de Zulueta, quien afirmaba: "Dame la gira a mí y yo te digo cómo le hacía Manolo Noreña para robarte el dinero". ¡Inconcebible! Y lo mismo pasaba con varias personas: todos sabían, pero nadie se acercó a decírmelo. La prensa comenzó a crear un ambiente en contra de Manolo pues muchos hablaban de sus actividades fraudulentas. Anel lo defendió a él de todas las críticas de propios y extraños, sobre todo de los medios de comunicación, y no a mí, que era su esposo. Me culpó de lo sucedido por haberlo despedido.

¡Claro que lo despedí!, pero nadie dijo que le regalé un millón de dólares en equipo para que siguiera su vida. Eso es lo que él sabía hacer muy bien, el montaje de los *shows*. Le dejé los dos gigantescos equipos de luz y de sonido que traje al país antes que nadie, la mudanza enorme que compré para transportarlos y la oficina montada para que continuara trabajando por su lado. No lo dejé desamparado como Anel quiso hacerle creer a la gente; no olvidemos que también le regalé un departamento de lujo para él y su familia... Además, si en algún lado aprendió cómo trabajar en el medio artístico fue conmigo, y de otros, no de mí, aprendió incluso cómo defraudar a la gente. Qué tristeza, un muchacho tan capaz y tan inteligente no necesitaba robar. De todas maneras, yo ignoraba aún cuáles eran sus negocios con su hermana, sus cuentas de banco y todo lo que hacían a mis espaldas. Sólo sentía un dolor enorme por esta traición. Él era un hermano para mí; ¿en quién podría confiar de hoy en adelante? Por lo pronto, en Bustelo, quien empezó a organizar mi carrera como yo lo esperaba, de manera acertada.

Ante traiciones de esa envergadura, mi precaria sobriedad se derrumbó, simplemente no daba crédito de todo aquello de lo que eran capaces. Empecé a beber sin control, hasta que fui a dar al hospital una vez más con el doctor Cristerna. Era el primer internamiento de ese año y también el primero que enfrentaría Bustelo.

Con Don Pedro Vargas, en
Siempre en Domingo, de Raúl
Velasco, 1972.

José José, 1969.

La nave del olvido,
1969.

Con el maestro
Armando
Manzanero en
mi programa
Éxitos Bacardí.

El triste, 1970.

Buscando una sonrisa, 1971.

De pueblo en pueblo, 1972.   *Cuando tú me quieras*, 1972.   *Hasta que vuelvas*, 1973.

Vive, 1974.   *Tan lejos, tan cerca*, 1975.   *El príncipe*, 1976.

Reencuentro, 1977.   *Volcán*, 1978.   *Lo pasado pasado*, 1979.

La temporada de
El Patio, 1980.

Si me dejas ahora, 1980.   *Romántico*, 1981.   *Amor, amor*, 1981.

Gracias, 1983.   *Mi vida*, 1983.

Con César Costa.

Con mi vestuario para televisión, 1984.

Secretos, 1984.

Con Diana Ross, 1985.

Listas del Billdboard con el éxito de *Secretos* tras más de cuarenta semanas en primer lugar.

Billboard Special Survey — Hot Latin LPs

NEW YORK

This Week	Last Report	ARTIST—Title, Label & Number (Distributing Label)
1	1	JOSE JOSE — Secretos, Ariola 6000
2	3	PIMPINELA — Pimpinela, CBS 11317
3	2	MENUDO — Reaching Out, RCA 4993
4	8	PIMPINELA — Hermanos, CBS 11320
5	6	CAMILO SESTO — Amanecer 84, Ariola 6009
6	9	JOSE FELICIANO — Me enamore, Profono 1002
7	0	WILLIE ROSARIO — Nuevos horizontes, Bronco 129
8	4	WILFRIDO VARGAS — El africano, Karen 75
9	0	RUBEN BLADES — Buscando America, Elektra 60352
10	7	ANTONIO DE JESUS — A&M 37005
11	12	JOSE LUIS RODRIGUEZ — Ven, CBS 30305
12	0	FANIA ALL STAR — Lo que pide la gente, Musica Lat. Int'l 629
13	0	EL GRAN COMBO — La universidad de la salsa, Combo 2034
14	0	WILLIE COLON — Tiempo de matar, Fania 631
15	0	FERNANDITO VILLALONA — Ayer y hoy, Kubaney 8004

CALIFORNIA

This Week	Last Report	ARTIST—Title, Label & Number (Distributing Label)
1	3	JOSE JOSE — Secretos, Ariola 6000
2	5	PIMPINELA — Hermanos, CBS 11320
3	2	CAMILO SESTO — Amanecer 84, Ariola 6009
4	6	LOS BUKIS — Mi fantasia, Profono 3122
5	1	ANTONIO DE JESUS — Juntos, A&M 37005
6	8	ROCIO JURADO — Por que me habras besado, RCA 7243
7	10	ROCIO DURCAL — Entre tu y yo, Ariola 6004
8	9	PIMPINELA — Pimpinela, CBS 11317
9	7	MENUDO — Reaching out, RCA 4993
10	4	LOS CAMINANTES — El numero tres, Luna 1101
11	0	MARISELA — Sin el, Profono 90305
12	12	LUCIA MENDEZ — Enamorada, Ariola 6025
13	0	PRISMA — Prisma, Peerless 2333
14	0	JUAN GABRIEL — Todo, Ariola 6001
15	0	WILFRIDO VARGAS — El africano, Karen 75

FLORIDA

This Week	Last Report	ARTIST—Title, Label & Number (Distributing Label)
1	3	JOSE JOSE — Secretos, Ariola 6000
2	10	NELSON NED — Mas romantico que nunca, Odeon 9023
3	0	ROBERTO CARLOS — Roberto Carlos, CBS 12322
4	2	WILFRIDO VARGAS — El africano, Karen 75
5	0	MIAMI SOUND MACHINE — A toda maquina, CBS 10349
6	0	PIMPINELA — Hermanos, CBS 11320
7	1	HANSEL Y RAUL — Hansel y Raul, TH 2271
8	5	CHARYTIN — Guitarras y violines, Kim Records 744
9	6	MENUDO — Reaching Out, RCA 4993
10	15	JOSE LUIS PERALES — 15 grandes exitos, CBS 80275
11	0	ROCIO JURADO — Por que me habras besado, RCA 7243
12	0	CAMILO SESTO — Amanecer 84, Ariola 6009
13	0	MARIA CONCHITA — Maria Conchita, A&M 37007
14	11	CELIA, RAY Y ADALBERTO — Tremendo trio, Fania 623
15	7	ROCIO DURCAL — Entre tu y yo, Ariola 6004

TEXAS

This Week	Last Report	ARTIST—Title, Label & Number (Distributing Label)
1	1	JOSE JOSE — Secretos, Ariola 6000
2	0	PIMPINELA — Pimpinela, CBS 11317
3	2	ANTONIO DE JESUS — A&M 37005
4	0	JULIO IGLESIAS — En concierto, CBS 50334
5	6	JUAN GABRIEL — Todo, Ariola 6001
6	12	PIMPINELA — Hermanos, CBS 11320
7	0	ROCIO JURADO — Por que me habras besado, RCA 7243
8	4	MENUDO — A todo rock, RCA 7241
9	5	ROCIO DURCAL — Entre tu y yo, Ariola 6004
10	14	LUCIA MENDEZ — Enamorada, Ariola 6025
11	0	LOS YONICS — Con amor, Profono 3100
12	0	JULIO IGLESIAS — Momentos, CBS 50329
13	3	MENUDO — Reaching Out, RCA 4993
14	7	CAMILO SESTO — Amanecer 84, Ariola 6009
15	0	DANIELA ROMO — Celos, CBS 50371

PUERTO RICO

This Week	Last Report	ARTIST—Title, Label & Number (Distributing Label)
1	1	JOSE JOSE — Secretos, Ariola 6000
2	6	PIMPINELA — Hermanos, CBS 11320
3	2	JOSE FELICIANO — Me enamore, Profono 1002
4	3	ROBERTO CARLOS — Concavo y convexo, CBS 12322
5	4	CAMILO SESTO — Amanecer 84, Ariola 6009
6	11	GUILLERMO DAVILA — Un poco de amor, Sono-rodven 020
7	0	EL GRAN COMBO — La universidad de la salsa, Combo 2034
8	9	CHARYTIN — Guitarras y violines, TeleRecord 001
9	7	ROCIO JURADO — Por que me habras besado, RCA 7243
10	0	DANNY RIVERA — Danny Rivera, TH 2229
11	0	YOLANDITA MONGE — Sonnos, CBS 10345
12	15	ANTONIO DE JESUS — A&M 37005
13	0	PIMPINELA — Pimpinela, CBS 11317
14	0	MOCEDADES — La musica, CBS 50339
15	14	MIAMI SOUND MACHINE — A toda maquina, CBS 10349

José Luis Rodríguez "El Puma" durante una actuación en Tijuana, con Pepe y Marysol.

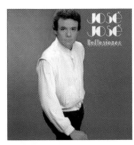

Reflexiones, 1985.

Promesas, 1986.

Siempre contigo, 1987.

Con mi madre, Anel, Hugo Sánchez, Marysol y Pepito, 1988.

Soy así, 1988.

Sabor a mí, 1989.

40 y 20, 1992.

La doctora Ana María Saldívar
con Marysol en su primera comunión.

Sarita cuando nos conocimos, 1993.

Primera visita de Sarita
a Hazelden, Minneapolis,
Minnesota, septiembre
de 1993.

Con Manuel Alejandro y Pepe, mi hijo, en 1994.

Con Pepe en un concierto multitudinario
cantando *La fuerza de la sangre*, 1994.

Grandeza mexicana, 1994.

Mi boda con Sarita, enero de 1995.

Mujeriego, 1995.

Rodeado por Celia Cruz,
Johnny Pacheco y
Sarita en mis brazos, 1995,
en los premios Casandra,
Santo Domingo.

Bautizo de Sarita. Marysol
fue su madrina, 1995.

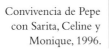

Pepe y Marysol con
Celine y Monique, 1995.

Convivencia de Pepe
con Sarita, Celine y
Monique, 1996.

Tesoros, 1997.

La tía Amparo Costa
con Sarita, mi testigo
principal en Miami.

Con Pepe y Sarita
en mi cumpleaños número
cincuenta, 1998.

José José y algo más, 1998.

En el viaje de quince años
de Marysol en Nueva York,
con Edward James Olmos.

Mis tres hijos en
la Navidad de 1998.

Tenampa, 2001.

Marysol con
Sarita, 2003.

En la entrega de
"Person of the Year" a
Carlos Santana, 2004.

Con Vicente Fernández.

En una fiesta en casa de
Julio Iglesias con él y su
esposa Miranda.

Con Pepe Bastón de
Televisa y Napoleón.
diciembre de 2005.

Recibo mi estrella
en el Paseo de la Fama
de Hollywood, 2005.

Con Lucho Gatica.

En una de mis visitas a los grupos
de Alcohólicos Anónimos, 2006.

Con Christian en mi
homenaje del Grammy,
julio 24 de 2008.

Con David Bisbal en mi
homenaje del Grammy,
julio 24 de 2008.

En mi casa con la
foto que me mandó
don Frank Sinatra.

El equipo de trabajo que organizamos fue constituido una vez más por mi amigo Joaquín Guerrero, a quien le pedí que volviera a colaborar conmigo en mi contabilidad, ahora en la oficina de Bustelo, y alguien a quien había dejado de ver por algún tiempo y que fue a verme al hospital: Cuauhtémoc Sánchez.

Cuando lo tuve enfrente lo abracé.

—¡Qué razón tenías! —le dije—, no sabía todo lo que pasaba, perdóname por haber dudado de ti.

—Y todavía falta que sepas muchas cosas —me contestó—. Una de ellas es muy delicada, pero debo decírtela ahora que ya te estás dando cuenta de todo lo que son capaces de hacer tus familiares. Anel y Manolo me mandaron matar para que no te contara todo lo que andan haciendo; a mí me avisaron a tiempo y el secretario de la Defensa, a través de un comandante amigo mío, me puso protección por mucho tiempo pues me anduvieron persiguiendo. La razón, José, es que hay mucho dinero de por medio. Manolo se dedicó a abusar de tu confianza, tu nombre y tus contactos para contrabandear con las camionetas y la mudanza toda clase de aparatos eléctricos, entre ellos refrigeradores, grabadoras y televisores. Como a todos les decía que eran para ti, le hacían el favor nuestros amigos. No se vale ser tan descarado. Además, están abriendo una cadena de restaurantes de comida mexicana desde Nuevo México hasta Boston; pregúntale a Óscar Fisher, a él un día le llamó Chayo y se lo contó. Yo intenté localizar a Óscar, pero andaba desaparecido. Con el tiempo me confesó lo de los restaurantes y todo lo que le quedaron a deber de su inversión y de los productos de promoción especiales: camisetas, plumas, gorras, encendedores, lápices de labios para dama. No olvides que yo sé todo acerca de las cuentas de banco en San Antonio, McAllen y Los Ángeles; también por eso querían desaparecerme. Pero, ya ves, Dios pone las cosas en su lugar; ahora ya lo sabes.

—Quédate conmigo para organizar el *show* —le pedí a "Temo".

—Sí —contestó—, ahora más que nunca te brindaré mi protección, aún hay mucho dinero detrás de todo esto.

—Yo no quiero nada —le comenté—, que se lo queden todo. Es más, yo trabajaba para mi familia, era para ellos, pero no son modos, a ver qué les dice su conciencia. Volveremos a empezar de cero.

Salí del hospital y fuimos a Argentina a trabajar en televisión. Argentina era el único sitio donde no se me hacía promoción porque alguno de los directivos de la antigua RCA afirmó que yo no era un cantante para ese país. No sé a qué se debía ese comentario, desde el comienzo de mi carrera discográfica había grabado música argentina, como *Cuidado* y *Monólogo*, de Chico Novarro y *La nave del olvido*, de Dino Ramos, entre muchas otras. Pero, en fin, así es esto de la mafia del disco y fuimos a rehabilitar mi carrera de la mano de un conocedor del ambiente artístico de aquellas latitudes como lo era Bustelo.

La lejanía me hizo bien en ese momento, pues me dolía lo que pasaba en la familia, pero era necesario continuar para que no faltara nada en casa. Aunque extrañaba mucho a mis hijos, como siempre la carrera me mantenía alejado de ellos sin proponérmelo. Regresé de una gira a México para seguir trabajando y cuál no sería mi sorpresa al darme cuenta de que Anel gastaba todo lo que yo ganaba. Le pregunté por qué lo hacía y me contestó: "De que se lo gaste Bustelo a que me lo gaste yo, ¡mejor yo!" Muebles para el jardín, una vez más cambio de todas las plantas, otro coche nuevo, lo que fuera con tal de seguir gastando. ¿No era ella quien me dijo que no había un centavo en el banco? Entonces, ¿cómo podía gastar todo lo que se generaba otra vez?

Una noche, ya tarde, llegué de trabajar y le pedí que me diera de cenar. Su respuesta fue que buscara en el refrigerador, que ella estaba muy cansada.

¿Cansada de qué? De no hacer nada, puro salón de belleza, fiestas cuando yo no estaba en casa, y compras en las tiendas, tarjeta de crédito en mano; incansable la mujer con la energía de su pastilla de anfetamina por lo menos dos veces al día (recordemos que el efecto de la anfetamina y de la cocaína es el mismo: te dan mucha energía).

¿Su carácter? Peor que nunca, pobres de las muchachas del servicio y de mis hijos con sus arranques diarios, siempre cigarro en mano por el efecto de la pastilla, pensando en qué gastar el dinero. ¿Por qué no le preocupaba si alcanzaba o no? Y yo ¿por qué seguía trabajando todos los días a pesar de las advertencias del doctor Kantor de que mi garganta debía descansar? Todo era confusión y dolor. No quería seguir así; por tanto, seguía bebiendo sin control fuera de la casa para que no me vieran mis hijos. El resultado fue otra crisis alcohólica. Esta vez sí permanecí en la casa a pesar de su negativa. Ahí me pusieron todo lo que necesitaba para desintoxicarme, ya no aguantaba más estar lejos de mis niños, al menos los veía a diario.

Al terminar mi tratamiento y acusar mejoría suficiente seguí trabajando, había muchos compromisos que cumplir.

Algo inesperado ocurrió en Ariola: el señor Fernando Hernández fue relegado de su cargo por pedir aumento de sueldo, con todo y lo que hizo por la compañía desde el principio. Era un golpe muy fuerte para muchos de nosotros, que siempre contamos con su apoyo para todo. Se iba un gran amigo al que le debíamos el triunfo gigantesco de nuestros discos en la radio y en la televisión y, desde luego, las enormes ventas que logramos bajo su administración. Las cosas no volverían a ser lo que fueron después de su partida, todo se modificaría poco a poco, era de ese tipo de sorpresas que desequilibran la carrera de cualquiera. Así aprendí más todavía cómo funcionaba la industria del disco.

En mi caso, cualquier pretexto era suficiente para volver a beber y cada vez que lo hacía el resultado era el mismo. Imposibilitado para ocultar mi situación, era obvio que enfrentaba una gran problemática.

El doctor Cristerna, informado por "Temo" de que yo andaba bebiendo, se preocupó mucho y fui internado una vez más. Era decepcionante para mí volver a esa condición. Cuando fallas a tus promesas, que son de toda índole —a Dios, a tus hijos, a la Virgen, a ti mismo—, te sientes vencido. El sufrimiento físico, que es enorme cuando enfrentas el síndrome de abstinencia, o sea, la crudota de semanas de estar bebiendo, no tiene comparación con el sufrimiento que significa fallarle a lo más sagrado que te rodea. No cabe duda de que el alcohólico no tiene palabra de honor: después de la primera copa ya no reacciona a sus promesas ni a nada, explota la copa detonadora de la ansiedad y de tu necesidad de beber y todo se arruina.

Cavilé acerca de ello, sumido en el dolor y la vergüenza de mí mismo. Recordé las palabras de la doctora Saldívar, quien a veces me sacudía con sus comentarios sobre mis acciones impotentes ante el alcohol.

—José —me decía—, eso ya habla de un ¡enanismo! ante una condición tan contundente que exige una reacción de su parte. ¿Cómo es posible que no pueda controlarse?

Estaba derrotado por completo, era mi tercer internamiento en el año y me sentía fatal. Otra vez encerrado en el colmo de la tristeza, "Temo" me puso vigilancia. Un domingo en que todos descansaron sólo dejaron a un muchachito, humilde y amable, para cuidarme. Tocaron a la puerta y él abrió. No reconoció al visitante, por lo que yo bajé de la cama, puse el suero en el aditamento especial con llantas y me desplacé hasta la entrada. No podía creerlo: era el maestro Plácido Domingo.

—Maestro —le dije—, por favor perdone que este muchacho no lo reconoció, pase, siéntese.

El panorama era desolador: en la mesa de centro del recibidor había un arreglo de flores seco, quién sabe cuánto tiempo llevaba ahí.

Don Plácido me saludó muy amable. Estaba ahí para ver a su mamá, internada bajo los cuidados del doctor Cristerna, para un chequeo rutinario. Le pregunté por su señor padre y me dijo que estaba muy bien.

—Me dijo el doctor Cristerna que estabas aquí —prosiguió— y quise venir a saludarte. José, la carrera es muy difícil, exige muchos sacrificios. Lucha, no te dejes vencer por la adversidad, aprovecha que el doctor Cristerna te quiere y te cuida tanto, haz todo lo posible por reponerte. Aquí te dejo mis números de teléfono de México y de Nueva York; si algo se te ofrece, llámame.

Me deseó mucha suerte, me abrazó y yo mismo le abrí la puerta para despedirlo, agradeciéndole el detalle tan grande de visitarme en estas condiciones. Para mí fue un hermoso aliciente que este gran hombre, a quien tuve el honor de conocer en San Juan, Puerto Rico, viniera a saludarme.

Una tarde miraba el atardecer desde mi cama en el hospital. Tocaron a la puerta y dije: "¡Adelante!", pues estaba solo en ese momento. Entraron tres hombres que traían una silla de ruedas con aditamento especial para llevar el suero.

Se presentaron y me dijeron:

—Venimos a hablar contigo, José. Somos miembros del grupo de Alcohólicos Anónimos que funciona en la Beneficencia Española en los pabellones de psiquiatría. ¿Alguna vez oíste hablar del programa de Alcohólicos Anónimos?

Les contesté que sí. Años atrás nos convocaron a varios compañeros artistas a una plática –si les digo quiénes éramos no lo creerían–. El caso es que ninguno asimiló lo que se expuso; yo en lo personal no recordaba nada, sólo que si nos interesaba dejar de beber había que acudir con ellos. Cuando enfrentaba esta tristeza tan profunda y este malestar físico insufrible, claro que me interesaba dejar de beber, pero cuando me sentía débil para enfrentar mi realidad tan desagradable, lo daba todo por una botella.

Me invitaron a una de sus juntas, que eran todas las noches, de siete a nueve. El doctor Cristerna había dado su autorización, sólo faltaba que yo tomara la decisión de bajar con ellos al grupo. Estaban seguros de que me interesaría escucharlos, lo único que me pedían era que asistiera una vez y si no me gustaba su plática estaba en total libertad de no regresar. Me pareció justa la oferta. Aunque me disgustaba que supieran que estaba internado y que fueran a hablarme de dejar de beber, accedí a ir con ellos, no sin antes disfrazarme con mi sombrero, unos lentes oscuros y una bufanda, para que no me reconociera la gente en los elevadores. Cruzamos los patios, los distintos pabellones de especialidades médicas y llegamos al último, el de psiquiatría. Me introdujeron en el salón sede desde hacía años del grupo de Alcohólicos Anónimos. Entre los presentes se encontraba otro enfermo que, al igual que yo, llegó en silla de ruedas con su botella de medicamento colgada de un tubo, en su interior un líquido blanco y una sonda directa a la nariz. Se veía en pésimas condiciones, pero había acudido.

Me saludaron afectuosamente y acto seguido leyeron el enunciado de lo que es Alcohólicos Anónimos: un grupo de personas que se reúnen sin fines de lucro de ninguna especie, cuyo único interés es dejar de beber y mantenerse sobrias al ayudarse mutuamente con los doce pasos del programa. Empezaron a subir a tribuna cada uno de ellos. Primero decían su nombre, pronunciaban las palabras "soy alcohólico" y después contaban sus historias.

—Soy Valentín —dijo uno— y soy un enfermo alcohólico. Gracias a Dios y al programa de AA hoy no he bebido, voy en el primer paso porque reconozco que estoy enfermo de alcoholismo y que no debo probar la primera copa pues no la puedo controlar, el alcohol es superior a mí. Voy en el primer paso y gracias a eso llevo quince años sin beber. Gracias, compañeros, muchas veinticuatro horas.

Ese hombre me dejó muy claro el mensaje que yo necesitaba. Al igual que otros decía: "soy un enfermo alcohólico". Me di cuenta de que yo también lo era al escuchar sus palabras y las diversas historias de los demás. Hablaban de todo lo que me pasaba a mí, parecían conocerme de tiempo atrás, o si no ¿por qué tanta similitud de sus experiencias con las mías? La respuesta era sencilla: ellos y yo estábamos enfermos de alcoholismo. ¡Sentí una descarga en la boca del estómago! ¡Todo lo que me pasaba era porque estaba enfermo de alcoholismo!, no tenía la menor duda. Guardé silencio, escuché a los demás y cada historia me confirmaba que estaba tan enfermo como ellos. Yo entré a ese lugar pensando que los enfermos eran ellos, no yo, y salí con un trauma enorme generado al constatar que era igual a ellos. Esa noche casi no dormí.

A la mañana siguiente llegó el doctor a revisarme y le conté lo sucedido. Me dijo que dio el permiso porque consideraba que eso me haría reaccionar. Él ya había comprobado con otros pacientes que el programa trabajaba en favor del individuo porque lo concientizaba de su problemática, con lo que se iniciaba en el programa de Alcohólicos Anónimos. Así, cada día aumentaba su oportunidad de dejar poco a poco no sólo el alcohol, sino también las drogas. Algunas personas subían al estrado a decir: "Soy fulano de tal, soy alcohólico drogadicto", es decir, estaban conscientes de cuál era el problema que debían vencer.

Por la noche fueron a buscarme otra vez pues les dije que quería volver con ellos al salón del grupo. Me sentía rarísimo, mi descubrimiento fue un *shock* total. Sin embargo, al verlos otra vez me sentí mejor. Muchos de ellos se veían muy bien, normales por completo, sanos, vigorosos, genuinamente alegres y contentos con la vida. Eso me animó. La idea de aprender a salir de esto por medio del programa y llegar a ser feliz era suficiente incentivo para ir todos los días. Pero no fue tan fácil, sobre todo cuando me dijeron que me quitarían mi botella. Quedé paralizado por el miedo, ¿cómo iba a enfrentar la vida, el escenario? Si bien había dejado de beber varias veces, sabía que salir a cantar sin mi copa no era lo mismo. Me sentí inseguro, ¿de qué manera enfrentaría mis problemas?

—En realidad, nunca los has enfrentado —me aseguraron—; sólo los has evadido, que es otra cosa. Cuando los enfrentes vas a resolverlos, ya verás.

Día tras día aprendí a tranquilizarme ante la amenaza de que ya no estaría mi botella para vivir. Comencé a intentar entender cómo lo lograron los que ya tenían años sin la suya. Entonces decidí conocer la base del programa, el famoso "sólo por hoy". Algunos subían a la tribuna y exclamaban: "Sólo por hoy no he bebido". Me explicaron que todo comienza a hacer efecto con ese "Sólo por hoy no voy a beber", mañana no sé, pero hoy no. Era una rotunda negativa a beber o a consumir —como le llaman los adictos a las drogas— el día de hoy y así, día tras día, increíblemente se acumulan los años en sobriedad y con la fortaleza necesaria. Cuando me percaté de la maravilla que es el programa lo adopté de inmediato y a mi salida del hospital lo propagué a los cuatro vientos. "Pero si eso es para anónimos", me cuestionaban. "Sí", respondía, "pero la gente tiene que saber que esto existe, es la única forma de dejar de beber, sabiendo que estás enfermo". Qué feo es que la gente te señale, sobre todo si eres elemento del dominio público. Es muy fácil criticar sin saber qué le ocurre a cada una de las personas de las que hablan sin medir las consecuencias.

Para Anel no se trataba de una enfermedad, creía que era golfería como en las fiestas con sus amigos los actores y los policías, que era diversión; ¡como si ir a dar al hospital fuera divertido! De cualquier manera, empecé a mantenerme sobrio al acudir con constancia a las juntas de Alcohólicos Anónimos. Todavía me faltaba mucho por comprender, pero considero que ese 1987 fue el año en el que arrancó mi recuperación, a pesar de que me faltaban muchas fallas por encarar.

Algo raro se apoderó de mí. Entre el problema por absorber de que era un enfermo alcohólico y la vida tan desagradable que llevaba con una mujer como Anel empecé a ser víctima de una constante depresión. Sin ganas de trabajar, me sentía cansado, usado, defraudado y traicionado por mi familia; trabajaba a fuerza, por obligación. Además, no tenía alicientes, ni vida sexual, ni tiempo para estar con mis hijos; mi única alegría era saber que estaban bien, que nada les faltaba. No veía a mis amigos, ya la descarga de la bohemia era un peligro, siempre acababa en el hospital.

—Eso se llama "borrachera seca" —me dijeron los compañeros de AA—, no te preocupes, es normal. Cuando empiezas a dejar de beber, te deprimes, te sientes incómodo con todo y con todos, no estás a gusto con nada, es lo más difícil de enfrentar al principio. Mira, José, tú has decidido hablar de tu problema abiertamente en los medios de comunicación; así puedes ayudar a mucha gente, eso te hará sentir feliz y la depresión desaparecerá poco a poco. Cooperar para el bienestar de otros te mantiene sobrio a ti, es la mayor ayuda que te puedes dar.

Nada me costaba más trabajo que mantenerme sobrio ante la constante agresión de Anel de seguir gastando todo lo que ganaba con tanto esfuerzo. Cada vez eran menos las oportunidades de ir al grupo de AA por tanto trabajo que tenía. No sabía que si dejas de asistir a las juntas, tu enfermedad empieza a hacer pesas y se va fortaleciendo otra vez. Ni cuenta me di de que eso podía pasar, sólo trabajaba como siempre, constantemente.

En esa época Pepe empezó a cantar y a bailar con Angeliquita Vale en la obra *Vaselina* y en *Los Tenis Rojos*. Lo hacía en forma excelente, me impresionó mucho verlo la primera vez; también Marysol empezó a experimentar en *Los Tenis Rojos*. Se les daba permiso siempre y cuando sacaran buenas calificaciones en la escuela.

Ya tenía organizada mi contabilidad con Joaquín y mi orquesta y el *show* con "Temo". Bustelo le pidió al tío Eugenio del Busto que viniera a México a ayudarlo con mi carrera pues él también atendía a otros artistas y, a pesar de contar en su oficina con elementos y personal suficientes, quería que alguien se hiciera cargo de mi carrera personalmente. Mi asistente, Anathan Bris, un joven muy alegre y profesional, era experto, como él decía, en las lentejuelas y las plumas de las *vedettes*, e intentaría entender de qué se trataba la ropa de hombre. Muy amable Anathan, lo recuerdo con mucho cariño.

25

Soy así

El disco del año 1988 se tituló *Soy así*, pero Rafael Pérez Botija, quien lo escribió en su totalidad, nos regaló a los grupos de Alcohólicos Anónimos una canción que se convirtió en nuestro himno: *Cinco minutos*. En ella expone la desesperación y la falta de valor del enfermo para enfrentar su realidad, lo que nos pasa a todos cuando llegamos por primera vez a Alcohólicos Anónimos y nos damos cuenta de que estamos inmersos en un problema que sólo tiene solución cuando tienes el valor de reconocerlo. Fue el mejor regalo de ese disco.

En Ariola había serios problemas en cuanto a la definición de quiénes serían los ejecutivos; en la dirección en España no tenían una decisión concreta. Eso afecta enormemente a los discos que salen al mercado: siempre se necesita un plan preconcebido y una estrategia para defenderlos. Ya en otras ocasiones los discos no conseguían los resultados que podrían obtener por problemas internos. Como coincidencia, el de Rafael Pérez Botija tuvo que enfrentar los problemas internos de esa administración, pero sobrevivió y salió a flote con gran éxito por la probada calidad del compositor, además de mis esfuerzos de promoción, como en todas mis grabaciones. Sin embargo, éste sería el disco de despedida de quien hasta la fecha ha sido el pilar en continuidad de éxitos en mi carrera discográfica. Desde ese 1988 no me ha sido posible volver a trabajar con Rafael, pero seguimos siendo tan amigos como siempre.

Fui solicitado por don Carlos Amador para protagonizar una película en la que haría patente mi admiración por uno de mis compositores favoritos: el maestro Álvaro Carrillo. La película sería biográfica y llevaría como título el de su canción más conocida en el nivel mundial: *Sabor a mí*. La gran actriz Angélica Aragón me daría el soporte necesario en lo actoral, al igual que mi compadre Jorge Ortiz de Pinedo. Esta vez no hubo obstáculos y la cinta obtuvo un récord de audiencia en México y el extranjero. La dirigió René Cardona *junior*, con quien siempre llevé una hermosa amistad y a quien admiré profundamente por su talento y su gran sensibilidad. La película dio origen a un disco especial en homenaje al maestro Álvaro Carrillo, con todas las canciones incluidas en su biografía cinematográfica. Al grabar ese disco homenaje cumplí uno de mis sueños, como también lo hiciera años atrás con mi maestro Armando Manzanero.

Durante la filmación sucedió algo que no he podido olvidar. Una doctora llamada Margarita empezó a tratar el problema de obesidad de Anel, ya que la pastilla de anfetamina no le ayudaba a dejar de comer. La señora le inyectaba anfetaminas en el estómago. El resultado fue catastrófico: se acentuaron los cambios de personalidad de Anel durante el día. Los que más sufrieron el efecto del fármaco inyectado fueron, como siempre, mis hijos y la servidumbre. Yo, por lo menos, no iba a la casa más que a dormir.

Una noche que llegué temprano, Anel estaba en la recámara. Consciente de que nuestra relación era una utopía total, pues ya no teníamos relaciones íntimas gracias a su exceso de peso y a su apatía, me preguntó: "¿Por qué no te buscas una novia?" No podía creer lo que escuché, ¡que me buscara una novia para que me atendiera sexualmente pues a ella no se le antojaba hacerlo por su exceso de peso! Le contesté que lo que debería hacer era cuidarse para estar bonita, pero no: quería que todo se lo resolviera la pastilla y ahora la inyección. No hacía siquiera el más mínimo esfuerzo por conservarse esbelta para su marido –y eso que su marido era José José–; para qué, mejor que se buscara una novia.

Insólito, me pareció la demostración de infidelidad más grande de su parte en muchos años. Cuando tú amas a alguien lo que más te preocupa es que tu pareja te sea fiel. No podía creer que mi propia esposa me dijera tal atrocidad. Eso sólo quería decir una cosa: que no le interesaba como hombre ni como su marido, que no tenía valor alguno para ella como persona ni como padre de sus hijos. Sólo estaba ahí para proporcionarle todo el dinero que gastaba, porque su segundo satisfactor, después de las anfetaminas, era gastar, gastar todos los días.

Le conté a la doctora Saldívar lo que sucedía y tampoco daba crédito a la actitud de Anel para conmigo; simplemente me confirmaba que yo era un cero a la izquierda en su vida. Así que le hice caso, desde luego que sí, yo era José José y podía tener todas las mujeres que quisiera en el continente entero.

Tal vez no entendía su manera de pensar, siempre tan liberal. ¡Qué gran error fue casarnos!, no hubiera sido necesario el numerito de todos estos años, pero ¡ah, la sociedad y los principios morales! Llegué a pensar que el equivocado era yo. Luego recapacité y me dije: "No, tú estás bien, los beneficiados con todo eso tan antiguo que defiendes han sido tus hijos".

Empecé a beber otra vez, no sólo porque ya no asistía a las juntas de Alcohólicos Anónimos, sino porque también consideré que no valía la pena dejar de disfrutar la buena vida que ofrecía la fiesta en grande, sobre todo cuando podía controlarla. Entonces me dio por recuperar todo el tiempo perdido. De verdad creí que podría manejar mi manera de beber. Como lo había logrado en ocasiones, comencé a hacerlo con más frecuencia; pero de súbito el alcohol te avisa otra vez: "¡Peligro!, hasta aquí o volvemos a complicarnos la existencia". La competencia era casi todos los días, pero él siempre ganaba, de modo que tenía que dejarlo. La complicación era no sólo para mí, sino también para Bustelo y el tío Eugenio, quienes debían mantenerme sobrio para cumplir los compromisos. Tuvimos muy buenos e importantes *shows* que salían de maravilla y otros no tanto.

Bustelo y yo nos enfrentamos con el IRS, o sea, Hacienda de Estados Unidos. Anel, que ya no manejaba la cuenta de banco, me sugirió que mandara dinero de México a Los Ángeles, tal como ella lo hacía antes. Lo hizo a sabiendas de que no estaba del todo en regla con las nuevas leyes fiscales que requerían cada vez más control y empezaron a investigarnos a mí y a Bustelo. Éste me dijo: "Nos echaron de cabeza con el IRS, nos denunció una mujer, ya te imaginarás quién". Y sí, ¿quién más podía ser? ¡Otra traición! Fue un gran problema arreglar eso, pero logramos aclararlo y ponerlo todo en orden por el momento.

Ahora que había tantos problemas en la disquera, Bustelo acostumbraba arreglar los contratos de los discos, así que constantemente se involucraba en el contenido de cada álbum, como fue el caso de mi disco número nueve para Ariola BMG, *Qué es el amor*. A pesar de los problemas de la compañía, seguíamos grabando, aunque no contábamos con el mismo apoyo promocional de antes. Cada vez se hacía más difícil proyectar las canciones.

Anel estaba feliz con su doctora que la traía "anfetaminizada" todo el día con las inyecciones que tampoco le sirvieron para adelgazar, pero qué importaba: ella se sentía muy a gusto con el efecto y, además, seguía con sus mismos hábitos nefastos: cambio de coche cada año, de plantas, flores y muebles, abuso de tarjetas de crédito y viajes a Beverly Hills de compras, pues ya habíamos regresado a México hacía tiempo.

Una llamada telefónica me causó gran alegría. Era mi padrino, don Raúl Velasco, quien me invitó a comer para contarme sus planes.

—Estás por cumplir veinticinco años de carrera, tu aniversario de plata en la profesión. Pienso celebrarlo con un gran programa especial de *Siempre en Domingo* dedicado a ti por completo; invitaremos a varios de tus compañeros artistas y amigos para que canten contigo. Hagamos una lista.

Dimos manos a la obra y el resultado fue un extraordinario programa. Contamos con la presencia de celebridades del tamaño de doña Libertad Lamarque, Verónica Castro, Rafael Pérez Botija, Lucha Villa, Vicente Fernández y Pepe Jara. También cantó mi hijo

Pepe y nos hizo llorar a todos con su versión de *Mi viejo*, arreglada por él mismo. Todos cantamos y el programa salió muy bonito porque se grabó en el Premier, el mejor lugar de la capital en aquellos años, con la presencia del ambiente artístico de México en pleno; todo un evento social y musical, en especial por la gran proyección de Televisa al continente entero. Eso sólo era posible cuando se tenía un padrino como el mío, don Raúl Velasco.

Continuaba trabajando en Las Vegas con gran éxito, en el hotel Hilton, donde, como premio al llenazo logrado, me bajaron la escenografía de Elvis Presley para nuestro *show*. Llenaba los lugares y daba buenas ganancias a los empresarios.

Pepe y Marysol seguían haciendo teatro musical, que era lo que más les gustaba; eran buenos estudiantes y Marysol sacaba mejores calificaciones que Pepe. Patricio, mi sobrino, se recibió en la escuela militar. Su mamá Marcela fracasó en su intento de formar otra familia y se quedó con una bebita más; de pronto desapareció dejando tirada la gran inversión en la fábrica de pantallas de lámparas en la casota del Pedregal. ¡Todo se perdió! Gabriela, mi otra cuñada, enfermó de consideración por tantas pastillas que tomaba y hubo que internarla. Mientras tanto, Manolo utilizó acertadamente su talento para producir *shows* con el gran equipo de luces y sonido que yo le regalé. Así, llevó la carrera de Emmanuel a los primeros lugares de éxito. Como aún abarcaba más que lo artístico, también se pasó de vivo con Emmanuel, con la Domecq, con el fisco y otros empresarios. Pronto tuvo que irse del país pues lo buscaban por sus fraudes; ya había acumulado cuatro órdenes de aprehensión, sin contar con que don Manuel Gómez de El Patio también lo andaba localizando para recuperar unos anticipos que le hizo. Ahora sale en televisión diciendo que nunca le ha robado un centavo a nadie, menos a mí, y lo jura por su madre, a la que, por cierto —al igual que Marcela—, nunca fue a visitar antes de morir, cuando la señora lo esperaba. Estoy seguro de que la actitud de sus hijos aceleró la muerte de mi suegra; recuerdo que antes de operarse por segunda vez del corazón yo le dije: "Ánimo, doña Elena, va a salir adelante" y ella, muy triste, me contestó: "Ya para qué, es mejor así, te encargo a mi gente, por favor".

Manolo Noreña no sólo me defraudó a mí, sino también a muchas otras personas. Vive en Estados Unidos en espera de que prescriban las órdenes de aprehensión en su contra. Seguro tendrá el descaro de regresar a México algún día. Cuando se toca el tema, Anel alega que por qué no lo demandé en ese momento. No lo hice porque suficiente tiene con ser como es, la clase de persona que escogió ser. Además, nunca dicen lo que no les conviene, nunca hablan de todo lo que le regalé. Lo único que hago es comentar sobre la gente con quien me ha tocado vivir.

26

¿Qué es el amor?

En toda esta vorágine de vida se perdían cada vez más los momentos bellos. Jugar con Pepito como lo hacíamos cuando era más pequeño con sus juguetes de *Star Wars*, llevarlo a ver las películas y luego a conseguir los muñequitos –cosa que hace hasta la fecha–, protagonizar batallas con los muñecos de He Man con sus castillos (cuando le gané un día me agarró a muñecazos), tantas y tantas cosas bonitas quedaban atrás conforme crecía. Entonces le enseñé a jugar béisbol y futbol americano y a andar en bicicleta. Con Marysol jugaba a las muñecas y la comidita con su cocina portátil. Lo más bonito era la Navidad, Santa Claus y los Santos Reyes, y después jugar con todo lo que les traían. Los viajes a Disneylandia eran verdaderamente inolvidables, así como las vacaciones en Cancún y en Acapulco. Ahora todo era tensión en la casa, la tristeza que me embargaba era enorme, me debatía entre evadirlo todo o conservarme sobrio con lo poco que sabía del programa de Alcohólicos Anónimos. Aunque tenía mucho éxito, bastaba llegar a casa y ver a Anel con su carácter negativo para que se desvaneciera la alegría provocada por los triunfos profesionales.

Súbitamente ocurrió algo inaudito, algo que sólo podía ocurrírsele a una persona que vive psicotizada por el uso de tantos años del fármaco y que todo lo que imagina lo da por hecho, cree que ésa es la realidad. Anel empezó a pensar que, como no teníamos relaciones sexuales, yo era homosexual. Un día me dijo: "De alguna manera tengo que prenderte". Por lo visto olvidó su recomendación de que me buscara una novia; gracias a eso yo ya vivía un poco más normalmente, ya tenía otra vez vida sexual, aunque no fuera en mi casa.

Una noche llegué como a las ocho de la oficina de Bustelo. Ya me dirigía a mi recámara cuando salió rumbo a la sala una de sus amigas, una actriz muy conocida que también vivía en el Pedregal de San Ángel, como muchas otras celebridades; estaba en pijama transparente de blusa y pantalones. Me saludó, tomó mi mano y se la puso en las caderas para que la tocara. Me dijo: "Siente qué bien estoy, es que me estoy cuidando mucho", me miró y siguió su camino hasta la sala. Sin entender la actitud de esta señora, no le di importancia conociendo lo liberales que son sus amistades y fui a mi recámara a ver el futbol.

Unos días después otro acontecimiento rarísimo me hizo entender de qué se trataba el asunto. Anel me informó que vendría a comer una de sus amigas. "No será la primera ni la última vez", me dije y fui a ver a los niños que estaban jugando arriba al Nintendo. Tocaron a la puerta, abrí y ¡oh, sorpresa!, era su amiga la rubia, su antigua compañera de trabajo, la que estaba en la habitación el día que la conocí en Los Ángeles.

La saludé y la invité a pasar. Las muchachas estaban atendiendo la mesa. Pepe y Marysol ya se habían sentado, así que sin más preámbulos pasamos al comedor. Las muchachas sirvieron la sopa y yo les pregunté: "¿Y la señora?" "Ahorita viene", me dijeron. Empezamos a comer hablando de trivialidades y Anel no aparecía. Volví a preguntar por ella y me contestaron lo mismo.

Platicamos con los niños, acabamos de comer y ellos se fueron a hacer sus cosas. Entonces ella sugirió que fuéramos al jardín y una vez ahí cambió la conversación. Exaltó sus virtudes de meretriz, de mujer adelantada a su época, audaz, liberal y libertina, de sus habilidades para seducir y luego manipular a su antojo a los hombres a quienes conquistaba. Incluso exclamó: "¡Pobres, no pueden con las becerritas, qué van a poder con un Miura como yo!", haciendo alusión a los toros bravos de lidia. Se consideraba invencible en las lides de usar a los hombres y sacarles todo lo que quería. No me sorprendió su plática, ¿de qué otra cosa iba a hablar?

De repente me dijo:

—Bueno, tengo que irme, dile a Anel que vine y la estuve esperando.

Se fue y entonces me di cuenta de que Anel no estaba en la casa, había salido para dejarme a solas con ella. ¿Qué pretendía? ¿Que la llevara a la recámara delante de los niños? ¿En qué cabeza cabe semejante aberración? ¿O se trataba de que me convenciera de hacer un trío como la primera vez cuando nos conocimos? ¿O de que yo formara parte de su equipo de orgías como en Payton Place, los departamentos donde hacían sus fiestas? ¿O por lo menos de hacer algo sexualmente más interesante que el simple sexo normal, algo que entretuviera más, que no fuera tan aburrido y monótono, en síntesis, algo que hiciera más excitante la relación, algo a lo que ellas estaban acostumbradas más que yo?

No le dije nada a Anel, igual que la vez anterior con su otra amiga. Lo que hice fue hablar con la doctora Saldívar del alto grado de solidaridad entre ellas, de cómo se apoyaban unas a otras para entretener maridos o lo que fuera necesario (a sus licenciados, por ejemplo). ¡Qué altísimo concepto de la amistad existía entre todas, insuperable! La doctora Saldívar me dijo:

—Sin comentarios, José, paciencia como siempre, ya hablaré con ella de todo esto.

No cabe duda de que el tratamiento de las inyecciones de anfetaminas empeoraba todo. Primero me decía: "Búscate una novia" y ahora me mandaba a sus amigas para que me prendieran porque era homosexual. Qué lejos de la realidad andaba, no se daba cuenta de que yo no era esa clase de persona que ella suponía, con la capacidad de compartir a mi pareja con quien fuera, no, qué lástima, pero nunca fui así, nunca pude serlo. Siempre fui hombre de una sola mujer, me era muy difícil comprender su actitud tan moderna, sólo sabía que por todo esto mi matrimonio ya no tenía razón de ser.

Además, comprobé que era cierta la información que me llegaba de todo lo que hacían cuando yo salía de viaje; por lo visto, a ella no le importaba que yo anduviera con otra persona. Decidí permanecer al lado de mis hijos hasta que me fuera posible hacerlo para estar al pendiente de ellos lo más que pudiera, aunque ya las cosas en la casa se habían salido de control.

Me contó Óscar Fisher que Anel siempre le preguntaba a Manolo cuando hablaban por teléfono con quién andaba yo en los viajes; éste le daba nombres falsos de mujeres y ella se quedaba tranquila. ¿Por qué nunca me dijo nada al respecto? Quién sabe, resultaba muy complicado entender nuestras formas de vivir, de pensar y de sentir: eran totalmente distintas. Comprendí que nuestra relación estaba muerta desde hacía mucho tiempo, ella estaba ahí por interés monetario y yo, como mi madre, para que mis hijos crecieran y se dieran cuenta de lo que ocurría. Pero no quedaba nada por hacer. Hay personas que se empeñan en salir de tu vida con sus actitudes, sus acciones, sus faltas de respeto. No importa cuánta paciencia y tolerancia les tengas, al final lo logran; se van saliendo de tu alma, de tu corazón y de tu mente. Anel y yo simplemente ya no teníamos nada que ver. Pero, ojo, todavía vivíamos en la misma casa, ése era el gran problema. ¿Cómo seguir fingiendo una relación que no existía? Debíamos adaptarnos por los niños.

De todas maneras, el ser humano es muy dado en ocasiones a investigar el porqué de sus fracasos y siempre intenta encontrar respuestas. Yo lo que encontré es que nunca hubo amor genuino entre nosotros, el sexo era lo que nos unía. Eso es muy importante en una pareja; el amor sexual es tan fuerte que te hace pensar que todo es real; eres capaz de muchas cosas, hasta de sacrificios como los que hacía ella de quedarse a dormir en el hospital o de manejar sin aire acondicionado para ayudarme en las promociones de los discos. Cuando estás enamorado con un amor sexual eres capaz de cualquier cosa, pero a medida que se pierde la atracción todo se va diluyendo y la relación empieza a desmoronarse. Cuando a Anel ya no le atrajo lo sexual se aburrió de no tener algo excitante al respecto; incluso yo tampoco representaba para ella el estímulo de tener con quien pelear y a quien dominar porque a todo le decía que sí. Fue entonces que dejó de interesarse por completo.

Rememorando todo llegó a mi mente aquel indio maya que me visitó en Guatemala para advertirme lo que podía pasarme si no controlaba a Anel. Tuvo razón porque nunca pude controlarla, pero ¿por qué? ¿Por mi debilidad de carácter? ¿Porque no sabía decir no a nada? ¿Porque no soportaba la violencia? ¿Por mi inocencia y mi ignorancia de lo que era capaz la gente cuando te ven que eres ingenuo, o sea, buena gente –"El Ovejo" por pen...– y porque nunca te defiendes? Claro que por todo eso nunca fui capaz de controlar a Anel. Pero yo ignoraba que también había otras razones más poderosas por las cuales siempre hacía lo que ella deseaba...

27

En las buenas y en las malas

Los problemas en la compañía de discos no sólo no terminaban sino que iban en aumento; incluso, por primera vez dejó de producirse un L.P. cada nueve meses, como era nuestra costumbre con el señor Fernando Hernández. Al ya no estar él al mando ni Sergio Blanchet en la dirección de promoción, me puse de acuerdo con nuestro nuevo presidente, el señor Enrique de Noriega, y con mi amigo Raúl Islas. De tal forma, volvimos a organizar todo correctamente como antes, para que no decayera lo más importante: la promoción continental de nuestros discos. Nos hicimos buenos amigos y cuando llegó mi renovación de contrato, por primera vez supe que se daban anticipos a cuenta de regalías por firmar uno nuevo. Bustelo consiguió ochocientos mil dólares, de los cuales nos adelantaron el cincuenta por ciento, menos el veinticinco por ciento de Bustelo. Él me sugirió que comprara algo en Miami; me dijo que invertiría en un edificio en la Avenida Brickell, en donde se encuentran todos los bancos cerca del centro de la ciudad. Fuimos a verlos y me alcanzó para comprar dos, los cuales uní por la parte de en medio a través de una escalera en espiral como las de los barcos. Era recomendable cambiar de residencia de Los Ángeles, California, a Miami, Florida. Para ello tendríamos que vender el departamento de Beverly Hills y hacer una mudanza.

Eso tomaría tiempo. Mientras tanto viajé a Nueva York con el fin de grabar mi disco número diez para Ariola y veinte para mi cuenta personal. ¡Qué difícil fue esa grabación! Me había olvidado de mis amigos de Alcohólicos Anónimos, ya no iba a las juntas y el exceso de trabajo me separó por completo del programa. Por consiguiente, mi enfermedad empezó a crecer de manera peligrosa, por lo que casi no consigo terminar la grabación. Lo bueno es que se incluyó una canción a la que, sin hacerle la promoción adecuada, habían olvidado por completo: *Amnesia*, de Dino Ramos y Chico Novarro. El disco se llamó *En las buenas y en las malas*.

Después de la grabación viajé a California. Mi suegra me contó que su hija Gabriela tenía una amiga, Gloria Conde, quien también pertenecía al ambiente artístico en México como mánager de Tatiana, una de nuestras grandes figuras femeninas. Gloria Conde y mi cuñado Manuel manejaron algunas fechas de trabajo en sociedad. Gloria era pareja del general Arturo Durazo, ex comandante de la policía, a quien conocí con mi mamá en una visita que nos hizo al camerino en Terraza Casino. Años después fue director de la policía en el sexenio de 1982 a 1988. El general, el mismo que doña Elena y su hermana "La Güera" conocieron de jovencitas cuando iban a los bailes, dijo que quería volver a saludarme. Hicimos la cita para verlo a él y a Gloria; pasaron por doña Elena y por mí en una limosina blanca propiedad del general Durazo y fuimos a cenar a un lujoso restaurante. Ahí recordaron sus años mozos en su colonia. Después de la cena dimos un largo paseo por la playa, pues la noche estaba preciosa. La pasamos muy bien. Luego nos dejaron en Beverly Hills y nos despedimos. Ya no vi de nuevo al general; poco después cayó en desgracia y fue privado de su libertad por problemas políticos. Pasado algún tiempo, doña Elena falleció, como les platiqué antes, al no sobrevivir a su segunda operación a corazón abierto.

Seguir viviendo con Anel era insoportable; sus actitudes me hacían sentir cada vez peor; prefería descargar mis penas con mis amigos bohemios y algunas veces permanecía con ellos varios días. Entonces se invertían los papeles; tras permanecer un tiempo fuera de la casa bebiendo, al verme forzado a regresar para ir a trabajar, se repetía el síndrome de la culpabilidad: te dejan hacer lo que quieres para que luego vuelvas sintiéndote culpable y sin defensa alguna. El que fallaba era siempre yo.

Los niños crecían y ahora las vacaciones eran en Miami. La propiedad de Beverly Hills estaba rentada y en los nuevos departamentos cada uno tenía su recámara. La pasábamos bien, nadie se metía con nadie; yo trabajaba con Bustelo e iba y venía a Miami mientras no regresáramos a México para que los niños volvieran a la escuela. Viajaba por largas temporadas a Argentina con Bustelo y con el tío Eugenio a seguir proyectando mi carrera en el Canal 9 del señor Romay y a descansar de la tensión conyugal. Me apenaba el hecho de que a Bustelo le tocó mi peor época; era una incógnita mi capacidad para controlar la enfermedad.

Anel continuaba con sus hábitos de gastar todo lo que yo ganaba, por lo que le pedí a Bustelo que hiciéramos otro trato que no fuera el veinticinco por ciento de los ingresos brutos antes de gastos. No aceptó y nuestra relación comercial terminó a fines de 1990. Fue entonces cuando volvieron a buscarme de la Secretaría de Hacienda para revisar los años que trabajamos juntos. Le comenté a Bustelo lo ocurrido y éste, sin decir nada, se limitó a cerrar su oficina e irse a Argentina; desapareció. Poco después lo volví a ver en Miami y me dijo que alguien nos echó a las autoridades encima.

—¿Cómo puede ser —le pregunté—, si ahí está Joaquín Guerrero con nosotros en la contabilidad?

—Sí —me dijo—, pero alguien insiste en perjudicarte a como dé lugar, así las cosas ni Joaquín, ni yo, ni nadie puede hacer nada para evitarlo. Lo mejor es que intentes arreglarlo.

Tuve que abrir una nueva oficina con Cuauhtémoc Sánchez, "Temo", para vender las fechas, con Joaquín Guerrero en la contabilidad, la orquesta del maestro Chilo Morán y como mi asistente el señor Patricio Esquivel.

Una vez estando en México llamó Many Nogueira, cubano que vivía en Miami, y me hizo una propuesta de trabajo. Me dijo que quería hacer unos *shows* de televisión para Estados Unidos; dejó sus números telefónicos para avisarle si me interesaba la oferta. Como estábamos estableciendo otra vez nuestros contactos de trabajo con los empresarios, no le di importancia. Una de las principales entradas de dinero eran las presentaciones en los palenques; de eso nos mantuvimos, así como de las giras que conseguía "Temo" en México y en el extranjero.

Las discusiones con Anel por el dinero que gastaba sin sentido eran interminables. Ya no quería ir con la doctora Saldívar a consulta y una noche ésta me hizo el gran favor de venir a la casa a hablar con nosotros. Yo le pedí que lo hiciera para que comprobara el estado en que se encontraba Anel al someterse todos los días a tanta droga. Hablamos unos momentos y cuando le reclamé que gastaba todo lo que ganaba, me contestó que si no me alcanzaba, ella se iría a parar en la Avenida Insurgentes con las prostitutas para tener dinero para gastar. Una contestación genial, qué bueno que fue delante de la psicoterapeuta. Yo me quedé callado, sólo nos miramos la doctora y yo como diciendo: "Esto no tiene remedio".

Al no haber reacción de Anel en favor de la cordura y la lógica necesarias para que un matrimonio sobreviva, opté por tomar la peor decisión –para ser exactos, la única que conocía de toda la vida–: beber. Se acercaba el momento de poner un hasta aquí a todo aquello tan desagradable. La rutina de la casa era: Anel empastillada de anfetaminas desde la mañana y yo bebiendo y trabajando, sólo aparecía para cambiar la maleta. Lo principal era que mis hijos no me vieran mal, siempre fue mi prioridad, sólo regresaba cuando estaba visible. En verdad quienes tuvieron que cargar con la volubilidad extrema de su mamá fueron ellos. No entendían por qué a veces era cariñosa y tranquila y de pronto los agredía y maltrataba sin razón. Yo nunca les di mala vida, siempre les proporcioné todo lo que pude para que no les faltara nada; el único problema eran las ausencias por el trabajo. Pero del trabajo salía para que tuvieran casa en México y en Estados Unidos, vacaciones, coche último modelo con chofer, la mejor ropa y los mejores juguetes, los más modernos, y qué decir de la comida, el súper se hacía en Estados Unidos desde tiempo atrás para que no extrañaran las cosas que les gustaba comer. Siempre tuvieron de todo a manos llenas y también mucho amor. Gracias a Dios, los consentíamos mucho y los llenábamos de cariño entre todos nosotros, familiares y amigos. Su mamá los levantaba con sus caricaturas y el desayuno en su recámara para que empezaran el día bonito y fueran de buenas a la escuela. Cuando estábamos juntos en vacaciones siempre jugábamos, íbamos al cine y al parque a jugar futbol y hacer deporte, teníamos alberca o playa para nadar o bucear. El poco tiempo que compartíamos era de gran calidad.

Pero ahora todo estaba cambiado. El dinero volvió locos a todos, nadie me hizo caso con respecto a ahorrar y tenía que trabajar sin cesar para mantener el estilo de vida habitual de los niños. Sin embargo, con la gastadera de Anel no había dinero que bastara y mi garganta no daba para más; debía descansar. Al no encontrar apoyo para lograrlo, la evasión fue la única salida que encontré para el problema. Como siempre, yo soportaría todo sin protestar.

Cuando menos lo esperaba, fui informado de que Anel había solicitado el divorcio. ¡Increíble!, la justicia divina se acordaba de mí. Al iniciarse las hostilidades legales empecé a vivir en definitiva en hoteles o viajaba a Miami. Le conté a Pepe lo que sucedía, le dije que me iba de la casa y que cuidara mucho a su hermana. No pude llevarme gran cosa de mis pertenencias; es más, un día que no estaban tuve que saltarme la barda para recuperar de mi clóset documentos y objetos importantes; ya Anel se había encargado de mis joyas más valiosas, me quedé con las que traía puestas. Rentamos una casa en Polanco, donde instalamos la oficina; yo vivía arriba, en una de las recámaras. Todo eso fue posible por la ayuda que me brindó don Leonel Yáñez Ledezma, quien me facilitó las escrituras de su casa para tener un fiador y poder rentar la casa. A él, a doña Camerina, su esposa, y a mi hermano Martín Yáñez les debo el haber podido continuar enfrentando la vida y tener dónde vivir y manejar mi carrera.

Acudimos varias veces al juzgado y el juez nos preguntaba si queríamos cambiar de opinión y reconciliarnos. La primera que decía que no era Anel y a la tercera vez quedamos formalmente divorciados. Para ser exactos, yo ni las manos metí; todo se hizo por voluntad de Anel.

Me sentía liberado de un yugo enorme, aunque el gusto me duró muy poco. En primer lugar, sentía una tristeza y un dolor enorme de dejar a mis hijos solos con su madre. Tanto trabajar para ellos y ya no viviríamos juntos; por lo menos los tenía en su mansión del Pedregal de San Ángel y, como siempre, no les faltaba nada. En segundo lugar, debía fingir que no pasaba nada para que Marysol no se diera cuenta de que sus papás estaban divorciados, sobre todo por los amiguitos de la escuela. Era necesario que siguiera yendo a comer a la casa y a veces a dormir. Un día, estando ahí, Anel me reclamó que por qué me había divorciado de ella y le contesté que para darle gusto porque siempre hacía lo que ella deseaba.

Con el divorcio empezaron de nuevo las peticiones de dinero. Se le daba y lo negaba, tuvieron que intervenir los abogados para poner orden en las cantidades que solicitaba, según decía para pagar sus deudas. ¿Deudas de qué?, si lo único que hacía era gastar todo lo que yo ganaba. Sin embargo, para llevar la fiesta en paz se le dio lo que pedía: primero, diez mil dólares al mes para la casa y los niños; segundo, que liquidáramos sus deudas y tercero, que se le comprara a Pepe un coche último modelo.

Nuestra separación legal se manejó bajo la mayor discreción y todos suponían que estábamos separados, no divorciados. Seguíamos ocultándole a Marysol nuestra verdadera situación.

Lo que más se lamenta cuando te separas de alguien es lo que dejas atrás: en mi caso, mis recuerdos, efectos personales, joyas, cosas muy mías, como mis discos, que ya no hay manera de recuperar. Todo se queda y se pierde pues no tiene valor para tu ex pareja; por el contrario, ésta lo tira y sólo conserva los objetos de valor, sobre todo las joyas. Recuerdo que una tarde cuando Anel estaba de buenas me invitó a que bajara a la recámara para enseñarme sus joyas. Yo me negué, ahí estaba representado todo el sufrimiento de mi garganta, pues era la época en que no paraba de gastar.

"Temo" y Joaquín amueblaron la casa como pudieron, cerramos la otra oficina y al menos se suponía que tendría una satisfacción entre tantos problemas. Joaquín me dijo delante de todos: "¡Ya no le debemos nada a nadie!". "¡Qué alivio!", dije para mis adentros, "volveremos a empezar de cero; no es ésta la primera vez en mi vida que tengo que hacerlo".

Las cosas dejaron de ser como antes, trabajaba menos y la nómina todavía era muy alta. Empezamos a reducir personal y nos demandaron, fue una época muy difícil para conciliar todo. Por primera vez no alcanzaba el dinero para pagar los gastos de cada mes; mis ingresos los manejaba Joaquín Guerrero; él distribuía lo que se destinaba a Miami para los departamentos, a la casa de Pepe y Marysol, a un grupo de contadores judíos que manejaban mi contabilidad en Estados Unidos y a todo lo que se pagaba en México, empezando por la casa de Polanco.

De las oficinas de Polanco salíamos a las giras; ahí nos reuníamos la orquesta, los coros, los ingenieros y los tramoyistas para los compromisos que eran por carretera. Una vez regresamos por ese medio en la mañana y encontramos que la música de todas mis grabaciones y todos mis arreglos para trabajar estaban tirados en el patio en bolsas para basura; todo se maltrató horriblemente, mis arreglos y mis partituras, la música que era parte de mi vida.

Poco a poco organizamos la casa-oficina. De día había un gran movimiento, entraba y salía mucha gente a comprar fechas para trabajar en México y en el extranjero.

Con todo y los problemas que se suscitaban en la BMG Ariola —otra vez habían cambiado la administración—, llegó una canción que sería mi salvación en el futuro: *40 y 20*, de Roberto Livi. La grabación se inició en Los Ángeles; ahí se grabaron las orquestaciones.

En un día de descanso unos amigos muy queridos me llevaron a ver a una señora cubana de color, alta y muy bella, con una gran personalidad. Me puse a sus órdenes y me dijo:

—Mucho gusto, José José: mi nombre es Loida, quería conocerte; ven, hijo pasa, siéntate y dime: ¿a ti te han leído las cartas alguna vez?

—Sí —le contesté—, hace veinte años conocí a una persona que sabía hacerlo.

—Le pedí a tus amigos desde hace mucho que te trajeran, pero te fuiste a vivir a Miami. Ahora el destino nos ha unido para que te haga saber algo que te aclarará muchas cosas. Tú has tenido que luchar muchos años contra todo y contra todos. Tu vida no ha sido fácil porque te has rodeado de personas que no han sido honestas contigo.

Me enseñó la baraja tendida en la mesa. Estábamos solos frente a frente. Ella había prendido una vela con un vaso de agua al lado.

—Has sido víctima de muchas traiciones —prosiguió—; de la más grande te advirtió alguien tiempo atrás, pero no le hiciste caso.

En ese momento recordé a Pacal, el indio maya que me buscó en Guatemala; le conté y me dijo que tenía mucha razón.

—Aquí sale una mujer que ya murió —continuó—, ella te quería y te protegía mucho.

Le hablé de la abuela Estrella y me dijo:

—Ella vela por ti. Baraja otra vez y corta en tres partes. Estabas casado y te has divorciado, tienes dos hijos. La mujer que es su mamá te ha trabajado durante años para explotarte y dominarte. Te ha hecho sufrir enormemente, pero, por la misma razón, no la dejabas, siempre volvías, hasta te casaste con ella. Ahora que se han divorciado intentará destruirte; ella conoce mucha gente que se dedica al trabajo negro, así es como te ha controlado todo este tiempo. Aunque, por fortuna, hay un santo que te protege y también alguien desde el cielo te cuida, tienes que cuidarte mucho.

—¿Cómo? —le pregunté.

—Encuentra a alguien que te ayude; en Miami hay mucha gente que sabrá cómo defenderte. Pídele mucho a san Rafael que te proteja y te ayude. Cada vez que puedas, ven a verme.

Nos despedimos. Yo tenía que volar a Miami a terminar el disco; lo bueno era que andaba sobrio. El disco fue escrito por Roberto Livi para describir todo lo que me estaba pasando.

Volví a México y seguimos trabajando en los palenques de Sudamérica. Un buen día Pepe se peleó muy fuerte con su mamá y se fue a vivir conmigo; discutieron y, como siempre, Anel quería tener la razón aunque no la tuviera. Y, puesto que Pepe, gracias a la genética, heredó en gran parte el carácter de su madre, decidió dejar de vivir con ella.

¡Pobre Marysol, sola contra el mundo con su mamá empastillada todo el día y de mal humor!

La decisión de Pepe de vivir conmigo me ayudó a mantenerme sobrio por temporadas; vivía en un mundo de ansiedad que casi no podía controlar. Trabajaba lo suficiente para tener lo indispensable, vivíamos al día.

Recibimos otra llamada del empresario cubano que quería trabajar conmigo. Lo comuniqué con "Temo" para que se pusieran de acuerdo sobre qué podíamos hacer para mejorar nuestros ingresos. El señor Many Nogueira nos dijo que si necesitábamos dinero él nos daría un anticipo que luego deduciría de lo que trabajáramos con él. Como ya enfrentábamos problemas económicos, decidimos que iría a trabajar a Miami con él y dejaría al cuidado de "Temo" y de Joaquín la casa, la oficina y a mi hijo, quien se quedaría a vivir ahí.

Con anterioridad tuve un desagradable encuentro con Anel afuera de la casa del Pedregal. Me sugirió que fuéramos amantes; ¿en qué cabeza cabía que, después de todo lo pasado entre nosotros, yo tendría ganas de ser su amante? Me negué rotundamente, con lo que le causé un gran disgusto. ¿Cómo era posible que ya no hiciera lo que ella quería como antes? Tal vez era porque en Miami conocí, a través de Amparo Acosta, una de mis amigas más queridas de toda la vida, al hermano Manuel, quien me dijo: "Yo te ayudaré a que vayas saliendo adelante de todo lo que te han hecho; tomará tiempo, han sido muchos años de control en tu contra, pero adelante: no te desanimes, no te des por vencido". Como por arte de magia, empecé a decir no y a fortalecerme poco a poco.

Nogueira entregó el dinero y le fuimos cubriendo el primer préstamo con las actuaciones en televisión, que fue lo único que hicimos al principio. Como ya no generaba fechas en México, la situación empeoró y Nogueira nos hizo otro préstamo. Para mí era una incógnita a qué se dedicaba, pero, como siempre, yo era muy accesible con todos; traté a su esposa, tenían un hijito varón muy lindo. Un día estábamos en su oficina y recibió una llamada de urgencia: hombres armados entraron a su casa, amarraron a su esposa, a su hijo y a su nana. Excavaron en una habitación donde él tenía una caja fuerte empotrada en el suelo y se llevaron más de doscientos cincuenta mil dólares que guardaba ahí. Llegamos y después de tranquilizar a su niño y su esposa, inspeccionó el daño. ¿Cómo sabían dónde estaba la caja? ¿Cómo sabían que él no estaba en casa a esa hora? Hizo una junta con unos amigos que siempre andaban con él, gritaban mucho y decían nombres, lo vi llorar al pie de la excavación. Parecía que era todo su dinero y lo guardaba en su casa, no tenía cuentas de banco, siempre traía efectivo. Entonces decidimos hacer conciertos en Estados Unidos con su oficina; de esta manera habría mejores entradas para todos.

Anel me llamó para decirme que quería pasar una temporada en Miami porque Marysol nos extrañaba a Pepe y a mí. Una vez más, por tratarse de mi hija, accedí, pero Pepe no estaba de acuerdo en ir a vivir a esa ciudad para reunirnos todos. "¿Para qué?", decía, "y si ustedes ya están divorciados ¿de qué se trata todo este teatro?, no tienen nada en común, no se llevan bien, yo me quedo en México". Costó mucho trabajo volver a convivir. Anel llegó a Miami con una suficiencia y una cara de perdonavidas como si me estuviera haciendo el favor de ir a vivir a los departamentos de lujo; ni siquiera me saludó. Yo la enfrenté y le dije que con esa actitud no llegaríamos a ningún lado, que quitara esa carota o no había trato. "Se trata de ser amigos por Marysol, adopta una muy buena actitud para con todos o todo se desbaratará de inmediato", le pedí. Convencimos a Pepe de que fuera a vivir con nosotros y accedió a regañadientes; por lo menos estábamos todos juntos otra vez.

Como podíamos solventábamos los gastos de México y ahora de Miami. Yo hacía los *shows* para pagarle a Nogueira los anticipos y para vivir. Ya Nogueira convivía con nosotros casi todos los días y yo veía que se llevaba muy bien con la gente de seguridad del edificio; les daba buenas propinas y ellos lo consideraban: le cuidaban el coche, lo dejaban pasar en cuanto llegaba y lo subían al departamento, entre otras cosas. Íbamos a su casa o nos reuníamos en restaurantes, a veces hasta compartíamos en la piscina del edificio. Se hizo muy constante su visita a mi casa.

Sólo que en una presentación sucedió lo que me demostró dónde estaba yo parado. Terminando el *show*, Nogueira, sus amigos y las coristas agarraron la fiesta en grande. Debía cantar en otra ciudad al otro día y ni siquiera se levantaron para ir al aeropuerto. Yo fui a levantarlos para no perder el avión, también subí los instrumentos y las maletas de los músicos en un taxi. Se enfiestaron y no organizaron nada para salir al otro día del hotel al aeropuerto; como pudimos llegamos con todo al avión, pero ellos ya no lo alcanzaron. Cuando vi que nadie me ayudaba a subir las cosas para chequearlas en el vuelo me acordé de Enrique y pensé: "Otro que cree que voy a trabajar para él; no, gracias". Sólo un estadounidense que colaboraba con Nogueira me ayudó con las cosas y los boletos; era el que cobraría el monto del contrato. Al llegar a la otra ciudad, el *show* ya estaba incompleto sin coristas. Yo me hice cargo de cargar el equipo y de que todo estuviera en su lugar en el escenario. Los únicos que cooperaron conmigo fueron los músicos.

Me fui a dormir algo para descansar la garganta y cantar en la noche. El *show* se llevó a cabo y, a pesar de los contratiempos, cumplimos satisfactoriamente. El estadounidense y yo organizamos la salida lo mejor que pudimos y regresamos a Miami. Este hombre le pagó a los músicos y me dijo:

—Aquí está tu dinero, iré a ver a Nogueira para llevarle su porcentaje; yo me despido, ya no voy a seguir, no se puede trabajar con tanta irresponsabilidad.

—Yo también le voy a dar las gracias a Nogueira —le contesté—; así no es la cosa, no se vale.

Llegamos a un trato en su oficina para liquidarle lo que le debía. Él me hizo las cuentas a su gusto y yo las acepté. Anel fue conmigo, cosa que me extrañó. Quedé en pagarle en partes lo que según él le debía. Estuvo de acuerdo.

—¿Es todo lo que te debo? ¿Después de esto no te debo nada? —insistí.

—No, nada.

—Bueno —le dije—, te entrego la primera parte, después te daré el resto. Aquí termina nuestra relación comercial, gracias por tu ayuda. Te deseo lo mejor con tu familia.

Me costó trabajo, pero logré pagarle todo lo que nos prestó; en realidad, en su momento la relación con él nos sacó de problemas. Pero, como siempre, no era más que parte del plan de Anel para seguir controlándolo todo. Ellos estaban de acuerdo de antemano, sólo que esta vez no le resultó.

Vivíamos juntos cuando un día Anel, totalmente psicotizada por las anfetaminas, entró a mi recámara. Yo estaba haciendo cuentas con Joaquín por teléfono.

—¿Con quién hablas? —me preguntó.

—Con Joaquín —le dije.

—¡Están hablando mal de mí! ¡Sí, te acabo de oír hablar mal de mí! —inventó.

Una vez más, lo que imaginaba lo daba por hecho, lo que pensaba tenía que ser la realidad a como diera lugar. ¡Era el colmo!

—Luego te llamo —le dije a Joaquín.

Lo que hice fue preparar una maleta y salir del departamento. Como yo controlaba la chequera pensaba dejarles sólo lo necesario. Cuánta razón tenía Pepe: eso ya no funcionaba de ninguna manera. ¿Quién puede relacionarse sanamente con una persona así? Sólo, como me pasaba a mí, si te tienen bajo control con base en pócimas, brebajes y polvos que mezclan con la comida cuidadosamente para que no te des cuenta. Al tercer día fui a ver cómo estaban mis hijos y me dijo:

—Regresa ya. Marysol ha preguntado dónde estás.

—Dile dónde estoy por tu culpa —le contesté—, ya le has de haber dicho otra historia de las tuyas; pobre hija mía, ¿qué va a ser de ella con una persona tan enferma como tú?

Se quedó callada. Su plan marchaba viento en popa, ahí estaba dándome todo lo que quería para controlarme y yo, para variar, ni idea tenía.

Ignoraba todavía cómo lo manejaba y que así había sido todos estos años.

28

40 y 20

Súbitamente la compañía quedó bajo la dirección del señor Jesús López, hombre de disco por completo, conocedor a fondo de la industria. Él, de nacionalidad española, se hizo cargo de la situación y llegó el momento de salir al viaje continental de promoción del disco *40 y 20*.

Anel me dijo que esperarían en Miami el mes que tardaría en regresar. "Sólo déjame dinero para los gastos", me pidió y le di varios cheques firmados. ¡Grave error! ¡No imaginaba lo que acababa de hacer!

Viajé a México a preparar el viaje, el cual iniciaría en la República Mexicana, luego Centroamérica, Sudamérica y al final Estados Unidos.

No hice más que llegar a la capital y comencé a beber. Venía lleno de tensión. Tener que seguir viviendo con esa mujer me llenaba de ansiedad; ya no quería verla, sólo estaba ahí por Marysol. Pero todo se vendría abajo, ya me era imposible resistir la situación.

Una vez en la oficina hicimos un plan para coordinar la promoción y los conciertos. Teníamos que sobrevivir con todos los gastos a como diera lugar. Un día, después de comer, llegó mi compadre Antonio Benhumea con su familia. Él vivía en el sureste, estaba en el negocio del pescado. Las cosas andaban muy mal, por lo que prefería venir a la Ciudad de México y me preguntó si podía trabajar con nosotros; lo invité a colaborar como mi asistente personal, así que empezamos a prepararlo todo para el viaje.

Esa noche estaba solo en la oficina, me quedé bebiendo toda la noche y como a la una de la mañana tocaron a la puerta. Era Rigo

Tovar con su ayudante. Fue a brindarme su apoyo para lo que necesitara.

—No estás solo, hermano —me dijo—, yo he pasado por lo mismo que tú y sé muy bien lo que se siente cuando te traicionan, pero ánimo, acuérdate de Dios. Mírame a mí con este problema de la ceguera, ¿te imaginas lo que es?

—No, Rigo, en verdad no —le contesté.

—Entonces no te dejes vencer. Si yo he podido, tú, con más razón, sobre todo cantando como cantas.

Su visita me llenó de ánimo y nos amanecimos oyendo música.

Al día siguiente tenía que ir a la disquera. Sin dormir, bebí sin parar. Así y todo fui a ver en la tarde al señor López. En pésimo estado le di las gracias por mandarme de promoción. Me miró y me preguntó:

—¿Crees que estás en condiciones de hacer una promoción tan agotadora?

—Claro que sí —contesté—, no te preocupes, este disco narra la realidad de todo lo que me ocurre. No voy a ocultar nada de lo que me duele; por el contrario, le contaré al continente entero mis problemas y lo que me afecta, en especial el hecho de que ya no iba a convivir con mis hijos.

Le conté que estaba divorciado legalmente y que, aunque compartíamos de manera superficial, la realidad es que yo ya no podía ocultar la verdad un minuto más; sólo lo había hecho por Marysol.

—Tú sabes lo que haces —me dijo—, está en tus manos decidir. Siempre dices la verdad, pero así como estás va a ser muy fuerte para todos verte en esas condiciones. Te deseo mucha suerte en el viaje.

Antes de salir hablé con mi mamá de lo que me estaba sucediendo. Aún la ayudaba como podía. Dejó el departamento en la colonia Del Valle y regresó a su casa, lo mismo que Gonzalo. Años atrás yo la había llevado a vivir conmigo a mi casa del Pedregal de San Ángel para forzar a Gonzalo a trabajar; el resultado fue el contrario:

mi hermano vendió todos los muebles de la casa para seguir bebiendo. Cuando mi mamá volvía a cuidar a mis sobrinos, era necesario amueblar la casa otra vez para que vivieran como la gente. Gonzalo afirmaba aún que ella y yo teníamos la obligación de mantenerlo; ni sus hijos lo motivaban a trabajar y a colaborar. Su "odio", como decía, era superior a cualquier cosa. A cada rato hacía el numerito de vender todo para seguir sin hacer nada y beber, sólo beber. Un día le dije: "Trabaja para que tengas para tu botella. Mírame a mí, lo he perdido todo, pero al menos tengo para comprar la botella todos los días y continuar haciendo lo que tenga que hacer". Era inútil hablar con él. Ya había vendido las cámaras profesionales y todo el equipo fotográfico que le regalé para que trabajara. Una temporada, como él sabía escribir y leer música en el nivel sinfónico, le regalé todos los libros y los manuales necesarios para que transcribiera los arreglos musicales y se volviera copista para las diversas grabaciones de estudio que se hacían. Era un buen trabajo y podía realizarlo en su casa para cuidar a sus hijos. Pues nada, también vendió los libros. No lográbamos convencerlo de hacer algo a su favor. De todas maneras, yo era el menos indicado para dar consejos; sabía que estaba enfermo de alcoholismo, pero también que no tenía remedio; si recaía, cada vez era peor el resultado. Mi razonamiento –porque todos los alcohólicos tenemos una razón para beber– era el dolor que me produjeron las traiciones de tantas personas, en especial de mis familiares y que después de tantos años de trabajar nada quedara. Y es que, dada la cantidad de dinero que se generó con los conciertos y la venta de millones de discos, debía haber, pero ¿dónde estaba?, ¿quién lo tenía? Poco después me enteré de más verdades que aclararon muchas cosas.

También antes del viaje de promoción, me enteré de otras trastadas de Manolo y Anel. Óscar Fisher, que fue novio de Gabriela, la hermana de aquéllos, acudió al Reclusorio Oriente a visitar al general Durazo. Para que éste lo recibiera tuvo que decir que iba de parte mía. Al saber quién era, el general le habló de que constantemente Anel y Manolo pedían permiso para pasar camionetas y la mudanza, diciendo que eran para mí. Por esta razón se les daba la autorización, pero después se supo que las usaban para introducir aparatos eléctricos, sin yo saberlo.

Óscar procedió a informarle que su novia, Gloria, había sido encontrada muerta en su departamento. El general llamó por teléfono para que se hicieran cargo de la hija de Gloria y la mandaran a estudiar a Europa. Al despedirse Fisher, el general le dio las gracias y le dijo: "Dile a José que es un ingrato porque no ha venido a verme, sólo me manda saludos con mis sobrinos".

Don Manuel, el gerente de El Patio, también le dijo a Fisher: "Yo sé que tú sabes dónde está Noreña, dímelo porque me debe diez millones de pesos [de aquella época]". "Temo" decía que yo siempre trabajaba sin ver nada de dinero porque ya lo debían Anel y Manolo, aun con el lugar lleno toda la temporada. Recuerdo que firmé un contrato un fin de año con un anticipo de cien millones de pesos para el otro año y me preguntaba: "Pero ¿por qué con tanta anticipación?" La aclaración la dio don Manuel cuando le platicó a Fisher que estaban abriendo una cadena de restaurantes de comida mexicana en Estados Unidos. Óscar mantenía contacto telefónico con Chayo, quien un día le dijo que les iba muy bien –le regalaron un Lincoln nuevo y una casa a Chayito–; "Bendito José José", añadió. Cuando Noreña se enteró, cambió los números de teléfono de Boston para que Fisher no le hablara.

Después de realizar la gira de promoción del disco *40 y 20*, de Roberto Livi, regresé a Miami y la sorpresa no podía ser peor: Anel sacó todo el dinero que tenía en el banco con los cheques que le dejé firmados para los gastos de los departamentos y por si algo se ofrecía. Una traición más que perpetró con alguien a quien convenció de que la ayudara a cambiarlos. Ella no podía hacerlo porque estaba boletinada en la computadora cuando una vez la sorprendieron en la aduana introduciendo dinero en efectivo al llegar a Los Ángeles en un vuelo. Le pidió ayuda a mi amiga del alma, Amparo Acosta, a lo que ella se negó rotundamente. Por tanto, acudió a otra persona y me dejó sin un centavo otra vez. Asimismo, buscó al hermano Manuel para que hiciera un trabajo negro en mi contra o le recomendara a alguien y él no aceptó.

Cuando volví y me di cuenta de lo que hizo, mi reacción fue seguir bebiendo. ¿Qué hizo Anel entonces? Le pidió a Amparo que me diera un bebedizo de color negro que consiguió, argumentando que era para que dejara de tomar. Amparo se negó otra vez a apoyarla con cosas como ésas; sólo Dios sabe qué me iba a dar. Amparo me confió que compartía con ella porque quería mucho a mis hijos y porque era mi esposa, pero ni por eso estaba dispuesta a dejarme sin dinero o a darme una pócima.

Para colmo de males, yo había firmado un compromiso en el Teatro Blanquita para que se presentara toda la familia. Lo hice con la compañía de representaciones artísticas Showtime, de Rodolfo Ayala y Darío de León, dos de las personas más respetadas en México y en el extranjero en cuanto al manejo de artistas. Mi mánager adjunto en la compañía para cobrar y organizar los espectáculos era Willy Vicedo, un muchacho español que trabajaba para ellos.

Hicimos la temporada sin dirigirnos la palabra. Entonces volví a consumir la cocaína sin control para seguir bebiendo. Era beber las veinticuatro horas. En definitiva, ya no vivía con mis hijos ni tampoco en Polanco. Hubo que quitar la oficina-casa que era muy cara, incluso tenía alberca techada.

En una de las noches que pasé bebiendo en esa casa, antes de salirnos llegó mi amigo Flavio, el cómico. Esta vez no venía a contar chistes como cuando la pulmonía en el hospital. Ahora fue a reclamarme lo que me hacía con esa forma de beber.

—Te estás destruyendo —me dijo—. Así no arreglarás las cosas. Yo perdí a mi esposa y luego a mi hijo y no por eso me voy a suicidar. En la vida hay que enfrentarlo todo, no hay de otra, hermano, sólo así se va resolviendo lo que sucede.

¡Qué gran lección me dio Flavio esa noche!, sólo que cada quien enfrenta sus problemas como puede y yo no conocía otra forma que no fuera bebiendo.

Mi compadre Antonio Benhumea tuvo problemas con su mujer y dejó su casa. Permanecía a mi lado todo el tiempo. En principio vivíamos enfrente del Teatro Blanquita en un hotel barato, pero, terminada la temporada, nos fuimos de ahí pues la prensa publicaba incesantemente que yo andaba de fiesta con mis amigos y a menudo nos buscaban ahí por la cercanía con el teatro.

Trabajábamos como podíamos. Era un círculo vicioso: cuantos más problemas económicos enfrentábamos, menos trabajo conseguíamos por mi avanzado estado de alcoholismo. Mi situación empeoró; mi enfermedad avanzó a tal grado que realicé presentaciones de las que no tengo memoria. No recuerdo detalle alguno de lo sucedido en esos *shows*; el fantasma de las lagunas mentales otra vez hacía su aparición en mi vida. Lo que sí recuerdo es que en una ocasión fuimos a trabajar a un palenque con piso de tierra y yo llegué en malas condiciones. Después de cantar la primera canción me sentí tan mal que le ofrecí disculpas al público y me eché a llorar.

—Perdónenme por el estado en que me encuentro ante ustedes —les dije.

Una voz potente me interrumpió desde las alturas:

—Tranquilo, venimos a oírte, ¡sólo cántanos, no te preocupes!

Un aplauso general me devolvió el ánimo y canté como no lo hacía en mucho tiempo. Comprendí que mi público estaba conmigo, que sabía lo que me pasaba y entendía mi situación. Pero ya era imposible remediar el avanzado estado de mi enfermedad y, puesto que las desgracias no llegan solas, como comenté, la cocaína me atrapó otra vez, lo que agravó las cosas.

Empezamos a deambular por toda la ciudad, una noche aquí y otra allá. Benhumea tuvo la idea de que nos ocultáramos donde lo conocí treinta y cinco años atrás en Clavería, en casa de su tía, la de los ojos azules, quien nos dio posada unos días.

Ahí estuvimos tranquilos hasta que volvieron a detectarnos. Miembros de la prensa nos hicieron huir de nuevo. Se acababa la calma y de nuevo a deambular. Nuestros amigos se portaban enormemente generosos, pero sólo podíamos permanecer donde no fuéramos una molestia por beber todo el día y estar despiertos toda la noche.

"¡José José sigue de fiesta!", publicaban los periodistas amigos de Anel. Es muy fácil hablar por hablar, pero nadie tiene idea de lo que se sufre al estar enfermo de alcoholismo. Cuando podía dormir me despertaba una taquicardia, que era la señal de la llegada de lo más insufrible: el síndrome de abstinencia, la cruda, la resaca. Ya no era de un día o dos, era de meses de estar intoxicado. En esas circunstancias, lo único que te hace sentir bien es intoxicarte otra vez, y así sucesivamente. Antes mi salvación hubiera sido internarme en el hospital, ahora simplemente tenía que enfrentar el sufrimiento bebiendo otra vez.

En los *shows* que di durante una gira por ciudades como Nueva York, Los Ángeles, Miami o Houston, parecía que me estaba despidiendo; por lo general acababa llorando y el público se deprimía al ver en qué estado me encontraba.

En California volví a ver a doña Loida y me previno de que se avecinaban momentos muy difíciles por un trabajo negro muy fuerte que Anel mandó a hacer para que siguiera bebiendo sin parar y muriera de alcoholismo; sólo así ella saldría bien librada de lo sucedido y lo que hizo a mis espaldas todos estos años. Doña Loida agregó: "Si yo encontrara dónde enterraron ese trabajo, tal vez podríamos revertirlo, pero no he podido. Cuídate mucho, José, de lo que haces con tu organismo, te estás causando mucho daño".

No encontraba la forma de controlarme. Por alguna razón simplemente ya no iba a las sesiones de Alcohólicos Anónimos ni con la doctora Saldívar. Ignoraba que lo primero que le sucede al enfermo de alcoholismo es que pierde la fuerza de voluntad para defenderse, sólo la tiene para destruirse.

Trabajaba cada vez menos y mi depresión crecía. El no ver a mis hijos me provocaba un dolor tan inmenso que decidí terminar con todo lo que enfrentaba y empecé a beber con más intensidad. La prensa quería fotografías a como diera lugar y el momento llegó. Regresando de uno de los pocos *shows* que hacíamos me llevaron a Puerto Vallarta para la convención anual de BMG Ariola, donde siempre se organizaba un *show*. Con mucha reserva me hospedaron, yo creí que por mi estado físico; ya eran muy notorios los estragos de tanto beber sin comer y sin dormir durante días y días. Por la tarde asistí al ensayo, me tocaría cantar solo y luego en un dueto con Marco Antonio Muñiz. Terminado el ensayo fui a mi cuarto. Apenas pude dormir un rato antes de que me dijeran que tenía que alistarme para hacer acto de presencia. No podía ni arreglarme de lo mal que me sentía. En mi maleta yo traía escondidas muchas botellitas de servibar destinadas para hacerme sentir bien y tuve que recurrir a ellas. Poco después ya estaba intoxicado por completo otra vez. Cuál no sería mi sorpresa que cuando vinieron por mí me llevaron atrás de un escenario montado en el gran salón del hotel y me anunciaron. Salí al estrado en esas condiciones. Era una sorpresa que me preparó la compañía de discos. Nadie sabía, nadie me previno de nada. Estaba presente toda la prensa y la radio del continente para celebrar mis treinta años de carrera. Había compañeros artistas, cámaras de televisión de Canal 2 transmitiendo el programa para todo el país, además de cámaras de otros países que venían a grabar el gran evento.

Trajeron desde España a Rafael Pérez Botija, a Manuel Alejandro y a Rocío Dúrcal; también estaba mi maestro Armando Manzanero, en fin, nadie faltaba. Ricardo Rocha era el conductor del evento que, más que un homenaje, se convirtió en la más lamentable de todas las presentaciones que había venido realizando a últimas fechas.

Estaba en los huesos, con la mirada perdida. No sabía qué hacer ante tal sorpresa, simplemente me exhibí como nunca antes lo hiciera, en las condiciones más lamentables posibles. El resultado no pudo ser más devastador: no había nada que decir, mi sola presencia lo decía todo. Había comenzado para muchos el final de mi carrera y tal vez de mi vida; en definitiva, entraba ya a la fase terminal del alcoholismo.

Mis compañeros y yo nos acomodamos como pudimos al programa preestablecido para la grabación del espectáculo de televisión. Me invitaron a cantar... ya se imaginarán la actuación. La tristeza era general. Para mis amigos fue horrible, pero para mis enemigos era lo mejor que podía suceder. Ante todos los medios dejé muy claro que ya no me importaba vivir.

Ya en la Ciudad de México, nos mudamos de Clavería a un hotel en Tlatilco para que nadie supiera dónde andábamos. Mi compadre Toño no se separaba de mí un instante, excepto para ir a comprar algo de comer y la botella. Se nos acabó el poco dinero que traíamos y otra vez a vagar por la ciudad. Conocimos al chofer de un taxi que, como coincidencia, también quería suicidarse bebiendo. Andábamos con él constantemente, a veces íbamos a Tepito a comer algo en los caldos de pescado, donde era más barato, y eso cuando sentíamos hambre. Una vez que juntaba un dinero, Alejandro, el taxista, pasaba por nosotros a donde hubiéramos pernoctado. A veces nos quedábamos días enteros con él viviendo en el taxi, sólo bebíamos todo el día, esperando no amanecer. Alejandro nos presentó con unas personas del rumbo de Tulyehualco, zona de la ciudad que no me traía más que amargos recuerdos de cuando me llevaron al manicomio. En ocasiones nos daban oportunidad de dormir allá; así Alejandro podía trabajar de vez en cuando. Ese lugar era la base de un escuadrón de la muerte, formado por individuos que, como nosotros, ya no querían vivir.

Tuvimos que viajar a Miami para resolver un asunto difícil. Alguien había desviado a otra cuenta los pagos que yo hacía al banco por los departamentos; o sea, con mi dinero destinado a los impuestos de los inmuebles alguien estaba pagando otras cosas en otra cuenta. Fui a intentar arreglarlo y nadie estaba enterado; había que venderlos para repartir el dinero de la venta por el divorcio, ya que estaban a nombre de los dos (Anel se aseguró de que Bustelo la incluyera a ella en la compra). Uno se vendió con regularidad y el otro casi se pierde por el problema con el gobierno; transcurrieron meses antes de resolverlo.

Mientras todo eso pasaba, Willy y yo seguíamos intentando arreglar una nueva gira de trabajo, pues necesitábamos dinero con urgencia. Él era muy inteligente y muy activo, por eso trabajaba para Showtime. Una noche me pidió que lo acompañara a una fiesta en un edificio de departamentos. Yo, como siempre, traía conmigo mis dos botellas de tequila Cuervo Tradicional –de esas redondas como las que salen en las películas de charros– al cinto como si fueran pistolas; las llevaba a todos lados, incluso en los aviones. Así subimos a la fiesta. Yo, de traje y corbata, ya no podía ocultar que estaba en un declive físico tan notorio que cuando llegamos y nos presentamos a los asistentes, todos me miraron asombrados. Es más, en México ya corría la noticia de que tenía sida por el estado en el que salí en el homenaje de televisión. Casi todos los presentes eran estadounidenses y no me reconocieron, lo mismo que la dueña del departamento, que era amiga de Willy; tenían amistades en común en el ambiente cinematográfico. La señora sí hablaba español, era cubana y muy amable. Cuando Willy me presentó con ella, me dijo:

—Yo sé quién tú eres, tú cantas salsa ¿no?

—Él es José José, de México, él canta música romántica —le aclaró Willy.

Ella me sonrió con gran amabilidad y me dijo:

—Bienvenido, estás en tu casa, me llamo Sarita.

Yo ya me hacía entender en inglés y establecí contacto con los estadounidenses. Pedí un vaso para seguir tomando mi tequila. Sarita fue por él y Willy le dijo:

—Aquí te lo encargo, no me tardo, voy a ver a unas personas, al rato vengo por él. Por favor, que no se vaya porque tiene muchos amigos aquí y se pierde, tardo días en encontrarlo.

Yo siempre he sido muy educado y aunque bebiera eso no se me quitaba, así que compartí de manera normal con todos. La fiesta continuó hasta altas horas de la noche. Los invitados empezaron a retirarse y al irse la última persona, yo también me despedí de Sarita, dándole las gracias por su hospitalidad.

—No, no te vayas —me dijo—, no ha de tardar Willy en llegar por ti. Ven, siéntate y platícame qué te pasa, por qué estás así, ¿estás enfermo?

—Sí —le contesté—, estoy enfermo de alcoholismo.

—Pero ¿por qué? —me preguntó—, yo te veo y adivino que te ocurre algo muy fuerte. Te noto triste, como que bebes para olvidar.

Le conté lo que me había sucedido y noté que prestaba mucha atención a mis palabras. Le platiqué de todas las personas que me habían engañado y que aun la familia me traicionó.

—Pero eso ya pasó —le dije—, lo mejor es que la deje descansar, ya me voy, es muy tarde y Willy no llega.

—No te vayas todavía —insistió—, cuéntame qué más te ha pasado, por qué estás triste.

Le hablé del divorcio y de que mi dolor más grande era no ver a mis hijos y ya no vivir con ellos. Me eché a llorar amargamente y ella se entristeció y también lloró al verme tan dolido; me hacía falta hablar con alguien y con ella sentía confianza para hacerlo. Empezó a amanecer y de Willy ni sus luces. Yo ya estaba apenado; esta señora ya me había aguantado toda la noche y, en realidad, sin conocerme, sólo porque trabajaba con Willy.

De pronto se abrió una puerta y salieron dos pequeñas niñas con su nana, una señora mayor que se apresuró a darles de desayunar para que fueran a la escuela.

Ahí fue donde me dije: "Vámonos, esta señora no sabe quién soy ni que me puede dar un paro hepático o cardiaco en cualquier momento y le causo el problema de su vida sin deberla ni temerla". Una vez más intentó seguir las instrucciones de Willy de no dejarme ir, pero yo le dije:

—Mire usted, tengo que viajar a México. Aquí están mi boleto de avión y mi pasaporte [se los enseñé], debo ir al aeropuerto o perderé el avión.

—Entonces te llevo al aeropuerto —ofreció.

—No, gracias —me negué—, usted se pasa de buena gente, gracias por su paciencia. Necesita descansar y atender a sus hijas. Por favor, pídame un taxi.

—Está bien —aceptó y así lo hizo.

Además, en una tarjeta con su nombre me dio su número de teléfono: "Por si algo se te ofrece en la calle, me avisas y yo voy por ti".

—Gracias por todo —le dije—, por soportarme cuan larga fue la noche.

Salí hacia el aeropuerto. Al llegar a México me esperaban Toño y Alejandro para seguir bebiendo y pasar lista con el escuadrón de la muerte. Ya tenía a dónde llegar.

29

Cinco minutos

En el sitio donde vivíamos a veces con el escuadrón de la muerte, en el hotel en el centro de la ciudad y en otros vecindarios donde pernoctábamos era muy peligroso si no eres conocido. Pensé en regresar a Clavería, pero hubiera sido un error hacerlo, ya que todos estaban enterados de dónde vivía mi compadre Toño. Por tanto, no tuvimos más remedio que seguir pidiendo posada a pesar del peligro.

Una mañana mi hijo me localizó y me dijo:

—Papá, ven a la casa. Necesitamos hablar, te esperamos hoy al mediodía.

"Perfecto", me dije, "voy a ver qué quieren y aprovecho para sacar de uno de mis portafolios que se quedó ahí una pistola que me regalaron hace tiempo unos amigos".

Cuando llegué me di cuenta de que me tendieron una trampa. Se encontraba presente mi compadre Rafael Díaz Piñeiro para dar fe del estado en que me encontraba. Así se justificaría el que estuvieran esperándome empleados de una institución especializada en el tratamiento de enfermos de adicciones.

Yo, como siempre, iba tomado y ésta fue una magnífica oportunidad para que Pepe y Marysol vieran el estado en que me encontraba todos los días.

—Lo que quiero —les dije— es subir a recoger mi pistola.

—Qué pistola ni qué pistola —contestó Marysol—, te vas al hospital ahora mismo.

Dos tipos llegaron al garaje en una especie de ambulancia y abrieron las puertas traseras. Pepe me cargó con una facilidad asombrosa y entró conmigo para llevarme al sitio de recuperación. Dado que mi hijo me acompañaba no protesté. Me internaron y me durmieron con algo que no recuerdo a qué hora me lo dieron o cómo lograron hacerlo, pues, tras la mala experiencia en el manicomio de Tulyehualco, no lo habría tomado.

Desperté todavía con luz de tarde, con ganas de orinar, por lo que me paré para ir al baño. Al caminar hacia allá jalé la botella del suero y ésta se estrelló en el piso. Ni cuenta me di de a qué hora me pusieron la venoclisis, pues estaba mareado y apenas podía mantenerme en pie. "Tienes que salir de aquí", pensé, "éste parece un lugar distinto del otro donde te recluyeron la primera vez, pero no sabemos qué intenciones tengan". El escándalo que hizo la botella no fue suficiente para que alguien viniera a ver qué sucedía. Aproveché el momento para quitarme la aguja de la vena, cosa que ya sabía hacer muy bien después de tantas veces de estar internado. Me vestí como pude y ya iba a dejar la habitación para buscar la salida cuando llegó una enfermera y le dije lo que había pasado. "No se preocupe, ahorita traemos otra, señor José José", ofreció. "Gracias, no se moleste —le contesté—, me voy, no quiero estar aquí, por favor muéstreme dónde se encuentra la salida." Así lo hizo y salí a la calle a buscar un taxi. Tuve suerte, encontré uno y le pedí que me llevara a Tulyehualco con el escuadrón de la muerte. Comoquiera que fuere, ahí tenía un lugar para quedarme o localizar a mi amigo Alejandro que nos daba posada en su coche.

Es lamentable enterarse de las cosas como fueron y, para variar, siempre en último lugar, como en mi caso. Saber que Anel ponía a mis hijos a rezar por mí todas las noches y por otro lado hacía todo lo posible para que muriera de alcoholismo me dio mucho coraje. Además, el numerito de invitarme a la casa a platicar le salió perfecto con mi compadre y con mis hijos presentes para internarme, como si le interesara mucho. Y el hecho de que yo me fuera de ahí le daba aún más argumentos, en particular con mis hijos. Yo me enteré de todo esto por medio de una persona que me dijo en una reunión de ésas de madrugada con amigos de ocasión.

—Lo que hace tu mujer no tiene nombre, pero no te preocupes, José, que todas esas personas que se valen de la magia negra para dañar a alguien lo van a pagar tarde o temprano, se les devolverá todo lo que hacen, es una ley; el mal que desean para otros se les regresa.

Eso me ha dado valor para aguantar durante años todo lo que me han hecho. Sé que existe la justicia divina y la ley de acción y reacción. Como decía mi madre Margarita: "Siempre cosecharás lo que has sembrado".

En pocas palabras, yo no fallé nunca. Siempre trabajé para que no les faltara nada a mis hijos, a Anel, a su familia y a la mía, así como a todos los que trabajaban conmigo; mi conciencia estaba tranquila, aunque sí me daba mucho coraje enterarme de todo lo que me habían hecho para usarme primero y destruirme después.

Esa semana sólo pudimos quedarnos en el refugio de día porque familiares o amigos de quien controlaba la situación iban a usar las recámaras para dormir; ahí todos éramos iguales. Entonces vivimos en el taxi con Alejandro. Conseguimos un préstamo para que no nos faltara el ingrediente principal: el tequila, y Alejandro conocía a alguien en el centro de la ciudad que nos iba a regalar cocaína. Después de la mezcla de todo, por primera vez en un frío amanecer en el taxi le pedí a Dios que me recogiera. Ya no toleraba más el sufrimiento y el dolor de lo que vivía. Le rogué desde el fondo de mi corazón: "Dios mío, si después de todas estas equivocaciones no merezco ir a tus brazos, lo único que te pido es que me saques de aquí; por favor, ya no soporto más el sufrimiento, ya no me dejes amanecer un día más".

Los amaneceres eran decepcionantes: estábamos vivos, cada vez más lastimados, pero vivos. Enfrentar el día era insoportable, sobre todo si no contábamos con nada para mitigar el sufrimiento. Alguien dijo en uno de esos trágicos amaneceres: "Ánimo, también una cruda puede matarte". Claro, preferíamos que la muerte llegara por la vía de un paro cardiaco fulminante; sería mejor acabar así, pero no todos tenían esa gran suerte.

Un día, intrigado, pregunté:

—¿Por qué no hemos muerto si no comemos, sólo bebemos todo el día?

La respuesta llegó de uno de los más viejos:

—Es que vivimos de las calorías del alcohol. No desmayen, en mi escuadrón éramos once y sólo quedé yo, pero los encontré a ustedes; tal vez aquí lo logre.

En mi vida he conocido filosofía más derrotista que la del enfermo alcohólico. La enfermedad lo lleva a pensar sólo en morir bebiendo. Es el grado más alto de autodestrucción que existe, tanto por parte del adicto a las drogas como del alcohólico en fase terminal; ambos suelen comportarse así y morir por ello.

Lo que resultaba muy doloroso era que yo tuve acceso a Alcohólicos Anónimos y no lo aproveché. Por momentos recordaba las juntas. En una de ellas alguien dijo: "El alcohólico no crece, siempre tiene la misma edad que cuando comenzó a beber". ¡Qué gran verdad! Otra es que en el hogar donde hay un alcohólico no hay un hombre, sino un niño. En una junta un señor ya mayor, con mucha paz, preguntó si sabíamos qué era ser sabio; cada quien contestó lo que intuía y yo dije que el más viejo es el que sabe más. Él escuchó los puntos de vista y con calma aclaró que el hombre sabio es aquel que no se deja ganar por ninguno de los más grandes dones que Dios ha dado a todos. Por la mente: el individuo que se siente muy inteligente, para demostrárselo a sí mismo, acaba por usar a los demás; nada le produce más satisfacción a los que se creen muy inteligentes que vivir de los demás. O bien, por el corazón: si no lo controlas, te mata; el dolor sin control es la principal causa de autodestrucción. Estos dones deben ser equilibrados por el ser humano, en eso radica la sabiduría de aprender a vivir en paz contigo mismo: no dejarte vencer por lo frío de la mente ni por el hervor de los sufrimientos adversos, que son los más difíciles de controlar. Si eres tonto te usan y si eres muy cariñoso también. Hay que aprender a utilizar el intelecto y el corazón, pensar las cosas para hacerlas y no hacerlas para después pensarlas. Asimismo, aprender a controlar los sentimientos, por ejemplo, el amor, en qué circunstancias debe darse para que no se desperdicie y no duela.

El señor que menciono ponía estos ejemplos porque, según él, el alcohólico y el adicto son seres muy sensibles e inteligentes que no controlan sus emociones con su mente, de ahí su problemática existencial. Algo que no está en equilibrio causa descontrol en la persona, quien por eso bebe y se droga.

Cuánta razón tenía este señor; a mí nunca me fue posible controlar mi corazón. Como no sabía decir no a nada, todos me usaban, lo cual me llenaba de dolor y sólo bebía. Ahora enfrentaba el resultado del desequilibrio de mi mente y de mi corazón. Recordé aquello de que el demonio se vale del hermoso y sublimante efecto de los tóxicos en la mente humana para capturarte y convertir tu vida en un infierno. Ni más ni menos eso era lo que estaba viviendo: primero bebía de alegría, después de tristeza, luego de dolor y ahora para morir. Sólo así dejaría de sufrir.

Con lo que les he contado, en verdad yo creía que las circunstancias que me tocó vivir eran las que me tenían al borde de la muerte. Ignoraba que, más bien, se trataba del control que la enfermedad del alcoholismo ejercía sobre mi persona, mi mente y mi corazón. Desarrollé una personalidad al servicio de la botella, hacía lo que ésta dictaba; deseaba controlarla, pero no era capaz; pensaba en por qué se formó Alcohólicos Anónimos: para ayudarnos unos a otros a dejar de beber, solos no se puede. Otra razón la constituía mi debilidad de carácter: era un incorregible imitador de lo que hacían los demás y, como resultado, estaba en proceso de morir sin remedio porque ya me había resignado a ello.

Pero no contaba con las oraciones de mi madre, mis hijos, mis amigos y mi gran familia: el público, que iban a hacer efecto justo a tiempo.

Una tarde regresamos al refugio del escuadrón de la muerte y hasta allá llegaron Ricardo Rocha, Tina Galindo y Darío de León, guiados por Willy Vicedo y mi compadre Antonio Benhumea. Cuando los vi me sentí avergonzado de que comprobaran hasta dónde había llegado, pero ellos de inmediato me hicieron sentir su preocupación por el amigo y compañero que era para ellos. Me dijeron que respetaban mi decisión de acabar con mi vida por el dolor tan inmenso que me causaron tantas traiciones de parte de personas que eran muy importantes para mí, que me despojaron del producto de treinta años de esfuerzo y me impidieron vivir más con mis hijos.

—Sabemos que ésas son tus razones, que tú crees que son suficientes para terminar con tu vida, pero la verdad es que piensas así porque estás enfermo de alcoholismo. Recuerda que cuando conociste el tratamiento de los doce pasos de Alcohólicos Anónimos empezaste a propagarlo y ayudaste a mucha gente a salir adelante de la enfermedad porque tú lo estabas haciendo. Y cuando volviste a beber, muchas madres y esposas te lo reclamaban porque sus hijos y maridos también volvieron a hacerlo. Al tomar tan en serio el programa hiciste que uno de nuestros familiares incluso saliera adelante con tus recomendaciones de dejarse atender. Pues eso es lo que venimos a pedirte: que te des sólo una oportunidad. Acepta que estás enfermo y necesitas ayuda; permite que te traten. Si no resulta, no volveremos a intervenir en tu vida y respetaremos tu decisión, pero bríndate una última oportunidad.

Mi botella contestó que no, que la decisión de seguir bebiendo hasta morir ya estaba tomada, pero algo dentro de mí, muy a regañadientes, dijo: "Lo voy a pensar, denme tiempo". Eso ya era algo en mi favor, decir que lo pensaría.

—De acuerdo —contestaron—, ahora es fin de semana, venimos el lunes por ti para llevarte a la Universidad de las Adicciones, a donde tú le recomendaste a nuestro familiar que fuera y ya tiene muchos años sobrio.

Era un compromiso, no me dieron oportunidad de negarme. Me manejaron muy bien. Desde luego que escucharon el "no" que pronunció mi botella. Bueno, mejor dicho, ya sabían que ésa sería la respuesta, pero la ignoraron por completo y el lunes llegaron por mí para llevarme a Minneápolis, Minnesota, en Estados Unidos.

Ese fin de semana mi botella decidió que bebiera aún más por si en verdad tuviera que parar para ir a la Universidad de las Adicciones. Por tanto, cuando mis amigos se presentaron, estaba en completo estado de ebriedad. Acepté ir con ellos, súper amables me compraron un boleto en primera clase para que estuviera un poco más aislado del resto de los pasajeros.

Como llevaba lentes oscuros e iba de traje y corbata, más o menos aparentaba estar en condiciones de viajar. De todas maneras tuvieron que explicarle al personal de la aerolínea que me llevaban a internar para resolver mi problema de alcoholismo. Yo, como siempre, tenía conmigo mis dos botellas de tequila de tres cuartos de litro ocultas en el pantalón y dentro del saco. El avión hizo escala en Houston, donde bajamos para transbordar rumbo a Minneápolis. El personal de la DEA del aeropuerto le preguntó al capitán por qué viajaba en esas condiciones, se les dio la explicación y con gran fineza me tuvieron en un reservado mientras abordábamos el otro vuelo.

En Minneápolis nos esperaba el familiar de mis amigos a quien yo le recomendé que fuera a la Universidad de las Adicciones. Se veía reluciente, completamente sobrio y sano gracias al tratamiento. Bondadosamente nos llevó al hotel en Minneápolis. Ya era de noche y aún debíamos viajar por carretera tres horas hasta Center City, ciudad de Minnesota donde se ubica la Universidad de las Adicciones, ¡Hazelden!

Esa noche en el hotel comí muy poco, no tenía apetito, de modo que tomé mi otra botella de tres cuartos durante la noche. Al amanecer dormí dos horas. Como pudieron, los integrantes de mi equipo de ángeles de salvación me dieron de desayunar; qué paciencia, de verdad. Me bañé, me vestí, saqué de mi maleta la última botella que traía –de un litro–, la pasé a mi portafolios y subí al coche en la parte de adelante. Durante el trayecto de tres horas hasta la universidad acabé la botella. Al bajar del coche, antes de entrar a la administración del colegio, la dejé en un bote de basura colocado en la entrada.

Center City se encuentra muy al norte del país, hace mucho frío casi todo el año. Ahí, el 7 de septiembre de 1993, como a la una de la tarde empezaba a cambiar mi destino, mejor dicho, el destino que yo me había trazado. Bien dice esa frase tan conocida que el hombre es el arquitecto de su propio destino. Mis amigos me inscribieron en el tratamiento y, dado el estado en el que me encontraba, me llevaron al pabellón médico, me revisaron detenidamente en un consultorio, me sacaron sangre y me tomaron muestras de orina. Cuando regresé a la habitación de dicho pabellón, dos hombres con batas blancas revisaban mi equipaje. Yo andaba siempre con mi maleta vertical para los smokings, los trajes y las camisas, así como otra maleta para mi ropa interior y mis zapatos; en ella traía también todos mis medicamentos para los viajes: vitaminas, antibióticos, medicina homeopática y, como era de esperarse, varias botellitas de servibar que juntaba en los hoteles.

Estos señores separaron todo lo que traía en la maleta. Guardaron mi ropa y luego vaciaron en el inodoro absolutamente todo lo que traía. Por supuesto, me decomisaron las botellitas de alcohol. Yo les reclamé: "Pero ¿por qué mis medicinas?" y me explicaron: "Son las reglas. Aquí las personas traen de todo para seguir tomando o drogándose mientras están internadas. Si continúan intoxicándose, el tratamiento no surte efecto en lo más mínimo; hay que estar completamente sobrio y consciente para entender las clases".

"Auxilio", pensé, "¿qué voy a hacer cuando empiece a sentirme mal?, he bebido sin parar meses enteros, me voy a morir". Estaba aterrado, algunos días tomaba hasta tres botellas de tres cuartos de tequila y casi no probaba alimento. Incluso cuando me atendían en el Hospital Español, con todo y el suero, por lo menos se necesitaba de cinco días a una semana para que comenzara a sentirme bien. La falta de alcohol, la inflamación del cerebro y el cerebelo no te dejan dormir aunque estés rendido y no tengas energías. Simplemente no puedes descansar y cada vez que empiezas a quedarte dormido por el cansancio tiemblas y abres los ojos. Incluso, debido al síndrome de abstinencia, te dan espasmos que te sacuden por completo y sudas al grado de mojar el colchón, ni se diga las sábanas y la pijama–bata que te ponen. Se trata de un sufrimiento inmenso; no entendía cómo, después de lo que se padece en una desintoxicación o en una simple cruda grave, uno puede volver a beber. Es incomprensible la manera en que te maneja la enfermedad; estaba lleno de miedo, ya sentía taquicardia. Era de noche, llevaba unas siete horas sin beber y empezaba a acusar los efectos.

Me pusieron la bata horrible que se cierra por la parte de atrás, que es tan incómoda. "¿Para qué vine a sufrir aquí?", me preguntaba, "tal vez la semana siguiente hubiera resuelto mi problema de vida muriendo en definitiva. ¿Para qué acepté venir?"

Un médico, encargado en jefe de los enfermos recluidos en el pabellón médico debido a su alto grado de intoxicación, me dijo en inglés:

—Vamos a ver, José, ¿hace cuánto que dejaste de beber?

—Este mediodía apenas —le informé.

—Ahora entiendo por qué están tan altas tus enzimas hepáticas. Además del alcohol, en tu examen de sangre salieron muestras de cocaína y Diazepán.

—Sí, en efecto —confirmé—, cuando nos daban cocaína la usábamos para seguir bebiendo, y cuando debíamos descansar sólo lo lograba con la pastilla de Diazepán. Además, tenía que tomar Cardiosedín, otro medicamento para la presión y la taquicardia que produce la cocaína.

—Ahora entiendo qué era lo otro que salió en los análisis —respondió. Me miró fijamente y me habló con aún mayor seriedad que al principio—: Te ayudaremos a salir adelante físicamente para que puedas estar en condiciones de estudiar la enfermedad, pero mi obligación es advertirte que en las condiciones en que estás ya no te quedaba mucho tiempo de vida, hubieras muerto de un paro cardiaco o de un coma hepático. Llegaste muy a tiempo de salvarte, todavía podemos ayudarte a que sobrevivas esta crisis, pero deberás cuidar ese hígado el resto de tu vida, José. Todo tu organismo está resentido, vives de milagro.

Casi lo interrumpo para preguntarle:

—¿Me va a poner suero? ¿Qué me van a dar para componerme? ¿Qué harán para que no sufra después de tanto tiempo de intoxicarme? ¿Qué me van a dar para la cruda?

—Tranquilo —me dijo—, sé muy bien lo que tengo que hacer contigo, es mi especialidad en este hospital.

Cuando abrí los ojos era la noche del 9 de septiembre. Había dormido durante dos días seguidos con alimentación intravenosa, o sea, suero con medicamento. Recorrí el lugar; ahí estaban mis maletas, mi ropa y mi portafolios. Me despertaron las ganas de orinar por el suero y tenía miedo a sentirme mal como en muchas otras ocasiones. Respiré profundo en espera del malestar insufrible de la crudota de meses y, sobre todo, de la fuerte taquicardia que me despertaba, producida por las intoxicaciones tan tremendas; casi se me salía el corazón cuando eso pasaba. Revisé mis latidos tocándome la yugular y mi corazón estaba tranquilo, lo cual me dio gusto y me tranquilizó. Luego presté atención a mi cabeza: no me dolía ni la sentía explotar como otras veces. Pasé varios minutos haciendo un recuento de cómo me sentía y el resultado fue favorable. No podía creerlo, ¡qué bendición de Dios, me sentía bien! No necesitaba una copa como todas las veces anteriores para sentirme así. Lloré de alegría: había superado el primer paso. Le di gracias a Dios, estaba sobrio y consciente como hacía mucho tiempo no lo estaba, tan sobrio y consciente que de inmediato me aplastó la realidad. Todo el sentimiento de tranquilidad se hizo pedazos; estaba sobrio "y ahora ¿qué sigue?", me pregunté. La respuesta explotó en mi mente: "¡Sigue dar la cara! Dar la cara otra vez al mundo, reconocer que he fallado, que volví a beber sin control, que no cumplí mi compromiso de no hacerlo, arruinando lo que ya había logrado a los ojos de todos y –lo peor– exhibiendo públicamente los destrozos de la enfermedad en mi persona y en mi carrera. ¿Se puede revertir todo ese daño?" Ese mismo día 9 de septiembre, así como entré en sobriedad, también entré en un proceso de ansiedad que por momentos se tornaba incontrolable. ¿Cómo se domina eso sin alcohol? Por tal motivo estaba ahí, para aprender la manera de controlar la ansiedad y los problemas sin alcohol y sin droga.

Fui asignado al instructor Phil Cavanaugh. Al principio éramos seis participantes, lo cual me ayudaría a entender poco a poco las terapias en inglés. "Lo que no entiendan lo preguntan de inmediato, así se aprende", nos dijeron.

Para comenzar nos hicieron una observación que fue tan rotunda que tuve que quedarme callado: "**Ustedes están aquí porque no son capaces de manejar su vida**. También porque son enfermos que dependen del alcohol o de las drogas para vivir. Su enfermedad es incurable, por lo que aquí les enseñaremos cómo se maneja su enfermedad".

Después de todas estas aclaraciones nos dijeron:

—Prepárense para mañana porque cada uno relatará su vida. Descansen, vayan a cenar y tienen permiso de hablar por teléfono entre las diez y las once de la noche. A esa hora se van a dormir para levantarse a las siete de la mañana.

Regresé a la habitación para seguir acomodando mis cosas y en mi cartera encontré el número de Sarita. Me avergonzaba que hubiera tenido que aguantarme toda la noche. Vi el reloj. Eran las diez y media de la noche; todavía podía hablarle por teléfono y así lo hice.

—¿Quién habla? —preguntó.

—José José —le dije—. ¿Se acuerda de mí? Hablo para ofrecerle una disculpa por la noche tan horrible que le hice pasar.

—No te preocupes por eso —contestó—. ¿Estás bien? ¿Dónde estás?

—¿Recuerda que, según yo, ya me iba a morir a México? Pues estoy en la Universidad de las Adicciones estudiando mi enfermedad de alcoholismo.

De inmediato me preguntó dónde estaba ubicado Hazelden y si podía ir a verme. Le comuniqué que sólo los domingos de doce a tres de la tarde daban la oportunidad de recibir visitas. Era jueves por la noche, me disculpé de nuevo y me dijo: "Olvídalo, por favor, espero verte pronto". Nos despedimos y yo sentí que había cumplido con la más elemental regla de educación al llamarle para disculparme.

Ese viernes fue mi primer día completo en terapia. Nos levantamos a las siete de la mañana y acudimos al salón de juntas de la unidad a la que pertenecíamos, que era una sala grande rodeada por todas las habitaciones donde dormíamos. Ahí se hacía lo más importante para comenzar el día: rezar tomados de la mano una oración que dice así: "¡Señor, dame serenidad para aceptar las cosas que no puedo cambiar, valor para cambiar las que sí puedo y sabiduría para reconocer la diferencia!"

Se inició la terapia de contar nuestra vida.

¡Cuán impresionantes me parecieron las historias tan tremendas!: violaciones, abuso infantil, maltrato verbal y físico, múltiples agresiones a la psique del individuo que desembocaron en una autodestrucción sin control en la mayoría de los casos. Conforme se contaban las historias, a cada uno le hacían observaciones y preguntas de vital importancia para que entendiera el porqué de sus reacciones en el pasado.

Llegó mi turno y conté mi vida. Al llegar a mis quince años, a la ocasión en que mi papá se fue de la casa y yo en la noche salí a comprar una anforita de ron, confirmé lo que me explicó la doctora Saldívar: que lo había hecho para sustituir a mi padre, quien bebía todas las noches. Entonces comencé a imitarlo, me explicaron. El enfermo adopta muchas de sus actitudes por imitación, lo que se va grabando en el subconsciente. "Luego hablaremos de eso expresamente", comentó el instructor, "continúa". Conté cómo probé las drogas con los músicos y luego con la gente que me visitaba en los cabarets. "Entonces también intervino el factor imitación, anótalo en tu cuaderno para que luego hagas tu tarea", observó. Les hablé de la muerte de mi padre por alcoholismo y ahí intervino Phil de nuevo:

—¿Cuántos años tenía tu papá cuando murió?

—Cuarenta y cinco —le respondí.

—¿Y cuántos años tienes tú en este momento en que casi mueres tú también?

—Cuarenta y cinco.

—¿Te das cuenta de todas las cosas que somos capaces de hacer por imitación?, incluso morir. La grabación en tu subconsciente de la muerte de tu papá por alcoholismo te ha manejado todos estos años, ha intervenido en tu vida constantemente y tú desconocías esa situación en tu contra; es algo para lo cual no hay defensa si no se tiene acceso al psicoanálisis o a un programa de valoración de personalidad o al tratamiento de los doce pasos de Alcohólicos Anónimos. Aquí lo tendrán todos en grupo conmigo y uno por uno con los especialistas, de ser necesario. Quiero que analicen muy bien en qué parte de su vida les causaron dolor, consciente o inconsciente, porque, comoquiera que haya sido, era un pretexto perfecto para beber. Recuerden que el libro de los pretextos nunca disminuye, sino todo lo contrario: siempre va en aumento. El alcohólico y el drogadicto tienen una excusa permanente para hacerse daño y evadirse, por eso es tan importante detectar qué causaba este pretexto, por qué el enfermo es el campeón mundial del arte de echarle la culpa a todos y a todo porque bebe o se droga. Cuando aprendemos a perdonarnos a nosotros mismos y a los demás, todo se diluye, el efecto nocivo desaparece para siempre.

En un principio quedé muy confundido, primero porque no estaba seguro de haber entendido bien por el inglés y segundo, porque sentí que lo más difícil sería aprender la mecánica del perdón. Por tanto, antes de irme le pregunté a Phil cuál es la mecánica del perdón y él me contestó que la mecánica para aprender a perdonar es la oración. Nos dieron un descanso después de tres horas continuas de terapia de grupo relatando nuestra vida. Un compañero me llevó a conocer la biblioteca y en la entrada leí, en español, la oración que se hace en grupo, todos tomados de la mano. Entonces comprendí a qué se refería el instructor.

"Señor, dame serenidad para aceptar las cosas que no puedo cambiar." Me pregunté: "¿cuáles son las cosas que no puedo cambiar?" "Todo lo que ha sucedido en el pasado", me contesté. La oración prosigue: "dame valor para cambiar las cosas que sí puedo". ¿Cuáles son las cosas que sí puedo cambiar? Mi contestación fue muy limitada; en un principio creí que lo único que podía cambiar era dejar de beber, pero al leer la última parte de la oración que dice: "dame sabiduría para reconocer la diferencia" –o sea, sabiduría para reconocer la diferencia entre lo que no puedo hacer y lo que sí puedo hacer para cambiar mi situación actual–, otra vez me cuestioné: "¿Y cuál es mi situación actual?" "Pues estás en la Universidad de las Adicciones apenas sobreviviendo al daño de la enfermedad, con cuarenta y tres kilos de peso, sólo un esqueleto formado de dolor y frustraciones por lo que pude haber sido si hubiera tenido carácter para no dejarme usar ni permitir que me hicieran daño."

El puro análisis del significado de la oración me llevaría casi toda la noche, porque después de comer volvimos a la junta de grupo y ahí se inició el análisis del programa de los doce pasos. Esa tarde Phil Cavanaugh y otro analista nos explicaron la importancia de comprender el primer paso: que somos impotentes ante el alcohol y que ya no teníamos la capacidad para manejar nuestra vida acertadamente. A mí me fue muy fácil acordarme de esto por haber pertenecido antes a un grupo de Alcohólicos Anónimos; ¿recuerdan a Valentín en el Hospital Español, que siempre decía: "Yo no puedo luchar con el alcohol porque el alcohol es peso completo y yo soy peso pulga"? ¡Cuánta razón tenía! La diferencia de poderes es enorme, tanto que el alcohólico no puede siquiera controlar la primera copa, mucho menos la segunda y así sucesivamente. Hay que ser humildes para reconocer que no somos capaces de manejarlo, él siempre ganará y nos llevará a la ruina. Por eso nunca ha de beber la primera copa; queda entendido que la primera es la que te hace creer que puedes tomarte la segunda. Si tomas la primera, de inmediato sale a flote la obsesión incontrolable de seguir bebiendo.

Como un rayo mi mente se trasladó a aquel vuelo a Miami cuando invité una copa a Raúl Ortiz "El Chumo" y lo convencí de que la tomara, ignorando por completo lo que le sucedería. Eso fue lo que ocasionó que Raúl volviera a beber hasta morir. Mi ignorancia al respecto ocasionó que recayera en la bebida y la recaída siempre es peor. Simplemente ya no lo superó. ¿Y si lo hubiera sabido? Rompí en llanto. "¿Por qué lloras?", me preguntaron y les conté que yo ocasioné la muerte de Raúl, mi amigo.

—No te culpes de esa manera —comentaron—, tú no sabías que él no debía volver a beber ni que estaba jurado, nada de esa historia personal suya. Aprovecha esa amarga enseñanza que te dejó tu amigo de lo que puede pasar si vuelves a tomar la primera copa.

—Si tomas la primera copa ya estás en peligro de muerte —nos dijo Phil.

—¿Por qué? —preguntó un alumno.

—Lo sabemos de sobra porque la primera copa ha sido la causa de que muchos compañeros que estuvieron aquí hayan recaído hasta morir.

30

Es un ángel

Pedí un diccionario inglés-español para traducir lo que no entendía en las diversas terapias de la semana. Los domingos no había tantas clases como los demás días y pude descansar para organizar mis cuadernos. Me avisaron que si quería ir a la iglesia podía hacerlo, el autobús de la universidad salía en una hora. Además, tenía una visita. "¿Cómo, una visita?", pregunté. No esperaba a nadie, ¿quién podría ser si nadie sabía dónde estaba, excepto los amigos que me llevaron y lo primero que te piden es que respetes el anonimato?

Fui al recibidor y vi que era Sarita Salazar.

—¡Qué agradable sorpresa! —le dije—, pero ¿qué haces en Hazelden?

—Investigué cómo llegar hasta aquí y vine a verte para decirte que ya sé quién eres, perdón por no haber estado enterada de lo que significas para tu público. Por eso estoy aquí. Le pregunté a mis tías y conocen tus canciones, tienen tus discos y están al tanto de tu vida. Es más, en México dieron la noticia de que habías muerto de sida, en la radio de Miami te tocaron las golondrinas y todos están muy tristes.

Lo que en realidad ocurría era que, al no saber nadie dónde estaba y no encontrarme por ningún lado, ni siquiera en Miami, empezaron a decir que estaba muerto. Para mí eso no era nuevo: ya me habían matado varias veces antes y siempre me tocaban las golondrinas en la radio.

Le dije a Sarita que no se preocupara, pero ella replicó:

—De inmediato hay que desmentir eso, tu público debe saber que vives y que estás aquí recuperándote. Vine para saber cómo estabas; te encuentro aún más delgado que cuando te conocí, pero no te ves tan mal como dicen, que por eso habías fallecido. Hay que hacer algo para que todos sepan que estás bien.

—Yo anhelo lo contrario, que me dejen en paz. Aún no sé si quiero dejar de tomar o no. Es más —le dije—, estos americanos son unos genios. Ahora ya sé cómo hacer para seguir bebiendo y que nadie se dé cuenta, mi error fue exhibirme por todos lados.

Sarita me miró fijamente, no podía creer lo que oía, pero en seguida reafirmó:

—Lo más importante es que sepan que estás aquí y que te encuentras bien.

Yo también reaccioné a lo que le comenté. Mis verdaderas intenciones no eran todavía dejar de beber, mi mente llevaba muy pocos días de haber entrado en sobriedad, lo cual no quería decir que estaba curado, ni que dejara de pensar como lo hiciera los últimos tres años. Acababa de demostrarlo con ese comentario.

—Necesito hablar con el director de la universidad —dijo Sarita de pronto—, hay que traer una cámara de televisión para que dé fe de que estás vivo. Debes aclarar que no tienes sida ni nada de eso y hacer saber que estás estudiando la enfermedad.

—Sarita —aduje—, ¿cómo crees que van a permitir que venga una cámara de televisión a un sitio donde lo más importante es el anonimato?

—Tú preséntame con tus directores y yo me encargaré de decirles quién eres y lo que significas para tu público en México y en todo el continente.

Sarita habló con Phil Cavanaugh y le explicó lo sucedido. Él respondió que intentaría convencer a los directivos de la universidad de dar el permiso. De ser posible, tendría que hacerse el siguiente domingo, cuando el movimiento de las clases es casi nulo y todos andan en el lago o en el cerro del campo de recreación.

Eso era una suposición, pues nunca antes se había hecho algo así en la universidad. Pero mi caso era diferente, un elemento del dominio público de mi dimensión vituperado por los medios de comunicación merecía el beneficio de la duda y tenía todo el derecho a defenderse de los ataques tan impunes que lo declararon muerto de sida.

Sarita habló con otro señor en inglés y entendí que le decía: "José José es un ídolo en México y en toda América Latina; hay que protegerlo de sus enemigos porque, a pesar de ser tan querido y admirado, tiene enemigos que han intentado destruirlo, usándolo, explotándolo y ahora dejándolo solo cuando ya le sacaron todo lo que pudieron. No es justo".

Este caballero y Phil buscarían conseguir el permiso.

Sarita tuvo que despedirse. Se había acabado el tiempo de visita, entre la charla acerca de mis problemas y sus pláticas con los instructores.

Antes de irse me preguntó si tenía ropa sucia. "Dámela y te la traigo limpia y planchada el próximo domingo", ofreció. Me deseó mucha suerte y me dijo que me llamaría para mantenerme informado. Al verla alejarse rumbo al estacionamiento empecé a cavilar acerca de qué hacía esa señora ahí, por qué fue a verme e incluso se llevó mi ropa sucia para lavarla. Además, quería ayudarme para que todos supieran que no había muerto de sida y dejaran de atacarme.

¡Y lo logró! A media semana me llamó y me dio la noticia: "Me dieron permiso de llevar las cámaras de Univisión el domingo, vienen Mauricio Zeilic a entrevistarte para la televisión y Graciela Mori de *TV y Novelas* con un fotógrafo. Allá te veo el fin de semana". Ahora el que no podía creerlo era yo, ¿cómo lo consiguió Sarita?, quién sabe, pero lo cierto es que lo hizo.

Para mí la semana no fue nada fácil. Si bien durante el día tenía impulsos genuinos de estudiar la enfermedad para superarla, también era verdad lo que le dije a Sarita. Deseaba salir y volver a beber; estaba en ese sitio por agradecimiento a mis amigos que se preocuparon por traerme hasta allá para rescatarme. Sin embargo, asistí a la iglesia con ella y lo que hice fue pedir perdón por todo el daño que me había hecho. Yo mismo no entendía qué me estaba pasando pues, como resultado de esa visita a la iglesia, empecé a meditar todas las mañanas antes de la oración.

En las clases nos enseñaron el **segundo paso**. Hablaron de que debemos reconocer que hay un poder superior que es capaz de curarnos y de sanar nuestra mente y nuestra alma, porque las adicciones son enfermedades que radican en la mente, en el alma y en las emociones. El problema es que ese poder superior −"Dios", como ustedes lo conciben− es distinto en la mente de cada quien. Hablar de Dios no es fácil y, como no se ponían de acuerdo al respecto, en Alcohólicos Anónimos se le denomina el poder superior. El **tercer paso** consiste en aprender a poner tu vida en manos de ese poder superior o, para ser exactos, poner tu problemática de vida en manos de Dios. La explicación fue muy clara. Cuanto más dispuestos estemos a dejarle nuestros problemas a Dios y creamos que Él sí los puede resolver por nosotros, irá creciendo en nuestro interior algo que es el motor de la curación del enfermo: **la fe**. Si le dejas tus problemas a Dios y crees que de verdad los solucionará, dejas de cargarlos sobre tus hombros y en tu mente, lo cual te llena de ansiedad. Así, te tranquilizas porque el problema ya no es tuyo, se lo has dejado a Él, y Él sí puede resolverlo todo: **es Dios**.

El alcohólico y el drogadicto se abruman porque les van a quitar el tóxico que usan para vivir, ¿cómo van a enfrentar el futuro?, se preguntan. Lo mismo me pasaba a mí pues me di cuenta de que ya tenía treinta años bebiendo. "Pongan mucha atención porque ésta es la solución a todo eso", dijo Phil, y sacó un pequeño libro, del cual leyó lo siguiente:

El hombre ha sido creado por Dios para soportar tan sólo el peso de 24 horas. Ay de aquel que todavía anda cargando su pasado o preocupándose por el futuro que nadie conoce. Dios

ha prometido ayudarlo con la carga del día únicamente para que podamos vivir el hoy y el ahora, que es lo único que en verdad tenemos.

Eso aclaró por completo cómo y por qué funciona el "Sólo por Hoy-Un Día a la Vez", la maravillosa fórmula para mantenerse sobrio toda la vida. Si hoy no bebemos esa primera copa, jamás la beberemos porque siempre es hoy.

Sabía ya que Dios me ayudaría con mi problema "Sólo por Hoy-Un Día a la Vez". Pero, atención, para que todo esto funcione y cumpla su maravilloso cometido hay un requisito:

- Pedirle con fe a Dios.

- Tienes que ser tú quien hable con Él y nadie más, tiene que haber un diálogo directo entre Él y tú, así es como funciona.

- Habla todos los días con Él y dile:

- "Dios mío, yo pongo mi vida en tus manos".

- "Dios mío, yo pongo mis problemas en tus manos".

- "Dios mío, yo pongo mi enfermedad en tus manos".

- "Dios mío, yo sé que Tú puedes hacerlo, gracias por tu ayuda".

Ese fin de semana sucedió algo insólito en la Universidad de las Adicciones, donde la primera regla es el anonimato. Sarita Salazar llegó a las doce del día con una cámara de televisión de Univisión con Mauricio Zeilic para entrevistarme, y para *TV y Novelas* Graciela Mori y su fotógrafo. En la oficina de la dirección llevamos a cabo las entrevistas para aclarar que estaba vivo y no tenía sida; además, el hecho de que diera las entrevistas dentro de Hazelden demostraba que estaba en proceso de recuperación y estudio de mi enfermedad. Acto seguido también nos acompañaron a la iglesia para terminar las entrevistas. El revuelo no podía ser mayor en la universidad, ¿cámaras de televisión y fotógrafo, ¿por qué?, ¿para quién?

Les di las gracias a Mauricio y a Graciela y se fueron. Yo invité a comer a Sarita y ella me preguntó:

—¿Cómo te sientes en la escuela?

—Sensacional —le dije—, ya sé dónde voy a tomar mi primer Martini cuando salga. Justo después de la gasolinera situada antes de entrar a la carretera hay un bar que se ve muy acogedor. El segundo me lo tomo en la cantina que sigue, como a sesenta millas, en el pueblo donde está el aeropuerto privado, y el tercero en el bar del aeropuerto de Minneápolis viendo el futbol americano en la televisión.

A Sarita le pareció increíble que siguiera pensando en beber. Mi personalidad alcohólica seguía vigente. Grabé en mi memoria todos los sitios en la carretera donde vendían tragos, incluyendo, por supuesto, el bar del aeropuerto cuando llegamos. Además, repetí que ya sabía cómo beber sin que se dieran cuenta otras personas.

Sarita no comentó nada, pero recuerdo que mostró confusión en su mirada. ¿Para qué, entonces, tanto esfuerzo de traer a los medios de comunicación a dar fe de mi recuperación? Sólo me entregó mi ropa lavada y me pidió la sucia. Mientras fui a traerla, ella le agradeció a Phil Cavanaugh y a todos su colaboración para conmigo y con mi carrera. Cuando se despidió la noté triste; de todas maneras yo le di las gracias porque hizo algo que era prácticamente imposible en una institución como ésa, con la única intención de ayudarme. Luego pensé: "¿Para qué le di la ropa, pensará volver?"

A media semana sucedió el milagro que no esperaba; todo lo contrario, mi diario vivir ahí dentro era de una dualidad desconcertante. Andaba por todos lados con el diccionario gigante para traducir las clases y seguir intentando leer de qué trataba el curso. Meditaba cada día al despertar y antes de dormir, pero aún sentía ganas de salir de Hazelden y volver a beber; mi deseo era volver a lo mismo, algo que según yo iba a controlar porque tomaría a escondidas de todos. Mi personalidad adictiva se había desarrollado a tal grado que, aun estando inmerso en el estudio de la enfermedad dieciséis horas diarias, no acababa de entender el fondo de lo que fui a hacer a esa sagrada institución.

Me llamaron de mensajería y me entregaron varias cartas que fueron las que lograron el cambio al que estaba renuente. Cuando empecé a leer, mi corazón, que estaba saturado de sufrimiento, se abrió otra vez al amor. Las cartas decían: "Ánimo, José José, lucha, no te dejes vencer; Dios está contigo y nosotros, tu público, también"; "Te queremos mucho y queremos que nos sigas cantando muchos años, alíviate pronto"; "Nunca estás solo, nosotros te apoyamos en todo"; "No te mueras nunca, te estamos esperando, adelante"; otra que me sacudió decía: "José José, amigo querido: tú tienes un lugar en nuestro corazón, por favor ven por él"; una conmovedora de un niño de siete años decía: "Le voy a pedir a los Santos Reyes que me traigan dinero para comprarte tu medicina y que te alivies". Todas traían mensajes de aliento, en ninguna me reclamaban por haber fallado; más bien, me mostraban su apoyo para salir adelante. El cariño de mi público querido que me apoyó desde el principio de mi carrera se volcaba para dejarme saber cuánto me querían y cuán preocupados estaban por mi estado de salud.

Solo en mi cuarto, sentí dentro de mí una luz que abría mi mente a una hermosa realidad. Tenía innumerables motivos para seguir viviendo: toda esa gente que creía en mí como persona y me demostraba su amistad y sus buenos deseos para que saliera adelante; mis hijos Pepe y Marysol; la necesidad de vencer a este estigma familiar que, después de acabar con mi padre, estaba acabando conmigo y con mi hermano Gonzalo, y podría hacer lo mismo con Pepe y Marysol si yo no lo superaba. No fue sino hasta entonces cuando mi mente se aclaró, gracias a todas esas cartas y a las que siguieron llegando. Así di el primer paso, el definitivo, le di un sí rotundo al programa y mis ganas de beber desaparecieron. Ahora sólo pensaba en aliviarme y seguir aprendiendo cómo terminar de vencer a la enfermedad. Lloré de alegría; por primera vez me interesaba "dejar de sufrir", otro de los rasgos de la personalidad alcohólica que te impulsa a seguir bebiendo.

Sentí un deseo enorme de salir de Hazelden lo más pronto posible para ayudar a los demás. Había reencontrado la base de mi curación: **el amor**.

Cuando llegó Sarita el domingo le conté lo sucedido. Le confié que ya no pensaba volver a beber y le daba gracias a Dios por cambiar mi forma de pensar, a las personas que me escribieron y, desde luego, a ella, que fue la primera en ayudarme a entender que me debía al público y no podía fallarle.

Le dio mucho gusto conocer mi nueva forma de pensar.

—Ya me tenías preocupada —me dijo—, sobre todo con eso de que ya hasta sabías dónde estaban los bares en la carretera.

—Sí, pero ya pasó, lo cual, según me explicaron los maestros, es un gran avance —le expliqué—. Así que vamos a la iglesia a dar gracias.

Una vez en misa, en mi "diálogo personal con mi poder superior", le pedí mucha fe, que es lo primero que hay que pedir, mucha constancia para aplicar todo lo que estaba aprendiendo y luego mucha fuerza para enfrentar el mundo otra vez.

Regresando de misa me esperaba una visita que me llenó de alegría. Mi amigo Arturo Meneses se enteró por televisión de que estaba en Hazelden y vino a verme desde Chicago. Nos dimos un gran abrazo, le presenté a Sarita y le platiqué lo que me estaba pasando.

—Hermano y amigo —me dijo—, la solución a muchas de las cosas que nos suceden es "no preocuparse, sino ocuparse". Por favor recuérdalo, ésa es una gran enseñanza.

Sarita nos dejó en la sala de visitas y fue a hablar con Phil Cavanaugh. Yo no sabía que ella siempre le preguntaba por mis avances en mi aprendizaje.

Al despedirnos me pidió de nuevo la ropa para lavar y le dije que no, que me daba mucha pena que hiciera eso y además fuera tan amable de gastar tanto dinero en venir a verme: avión, renta de automóvil para manejar hasta Hazelden y otros gastos.

—Para mí no me es nada venir a ver cómo estás —contestó—, sólo quiero ayudarte y creo que hoy tuvimos excelente resultados, me alegra mucho ver que estás saliendo adelante. Por cierto, mis tías te mandan muchos saludos y también están muy contentas con tu recuperación. Eso es lo más importante, así que dame tu ropa y nos vemos el próximo domingo.

Arturo, después de darme otro gran abrazo, reiteró que estaba muy contento de verme y que seguiríamos en contacto. Se despidió de Sarita para regresar de inmediato conduciendo hasta Chicago.

Parecía que todo marchaba bien a mi alrededor inmediato cuando recibí una llamada de Amparo Acosta, quien también sabía dónde me encontraba. El buen amigo Elmer, empleado de seguridad del edificio donde tenía los departamentos, le llamó para avisarle que los estaban saqueando. Anel y Nogueira tenían las llaves. Ella estaba regalando toda la ropa que compré durante años para los *shows* de escenario y de televisión, mis *smokings*, mis trajes, mis camisas de seda, mis zapatos, mis corbatas, todo se perdió. También se estaban llevando mis trofeos. Le di a Amparo el número de Sarita y se pusieron de acuerdo para rescatar lo que fuera posible del saqueo que organizaron. Gracias a ellas pude conservar algunos de mis discos de oro y de platino, mis reconocimientos más preciados.

En cuanto a mi ropa, perdí todos mis recuerdos: el *smoking* con el que canté *El triste* en el festival, por ejemplo, y objetos que yo quería y guardaba con mucho cariño. Nunca he podido recuperar mis zapatos de trabajo, ya no los hacen. Yo cuido mucho mis cosas, tenía prendas de vestir y zapatos con más de veinticinco años, además de toda mi ropa nueva que compraba en mis viajes a Europa. ¿Por qué ocurría esto? Porque Anel se enteró de que había sobrevivido y me recuperaba en Hazelden. De inmediato se movilizó y viajó a Miami para llevarse los muebles de los departamentos y mi coche Mercedes Benz que estaba a mi nombre. Antes de esto, ella y su hermana Gabriela falsificaron mi firma para usar mi crédito y comprar otro vehículo en Los Ángeles. Fue a ver a Amparo para que le cambiara en el banco los últimos cheques que yo le dejé firmados y ella se negó de nuevo, pero, como les conté, siempre encontraba quién lo hiciera. Nogueira, por ejemplo, también se llevó a su casa todo lo que quiso. Siempre estuvieron en combinación desde las primeras llamadas a México y durante meses sostuvieron una gran actuación.

Amparo me avisó que lograron rescatar algunos reconocimientos de importancia, lo cual me dio mucho gusto. Le agradezco a Elmer su amistad y a ellas su colaboración para el rescate de mis testamentos profesionales. Pensé que ahí terminaba todo, pero ¡cuán equivocado estaba!

Los instructores me informaron que esa semana el curso iba a influir en todos mis defectos de carácter. "Te enseñaremos, José, a ya no imitar a tu papá, a tu mamá y tus amigos; a darte tu lugar; a recuperar tu dignidad de persona; a decir no —algo que te hace mucha falta—; a tomar tus propias decisiones y dirigir tu vida por ti mismo; a dejar de hacer lo que quieran los demás que hagas, te guste o no, como antes; en pocas palabras, te enseñaremos a manejar tu vida como debe ser, para que tú seas el dueño de tus actos y responsable de tus acciones, para que nadie más vuelva a manejar tu vida y tu carrera para su beneficio. Sólo tú tienes el derecho a hacerlo."

En esos momentos aprendí lo que es el **cuarto paso**: no tener miedo a hacer un inventario a fondo de quiénes éramos y de cuáles han sido nuestras deformaciones de carácter. "Observen el libro de su vida —nos dijeron—: ¿qué hay en el pasado de un alcohólico? Sólo páginas negras. Y ¿cómo está la página del día de hoy? Blanca, reluciente, esperando a que escriban con letras de oro el hoy y el ahora, así que ¡adelante!"

Una vez más recordé que ése es otro de los conceptos de la doctora Saldívar. ¿Cómo era posible que no hubiera reaccionado antes?

Le invertí toda mi energía al estudio y entendí en seguida todo lo que estaba aprendiendo, al grado de que ese domingo, cuando llegó Sarita, Phil Cavanaugh habló con ella:

—De seguir así, José podría salir después del próximo domingo cuando termine el quinto paso. Él ya tenía estudios de psicoanálisis y conocía varios conceptos del programa, eso le ha hecho avanzar más rápido. Para que pueda irse necesitamos saber quién se hará cargo de él, en su calidad de enfermo. Eso dicen los estatutos, debemos seguir la evolución del programa a dondequiera que vaya. ¿Tienes idea de quién lo va a ayudar cuando salga?

—Yo —contestó Sarita—, yo lo voy a apoyar hasta que termine su tratamiento. ¿Qué hay que hacer para ayudarlo correctamente?

—Lo primero —le informó Phil— es que no regrese a México a vivir entre toda esa gente que bebe y se droga. Lo segundo es que fortalezca su fuerza de voluntad, que en donde vaya a vivir no haya alcohol para evitar la tentación. También sirve evitar que lo visiten o él visite a las personas con quienes bebía. La mayoría de las veces el enfermo recae porque los demás lo invitan a beber o a drogarse otra vez; sus "amistades" vuelven a convencerlo fácilmente y recae. Tampoco conviene que vea a aquellos que le han hecho tanto daño; también ellos pueden provocar una recaída. ¿Qué piensas hacer, Sarita?

Phil me contó que ella le contestó tajante: "¡Lo voy a llevar a mi casa para cuidarlo!" Entonces mi instructor le hizo saber que para eso debía asistir durante cuatro días la semana siguiente a un curso sobre cómo manejar al enfermo cuando sale de la institución y cómo colaborar con el monitoreo de los instructores que seguían a cargo de él aun habiendo salido a la vida diaria.

Sarita me comunicó su decisión de ayudarme. Si estaba de acuerdo, me dijo, ella vendría la semana siguiente desde el sábado para internarse en un ala especial de la universidad a estudiar su parte antes de llevarme a su casa a media semana. Yo estaba muy agradecido, pero aún no entendía muchas cosas con respecto a ella; me apenaba seguir molestándola, pero Phil me convenció de que aceptara su ayuda. Era muy necesario para mi recuperación. Esa semana que siguió fue la última y en su transcurso ocurrieron cosas muy importantes. Estudiamos el **quinto paso**, que dice que hay que admitir ante Dios y ante los demás nuestros defectos. Ya lo habíamos empezado a hacer en el cuarto paso, pero en nivel íntimo; ahora se trataba de reconocer otras equivocaciones para con todos.

Oí mi nombre en el sonido local: "José Sosa, presentarse en la administración". Acudí y me presentaron la cuenta. "Perdón, ¿por qué la cuenta?", pregunté.

—Porque cuando usted llegó las personas que lo trajeron dejaron un depósito para que iniciara su tratamiento —me explicaron—. Mire, después de cubrir los primeros gastos del ala de recuperación y las dos primeras semanas de tratamiento, más el costo del entrenamiento de la persona que lo cuidará y su estadía aquí hasta el martes próximo, hay un saldo de cinco mil trescientos dólares. Puede pagar con tarjeta de crédito o solicitar un plan de pagos en abonos. Recuerde que nuestro tratamiento está garantizado, siempre y cuando lo lleve al pie de la letra y siga todas nuestras indicaciones.

Luego, con mucho cariño al verme preocupado por la cantidad que debía pagar, la señora de la caja, quien, como todos los que laboraban en la Universidad de Hazelden, también había tenido que ver con la enfermedad, me tomó de la mano y me dijo:

—¡Créame, José, es la mejor inversión de su vida!

"No lo dudo", me dije. Apenas en cuatro semanas era yo otra vez; por primera vez en mi vida dejaba atrás una forma de pensar y de actuar equivocadas. Eso era lo que más me animaba a seguir con el programa, pero ahora, ¿qué podría hacer para salir de ahí? Fui al cerro a cavilar sobre cómo resolver el problema. Intenté recordar dónde habría dinero, en México o en Miami. Bajé y fui directo al portafolios que siempre viajaba conmigo; encontré a Sarita, quien salía de una de sus clases y tenía un descanso. Le comenté lo que estaba pasando y le pedí que me ayudara a hacer unas llamadas en inglés para preguntar los saldos de unas chequeras que traía. No había un centavo en las cuentas bancarias de México ni en las de Miami: Anel las vació con los cheques que le dejé. Pensé que tal vez en las tarjetas de crédito, pero no: Anel seguía usándolas para gastar a su antojo y todas estaban sobregiradas.

"No puede ser, no tengo ni para pagar mi tratamiento, qué pena pedirle dinero a Sarita después de lo que ha gastado en venir cada domingo. ¿Qué hago? ¿Le hablo a doña Fanny Schatz? ¿Le llamo a mis amigos que me trajeron hasta acá? Qué pena, ya todos habían colaborado económicamente para pagarme el avión, el hotel, la inscripción y dos semanas de tratamiento en la universidad... Pero si les pido sería en calidad de préstamo, por supuesto, después se los devolvería."

Mientras hablaba solo, decidí sacar del portafolios todo lo que traía aparte de las chequeras vencidas y las tarjetas de crédito canceladas. Saqué un acta de nacimiento, mi cartilla del servicio militar, unas fotografías de Pepe y Marysol y otra de mi mamá. Seguí buscando y encontré una copia de mi pasaporte y fotografías pequeñas del tipo que se usa para sacar las visas de trabajo; otra foto, ésta era de mi papá; tarjetas de muchas personas que me daban en los viajes y en los programas de radio y televisión, un casete con canciones… Al final salió un sobre como los que usan en el banco para dar billetes, de color manila. Lo abrí y traía dinero, puros billetes de cien dólares. Alguien me pagó personalmente algo, tal vez mi amigo José Robin, de la relojería Juvenia, como aquella vez en Puerto Rico, y yo lo guardé en el portafolios sin acordarme. Saqué los billetes y los conté. Lo que fuera sería de gran ayuda. Amigos míos, eran ¡cinco mil dólares exactos! No podía creerlo, ¡justo la cantidad que necesitaba para cubrir la deuda y salir de ahí!

Le conté lo sucedido a Sarita y me dijo:

—Yo ya había hablado con unos amigos en Los Ángeles para pedirles prestado y sacarte de aquí, pero qué bueno que encontraste ese dinero guardado, es un milagro.

¡Y vaya que lo era! Sentí que Dios, mi poder superior, me contestaba más rápido de lo que esperaba a mis peticiones. Sin duda, el diálogo con mi poder superior funcionaba, así que me relajé para llevar a feliz término mis estudios de ese día. Ya sólo faltaba una ceremonia importantísima: ir con Phil al cerro a enterrar mi pasado. Según me explicó, ahí dejaría para siempre mis problemas y todo lo que me lastimara antes y nunca volvería a recordarlo para no tener el pretexto de beber de nuevo.

El miércoles al mediodía me despedí de todos mis compañeros de la unidad Shoemaker, donde me tocó conocer y compartir con ellos nuestras desgracias.

En tan sólo treinta y dos días —pues ya era el 9 de octubre de 1993— logré completar el curso elemental, que es de treinta días. Después, según el daño y tu respuesta al tratamiento, analizan si te vas o permaneces en la fase 2, que dura seis meses. Ya que me dieron de alta, me despedí también de las demás personas con las que conviví a diario, en la cocina y en el consultorio, en el comedor y en la biblioteca, y, desde luego, de todos los maestros de las diferentes materias que estudiaba. Sólo faltaba despedirme de Phil Cavanaugh. Fui a verlo a su oficina, le conté lo del dinero que encontré para pagar la cuenta y me dijo:

—Tú no sabes ver, José, tienes que aprender a hacerlo. Observa cuáles han sido las respuestas de Dios en cuanto decidiste ordenar tu vida: apareció Sarita, al fin cambiaste de forma de pensar y después apareció el dinero en el portafolios. Tienes que aprender a ver, José, también día con día.

—Phil —le pregunté—, ¿qué puedo hacer para agradecerte todo lo que has logrado conmigo con tu paciencia y dedicación a mi persona tan especiales?

—Si me quieres dar las gracias —me dijo—, nunca dejes de ir a tus juntas de Alcohólicos Anónimos, no le des la oportunidad a la enfermedad de volver a crecer. Y otra cosa, José: después de ir a tus juntas lo más importante es que sigas hablando todos los días con Dios, y cuando lo hagas siempre pide por los demás también. Recuerda: "Dios mío, yo pongo mi vida en tus manos y la de los demás. Yo pongo mi enfermedad en tus manos y la de los demás. Yo pongo mis problemas en tus manos y los de los demás. Yo pongo a mi familia en tus manos y la de los demás". Y nunca olvides pedir también por tus enemigos y por la gente que te ha hecho daño. Siempre recuerda: déjale tu vida y tus problemas a Él, Él nunca falla en ayudarnos. **Sólo por hoy, un día a la vez.**

Me quedé pensando. Después de tanto psicoanálisis y tantísima información, como la de la transformación que sufre la química sanguínea con el alcohol y las drogas y tu mente y tus sentimientos, después de tantas clases y de tanta explicación técnica y biológica, **al final la verdadera salvación, como en todo, es Dios y la fe en Él**. Él es la solución en todos los casos si los pones en Sus manos.

Nos dimos un abrazo y me dio una copia en español del librito de las oraciones, pensamientos y meditaciones para cada día especial para los alcohólicos.

31

Déjalo todo

Sarita y yo salimos de Hazelden con rumbo a Miami. Ella compró mi boleto de avión y me prestó su tarjeta de crédito para pagar el saldo de trescientos dólares del tratamiento.

Llegando a su departamento fuimos recibidos con alegría y amor por sus pequeñas Celine y Monique y doña Meme, su nana. En su familia se desató una tormenta. Su abuela y su mamá, sobre todo, la cuestionaron: "¿Cómo te atreves a meter a ese hombre a tu casa, tú sola con tus hijas? ¡Dicen que está enfermo de sida, que es un alcohólico". Sarita les aclaró:

—Él no tiene sida y sólo me propongo ayudarle a salir adelante lo necesario para que se fortalezca su fuerza de voluntad. Los instructores de Hazelden me dijeron que el mejor lugar para que se recupere es mi casa y no México, y lo voy a apoyar.

El departamento de Sarita era muy pequeño, con un balconcito en la sala, un comedor también pequeño, dos recámaras —una para ella y otra para las niñas— y una cocinita. Yo dormía en la sala con mis dos maletas y mi portafolios; dos perritos que nos regalaron y todavía conservamos dormían conmigo. El primer paso que tuve que dar fue hablar con Pepe y Marysol e informarles que ahora sí ya no pensaba regresar a la casa. Pepe conocía perfectamente mis diferencias con su madre y lo entendía, tanto que él mismo fue a vivir conmigo. Lo más difícil fue con Marysol: ella sí lloró por la noticia, pero la tranquilicé al asegurarle que iría a verla muy seguido.

Sarita me preparaba la comida, cocina muy sabroso y empecé a ganar peso; para fin de año ya no parecía un esqueleto. En una ocasión, al observar con qué amor Sarita cocinaba para mí, sentí el impulso de hacerle saber que me había enamorado de ella. Día tras día en mi corazón creció una admiración total a esta mujer, por sus detalles para conmigo, por cómo me defendía y me cuidaba para que no volviera a beber. Todo eso poco a poco hizo que aprendiera a quererla y, por supuesto, a vivir agradecido por sus actos.

Comencé a trabajar para no dejarla sola con los gastos de la casa. Ella tenía una compañía de servicios a las producciones cinematográficas que llegaban a Miami para surtir vestuarios, maquillaje y dobles para escenas peligrosas. A veces debía viajar, razón por la cual las niñas tenían nana. Sin embargo, canceló sus viajes para estar pendiente de mí. Yo no me imaginaba el amor que llegaría a sentir por ella, en especial después de todo lo enfrentado con parejas anteriores. Pero, en efecto, me enamoré de ella. Sentía algo tan bonito y me daba tanto gusto que me dirigí a la cocina y la interrumpí. La miré directo a los ojos y le pregunté: "Sarita ¿quieres ser mi novia?" Ella, a su vez, me miró, me contestó que sí y nos sonreímos mutuamente. En ese momento recordé las palabras de Phil Cavanaugh: "Tienes que aprender a ver las respuestas de Dios".

Le avisé a todos que éramos novios y empecé a llevarla conmigo a mis giras y a presentarla como mi pareja.

Anel se enteró de que detrás de mi recuperación estaba Sarita, lo cual no le pareció en absoluto porque trastornaba sus planes: si me recuperaba, ya no podría decir a mis hijos: "Miren al alcoholicazo de su padre cómo acabó". Por tanto, decidida a quitar de en medio a Sarita, fue a buscar a Amparo Acosta, a quien acribilló a preguntas: "¿Quién es Sarita?, ¿a qué se dedica?, ¿de verdad es su novia?" Amparo le contestó que sí, que yo vivía en su casa.

Anel puso el grito en el cielo:

—¡Eso no puede ser!, es sólo una nalga más. De todas maneras, necesito que me ayudes a conseguir quién la aleje de él, hay que ir a hablar con el hermano Manuel para que los separe. Infórmate de dónde vive esa mujer, debemos echarle a la policía y acusarla de robo por haber sacado los discos de oro y platino de José, sus trofeos y su camioneta.

Anel ignoraba que Amparo y Sarita fueron las que recuperaron mis cosas, incluyendo mi camioneta, para que no se la llevara a México como hizo con el Mercedes Benz mientras estaba internado.

—Yo no sé dónde viven y tampoco me voy a prestar para que le sigas haciendo daño a José —le dijo Amparo—. Tú sólo vienes a pedirme que lo perjudique por donde sea, que le dé brebajes, que le saque el dinero del banco, que busque quien le haga trabajos de magia negra, que lo separe de su novia. ¡No más!, yo sí soy su amiga de verdad, así que, por favor, ya no me busques.

—¡Que se joda! —le contestó Anel—, a mí no me va a cambiar por otra mujer.

"Se fue enfurecida, insultándome", comentó Amparo.

—Estamos divorciados desde hace dos años —le dije—, aunque no lo habíamos hecho público. Muchos creían que al salir de Hazelden iría a recuperarme a su casa, pero para nada. Como sabes, ya divorciados vivimos juntos en México y acá en Miami, pero no funcionó. Ahora que supo lo de Sarita no puede creer que ya no voy a hacer todo lo que ella dice; déjala, ya se irá acostumbrando.

En absoluto fue así. En seguida fue a buscar al hermano Manuel para que le hiciera daño a Sarita lo más pronto posible, pues él conocía lo que era la magia negra. Él le dijo: "Te equivocaste de persona, yo no le causo daño a nadie; por el contrario, los defiendo de lo que les hacen. Voy a hablar con José para que sepa todo lo que le has hecho".

Al poner en práctica el perdón a todos los que me han dañado, maduré la idea de ir a México a ver a mis hijos y decidí que fuera el día del cumpleaños de Marysol, cuando habría una fiesta. Le llevé de regalo un perrito al que le puso Cheps, como ella y sus amigos y amigas de la escuela me decían. Estaba presente su madrina de primera comunión, la doctora Ana María Saldívar, a quien todos queremos mucho en la familia. Anel estuvo muy moderada.

Cuando nos sentamos a platicar en la fiesta, la doctora Saldívar me preguntó:

—¿Por qué sufre, José? ¿Que no vino el maestro Jesús a sufrir por usted? ¿Por qué invalida su sacrificio con su comportamiento? Tiene que aprender a dejar de sufrir; como siempre, cada vez que le sea posible, vaya a verme a mi consultorio para que platiquemos.

¡Increíble!, Hazelden y la doctora seguían sintonizados; con ella seguí aprendiendo cómo manejar la enfermedad y mantenerme sobrio.

Regresé a Miami después de compartir con mi mamá, quien también estuvo presente, así como con varios familiares y amigos a los que no había visto desde hacía algún tiempo. Jugué un buen rato con Marysol y su nuevo perrito y, después de hablar con la doctora y con Pepe, quedamos en vernos cuando me fuera posible regresar a México.

Una vez en Miami debía resolver todos los líos suscitados por las denuncias que Anel me hizo ante el IRS, o sea, Hacienda de Estados Unidos. También tenía problemas con los contadores, que me salían extremadamente caros al mes. Estas personas cometieron el error de llevar toda mi contabilidad de lo que yo trabajaba en Estados Unidos como si fuera ciudadano estadounidense y me causaron un gran problema con el gobierno, al grado de que casi pierdo mi visa de trabajo. Lo mismo me hicieron en México, pero se suponía que mi amigo Joaquín tenía todo en orden.

Las cosas se complicaban, el dinero no alcanzaba para cubrir tantos abogados y aclarar las cosas. Anel aumentó sus viajes a Catemaco, Veracruz, la tierra de los brujos, con cualquier pretexto. Una tarde me llamaron a casa de Sarita; era mi amigo, el señor Jesús López, quien me dio la buena noticia de que habían llegado las regalías del disco *40 y 20*.

—No sé si son cuarenta mil o cuatrocientos mil dólares, pero lo que sea es bueno ahora que estás reiniciando el trabajo y no te has recuperado en lo económico; te ayudará mucho. Necesitas venir personalmente, hay otro asunto que tengo que tratar contigo.

Volví a México y me presenté en su oficina. Me informó que la última vez que fui a la compañía muy tomado, él me hizo firmar un papel cancelando todos los poderes que estaban en manos de tanta gente que cobraba mis regalías.

—De hoy en adelante sólo tú podrás hacerlo, gracias a esta carta que te hice firmar. No te acuerdas, ¿verdad?

—No —contesté—, pero gracias, Jesús.

—Ahora ve al departamento de regalías a revisar cuánto es lo que hay. Mientras preparan tu pago, regresa para que hablemos de lo otro que tengo que decirte.

En regalías la sorpresa no pudo ser más agradable: eran cuatrocientos mil dólares los que se reunieron. (Por cierto, "Temo" investigó y encontró seis cartas poder para cobranzas que tenían entre Anel y Bustelo.)

Muy contento volví con Jesús López para contarle la buena nueva.

—¡Excelente! —me dijo—; ahora quiero que sepas que tu contrato de grabación ha expirado. Te voy a renovar por tres años, tres discos y un millón de dólares. Aquí está tu anticipo, quinientos mil dólares.

Salí de Ariola BMG con novecientos mil dólares en la bolsa. Dios estaba trabajando en mí, resolvía mi vida y mis problemas. Ésa era su respuesta a ¡nuestro diálogo diario!, a mis peticiones y a mi fe en Él. Así es como funciona el "Sólo por hoy-Un día a la vez".

Empecé a pagar mis deudas en México y Estados Unidos y renté una casa para estar cerca de Pepe y Marysol cuando fuera a México.

Un día la doctora Saldívar me dijo:

—José, cásese con Sarita. Ustedes se aman. Ella es una mujer decente y muy bien intencionada. Así callará a tanta gente que anda hablando tonterías.

Después de mi sesión con la doctora me puse a pensar en que estaba en lo cierto. Ya había pensado casarme con Sarita por amor, por sus hijitas y, ¿por qué no decirlo?, por su familia. Su mamá no estaba nada contenta de que viviéramos juntos sin legalizarlo.

Todas las noches antes de dormir y después de meditar le llamaba a Sarita para darle las buenas noches. "Hoy le pido que sea mi esposa", pensé, pero, cosa curiosa, meditando me quedé dormido. Por la mañana me despertó el teléfono. Era Sarita. Me disculpé por no haberle llamado como todas las noches y me dijo que lo olvidara.

—Te tengo una bella noticia —agregó—. ¡Vas a ser papá!

¡Increíble!

—¿De verdad, Sarita? —le pregunté.

—Sí —me confirmó—, estoy embarazada.

—Mi amor, ¿sabes que anoche iba a pedirte que te casaras conmigo? ¿Te gustaria ser mi esposa? —le dije.

—Claro que sí, tontito —contestó—, y ahora más que nunca.

—Entonces busca desde ahora una casa más grande porque en tu departamento no vamos a caber.

Sarita se dio a la tarea y encontró una casa muy especial.

—Ven a verla, a ver si te gusta y te parece por qué la escogí.

Fuimos a la casa Celine, Monique, nosotros dos y mi madrina Olga Guillot. El inmueble era muy grande. Le pregunté por qué y Sarita me explicó que así Pepe y Marysol podrían tener cada uno su recámara e invitar a sus amigos en vacaciones. "En esta casa hay lugar para todos", concluyó. Tenía razón, así conviviríamos en familia, como debe ser. A mi madrina le pareció perfecta la idea y la casa también. En ella podíamos comenzar todos una nueva vida.

Dimos el enganche con lo que quedó tras pagar las deudas y nos mudamos con todo y los perritos, cada quien en su recámara.

Pepe llegó a visitarnos y conoció a Sarita y a las niñas. Le pedí que viniera para ponernos de acuerdo con respecto a la propuesta de la compañía de volver a grabar con Manuel Alejandro. Yo le sugerí al maestro que escribiera algo para Pepe y para mí, de lo que surgió el tema *La fuerza de la sangre*. Viajamos a Madrid con Willie Vicedo y Antonio Benhumea para grabar el disco. Una vez ahí empezamos la grabación. Yo canté mi parte del dueto, ahora le tocaba a mi hijo. Lo llamó Manuel Alejandro, y ya iba a entrar al estudio con él cuando el maestro me dijo: "No, tú quédate, déjame solo con él". ¡Qué magnífico para Pepe estar a los diecisiete años frente a Manuel Alejandro para grabar una de sus canciones! No cualquiera, esto se consiguió por mi amistad con el maestro. El disco llevó por nombre *Grandeza mexicana*, como un agradecimiento a mi pueblo y a su apoyo en mi desgracia.

Éste fue el inicio de la carrera de Pepe grabando discos, era su primera grabación profesional y ni más ni menos con Manuel Alejandro. A su mamá no le cayó nada en gracia el apoyo que me daba Pepe en la canción a través de la letra, sobre todo cuando dice: "Y tú que seas feliz, que bien te lo mereces, que encuentres la mujer que te acompañe siempre..." y lo expresó públicamente, haciendo más notorio su despecho porque yo ya tenía novia y estaba rehaciendo mi vida.

Trabajamos una promoción en todo el continente y Pepe se dio a conocer en todos lados, pues después de la grabación se hizo la gira de trabajo que duró tres largos años. En esa época mi hijo se dio cuenta del trabajo que cuesta ganarse el pan cuando te dedicas a esto.

Siempre estábamos juntos los cuatro: Pepe, Benhumea, Willy y yo. En uno de esos viajes, Willy me contó que antes de empezar a trabajar conmigo vio a Anel en un banco de McAllen, donde la recibieron con alfombra roja. Al preguntar quién era le dijeron: "Es la esposa de José José, que viene muy seguido a hacer depósitos en su cuenta". Eso confirmaba mis sospechas acerca de las cuentas bancarias en Texas.

Yo continuaba practicando la ley del perdón y mostrándole a Anel toda la paciencia posible. Su actitud cambió y nos invitaron a pasar Navidad con ellos en México. Claro, así era más fácil conocer al enemigo. Aceptamos para llevar la fiesta en paz. Yo suponía que todos sus arranques —saquear mi departamento; traerse mi Mercedes Benz; intentar acusar a Sarita de robo con la policía por recuperar mis trofeos y mis discos de oro y platino; difundir a los cuatro vientos su descontento por la canción que grabé con Pepe y, sobre todo, afirmar que Sarita sólo era una nalga más en mi vida– iban en razón directa de su despecho.

Sarita y yo nos casamos el 5 de enero de 1995 en Miami en una ceremonia privada. Al día siguiente viajé a México para comenzar el rodaje de una película de Televicine llamada *Perdóname todo*, con Alejandra Ávalos. Al fin podría explicar en una película la manera de salir de la enfermedad del alcoholismo. Como era de esperarse, sus espías le avisaron a Anel que Sarita y yo ya éramos marido y mujer y no tardó en hablar a media mañana empastillada para insultarme, justo antes de las escenas más importantes que tenía en la película. "¡Dales a tus hijos! ¡Dales a tus hijos!", me gritaba. Ah, caray, ¿no eran suficientes los diez mil dólares al mes? Qué incómodo tener que soportar a tu ex mujer por el simple hecho de que es la madre de tus hijos y porque pensaba en las palabras de Phil Cavanaugh, mi instructor de Hazelden: "Cuando eso pase, recuerda que estás tratando con una persona enferma de sus emociones. Ella se agrede a sí misma con la pastilla y luego, con el efecto, agrede a los demás".

Paciencia y comprensión. ¿Más de las que le había tenido? Eran más de veinte años de paciencia y comprensión, pero por mis hijos valía la pena. Peor se paró de manos al enterarse de que Sarita esperaba una bebé. Mientras tanto, Pepe y yo seguíamos colaborando con los señores Rodolfo Ayala y Darío de León en su compañía de espectáculos Showtime. Trabajábamos juntos en todo el continente, México y Estados Unidos. Así Pepe se dio a conocer y fue adquiriendo la experiencia para subir solo a un escenario. Anel continuaba con sus constantes viajes a Catemaco. Yo, que ignoraba a qué se debían, iba aún a desayunar y a comer con Pepe y Marysol para verlos y convivir en armonía.

Sin embargo, las cosas no fueron tan fáciles. Costó mucho trabajo que no se perdieran los departamentos de Miami y más trabajo aún venderlos para repartir las ganancias entre los dos. Para cumplir el trato en el divorcio de pagarle sus deudas, le mandamos a Anel trescientos cincuenta mil dólares que sólo Dios sabe qué les hizo, ya que siempre pedía dinero. Sólo la doctora Saldívar la convenció de que al vender los terrenos de Acapulco y el departamento de Los Ángeles me diera mi parte. Acabó entregándome lo que le dio la gana para complacer a la doctora, pero como en California no pagó los impuestos de la venta del *penthouse*, me heredó otro problema.

Me contrataron para ir a cantar a Ecuador y Sarita me llevó al aeropuerto. Cuando llegué a Guayaquil y entré a la habitación del hotel sonó el teléfono.

—Escucha a tu hija —me dijo Sarita—, acaba de nacer.

Sarita nació cantando. Era otro milagro de Dios después de todos mis sufrimientos por años de alcoholismo. Estaba sanita y feliz; cuando nació le sonrió al doctor y empezó a cantar. ¡Qué grande es Dios, no cabe duda! Se obraba un milagro más en mi vida.

De nuevo no me tocó estar en el nacimiento de otro de mis hijos, sólo Dios sabe por qué. Cuando la conocí en su cuna, colocada al lado de nuestra cama, también estaban Randy y Heather, los perritos que nacieron cuando vivíamos en el departamento de Sarita; ellos la cuidaban todo el día. No podía creerlo, era una cosita, la más chiquita de mis hijos. Resultó una gran felicidad ser papá otra vez, ¡de lo que me hubiera perdido de haber muerto ese año de 1993! Son maravillosas las sorpresas que nos tiene Dios cuando nos ordenamos y, en particular, cuando ponemos nuestra vida en sus manos.

Pepe conoció primero a Sarita, llamada así en honor a su madre, a quien le debíamos en gran parte que hubiera nacido tan sana y llena de vida. Yo le pedí a Marysol que fuera la madrina de bautizo de la pequeña. Su padrino fue Willy Vicedo. La gran nobleza de mis hijos ayudó a que siguiéramos siendo una familia unida. Todo esperaba, menos que Anel empezara a envenenar a Marysol diciéndole que yo ya no la quería, que quería más a Sarita e incluso a Celine y Monique más que a ella. Hay que tener muy mala entraña para mentirle a un niño de esa forma, igual que cuando los ponía a rezar para que yo dejara de tomar cuando ella era la que más fomentaba mi enfermedad con los trabajos de magia negra que me mandaba hacer para que muriera. ¿Cómo evitas que un niño quede programado de esa forma? Los niños no tienen manera de defenderse de alguien que los está llenando de odio y de mentiras y programándolos para ser infelices en el futuro. Qué gran crimen, pero para todo hay gente y Anel tenía otro plan muy bien trazado.

Alguien ha habido detrás de ella que le decía: "Paciencia, paciencia, verás que todo sucederá como tú quieres: poco a poco", de modo que por un buen tiempo nos dejó en paz. Pepe y Marysol seguían viniendo en el verano con sus amigos y en las fiestas navideñas un año sí y uno no para pasarla con la familia de su mamá. Cada vez nos llevábamos mejor entre todos, incluyendo a los amigos de mis hijos y a sus papás.

Llegó la resolución del juez de que ya no se me requería mantener a Pepe por ser mayor de edad y que a Marysol sólo le diera siete mil pesos al mes para sus gastos. Desde luego que no estuve de acuerdo, pues tampoco iba a dejar a mis hijos sin el estatus de vida al que los tenía acostumbrados. Habría que encontrarle solución al asunto, pero por las fechas de trabajo no pude ir a México sino hasta dos meses después. Cuando fui a ver qué pasaba con los dictámenes, Anel me salió con que ya no tenían ni para comer, que se vio forzada a vender los departamentos supuestamente de mi mamá y de doña Elena, los cuales ahora eran de Pepe y de Marysol, y ni así le alcanzaba. ¿Qué estaba haciendo con el dinero? Recordemos todo lo que se le mandó de Estados Unidos y ahora el importe de la venta de los dos departamentos de lujo.

Como siempre, me convenció de hacer otro trato distinto del dictado por el juez y en ese momento me llevó a ver a su abogado, quien ya tenía listo todo lo que quería: treinta mil pesos al mes que se incrementarían conforme subiera el dólar. Yo accedí por Pepe y Marysol y firmé el convenio. Luego, como es mi costumbre, le pregunté a su abogado cuánto era por el papeleo y me dijo: "Doscientos cincuenta". Le hice un cheque por doscientos cincuenta pesos, se lo di y alegó: "Está mal, son doscientos cincuenta mil pesos". "Entonces que se los pague su clienta", le dije. A ver, ¿cómo está la cosa?

Llegó quejándose de que no tenían para comer y había hecho un trato por doscientos cincuenta mil pesos con su abogado. ¿Cómo logró pagarle? En primer lugar, por supuesto que contaba con el dinero, y si no, para eso estaban sus fieles amigas para arreglarle su fiesta al abogado, no faltaba más.

Yo quité la casa de la privada de Antonia donde rentaba y Sarita consiguió otra en la calle de Ocotepec para seguir cerca de Pepe y Marysol. Mi compadre Toño llevaba bastante tiempo reconciliado con su esposa la Güera, mi comadre, y Willy se fue a vivir con su pareja, así que ya no vivíamos todos juntos. Pepe y Marysol tenían su recámara en la nueva casa, como en Miami.

Los señores Rodolfo Ayala y Darío de León abrieron una gran oficina en División del Norte, enfrente de la Alberca Olímpica, y eso nos dio la oportunidad de disponer de servicio contable otra vez.

—Oye, papá, aquí no paran las fiestas —me comentó Pepe—, a cada rato se llena la casa de gente. Constantemente celebran no sé qué.

—Déjalos, hijo —le contesté—, ya verás que con el tiempo todo se va a aclarar.

Después de los tres años que trabajó conmigo, Pepe ya estaba listo para grabar un disco por sí solo y le conseguí un contrato con la Polygram, mismo que me hizo el favor de negociar el señor Rodolfo Ayala, mi mánager, sin cobrar nada. Hasta consiguió que le dieran dinero cada vez que sacara un disco, algo fuera de serie.

Pepe ya tenía un grupo de amigos que lo acompañaban cuando cantaba solo y los convocó para ir a grabar con él a Los Ángeles. Lograron una grabación excelente, pero la suerte no estaba de su lado: cuando publicaron el disco cerraron la Polygram, por lo que no tuvo promoción alguna y Pepe se quedó sin contrato.

"No puede ser —me dije—, no ahora en su primera grabación." Pepe se deprimió tanto que se encerró en su cuarto, esperando otra oportunidad para grabar. El señor Darío de León nos dijo que iba a buscar un contrato nuevo; mientras eso sucedía, vino a vivir a

Miami con nosotros, pero también se la pasaba encerrado jugando Nintendo. La nueva oportunidad nunca llegó y volvió a México a buscar otra solución para poder grabar de nuevo. Yo también seguí buscándole una nueva oportunidad en Miami, pero todo cambiaba a paso acelerado en el ambiente; se avecinaba la peor crisis en la industria discográfica de la que se tenga memoria, misma que nos afectó a todos, no únicamente a Pepe.

Vinieron los quince años de Marysol; Sarita le consiguió su vestido y se lo arreglaron a su medida. De todas formas, sólo me invitaron a mí, ni a mi esposa ni a las niñas. Resultaba incomprensible esa actitud, como también lo era que lo que quería de mí fuera dinero. Las exageraciones de Anel para sacarme un cheque me hicieron entender en dónde me tenía situado en relación con mis hijos. Siempre les comentaba que no había dinero, hacía todo lo posible por hacérselos creer. Entonces ¿quién pagaba las fiestas tan frecuentes? Pero, una vez más, no dije nada y me limité a darle el cheque para la fiesta, que fue en la casa del Pedregal. Marysol se veía preciosa, bajó mucho de peso. Estaban todos sus amigos de la escuela, mi mamá, la familia de Catemaco, en fin, no faltó ninguno de nuestros seres queridos. La doctora Saldívar, como siempre, me dio ánimos para tener paciencia. Todos estuvimos muy contentos, hubo música, cena y fuegos artificiales ya casi para terminar la reunión. Al menos Marysol, a pesar de mis problemas económicos, tuvo su fiesta de quince años.

Mi escasez de dinero se debía a que tuve que pagar a la Secretaría de Hacienda, por medio de los contadores de la empresa, los adeudos de los años 1991, 1992 y 1993. Se supone que Joaquín lo había arreglado todo, pero no era así. Después de muchos esfuerzos me informaron que ya no se debía nada de esos años, pero que enfrentaba otro problema nuevo con el año 1994. Se abrió la investigación y otra vez a pagar y a pagar para obtener resultados alentadores. Desde esos años hemos vivido al día, hermosamente, pero al día.

Para incentivar la armonía continuaba visitando a Pepe y Marysol en su casa. Y digo su casa, porque al protestar Anel que ésta estaba a mi nombre, hice los arreglos pertinentes para que quedara cincuenta por ciento a nombre de ella, veinticinco por ciento para Pepe y veinticinco por ciento para Marysol. Yo pensaba que cumplía con mi deber de padre al visitar a mis hijos cuando viajaba a México, en reciprocidad de sus visitas a Miami, pero ignoraba que cometía el error más grande de mi vida.

Una tarde llegué a visitar a mis hijos y me encontré con una reunión enorme de gente del ámbito de la televisión en la parte de abajo de la casa, donde estaba el bar. En un descanso de su charla se me acercó un sujeto, quien me saludó y me comentó que las cosas estaban muy difíciles, que en televisión ya no había empleo. "De no ser porque Anel me contrató por mes para que le escriba una serie de programas, no sabría qué hacer", me dijo. Lo felicité, le aconsejé que lo aprovechara y agregó: "Sí, todos estamos aquí para eso". ¡Imagínense! Entonces ¿para qué la actuación de realizar la fiesta de quince años de Marysol en la casa para hacerles creer a mis hijos que no había dinero? Sólo hay que recordar los altos honorarios del abogado que arregló la pensión, y así sucesivamente. Siempre inventa que no tiene dinero, como cuando declara en las revistas que ella mantiene la casa con sus regalías de cuando era modelo en los años 1960: nadie recibe regalías de esos años porque simplemente no han vuelto a pasar en televisión en décadas. Se trata de una mentira flagrante para convencer al público de que no tiene dinero.

Más tardaba yo en resolver un caso en Hacienda cuando aparecía otro. Me contaron que alguien en sus oficinas se encargaba de poner nuestros papeles hasta arriba de las listas para investigar, de modo que constantemente llegaban a mi casa oficios e inspectores a embargar lo que teníamos: el coche, la camioneta de trabajo, los aparatos eléctricos, los dos televisores, un aparato de radio, casete y CD, la licuadora y hasta un tostador. Todo estaba embargado en garantía de los pagos que debía hacer a la Secretaría de Hacienda. Ignoraba también, como nos pasa a tantas personas, el escaso grado de honradez del grupo de contadores que llevaban mis cuentas; se aprovechaban de mi ignorancia en lo que a números se refiere, lo cual era para mí una doble desventaja. He pasado años intentando arreglar mis problemas con Hacienda.

Justo en esos momentos aparece de nuevo en nuestra vida Tía Tere (la primera vez fue cuando Sarita conoció a don Abel Salazar, primo hermano de su papá, don Mario Salazar). Tía Tere fue la última pareja de don Abel y lo atendió hasta sus últimos momentos para que tuviera un final digno y decoroso en su casa y con sus hijos, quienes lo querían mucho a pesar de no ser su verdadero padre. Abelito, como lo llamaba, padecía Alzheimer y todavía compartimos con él muy bellos momentos hasta que la enfermedad lo deterioró severamente y falleció rodeado del amor de Tere y de los hijos de ella. Sólo sus hijas mayores de su primer matrimonio hicieron acto de presencia en los últimos años de su vida. Poder ver de cerca el amor con el que trataban a Abelito Tere y sus hijos nos hizo adoptarla como Tía Tere, y así inició una hermosa relación familiar que duró muchos años, hasta que la realidad nos abrió los ojos.

Por otra parte, en casa de mi mamá mi hermano ya tenía otra mujer y dos hijos más. Cosa rara, a ésta no le pidió que se los dejara para que mi mamá los cuidara como con los dos anteriores; es más, entiendo que hasta se casó con ella. Tenían unos pleitos formidables, tanto que los vecinos llamaban a la patrulla para que los tranquilizara. Al menos Gonzalo trabajaba de vez en cuando como electricista haciendo instalaciones en casas, negocios y edificios. Cuando quería le iba muy bien, pero si no era así, no hacía nada y mi mamá incluso se veía obligada a pedir prestado a los vecinos para que todos comieran. Yo siempre la ayudaba, aunque enfrentara problemas económicos, pero le recordaba que impulsara a mi hermano a hacer algo por su familia. Eso funcionaba en ocasiones y en otras no. Cuando Gonzalo se lo proponía, con todo y sus hijos no hacía absolutamente nada más que beber. Su ahora esposa trataba muy mal a mi madre, le faltaba al respeto continuamente. Pese a que vivían en su casa, sin pagar renta, quería que se fuera de ahí.

Al enterarme por mis amigos los vecinos de lo que pasaba, decidí traer a mi mamá a Miami. Le di gusto a la mujer de mi hermano, quien no la podía ver aun siendo mi madre un ángel, pero lo hice porque así ya no la maltratarían y Gonzalo no tendría más opción que trabajar para mantener la casa y a su familia.

Mi mamá iba a extrañar a sus nietos, pero en Miami tendría a tres muchachitas: Celine, Monique y Sarita pequeña, por lo que no se sentiría tan sola; todos estaríamos pendientes de ella. Mi esposa Sarita siempre la mantenía muy bien arreglada con peinado de salón, las uñas pintadas y ropa nueva; la enseñamos a usar pantalones para estar más cómoda y se acostumbró muy rápido; la llevábamos a caminar para que hiciera ejercicio y no echara de menos sus largas caminatas cuando daba clases de piano en Ciudad Satélite para mantener a mi hermano. Se llevaba muy bien con las niñas y, sobre todo, con la tía Amparo y otro grupo de señoras vecinas. Muy seguido la llevábamos a comer para darle gusto de que probara de todo y Sarita, quien es vegetariana, le enseñó a comer bajo ese régimen, con lo que se compuso de todos sus dolores y una serie de achaques que traía de México, como piedras en la vesícula.

Se acercaba mi cumpleaños número cincuenta y Sarita organizó una gran fiesta en el Planet Hollywood con el patrocinio de Rodolfo Ayala y de Ariola BMG, quienes costearon el evento como un regalo. La disquera me entregó varios discos de oro y platino por mis ventas de treinta y cinco años de carrera y facilitó el arribo de compañeros muy queridos, llegados de distintas partes del mundo: Marco Antonio Muñiz, desde México; mi madrina Olga Guillot, que vive en Miami; doña Celia Cruz, especialmente desde Madrid para el evento, qué gran honor; Juan Gabriel, que estaba aquí en su casa de Miami; Angélica María, mi hermana del alma, desde México; Angelita Carrasco, de Santo Domingo; Alvita, la cantante cubana de fama mundial; Bebu Silveti y su hija; mi hermano, el doctor Roberto Chiprut, desde Los Ángeles; Christian Castro; Andrés García; Hugo Sánchez; mi hermano Guillermo Benítez; mi comadre María Antonieta Collins; Fanny Schatz y mi hijo Pepe, desde México, entre otros invitados de radio, televisión y prensa, así como amigos íntimos de la familia.

Además, Sarita consiguió que vinieran cuarenta y dos cámaras de televisión de todo el continente. Hubo alfombra roja y, sin discusión, fue el evento social del año. Pero la sorpresa era que Anel y una revista de espectáculos mexicana se pusieron de acuerdo para echar a perder todo lo bonito que sucedía con motivo de mis cincuenta años de edad y mis treinta y cinco años de carrera artística.

Mi mamá nunca mencionó que antes de que la trajera a Miami se metieron en su casa unos tipos con cámaras de televisión y fotográficas, la sorprendieron despeinada, como ella acostumbraba andar en su casa —después de todo, eso era, su casa, y podía andar como ella quisiera— y la fotografiaron en esas condiciones. Mi hermano, a quien le dieron dinero previamente, sacó toda la comida del refrigerador y dijo ante las cámaras que no tenían nada para comer pues yo no les daba dinero. Luego inventaron una entrevista en la que mi mamá declaraba que no tenía ropa ni zapatos, lo cual puede haber sido cierto porque Gonzalo vendía lo que yo le compraba para seguir bebiendo. En fin, exhibieron a mi mamá en su propia casa con tal de desprestigiarme a mí. Cuando me tocó caminar la alfombra roja para entrar al salón me interceptó una de esas jovencitas irreverentes que usan ahora para las entrevistas, cuestionándome por qué tenía a mi madre abandonada a su suerte, a lo que yo le contesté señalándola: "Aquí la tiene usted acompañada de Sarita, mi esposa, con su vestido nuevo y su abrigo de pieles para celebrar conmigo y con todos mis invitados".

Una vez que salió el reportaje en la primera página de la revista, le pregunté a mi mamá qué era eso y me contó que Gonzalo lo preparó todo con una amiga de Anel, que los escuchó hablar por teléfono.

—¿Y tú por qué dejas que te hagan eso, que te fotografíen y te filmen sin arreglar y entren sin permiso a tu casa? —le pregunté, enojado.

—Gonzalo les abrió la puerta —contestó—, los estaba esperando.

Sin comentarios. Ella, para variar, no decía nada.

Así se ha suscitado una serie de eventos en mi favor, reconocimientos por mi trayectoria profesional, todos con su contraparte correspondiente para restar méritos a los logros que se obtienen por tantos años de trabajo y esfuerzo.

Yo seguía viajando a México a trabajar con Willy y con mi compadre Benhumea. En la orquesta había varios miembros enfermos, como yo, de alcoholismo. Lo hermoso es que la cordura del programa nos tocó a todos y nos hemos conservado sobrios gracias a las juntas que realizamos entre nosotros o a que cuando nos trasladamos a otra ciudad por motivo de trabajo nos visitan los grupos de Alcohólicos Anónimos en los hoteles donde nos hospedamos o vamos a sus grupos a compartir con ellos.

Como Pepe y Marysol vivían en México, yo mantenía la costumbre de ir a su casa para conservar las aguas calmadas. Prefería mil veces que ellos vinieran a Miami, sobre todo con sus amigos. Nos divertíamos mucho, viajábamos a Disney World en Orlando, veíamos películas hasta muy tarde y nos levantábamos tarde también. Íbamos al cine, a comer a Mc Donald's, a Planet Hollywood, a Denny's y también a restaurantes más caros; aparte Sarita nos hacía de comer riquísimo a la hora que fuera necesario, sobre todo de madrugada. Comprábamos los juegos electrónicos de moda, en especial todo lo nuevo que salía de Star Wars.

Nadábamos diario y jugábamos con Sarita pequeña, con Celine y Monique. En fin, nos llevábamos muy bien todos; cada vez que venían era más bonita la convivencia. Conservo las cartas de Pepe y Marysol dándole las gracias a mi esposa por su hospitalidad, sus atenciones y su cariño para con ellos. ¿Se imaginan cómo habría sido la situación si al casarme con Sarita ella me hubiera dicho que no quería ver a mis hijos en la casa, como sucede en muchas parejas? Aquí fue todo lo contrario, hasta escogió la casa para que vinieran a vivir con nosotros.

Pero nunca falta el pelo en la sopa. Una vez, estando yo en México y Pepe y Marysol en Miami con sus amigos, Anel me mandó llamar porque quería hablar conmigo. Llegué a la casa del Pedregal y me abrió su papá. Al entrar la sorpresa fue muy desagradable: Anel estaba cruzadísima de tequila y anfetaminas, su combinación favorita.

La plática giró en torno a que quería que ayudara a Pepe a conseguir otro contrato de grabación. Le contesté que estaba haciendo todo lo posible por firmarlo con alguna otra disquera, pero ya las cosas no eran como antes; la industria experimentaba cambios de tal manera que hasta a los que teníamos contrato nos preocupaba lo que se avecinaba. Las compañías de discos no estaban firmando a nadie en ese momento. Ella seguía tomando tequila y yo opté por despedirme. Justo entonces, como en tantas otras ocasiones, su actitud cambió:

—No te vayas, necesito hablar contigo, ¡tienes que ayudar a Pepe! —me repetía constantemente.

—Ya te dije que voy a hacer todo lo posible —contesté y volví a despedirme de ella y de su papá.

En ese momento se puso violenta, exigiéndome que no me fuera, que quería hablar conmigo y empezó a jalarme. Su papá la controló para que pudiera irme. Me dirigí a la casa que teníamos en la Ciudad de México, cerca del Pedregal de San Ángel. Al entrar sonó el teléfono; eran Pepe y Marysol para decirme que su mamá estaba llamando para insultar a Sarita. Por supuesto, ellos no le pasaban la bocina y volvía a marcar gritándoles que le pasaran a Sarita para insultarla. Yo les dije que descolgaran los teléfonos hasta que se tranquilizara; estaba en otro de sus arrebatos de incoherencia total debido a la revoltura de alcohol y droga. Pero, como dice el dicho, "los niños y los borrachos siempre dicen la verdad". Ahí comprobé que sus invitaciones a la casa en Navidad y en otras ocasiones siempre tuvieron un objeto específico, porque buena voluntad no había. Yo estaba enterado de que después del divorcio anduvo diciendo: "Ni para mí ni para nadie".

Una vez más queríamos que la paciencia y el deseo verdadero de que mis hijos vieran actitudes amistosas entre sus padres lograran el cambio que todos esperábamos. En aras de que hubiera armonía entre todos nosotros, llegamos meses después del incidente de las llamadas de Anel a Miami y fuimos a visitar a Pepe y Marysol. Íbamos felices; dos meses atrás el doctor Jiménez, el ginecólogo de Sarita, nos confirmó que estaba embarazada otra vez y que todo venía perfecto, que el fetito estaba bien logrado. No lo comentamos con nadie. Llegamos a casa de mis hijos y, cosa rara, no estaban. Anel nos invitó a pasar y, en vez de llevarnos a la sala, nos condujo al recibidor de la recámara de abajo. Nos preguntó si queríamos tomar algo. Yo dije que no, pero, ante su insistencia, Sarita le pidió un vaso de agua. Se tardó bastante en traerlo y al llegar se lo dio en la mano. Sarita se lo fue tomando mientras platicábamos de la posibilidad de que Pepe y Marysol fueran a pasar la Navidad en Miami. Dijo que sí y, como no estaban los muchachos, decidimos marcharnos. Nos embargaba la ilusión de la llegada de un nuevo bebé. La tarde siguiente salimos de regreso a Miami, pues un día después teníamos consulta con el ginecólogo para que realizara el sonograma y viera la evolución del bebito. Ya en el hospital South Miami, le practicaron el ultrasonido a Sarita. El doctor, con expresión seria, le pidió a Sarita que cambiara de postura y miró extrañado la pantalla. "Gracias, se puede vestir, señora, ahora vuelvo", le dijo. Imprimió las imágenes de la computadora y fue a consultar con sus colegas. Al entrar de nuevo, con gesto adusto nos comentó:

—Algo muy raro sucedió, su embarazo se ha interrumpido. El bebito está sin vida. Lo siento mucho, de verdad. Sarita tiene que venir mañana, hay que extraer el producto para evitarle complicaciones y que su matriz quede en perfectas condiciones. Nos fuimos a la casa y Sarita empezó a sentirse pésimamente mal, comenzó a volver el estómago y se puso muy roja como si estuviera intoxicada. El malestar le duró toda la noche y casi no durmió de lo mal que se sentía.

Se siguieron sus instrucciones y nos invadió la tristeza. Ya estábamos pensando en cómo llamar al bebé, sobre todo si era varón.

La situación continuó. A Anel se le ocurrió decirle a Pepe que yo le tenía envidia y lo envenenó constantemente contra mí diciéndole: "Tu papá no te ayuda porque quiere ser el único cantante de la familia, sólo él quiere ser el triunfador; te envidia porque tú eres más joven, bien parecido y tienes toda la vida por delante". ¿Cómo pudo mi hijo hacerle caso a su mamá después de todas las muestras de ayuda que tuve para con él?

El trabajo bajó considerablemente para todos, pero el señor Rodolfo seguía consiguiéndolo gracias a sus contactos y a su habilidad para los negocios. Nos llevó por toda la república en una gira de teatros. El problema era que tenía que hacer dos *shows* diarios de dos horas cada uno, lo cual se me dificultaba; mi garganta no daba el mismo rendimiento y otra vez empecé a tener problemas con la calidad del espectáculo.

Tenía que seguir dándole a Anel los treinta mil pesos al mes, incrementados ya con el alza del dólar. Ella no hacía nada en absoluto. Pepe la urgía: "Haz algo, trabaja, sólo estás aquí recluida en tu recámara". La respuesta era la misma de siempre: "Tu papá arruinó mi carrera, él tiene la culpa de que no trabaje porque me dediqué al hogar, me retiró del medio y por eso no me dan trabajo". La verdad es que ni lo buscaba ni le interesaba, excepto por los programas que se mandaba hacer; pero ni con ellos la llamaban por su exceso de peso tan tremendo. Por tanto, se quedaba acostada todo el día, dedicada a comer y comer. ¿Que yo le arruiné su carrera? Si lo que hice fue volverlos millonarios a ella y a su hermano, ¿eso era arruinarla? Ella lo que quería era salir en la televisión, pero si no lo conseguía no le importaba, trabajo no necesitaba.

Fui a Los Ángeles ver al doctor Kantor con Roberto Chiprut y mi garganta no tenía nada: mis cuerdas estaban limpias, sin nódulos. Sólo me recomendó que tuviera cuidado con el exceso de trabajo. Yo intentaba evitar los dos *shows* diarios, pero era la única posibilidad de trabajar en esa época; todos teníamos que hacerlo, incluida la orquesta de mi amigo, el maestro Rodrigo Álvarez, gran arreglista, director y pianista, que también me acompañaba a grabar cuando era necesario. Casi siempre nos trasladábamos en autobús y tuve que aprender a dormir en él, so pena de comprometer aún más mi garganta si no descansaba. Me pidieron la casa que rentaba en la calle de Ocotepec y Sarita buscó a dónde mudarnos, ya que yo insistía en estar cerca de Pepe y Marysol. Las cosas se complicaban, todo estaba carísimo. Se cerró Showtime en División del Norte, por lo que hube de absorber al contador y tenerlo en la casa para, como él sostenía, controlar el asunto de los impuestos.

La noticia del día fue que Anel se volvió cristiana; yo fui a la casa a ver de qué se trataba y me dijo que estaba muy contenta, que no habría más limpias ni psicoanálisis, que encontró lo que buscó toda su vida. Yo tengo muchos amigos cristianos y creí que, como ellos, de ser así debería cambiar su forma de pensar y actuar. Me dio mucho gusto pues yo, mejor que nadie, sabía de lo que es capaz Dios cuando te acercas a Él. Tal vez dejaría para siempre el rencor, los resentimientos y, lo más importante, la magia negra.

Nos sentamos a platicar y le pregunté:

—A ver, explícame, ¿cómo es esto?

—Estoy muy a gusto —contestó— porque es muy cómodo, lo llevas como tú quieras, "entras y sales". Es muy fácil así, no como en otros lados; aquí —repitió, haciendo un movimiento con su mano al centro de la mesa— "entras" y luego —haciendo el movimiento hasta la orilla de la mesa— "sales".

Me quedó muy claro una cosa, conociendo su forma de pensar: como ella no conocía la disciplina, iba a seguir haciendo lo que se le antojara, como siempre. O sea, "entras", vas a ver de qué se trata porque ahí te prometieron que te van a perdonar todo lo que has hecho en tu vida, no importa qué sea; y "sales" y sigues haciendo todo lo que quieras, incluso vivir como siempre has vivido, haciendo todo lo que haces, bueno o malo.

Yo, siguiendo mi costumbre, fui a ver a la doctora Saldívar y le conté lo que ocurría. Ella, que conoce de todo, me dijo:

—Quién sabe qué clase de iglesia sea ésa a la que asiste. Sería bueno investigar.

Le platiqué que me invitó a ir a una reunión y que ya estaba llevando a Marysol. Pepe estaba muy renuente, pero a mi hija ya la había "convencido" de ir con ella, es decir, le ordenó que fuera. Mi Marysol es como yo y como mi mamá; todo se hereda o se imita, en particular si lo vives desde pequeño en tu casa todos los días. Ella nunca opina, siempre hace lo que su mamá le dice. Yo fui a ver la iglesia y no existía tal. Era una reunión en una casa en el Pedregal con un señor Carlos muy amable, quien daba las clases de la Biblia a un grupo muy reducido de oyentes. Por supuesto, alguien que está capacitado para hablar de Dios ya es en sí una bujía de la luz divina, pero no era lo que yo vi en Puerto Rico o en Centroamérica, incluso en la Ciudad de México, por Avenida Universidad, donde fuimos una vez. Le conté a la doctora qué hacían estas personas que estudiaban la Biblia, con quienes iban Anel y Marysol. Asimismo, lo que me advirtieron doña Loida y el hermano Manuel; eso aclaraba el porqué de tantos viajes tan frecuentes a Catemaco, la tierra de los brujos: traía cosas para echarme en la comida.

Nos pusimos de acuerdo y una vez que la doctora vino a la casa, confronté a Anel acerca de los trabajos de magia negra y de inmediato cambió la conversación. Sin embargo, la doctora observó lo suficiente para percatarse de cómo iba a manejar Anel su entrada a los cristianos, con una doble moral como cuando rezaba con los niños para que yo dejara de tomar, en tanto que la que provocaba aún más el incremento de la enfermedad en mí era ella, con sus amigos, los brujos de Catemaco.

Nos cambiamos de casa, ya no tan cerca de Pepe y Marysol, pero la acondicionamos como siempre, de manera que todos tuvieran sus recámaras. La enorme casa se encontraba en Tlalpuente, arriba de Tlalpan. Pepe y Marysol sólo fueron dos veces, incluso la segunda mi hijo llegó con su Biblia; ya también pertenecía al grupo de estudio. Me conmovió sobremanera cómo empezaba a compaginar el exitazo que tenía en el *Fantasma de la Ópera* con el hecho de entender que no somos sólo éxito en la vida, que Dios es la prioridad. Marysol y con esa alma bellísima que tiene, encontró al Señor de inmediato y también se llenó de amor. Ambos nos inundarían de amor a todos. Lo único que no entendía era por qué ella no compartía con nosotros.

Las pruebas en la vida nunca terminan. Marysol enfermó de cáncer en las parótidas del lado izquierdo de la cara, justo abajo del oído. Cuando me dieron la noticia me paralicé de miedo: nada hay más horrible que te informen que lo que más amas está expuesto a algo tan maligno.

Consulté de nuevo a la doctora Saldívar, quien me infundió muchos ánimos. La explicación esotérica de lo que le pasaba a Marysol fue muy clara: la niña se había contaminado con todo lo negativo que escuchaba a su madre hablar de mí, justo en su oído izquierdo, que es el lado en la mujer que corresponde al hombre. Nunca pudo deshacerse de todo lo que oía, no podía defenderse de lo que escuchaba a su madre decirle a todo el mundo, incluso a amigos míos muy queridos que de inmediato me prevenían de todas las mentiras: "Nosotros sabemos quién eres y que todo lo que dice no es cierto, pero lo más feo es que lo expresa delante de Marysol, la está envenenando". Y así fue, la contaminó a tal grado que ahora todos debíamos enfrentarlo.

—Tienes que parar todo lo que haces —le dije a Anel—, mira cómo opera la ley de acción y reacción, en dónde se devuelve tu comportamiento: en nuestra hija.

Hablábamos en la cocina de su casa. De pronto, abrió los ojos y dando la vuelta dijo:

—¡Tengo que entender! ¡Tengo que entender!

A Marysol la revisó un médico con quien simpatizó de inmediato. Esa empatía venía del cielo. Yo ya no podía tener más problemas, no me alcanzaba para mantener dos casas. ¿Para qué quería la de México si Pepe y Marysol ya no venían? La quité, cerré la oficina y vendí mis coches. Por cierto, quien me los compró fue Tía Tere, quien constantemente nos visitaba en Miami con su hija Claudia y su nieta, y en la Ciudad de México con su hijo, su esposa y sus otros nietos. Mi economía estaba por los suelos. Cerré todo lo que tenía que ver con mi carrera en el Distrito Federal y sólo seguí en contacto con el señor Ayala en Monterrey.

Ahora que necesitaba más que nunca el dinero, no contaba con él. Les dije a Marysol y a Anel: "Hay que conseguir con qué llevar a Marysol a Estados Unidos para que la examinen, necesitamos otra opinión". En ese momento conocí al doctor Barrera, excelente persona y magnífico oncólogo.

—Yo en su lugar haría lo mismo —me aseguró—, sobre todo tratándose de mi hija. También pediría una segunda opinión, pero le van a decir lo mismo que yo.

Me explicó el estado de Marysol y después la que habló conmigo fue mi hija. Me miró fijamente, convencida por completo de lo que me iba a decir:

—Papá, te agradezco lo que quieres hacer por mí a pesar de tu situación económica, pero yo quiero que me atienda el doctor Barrera. Sé que él me va a curar, tengo fe en que así va a ser.

La fe de Marysol acalló mis dudas y acepté. Volví a entrar al consultorio del doctor Barrera para darle a conocer la decisión de Marysol. Le comenté cuál era mi situación económica actual y le pregunté a cuánto ascendía el costo de la operación para conseguirlo; en cuanto así fuera, se realizaría la cirugía.

—Agradezco que me informe cuál es su problemática económica, pero en este caso lo indicado es proceder de inmediato para evitar complicaciones. Aunque entiendo lo que le sucede, lo principal es la salud de su hija y la suya propia. Esto afecta de manera descomunal a cualquiera, lo he visto en otras personas y familias. Pero en primera instancia está Dios, que es el que va a curar a Marysol, y en segunda, no se preocupe: yo no le cobraré en absoluto por operarla; sólo le pido que cubra los gastos del hospital y los honorarios del médico anestesista.

La doctora Saldívar fue la primera en decir "presente" para cuidar a su ahijada; ella es madrina de mis dos hijos. Yo no podía ocultar mi nerviosismo ante la interrogante de si los tumores de las parótidas eran benignos o malignos. Me dediqué a rezar, pero la noche anterior me quejé; mi fe se debilitó ante la tensión de enfrentar algo tan devastador. Pero acordarme de Marysol y de sus palabras me devolvió las fuerzas para no derrumbarme. Se inició la intervención. Después de más de tres horas, el médico salió del quirófano y nos dijo que, a reserva de analizar lo extirpado, él opinaba que era maligno, que mi hija tendría que someterse a un tratamiento de radiaciones para eliminar el problema y alguna reacción posterior. Marysol está prácticamente bien de salud gracias a Dios, a su fe y al doctor Barrera, el hacedor del milagro que se llevó a cabo en ella. Nunca tendré con qué agradecerle lo suficiente por devolverle a Marysol su futuro, lo mismo que a mí.

Mis problemas económicos continuaron, pues tenía que mantener a mis hijos, su casa en México y mi casa de Miami. Además, Anel siguió usando las tarjetas de crédito y compraba de todo con tan sólo dar el número, como se hace en Estados Unidos. Eso me metió en una deuda gigantesca y en dificultades con abogados porque no podía pagarla. Tuve que recurrir a la doctora Saldívar para que controlara a Anel al respecto. ¡Qué ganas de hacer más y más daño! Hasta la fecha no he terminado de saldar esa deuda, sólo pude arreglar cubrirla a plazos. Con la casa pasaba lo mismo; hubo momentos en que estuvimos a punto de perderla. Pepe sabía de mis vicisitudes, pues hablábamos constantemente de la situación. De paso yo le comentaba mi inquietud con respecto al problema de mi garganta, que se agudizaba cada vez más, y la falta de trabajo para pagar lo elemental.

Pepe me mandó llamar a la casa, donde organizó una junta. Como cosa curiosa, a ésta asistieron mis compadres Rafael Díaz Piñeiro y su esposa Lolita, me imagino que como testigos, al igual que años atrás lo hicieran con Rafael cuando iban a internarme en una institución de rehabilitación.

Pepe inició la plática totalmente en el nivel familiar: Anel, Marysol, los compadres, él y yo.

Mi hijo, quien siempre ha sido mi mejor amigo, me preguntó:

—Papá, dime, ¿qué puedo hacer por ti? ¿Qué necesitas? ¿Qué tienes en la garganta?

—Eso es lo que estoy investigando, qué tiene mi garganta, cada vez me resulta más difícil trabajar correctamente.

—¿Qué te han dicho los médicos?

ESTA ES MI VIDA

—Que no tengo nada —le dije—, mis cuerdas vocales están bien.

Luego, dirigiéndome a todos, les hablé de la crisis existente en algunas áreas del ambiente de los cantantes. Pepe, por trabajar en los bares de la capital, no enfrentaba esos problemas. La crisis era provocada por el cierre de muchas ferias en donde había palenques y todos lo resentíamos; el refugio general eran los dos *shows* diarios en los cines y en los teatros y apenas así ganábamos lo suficiente.

Le dije a Pepe que si de verdad me quería ayudar, se hiciera cargo de la casa y yo de Marysol, su escuela y todos sus gastos. Mis hijos habían firmado un documento como mayores de edad en la oficina de Arturo Mora, mi abogado, renunciando a la cantidad que su madre me hizo firmar, la cual para entonces ya ascendía casi a cuarenta mil pesos al mes por el alza del dólar. Éste fue un detalle de amor y de ayuda de su parte que nunca olvidaré. Sin embargo, yo les seguía mandando esa cantidad mes con mes para que no les faltara nada, aun teniendo Pepe veintiocho años y Marysol veintidós. Cumplir me era muy difícil; es más, a veces pasábamos carencias en Miami con tal de que nunca faltara su mesada. En nuestros gastos lo primordial era enviarles a ellos su dinero.

Pepe aceptó hacerse cargo de la casa, lo cual implicaba responsabilizarse de su mamá. Del impacto angelical de su propuesta de apoyo a su progenitor que tanto lo necesitaba en ese momento casi no queda nada cuando su madre le preguntó: "Y ¿cuánto me vas a dar al mes?"

—Lo que yo pueda, mamá —le contestó.

—Pues yo necesito mínimo lo que da tu padre —le dijo Anel—, cuarenta mil pesos.

—¿Y por qué? —rebatió Pepe—, si él se va a hacer cargo de todo lo de Marysol. Yo no puedo darte esa cantidad.

—Entonces treinta mil pesos mínimo —le espetó otra vez Anel.

De inmediato la plática se convirtió en una discusión entre los dos. Yo lo que hice fue darle las gracias a Pepe por brindarme su apoyo: era un gesto de amor hacia mí ayudarme con la casa, algo que no le pareció en absoluto a su mamá, quien protestó de inmediato; qué bueno que había testigos. La decisión de Pepe de ayudarme fue notoria causa de conflicto entre ellos, algo que me comunicaba con frecuencia. "No puedo con mi mamá, no me alcanza", me decía. "Lo ves, hijo? —era mi respuesta—, date cuenta del problema que representa la compulsión de gastar y gastar, yo lo he enfrentado durante años, mírame, con todo lo que he ganado y me quedé sin nada."

Cuando tuve que dejar la casa en México porque ya no podía con los gastos, lo mejor que hice fue encargarle mis cosas más importantes a una joven que creció oyéndome gracias a su hermano el mayor, Francisco –Paquito, de cariño–, que fue quien le dio a conocer mis discos de música romántica. Esa joven se volvió una admiradora acérrima de José José y su música, su cómplice número uno. Su hermano la llevaba a los conciertos, me esperaba para verme entrar y salir de las presentaciones, para decirnos adiós cuando salíamos en el autobús a la carretera, nos acompañaba a las firmas de autógrafos, a las entrevistas en la radio, etcétera. Ya más grandecita se escapaba de la escuela para ir a recibirme al aeropuerto cuando llegaba de las giras o a ver los *shows* subida en una barda cuando su hermano no podía llevarla.

Su nombre es Laura Núñez. De tanto encontrarla en todas mis actividades nos fuimos relacionando y nació entre nosotros una bella amistad, que abarcó a nuestras familias: nuestras mamás, su papá, sus sobrinos, nuestros respectivos hermanos, mis hijos, Sarita mi esposa y, desde luego, Sarita pequeña, que se volvió inseparable de uno de sus sobrinos, "El Yeyo". Esta joven se convirtió en una aliada incondicional, al grado de que, excepto mi esposa y Amparo Acosta, es a la única mujer a quien le he confiado todo lo que me ha pasado en la vida. Es como la hermana que nunca tuve, confío en ella para todo tipo de situaciones, nos queremos mucho y nos llevamos en verdad como hermanos. Me ayudaba en lo que podía. Estudió periodismo y trabajó en *El Sol de México* bajo la tutela de mi amigo Mario Riaño, quien era el jefe de la sección de espectáculos; así, sin querer, se involucró poco a poco en la mecánica del ambiente artístico.

Al yo vivir en definitiva en Miami, de todas maneras venía constantemente a trabajar a México, a ver a Pepe y a Marysol, así como a verificar que todo estuviera en orden con las deudas, el banco, las tarjetas de crédito, el teléfono celular y –lo más importante– la compañía de discos y mis entrevistas de radio y programas de televisión, a donde ella siempre me acompañaba. Se hizo amiga de todos por su don de gentes, su sinceridad y su disposición para ayudar a quien lo necesitara.

La problemática de mi garganta se acentuó y yo regresaba cada vez más triste y deprimido de mis presentaciones. El ya no desarrollar todo mi potencial en el escenario me creó una depresión de fondo muy importante. Cuando has nacido para cantar y de pronto no puedes hacerlo, sientes que te mueres. Yo ya había superado ese problema en dos ocasiones: la primera, cuando la pulmonía fulminante y la segunda, cuando me operaron de las cuerdas vocales. Ahora se trataba de algo distinto: el color de mi voz estaba cambiando, por momentos se tornaba sucio y ríspido en las notas altas; después esto se generalizó hasta invadir todo el rango de mi tesitura; es decir, mi sonido se volvió feo en cualquier tonalidad cuando le imprimía fuerza a mi voz.

Grabé unos compases de una canción en mi grabadora portátil y se la llevé al doctor Kantor en Los Ángeles. Él se convirtió en mi médico de la garganta al fallecimiento de don Gustavo González Parra, quien me atendió toda la vida y siempre resolvía cualquier problema que yo tuviera para cantar. El doctor Kantor no podía creer lo que escuchaba. Fuimos a la cámara de televisión, me observó detenidamente y no encontró nada inusual en mi laringe. Ahora a mí me parecía inconcebible que un experto como él, reconstructor de las gargantas más importantes de su época, no haya podido dar un diagnóstico preciso de lo que le sucedía a mi garganta.

—Tal vez sea el exceso de trabajo —me dijo—, se recrudece por momentos, ya son muchos años sin parar. Recuerde que se lo advertí, tiene que descansar.

—Pero, doctor —repliqué—, si ahora trabajo la mitad de lo que trabajaba antes.

—Sí —me dijo—, pero cuando lo hace son dos *shows* diarios de dos horas cada uno. Le aplicaré una inyección de cortisona para desinflamar su garganta; en sí es lo único que le noto. Venga a verme en tres meses o cuando pase por Los Ángeles.

Enfrenté una grabación que esperé por mucho tiempo: *Tenampa*, mi disco de mariachi con canciones de Juan Gabriel. Hubo algunas bien logradas y otras no tanto. De súbito el problema hacía acto de presencia, pero yo ya tenía la experiencia suficiente para manejarlo.

En efecto, con base en esa gran experiencia pude seguir trabajando. Empecé a cantar usando mi media voz, la cual conservaba la limpieza de mi timbre original. Pero el público estaba acostumbrado a oírme con toda mi potencia; además, cuando la canción lo exige hay que hacer el esfuerzo y cantarla como debe ser, por respeto a la música, al compositor y al público.

Con la cortisona podía hacerlo mucho mejor, pero era muy peligroso para mí. Años atrás había desarrollado una diabetes cortisónica, precisamente de tipo medicamentoso emocional, y desde 1995 usaba insulina para controlar el alza de azúcar en mi sangre. Prácticamente tenía prohibida la cortisona; a lo largo de mis muchos años de cantante la usé más de lo debido, al grado de que afectó mis huesos y tuve que someterme a una operación para que me pusieran una prótesis en la cadera y en la cabeza del fémur; sólo así pude volver a caminar y soportar el intenso dolor que me causaba la lesión ósea. Para no ir más lejos, sólo la usaba para compromisos muy importantes que se transmitían por televisión en los que me veían millones de personas. Pero empecé a notar que ni con la cortisona salían bien las cosas.

El problema volvió con más fuerza aún y también comenzó a afectarme el habla. También empecé a sonar feo al hablar. Me recomendaron a otro médico muy famoso en Miami y tampoco encontró nada en mi laringe ni en mis cuerdas vocales.

Como siempre, en mis presentaciones el público me recibía y me despedía con mucho cariño, pero uno sabe cuándo las cosas salen bien y cuándo no; cada vez estaba más convencido de que no tenía cómo solucionar este problema. Era un misterio.

Una vez más mi amiga del alma Amparo Acosta intervino. Me comunicó que integrantes de nuestro club de amistad aquí en Miami la buscaron para que fuera a ver a un hermano que podía darme información acerca de lo que me ocurría. Quedé en ir a verlo, pero tuve que viajar y lo dejé esperando.

La depresión me invadió y cada día me encerraba más tiempo en mi recámara. Dormía el día entero y veía televisión de noche. Ya no compartía con nadie de la casa, comía de madrugada y de día dormía profundamente. Ciertas semanas ni siquiera jugaba con Sarita pequeña. Ella, acostumbrada a que yo era su compañero de juegos, venía a buscarme. No entendía por qué ya no jugábamos y menos aún que cuando me buscaba en mi recámara yo le decía: "Cierra la puerta, no me despiertes"; hasta mi mamá subía a ver si estaba bien, si me pasaba algo. Sólo salía a trabajar y al volver me encerraba de nuevo. Se volvió patológico, estaba enfermo de depresión, no quería hablar con nadie ni ver a nadie. Cuando venían Pepe y Marysol, más o menos compartía con ellos y volvía a dormirme. Se les hizo muy rara mi actitud pues yo siempre compartía todo con ellos y sus amigos, pero ahora estaba un rato con ellos en la mañana y me acostaba otra vez. La única ventaja era que de madrugada también estaban despiertos y entonces los veía. De vez en cuando estaba con todos el día entero y a mí era al que le daba más gusto que eso sucediera.

Mi esposa estaba muy preocupada. Me preguntaba: "¿Qué te pasa? ¿Qué tienes? Levántate, ven al jardín y a la piscina, haz ejercicio, te va a hacer daño estar tanto tiempo acostado". Yo le contestaba: "Creo que hace tanto tiempo que no duermo que ahora tengo mucho sueño". Pero no era sueño nada más, era una falta de energía total, un desgano horrible, una apatía de vivir la vida que nunca experimenté antes. ¿Sería la borrachera seca? Recordé que los compañeros de Alcohólicos Anónimos me contaban lo que te sucede cuando dejas de tomar... ¡pero yo ya llevaba nueve años sobrio y un año deprimido! Todo empezó porque la mejor medicina para el cantante es el sueño, eso lo sabemos, pero mi caso se fue a los extremos. Seguía encerrado y trabajaba; al no hacerlo correctamente, me deprimía y me encerraba más. Una vez duré una semana dormido, sin levantarme. Una semana sin ver a mi esposa, a mi madre, a las niñas, una semana sin vivir, sólo acostado. Pasaban los meses y al rato ya eran dos años con problemas, cada cosa que significara una dificultad era motivo de más depresión. Por ejemplo, al finalizar mi relación comercial con Showtime de Monterrey, me dio mucha tristeza y Sarita no tuvo más remedio que aprender a vender fechas y a manejar mi carrera para que tuviéramos trabajo.

Sarita crecía y mi mamá envejecía, y yo sin ver a ninguna de las dos. Ya no estaba al tanto de en qué año iban Celine y Monique en la escuela. Sarita, mi mujer, me dijo alarmada: "¿Qué es lo que quieres, morirte?" Exactamente. Empecé a pensar en la muerte, en ya no amanecer... pero ¿por qué?, si lo tenía todo: mi madre; mi esposa; las niñas; mis hijos en México; una casa que, aunque estaba en trámites de pago, era un lugar donde estar; mi carrera... ¡Ah!, pero no tenía la misma voz, ése era el problema principal. "No —me dije un día de los pocos en que reaccionaba—, no puede ser. Tienes todo para vivir y ser feliz."

Entonces me levantaba, jugaba con Sarita, jugaba a las cartas con mi mamá, veía con Celine y Monique los programas de televisión que les gustaban, pero al poco rato me envolvía el sopor que me llevaba directo a la cama y otra vez al encierro. Seis meses después me di cuenta de que no valía la pena vivir así, ya nada tenía sentido para mí, por primera vez estando sobrio, ni Dios, ni la vida, ni mis hijos, mi madre y mi esposa, mi gente, mi carrera, nada. También por primera vez no entendía qué me pasaba. Cuando vivía en el taxi alcoholizado, todo tenía sentido: quería morirme, consciente de hacerlo por el dolor tan tremendo que sentía debido a las traiciones de que fui objeto, ésa era mi razón. Pero ahora que estaba aprendiendo a vivir sobrio y lo había logrado ya por diez años, ¿por qué reaccionaba así? Eran casi tres años en esas condiciones. Esto ha sido, junto con mi enfermedad de alcoholismo, lo más doloroso y difícil que he enfrentado en la vida.

Le comenté a mi amigo Arturo Meneses, quien vive en Chicago y fue a visitarme a Hazelden: "Estoy deprimido" y él me contestó algo que no he olvidado:

—No estás "deprimido", estás "distraído". No te distraigas. Si tu salvación ha sido el programa de Alcohólicos Anónimos y poner tu vida en manos de Dios todos los días, hazlo. Recuerda que la depresión es una enfermedad que, como en tu caso, resulta la base de las adicciones. Tú ya sabes cómo se vence todo eso: "Sólo por hoy-Un día a la vez". No te distraigas porque eras adicto no sólo al alcohol, sino también a la depresión. Recuerda que a ti te regalaron la fórmula para vencer cualquier problema, poniéndolo en manos de Dios.

Qué gran recordatorio: siempre hay que estar en contacto con el programa de Alcohólicos Anónimos o tus enfermedades emocionales te atacarán por todos lados.

32

He sido

Mi mamá decidió que quería regresar a México a pasar Navidad con mi hermano Gonzalo. Le dijimos que estaba bien, pero que regresara rápido para no interferir en su matrimonio. Cuando la vi empacar todas sus cosas adiviné sus intenciones de quedarse allá otra vez. Lo único que pensé fue: "Que sea lo que Dios quiera". Después me dirigí a Los Ángeles con Sarita, quien me consiguió una parte en la película *Sueño*, con John Leguizamo en Hollywood. Ésta sería mi primera aparición en el cine estadounidense.

Mientras tanto, mi madre asistió a la boda de mi sobrino Ángel antes de su supuesta vuelta a Miami; pero sucedió algo imprevisto: la edad traicionó a Margarita y un día se le fracturó la cabeza del fémur por la osteoporosis tan avanzada que padecía. Tenía noventa y dos años. Al igual que a mí, el doctor Cristerna del Hospital Español la operó de la cadera y le puso su prótesis. Su demencia senil avanzó pues en el hospital de pronto quería pararse para ir al baño; no se acordaba de lo ocurrido. Por esta desgracia me di cuenta de quiénes en definitiva seguían atacándome en los medios de comunicación: publicaron que Anel era quien se hizo cargo de mi madre en el hospital, cuando que ni siquiera hizo acto de presencia. Como siempre, la que estuvo pendiente de ella fue Laurita Núñez.

Sarita y yo viajamos a México a hacernos cargo de la situación. Mi sobrino Ángel jugaba futbol profesional y lo conocían como "Rambo" Sosa en el equipo Necaxa. Gracias a eso le fue posible cubrir la mitad de los gastos de hospitalización de mi mamá e incluso los cuidados posoperatorios.

Como era de esperarse, al no poder regresar a Miami mi mamá e iniciar su recuperación en su casa, la esposa de Gonzalo se fue dejándole a los niños todavía pequeños. Sólo que ahora no había quién los cuidara, por lo que sus hijos más grandes, Ángel y Carlitos, ayudaban a hacerlo. Se ocuparon de lo que supuestamente tenía que hacer mi hermano, quien se dedicó a todo lo contrario: a beber. Hubo que contratar a una persona que cuidara a mi mamá mientras empezaba a caminar. Además, rentamos una silla especial para que comiera y cambiara de postura. Ángel me ayudaba con todos los gastos y Laurita seguía pendiente de mi mamá para ver la posibilidad de que volviera a caminar. Pero no fue así. De tanto tiempo de estar acostada, la lesión no daba muestras de recuperación debido a su edad. De pronto Margarita desarrolló una llaga en el talón contrario al de la pierna de su cirugía; la explicación era la acumulación de la sangre por la inactividad. Se le dio tratamiento y no cerraba. Con el paso del tiempo la llaga se hizo más grande en vez de mejorar; no encontraban la razón.

En esos momentos le pedí a mi médico que interviniera para ayudar a mi mamá, cosa que hizo antes con ella y con toda mi familia. El doctor Gerardo Díaz Bautista, verdadero benefactor de la humanidad con un conocimiento excepcional de lo que es la medicina de todo tipo, en especial la radiónica, fue quien me ayudó en la recuperación y desintoxicación de mi organismo después de que dejé de beber y entré en sobriedad. Lo conocía de tiempo atrás en su consultorio de la colonia Bosques de Aragón y se convirtió desde esos años en mi segundo gran guía espiritual después de la doctora Saldívar, quien me inició en el estudio del esoterismo y la metafísica. Cuando la gente se dio cuenta de mi recuperación empezaron las preguntas acerca de dónde lo logré. Yo he recomendado a muchas personas con él, incluso a algunas con enfermedades terminales que él ha curado y se conservan con vida. Él tiene a su cargo un centro de salud asistido por una luz tan especial que ha habido casos maravillosos de personas que se curan al tocar a la puerta un miércoles, el día de descanso, cuando no hay nadie. Se han curado de sus males con sólo acudir al consultorio, pues éste está asistido por varios maestros ascendidos, como el maestro Jesucristo, entre ellos. A este gran hombre le debo mi recuperación de otro de los males más nefastos a los que me enfrenté: la depresión. Él sabía a la perfección cómo limpiar el aura de las personas con unos cuarzos purísimos y cómo devolverles la energía vital. A ese hombre maravilloso le encargué una vez más a mi mamá, como ya en una ocasión, diez años atrás, cuando pensé que Margarita iba a morir, él la ayudó a recuperarse.

Como mi mamá vivía en Ciudad Satélite y el médico del otro lado de la ciudad, detrás del aeropuerto, a todos se les dificultaba llevarla a consulta. Alguien que vivía aún más lejos que nadie me ayudó a que mi mamá pudiera ir al consultorio de Gerardo, a quien con cariño y con todo respeto llamábamos "El Sabio". Laurita Núñez, mi hermanita querida, se desplazaba, en un coche prestado por sus hermanos —todos amigos míos también—, desde Coapa hasta Ciudad Satélite y luego al aeropuerto para llevar a mi mamá al consultorio donde intentarían cerrar la enorme llaga de su talón. Durante meses Laurita se dedicó a hacer estos traslados. Yo le llamaba constantemente desde Miami para preguntarle cómo seguía mi mamá. Me informó que la herida había empezado a cerrar y a cicatrizar muy lentamente con el tratamiento del doctor Díaz.

Como mi madre seguía postrada, yo le mandaba dinero a Laurita para pagarle a la persona que la cuidaba. Mi hermano quería que le diéramos dicho dinero a él para que cubriera ese sueldo. Laurita le informó que ella tenía instrucciones precisas mías de no entregarle ese dinero y que ella personalmente seguiría pagando el sueldo de la señora y la renta de la silla ortopédica. A raíz de esto, un día que llegó Laurita por mi mamá para llevarla a su tratamiento, Gonzalo no la dejó ir y sólo le dijo que Margarita ya no iría más a ver al doctor. Laurita me avisó y Sarita y yo viajamos para ver a mi madre.

Como siempre, Laurita fue por nosotros al aeropuerto y nos llevó a casa de mi mamá. Llovía. Ella nos dijo: "Los espero aquí, yo no le caigo bien a Gonzalo, vayan ustedes a ver a Margarita". Estacionado enfrente de la casa y en ruinas se encontraba el coche que le regalé a mi hermano para que trabajara. La puerta de la calle estaba abierta y vimos la caja de herramientas de mi hermano en el patio. Más de la mitad de ellas estaban en el suelo, mojándose. Había una sartén tirada, junto con juguetes, ropa y basura. La puerta de la casa no estaba cerrada. La empujé, se abrió y salió un perro que vivía en el primer baño de la entrada. El suelo lucía lleno de huesos y comida que le echaban. Sentí mucho coraje ante ese espectáculo. En otra recámara al fondo los niños veían televisión, los saludé, me dijeron: "Hola" y volvieron a concentrar su atención en las caricaturas.

Subimos y todo estaba en silencio. Entramos a la recámara de mi mamá y tampoco estaba la señora que la cuidaba: Gonzalo la había despedido. Mi mamá, dormida, lucía demacrada. La desperté para hablar con ella y me percaté de su total falta de energía. Al principio casi no podía hablar; la erguimos y sostuvimos una plática acerca de lo que sucedía en su casa. Ángel, quien estaba recién casado, seguía sosteniendo a su papá y a sus hijos pequeños. Como yo ayudaba con la casa, Gonzalo no trabajaba en esos momentos; de vez en cuando hacía una instalación eléctrica o arreglaba una licuadora o una lavadora.

—¿Y cómo se ha portado? ¿Hizo caso de la advertencia del médico de que no volviera a beber después de su última crisis cuando hubo que internarlo?

Justo en ese momento entró Gonzalo, ebrio, despeinado. "Hola, ¿cómo están?", nos saludó y prendió la televisión para ver el futbol; iba a jugar "El Rambo". Mi sobrino salió a la cancha y su padre dijo sonriendo: "¡Ahí está!" Mi mamá sonrió en cuanto llegó Gonzalo y lo señaló como dando respuesta a mis preguntas.

—Mamá —le dije—, para que te alivies tienes que regresar con nosotros a Miami.

—No, hijo —contestó—, estoy muy a gusto con tu hermano, ya no pienso volver, aquí me quedo.

Gonzalo vivía en otro mundo, en el de la inconsciencia del alcohólico que cree que nada le pasará ni a él ni a quienes viven con él. Nosotros debíamos volver al aeropuerto; como se acercaba el fin de año, estaban escasos los boletos y yo tenía un compromiso de trabajo al día siguiente. No podíamos quedarnos; sólo viajamos a ver cómo estaba Margarita. Nos despedimos tristísimos, su existencia se apagaba irremediablemente. Con su poca voz carente de vitalidad se despidió de nosotros con un: "¡Me dio mucho gusto saludarlos!"

Sarita lloró y yo aún no podía creer lo que observaba. "Ya nos vamos", le dije a Gonzalo y bajó con nosotros. Los niños seguían con sus caricaturas. Le pedí a Sarita que subiera al auto y hablé con mi hermano: "Tienes que hacer algo, no puedes seguir viviendo así, ve a Alcohólicos Anónimos". Él me miró y me dijo lo que decimos todos los alcohólicos cuando nos hablan de recibir ayuda: "Un día de éstos", y cerró la puerta. Ésa fue la última vez que vi con vida a mi mamá.

En la boda de mi hermano Guillermo Benítez en Miami conocí al profesor Carlos Lotito, ilustre mentalista argentino de fama mundial, con un carácter especial que sólo se forja con la sabiduría y el conocimiento de que su destino es ayudar a la humanidad mediante el don maravilloso de la clarividencia. Dueño de poderes excepcionales, es, a la vez, dulce y tierno con todos y sumamente humano. Me sugirió que lo visitara en su consultorio, pues quería hablar conmigo.

Una vez frente a frente me dijo que me encontraba en peligro por una serie de agresiones de las que era objeto por parte de mi ex mujer; sentía que yo tenía en mi poder objetos que ella me regaló y estaban trabajados con energía negativa, lo cual sólo contribuía a hacerme sentir mal y a obedecer la voluntad de quien me los dio. Entonces recordé que Anel acostumbraba regalarme cosas en mis cumpleaños, las cuales yo ignoraba que eran para controlar mi voluntad. Recordé en dónde guardaba esas joyas. Una de ellas, muy valiosa, era una cruz de brillantes tipo baguette con un diamante en el medio. Siempre me preguntaba si la conservaba conmigo y yo le contestaba: "Sí". Al reverso traía una leyenda: "De tu esposa y tus hijos". También tenía conmigo desde hacía muchos años una esclava y un anillo. Le llevé al profesor Lotito esas prendas, las puse en su escritorio y —a diferencia de otras que siempre traía conmigo, en las que reconoció la energía positiva que contenían—, con expresión seria, me dijo:

—Éstas son, sobre todo la cruz. Ten cuidado, nunca más las uses. Deshazte de ellas inmediatamente; regálalas o véndelas, pero no vuelvas a ponértelas. Esto fue lo que te dio tu ex mujer, por eso siempre te preguntaba si todavía las tenías. ¿Cómo se atreve a usar el sagrado símbolo de la cruz para hacerte un trabajo negro? ¡Es increíble!, cuídate de esa mujer, lo de las joyas no es lo único que te ha hecho en el pasado. Además, sigue enviándote energía negativa muy densa, de muy baja vibración, para que les vaya mal a ti y a tu familia. Pero no te preocupes, yo los protegeré y les daré energía positiva para contrarrestar todo lo malo que les han enviado. Recen por ella, lo necesita mucho; además, es la madre de tus hijos. Ojalá recapacite; ni a ella ni a tus hijos les conviene vivir en medio de esa vibración tan baja en la que ella se desenvuelve.

Me deshice en seguida de esas prendas y seguimos asistiendo al consultorio del profesor Lotito a cargarnos de vibración positiva. Él nos brindó su amistad sincera y es uno de los amigos que más quiero.

Sarita consiguió muy buenos contratos ese fin de año y pudimos hacer algo que me dio una gran alegría: ir a pasar la Navidad al Sundance en Utah toda la familia: Pepe, Marysol, Celine, Monique, Sarita, Sarita mamá y yo. Nos acompañaron nuestros amigos Lázaro y Yanela con Lazarito. Nos estábamos divirtiendo a lo grande, pero me dio un enfriamiento y pasé la mitad del viaje en cama tosiendo con una bronquitis terrible. Amanecía con los ojos pegados por la infección. ¡Qué coraje!, sólo los dos últimos días pude levantarme para seguir enfriándome, sobre todo en un paseo en trineo con toda la familia. Lo bueno es que al final cenamos todos juntos calientitos viendo un *show* de música *country*. A Pepe y a Marysol yo los veía verdaderamente en el camino de la luz de Dios. Me dio mucho gusto porque eso será su salvación en el futuro de tener que vivir experiencias tan dolorosas como las que me han tocado a mí. Esa

Navidad del año 2003 fue la última vez que compartimos todos los miembros de la familia.

El 7 de enero de 2004, Margarita dejó de existir. Sonó el teléfono en mi casa de Miami a las cuatro de la mañana. Era Laurita.

—Príncipe —me dijo—, Margarita acaba de morir. Como autorizaste, la internamos para curarla de las llagas en su espalda de tanto estar acostada. Salió bien de la intervención, pero algo pasó. Aquí te paso al doctor Cristerna.

El médico me explicó:

—Su mamá salió bien de la operación. Después de que hablamos usted y yo terminando las curaciones, le dije que usted le llamó para saber cómo había salido todo y le dejaba un gran abrazo. Fui a mi casa y me comunicaron de urgencia que Margarita sufrió un paro respiratorio: parece que no resistió el efecto de la anestesia y acaba de morir. Lo siento mucho.

Le agradecí al médico y a Laurita el estar con ella como siempre, hasta en sus últimos momentos. Les informé que viajaría a México a primera hora.

Cuando llegamos Sarita y yo, Margarita estaba tendida en la funeraria Gayosso. Muchas personas la despidieron, entre ellas, por supuesto, sus nietos Pepe y Marysol, así como su mamá; ésta llegó preparada para la foto con los medios, posaba como si estuviera modelando pues pidieron una fotografía familiar. La sorpresa fue que Gonzalo se presentó sobrio a dar entrevistas. Por la noche hubo aún más gente: mi maestro Pepe Jara, Marco Antonio Muñiz y su esposa Jessica y mi madrina Olga Guillot, quien llegó a la medianoche, a la hora del rosario. Agustín Lara *junior*, mi entrañable amigo, pidió un aplauso para Margarita, el cual fue estruendoso y muy prolongado. Al final me acerqué a su féretro, le di un beso y le agradecí los innumerables sacrificios que hizo por mí. Todo lo que logré hacer en la música se lo debía a ella. También le di las gracias por heredarme su humildad maravillosa, la herencia más grande que llevo conmigo, así como, por supuesto, su voz y su musicalidad.

Acto seguido mi madrina Olga Guillot dijo: "Nada de lágrimas, Margarita era muy alegre" y amanecimos contando anécdotas de ella. Llegó Chamín Correa con su hermano Alejandro; era la hora de los artistas que estaban saliendo de trabajar. Gracias a todos los que fueron a acompañarme en ese momento tan difícil.

Al otro día la enterramos. Por fortuna, otra vez mi sobrino Ángel me ayudó con la mitad de los gastos del hospital, la funeraria y el sepelio. Mi primo Arturo Ortiz, mi flaco querido, me ayudó con los trámites; la sepultamos con mis abuelos y con su hermano. El momento más doloroso de mi vida llegó cuando bajaron su ataúd a la fosa. Sin embargo, ella cumplió a cabalidad con todos hasta el último aliento. Tenía que resignarme, es ley divina: nuestros abuelos y nuestros padres llegan a la vida primero que nosotros y también se van primero, es un ciclo inamovible.

Llegaron condolencias de todo el continente por la muerte de mi mamá. Ella lo recorrió conmigo trabajando, conoció a mucha gente y en todos lados dejó un recuerdo agradable. La gente opinaba que era un angelito.

Salieron publicadas las entrevistas de mi hermano en las cuales declaraba que yo no cooperé con nada para el hospital, los funerales y el entierro de mi madre, que él costeó todo de su bolsa. Era tan ilógico que Ángel lo hizo retractarse de sus declaraciones al día siguiente. Me pareció increíble; esto me hizo comprobar que el odio del que hablaba mi hermano era hacia mí.

Sarita aprendió muy rápido a manejar mi carrera y lo hizo en otro nivel. Reunió todas las solicitudes necesarias para calificar a la Estrella del Paseo de la Fama en Hollywood Boulevard y fui aprobado por la Cámara de Comercio de la ciudad. Te la dan por tu trayectoria artística y por tu ayuda a la comunidad. Fue hermoso constatar una vez más las muestras de cariño de la gente en el sitio donde pusieron mi estrella, justo enfrente del Teatro Chino y, como coincidencia, me tocó al lado de la del maestro don Plácido Domingo; otro gran honor aparte del de recibir este reconocimiento mundial a mi carrera. Desde luego, está dedicada a mi México, a mis paisanos y mi público en todo el mundo a donde ha llegado mi canto.

Ese día resultó inolvidable, con la presencia de Marysol, que en esta ocasión sí vino a compartir conmigo. El que no pudo hacerlo fue Pepe por problemas con su documentación migratoria. También estuvieron conmigo Carlitos Hurtado y su esposa Mayda, Lázaro y Yanela, Eva Longoria, David Damián y Lupita Ontiveros, María Conchita Alonso, "El Cucuy" Renán Almendaris, Johnny Canales –quien dirigió la ceremonia en inglés y en español– y su esposa Nora, así como muchos amigos íntimos y familiares: mi tío Carlitos, tío William, mi suegra doña Sara, el profesor Lotito y su esposa y, por supuesto, Celine y Monique con Sarita pequeña y la autora de mi pasaporte a la inmortalidad, mi esposa Sarita Salazar.

Sin saberlo, Amparo Acosta se iba a convertir en mi segunda madre, por su cariño y comprensión. Su afán de protegerme la orilló a recordarme que quedamos en ir a ver al hermano Emilio, la persona que deseaban presentarme los integrantes de nuestro club de amistad porque creían que podía ayudarme. Fuimos a verlo: Emilio es un hombre afable y muy alegre. Me recibió con un abrazo y me dijo que le daba mucho gusto conocerme, que él en su juventud escuchaba mucho mis canciones y sentía un gran aprecio por mí.

—Te guardo un aprecio muy especial porque con tu música me enamoré y he sido muy feliz con mi esposa. Deseaba conocerte personalmente y decirte cuál es la razón de muchas cosas que te suceden. Tu ex mujer te ha controlado con magia negra desde antes de casarse contigo. Ella conoce bastante de estos artilugios y a mucha gente que se dedica a eso, no te imaginas cuántos, quiénes y de dónde. A ti te han dado un sinnúmero de cosas con un resultado excelente para ella, pues nunca has podido dejarla y siempre has hecho lo que quiere. A pesar de todo lo que te hacía, no eras capaz de decir que no a nada y siempre volvías con ella. Aunque te han prevenido, has seguido yendo a tu casa de antes pues te llama con el pretexto de que veas a tus hijos. Así persiste en darte cosas en la comida o los jugos, refrescos y, sobre todo, el café, que es donde menos se nota lo que te ha dado durante muchos años. Sin embargo, todo tiene un tiempo y efecto. Primero te controló y te usó a su antojo, pero se equivocó pidiéndote el divorcio. A partir de entonces cambió la intención del trabajo negro; ha intentado destruirte y tampoco ha podido porque a ti te protegen tus antepasados. Siguió buscando cómo hacerte daño y lo logró: con las nuevas cosas que está haciendo y que ya te dio en los alimentos le causó mucho daño a tu garganta para que ya no puedas trabajar. Por eso los médicos no encuentran nada, ellos no saben de estas cosas, menos aún de cómo quitar sus efectos.

Sus palabras me hicieron recapacitar: ¿cuántos años llevaba de agresión, primero casado y luego divorciado por más de una década?

—Ahora que ya lo sabes —prosiguió Emilio—, no vuelvas a esa casa a seguir recibiendo más agresión; recuerda lo que le pasó a Sarita con el bebé. Ten mucho cuidado, esta mujer los odia a ambos; a ti, porque ya no puede explotarte a su antojo y a ella, por ayudarte a salir adelante y echarle a perder su plan para que murieras. No le creas nada de sus invitaciones: siempre llevan oculto el plan de hacerles daño. Ahora hay que tener mucho cuidado: los trabajos que te han hecho los entierran o los tiran al mar para que nadie los encuentre y puedan revertirse. Saben mucho las personas a las que contrata para hacerte daño, pero Dios, que es la luz, siempre triunfa sobre lo negro. Hay que limpiar tu aura de todos los trabajos que te han hecho y con medicina natural contrarrestar poco a poco lo que te han dado de comer y de beber.

"Sólo te pido que seas disciplinado, que sigas mis instrucciones y así avanzaremos. Investigaré cómo puedo ayudarte poco a poco; no te desesperes, ten mucha discreción con los médicos que no entienden qué padeces, y otra cosa, la más importante: condúcete con paciencia, no te llenes de odio y deseos de venganza. Hay una ley inamovible para quienes odian y se atreven a hacer daño a alguien por su propia mano o a través de otros; todo el mal que quieren y que logran causar se les devolverá irremediablemente; nunca podrán escapar de esta ley, ellos y las personas que contratan para que les ayuden. Esas personas nacieron para odiar y hacer daño, es parte de su horrible destino, por sí mismas van labrando su castigo. Tú lo que tienes que hacer es no decir nada y rezar por ellas.

"Quienes han estudiado la herbolaria, o sea, las hierbas de la naturaleza, saben que éstas son capaces de causar daño de muchas formas y de diversa índole, en lo corporal y también en lo mental. Pero la misma fuerza poseen para curar, para ser el antídoto contra el mal que pueden provocarte."

Como era de esperarse, seguí visitando al hermano Emilio y escuché sus consejos. En una de esas sesiones me dijo: "Necesito decirte algo que será muy fuerte para ti". Me miró fijamente, me tomó de los hombros y añadió: "Tu hijo te va a traicionar".

—¿Traicionar, por qué?, no te creo —le contesté—, Pepe es mi hermano, es incapaz de hacer nada contra mí.

—Yo sólo cumplo con advertirte lo que va a ocurrir —concluyó.

Me dejó sumamente intrigado. Pasó el tiempo y yo en ocasiones le llamaba a Pepe para saludarlo o para asuntos de trabajo y no me contestaba, siempre hablaba con la grabadora de los recados y nunca devolvía mis llamadas.

El hermano Emilio me ayudó a limpiar mi garganta lo suficiente para iniciar una grabación bajo mi nuevo contrato con BMG que acababa de fusionarse con la Sony. Escogimos canciones muy bellas y empecé a asistir al estudio de grabación de Juan Cristóbal Lozada. Cada vez que Emilio nos veía en su consultorio me prevenía de la traición de Pepe y mi respuesta era la misma: "Estás mal, en eso sí estás equivocado, no puede ser". "Sólo te prevengo", insistía.

Sarita continuaba manejando mi carrera en las altas esferas y llegó la noticia de algo que yo esperé durante años: un Grammy. Gracias a la iniciativa del señor Manolo Díaz, la Academia me reconocía con un Grammy por mi trayectoria de éxito. Recibimos la presea con mucho agrado. Gracias otra vez a las gestiones de mi esposa, quien siempre estaba pendiente de presentar mis logros para los grandes reconocimientos.

Después de recibir este alto honor nos trasladamos a cantar a Tlalnepantla, Estado de México, y antes de llegar a la conferencia de prensa previa al evento sonó mi celular. Era Charytín Goyco, la presentadora del programa *Escándalo TV* y amiga mía desde hacía veinte años. La conocí en su natal Santo Domingo en República Dominicana y colaboré en sus programas de televisión, sobre todo en su exitosa serie en Puerto Rico años atrás. Me saludó y me dijo:

—José, quiero que oigas estas declaraciones de tu hijo Pepe en una entrevista que le hicimos en la mañana para saber su opinión acerca del Grammy que te otorgó la Academia. Él comentó que podías ganar un Grammy porque eras un gran cantante, pero que como padre dejas mucho qué desear porque no aportas a la casa, que eres un mal padre porque desde hace tiempo no los ayudas en nada a él y a Marysol.

Muy amable, Charytín me preguntó qué hacía al respecto; le apenaban sus declaraciones. Yo le dije: "Déjalo, ¿eso es lo que él dice?; yo lo voy a desmentir". Y así lo hice en la conferencia de prensa a la que arribé primero y en la que ya se encontraba un número inusual de periodistas y cámaras de televisión. Ya lo sabían y deseaban conocer mi punto de vista.

Lo primero que hice fue aclarar que yo seguía manteniendo a Marysol en todo y por todo y que ignoraba por qué Pepe dijo eso si él y yo hicimos un trato luego de que él me ofreció su ayuda para salir adelante de mi crisis económica. Yo cumplía a carta cabal con nuestro acuerdo: él se haría cargo de su mamá y yo de Marysol. Me pareció que cometía un error al decir mentiras y difamarme a mí, que soy su padre. Él seguía con sus mentiras y yo lo defendí porque ya sabía por dónde venía el ataque, directo de las amistades de Anel en los medios de comunicación. Como siempre que hay un logro importante en mi carrera, se inició una campaña de desprestigio para contrarrestar el éxito que seguía teniendo.

La actitud de mi hijo era resultado de cómo lo envenenó Anel, siempre diciéndole que yo lo envidiaba y por eso no lo ayudaba en su carrera. ¡Qué mala memoria!: todo lo que se logró con la grabación que se le hizo en España con Manuel Alejandro, los tres años que trabajó conmigo y su contrato con la Polygram. De nada se acuerdan, pero yo tengo la conciencia tranquila; si Pepe me ofreció ayuda era porque tenía trabajo y éxito suficiente para hacerlo.

Además, ¿por qué hacía eso, si hasta organizamos un *show* familiar para trabajar todos juntos? Ya habíamos hecho varios los cuatro —Pepe, Marysol, Sarita, mi hijita, y yo— y me sale con una cosa así. Consulté a varios hermanos esotéricos y llegué a la conclusión de que Anel se estaba valiendo de lo mismo que me hacía a mí para dominar a Pepe y usarlo en mi contra —¡el colmo!—, con tal de desprestigiarme.

Los hermanos me dijeron: "Con paciencia y oración todo volverá a su lugar con el tiempo, tus hijos te quieren de verdad". Mi silencio impotente se convirtió en paciencia para todos.

Entonces Sarita organizó que cantáramos en el Auditorio Nacional con un lleno total, al igual que ya lo habíamos hecho en el Kodak Theater de Los Ángeles; en el James L. Knight Auditorium de Miami, Florida; en el United Palace de Broadway, en Nueva York; en Toluca; en la Arena Monterrey y ahora en la capital. Sería nuestro último *show*. Ya no funcionaría el trabajar juntos en familia, pero yo hacía todo lo posible por ayudar a Pepe desmintiéndolo.

El 5 de julio de 2005 sonó el teléfono en mi casa. Yo contesté. Era mi sobrino Ángel para avisarme que mi hermano Gonzalo había muerto de un paro cardiaco por cirrosis alcohólica hepática. Él perdía la batalla ante el alcohol, igual que mi papá, aunque Gonzalo murió solo en casa de mi mamá. Yo le dije a Ángel: "Ya dejó de sufrir". Él estaba resignado, pero también consciente de que era mejor así, y comentó: "Ya lo cremamos, sólo te informo que ya descansó". Mi hermano nunca pudo desterrar de su subconsciente la grabación de la muerte de mi padre por alcoholismo. Nos despedimos y al colgar la bocina sentí alivio por él; yo sabía lo que se sufre con la enfermedad, pero más aliviado me sentí al saber que había dejado de odiar, que al morir dejaba de andar cargando todo ese odio del que hablaba y que patentizaba constantemente. Nunca quiso ir a Alcohólicos Anónimos, nadie pudo convencerlo de hacerlo. Nuestro comentario general fue: "Margarita, mi mamá, vino por él para seguirlo cuidando".

Transcurrió 2005 con mi intento de seguir grabando y, aunque era muy lento el proceso, fui logrando canción por canción. Volvieron las fechas de los Grammys y la Academia me nombró Persona del Año. Fue algo que no esperaba, una fiesta del Grammy de gran lujo con toda la gente de la industria en el Beverly Wilshire Hotel en Beverly Hills, los presidentes de las compañías disqueras, directores, ejecutivos, publicistas, promotores, y un reconocimiento especial: otro Grammy. Anel contraatacó y Pepe siguió hablando mal de mí. Entonces yo lo llevé conmigo a la fiesta en la que estarían presentes medios del mundo entero. Estuvimos juntos en todas las fotografías y las entrevistas. La fiesta fue preciosa; varios de mis compañeros artistas cantaron mis éxitos: Olga Tañón, Reyli, Pablo Montero, Ana Bárbara, Bacilos, Anahí y el gran Gilberto Santa Rosa. Agradecí a todos su presencia, en especial a mi amigo del alma Gilberto Santa Rosa; él pagó sus gastos de viaje de Puerto Rico a Los Ángeles con tal de estar conmigo en este gran reconocimiento. Ésa es la clase de amigos que tengo en la industria, todos vinieron a cantar al evento y al final interpretaron, junto con mi hija Sarita, *La nave del olvido*.

Al otro día, mi gran amiga y paisana Ana María Canseco, del programa *Despierta América*, invitó a Pepe a una entrevista y volvió a hablar mal de mí. ¡Increíble!, en particular porque al terminar la fiesta conversamos casi hasta el amanecer acerca de su actitud y su relación con su madre. Le hablé de hombre a hombre y le expliqué todo lo que ocasionaba el despecho de su mamá. Estaba separando a la familia después de más de diez años de feliz convivencia. Celine y Monique, y en particular Sarita pequeña, adoraban a Pepe y Marysol; Marysol, tan cariñosa como siempre, cuando hablaba de ellas decía: "mis hermanas". Y qué decir de mi esposa, insisto, tengo fotografías y sus cartas de agradecimiento a Sarita por sus atenciones cada vez que venían a la casa solos o con sus amigos. Incluso en la contraportada de su disco Pepe habló precioso de todos nosotros, éramos una familia unida y feliz. Eso fue lo que no le gustó a Anel y se valió de todos los subterfugios que conoce para separarnos.

No obstante, Dios siempre está con todos y en la premiación de los Grammys me encontré con Alejandro Benítez, uno de los más altos ejecutivos de Televisa, quien me dijo que necesitaba que hiciera una parte muy especial en un nuevo programa que iban a lanzar en el nivel internacional: *Cantando por un sueño*. Yo sería el maestro y preparador de una pareja sensacional: Kika Édgar y Raúl Juárez. Kika, reconocida actriz y gran cantante, es una de las líderes actuales de la nueva generación de cantantes que está dando México al mundo. Raúl, extraordinario cantante poblano, se daba a conocer a través de esta emisión al gran público de Televisa. Yo no tenía que hacer mayor cosa con ellos que enseñarles trucos de respiración y de fraseo que se aprenden con los años de escenario. Lo demás ya lo sabían hacer y muy bien.

A los productores Rubén y Santiago Galindo se les ocurrió que los maestros también cantáramos en ocasiones con los alumnos. La primera vez que esto iba a suceder llegué al ensayo bastante más ronco de lo normal. La contaminación y los trabajos de Anel desde que llegué a México empezaron de inmediato a hacer estragos en mi sistema fonatorio. "¿Qué hacemos?, faltan dos horas para que empiece el programa", me preguntaron. Yo les dije: "Mi hija Sarita sabe la canción, podemos hacerla a dueto". Ensayamos, salió mejor y yo estaría protegido. Comenzó el programa, me llamaron para la canción y Sarita pequeña fue la sorpresa al salir cantando conmigo.

Para colmo, la respuesta de Pepe fue instantánea: se quejó ante los medios de que yo no debería salir a cantar en esas condiciones y que Sarita no tenía por qué haber salido a cantar y darme la mano, que en ese caso hacerlo le correspondía a Marysol, que es la hermana mayor. Pepe reanudó con más bríos sus ataques, dirigido en el "nivel inconsciente" por su mamá, quien ya lo tenía totalmente bajo su control. Entonces pasó lo que más coraje le dio a Anel: la señora Rosi Ocampo me invitó a formar parte del elenco de una producción de lujo de Televisa, *La fea más bella*, de la cual era la productora general. Éste sería mi debut como actor en telenovelas, representando al papá de Angélica Vale, la estrella principal, al lado de mi hermana querida, mi maestra de actuación en novelas, Angélica María, y Jaime Camil. El elenco era súper estelar y tenía un *rating* inalcanzable en México y Estados Unidos.

Pepe declaró que no debía trabajar en la novela en esas condiciones y me atacaba constantemente con los mismos argumentos: nunca lo ayudé, era un mal padre, no daba dinero en la casa, los tenía abandonados, nunca los veía… Como todo iba viento en popa en mis dos trabajos, intervino Anel directamente, apoyada como siempre por sus amistades de los medios, las que incluso la ayudaron a organizar un plan de desprestigio de mi imagen personal y profesional. "¿Cómo es posible que lo tengan trabajando tan ronco en la telenovela? Deberían sacarlo, no tiene nada que hacer ahí, si no puede ni hablar", decía. Como Sarita, mi esposa, y Sarita, mi hija, se mudaron a vivir conmigo a México, le dio por provocar y atacar a mi esposa en la televisión de Miami y de México: ¡Que yo era el amor de su vida! ¡Que no me había olvidado! ¡Que me estaba esperando cuando dejara a Sarita!, y una serie de mentiras, pero eso sí que dan "mucho *rating*" en los programas de chismes. Yo estaba triunfando otra vez y ella se dedicó a intentar contrarrestar mi éxito y mi hermosa relación matrimonial. Sabía de sobra que a ésta se debía que yo estuviera grabando otra vez y apareciendo en la televisión.

Fue entonces cuando no les permití que siguieran hablando. A Pepe hasta lo defendí porque conocía el porqué de su "cambio de polaridad" tan brusco, tan repentino. Pero a ella no pensaba permitirle que atacara a Sarita. Primero que nada debía respetar mi nuevo matrimonio y a mi esposa. En ese momento aclaré todas sus mentiras: yo nunca fui el amor de su vida, fui "la chequera de su vida", les dije a los periodistas, además de contarles toda la verdad acerca de las declaraciones de Pepe.

El plan salió perfecto para ella. Los medios organizaron su "Que dicen que dijo y usted ¿qué opina?" y siguieron el "lleva y trae" como se usa ahora en los programas de televisión y en las revistas de espectáculos.

Mi hermanita Laurita Núñez pidió permiso en su trabajo con la Sonora Santanera para ayudarme todos los días en *La fea más bella* y en *Cantando por un sueño*. Laurita ya me ayudaba con anterioridad en las giras como mi mánager de ruta, organizando los viajes de la orquesta, los boletos de avión, el hotel y la preparación del escenario. Toda una profesional al respecto. Siempre viajaba conmigo para ayudarme a atender a la gente. Se convirtió en Tía Lauris para Sarita, mi hija, y mi esposa la quiere mucho pues sabe la clase de persona que es y cómo me ha ayudado con lo que se presentaba en México, la enfermedad de mi mamá, por ejemplo. A todas las personas a las que les pido que vayan a ver al doctor Gerardo Díaz ella las lleva, les enseña cómo llegar al consultorio y sigue llevándolas a consulta si no tienen en qué ir. Mi esposa Sarita está al tanto de todos sus detalles para conmigo y de por qué nos queremos como hermanos.

También tuvimos la suerte de conocer al hermano Juvenal, a Anita, su esposa, y a "La Güera". Ellos también conocen los secretos de la herbolaria para curar y me ayudaron bastante durante mi estancia en México a contrarrestar todo lo que nos enviaba Anel a través del trabajo negro contra mi garganta; sólo así podía mantener el ritmo que exigían mis dos trabajos. Se acabó *Cantando por un sueño* y mi voz tuvo un pequeño descanso. Hasta grabé una canción muy bonita con Sarita, mi hija, que nos produjeron Luny Tuns de Puerto Rico, los productores de *La gasolina*, de Daddy Yanki. Es un canto de agradecimiento al inventor de internet por comunicar a todo el mundo y en especial a las parejas. Esto fue al ritmo de reggaeton, pero accedí a grabarlo por lo hermoso de la letra de Marivana de Italia. Salió tiempo después en mi disco *Mis duetos*.

A Anel no le funcionaban sus ataques como quería, de modo que organizó algo más contundente. Tenía contratada desde hacía mucho tiempo a una brasileña que vive en México de nombre Lourdes Dasilva, que se dedica a la magia negra. Con ella se encargó de dañarme la garganta más severamente; cada vez que viajara a México el trabajo negro actuaría con más fuerza, pero, dado que aun con eso continuaba trabajando, idearon un plan para eliminarme en definitiva. Tuvimos un llamado en Televisa Santa Fe y como todavía no sabíamos ir nos pasamos de la salida en la carretera de Toluca y nos fuimos muy lejos pues ya no había retornos. Se aproximaba uno y le dije a Laurita: "Pásate hacia la derecha y allá adelante está el retorno, hay que dar la vuelta en U para regresar a buscar la entrada a Santa Fe". El tráfico era muy intenso, pero en la primera oportunidad entramos de nuevo a la carretera para ir hasta el carril de la izquierda. Todos los vehículos nos dejaron pasar pues hicimos las señales correspondientes, excepto uno: una camioneta *pick up* de carga enorme que venía a gran velocidad nos embistió por en medio y nos sacó de la carretera, ya sobre el lado izquierdo de la misma, justo en los señalamientos de la curva a la izquierda del retorno. El impacto fue brutal, yo grité, las bolsas de aire se inflaron y explotaron llenándonos de una especie de polvo verde claro que huele horrible. Empezó a salir humo.

Nuestra primera reacción fue preguntarnos mutuamente: "¿Estás bien?" Yo contesté que sí y ella lo mismo. Bajamos. La camioneta tenía lo que llaman un "tumbaburros" muy fuerte. Estaba intacta, de no ser por un poco de pintura en la parte delantera; el joven que venía conduciendo se disculpó:

—Perdón, no los vi. Vengo rápido porque mi mamá está enferma.

De la parte delantera bajó su mamá.

—¿Está bien, señora? —le preguntamos.

—Sí —nos dijo—, ambos traíamos puesto el cinturón de seguridad.

Nosotros también, eso nos salvó de incrustarnos contra el parabrisas. Ya más calmados le pregunté:

—¿Qué le pasa, señora?

—Tengo cáncer en el estómago y me siento mal, vamos para la casa, vivimos en Toluca.

Laurita fue a ver de dónde salía el humo en el coche –queríamos prevenir que se incendiara– y a sacar los documentos que traía en la cajuela. Le di el número telefónico y la dirección del doctor Gerardo Díaz a la señora y a su hijo para que fueran a verlo y les pedí que siguieran su camino, ya que a su enorme camioneta no le pasó nada.

En cambio, el pequeño auto de Laurita quedó inservible. El humo se apagó por completo, lo cual nos tranquilizó. "¿Qué te duele?", le pregunté. "El cuello —me dijo— ¿y a ti?" "El pecho, el cinturón se puso tenso con el impacto y me lastimó, pero bendito sea Dios estamos bien. Llama a la producción para que vengan por mí, no estamos tan lejos." Ya era la hora del llamado y nosotros accidentados en la carretera. Llegó la camioneta de Televisa y me llevaron a Santa Fe. Dejé a Laurita haciéndose cargo de que llevaran el cochecito a la Ford pues tenía su seguro; la grúa vendría casi de inmediato, estaba un poco más adelante en la carretera. Laurita me alcanzó en mis escenas que terminaron después de comer y, como seguíamos muy adoloridos, decidimos ir a un hospital para hacernos un chequeo a cargo de la aseguradora del coche.

Nos tomaron radiografías y no estábamos fracturados, pero Laurita tendría que usar un cuello especial por una vértebra desviada, en tanto que a mí me recetaron un desinflamatorio y me dijeron que vigilara el azúcar en la sangre por el choque emocional.

La novela fue trasladada a un cerro en las afueras de la ciudad. Todo el elenco pasaríamos ahí varios días. Era bastante lejos, sólo nos era posible llegar con los choferes de Televisa; las camionetas nos llevaban desde Televisa San Ángel. Al segundo día de estar ahí, aunque el acceso era restringido para nosotros ya que era una especie de parque para socios, al ensayar unas escenas bajo el sol sentí que alguien me miraba; me volví y la única persona que lo hacía estaba sentada en el pasto, a no más de veinte metros de mí. Con un peine y un cepillo en la mano, me observaba fijamente, por eso lo percibí. Yo le clavé la mirada a propósito y la analicé de arriba abajo. Cuando se dio cuenta empezó a juguetear absurdamente con el peine y el cepillo; me miró de nuevo y notó que yo no le había quitado la vista de encima ni un instante. La reconocí: era la brasileña Lourdes Dasilva, la que según el hermano José Luis le hacía los trabajos a Anel. Era delgada, de piel morena y con el peinado clásico de Brasil: yo conozco perfectamente a los brasileños, tengo muchos amigos músicos.

Al ver que la reconocí, se paró y empezó a caminar por el pasto rumbo al estacionamiento. En ese momento le grité a Laurita: "¡Sigue a esa mujer!" Cuando me oyó, apretó el paso. Laurita corrió, llegó al estacionamiento, la vio subirse a un Datsun rojo y alcanzó a apuntar las placas antes de que saliera del lugar. La tal Lourdes Dasilva fue a ver qué nos había pasado con el accidente que preparó. Encontró a Laurita con collarín, pero nada más y a mí trabajando todos los días. ¿Cómo se enteró de dónde nos encontrábamos grabando? Anel le consiguió la dirección con sus amistades en Televisa. ¿Cómo supieron llegar hasta allá? Porque consiguieron las instrucciones con los choferes. Mi compadre Cuauhtémoc Sánchez, "Temo", nos ayudó a investigar de quién era el coche y era robado. Vinieron preparados por si los detectábamos, tal como fue; eran todos unos profesionales.

Había estado a 20 metros de la persona que me robó la voz y la tranquilidad y que, desde luego, no cesaría de atacarnos porque su patrona le paga muy bien. Yo seguí trabajando en la novela que tenía un éxito tal en todos los países donde se transmitía que su emisión se prolongó. Así mantuve mi éxito como actor, a pesar de que en ocasiones yo mismo tenía que doblar mi voz para que se entendieran mis diálogos.

Anel persistía en atacar a Sarita, en su calidad de mánager. Declaró que ella hizo mi carrera y yo me pregunto: ¿por qué no se la ha hecho a mi hijo? Tanto que presume de ser la artífice de mi carrera, ¿qué espera para ayudar a Pepe, a ver si a ella le es posible?, porque yo lo sigo intentando y no he podido convencer a ningún presidente de una compañía de discos de darle un nuevo contrato de grabación a él o a Marysol. Es muy triste para mí lo que ocurre al respecto: a nadie están firmando en las compañías disqueras.

No cabe duda de que Anel quiere verme destruido, cualquier cosa buena que sucediera en mi carrera de inmediato la echaban a perder ella y sus amistades de los medios. Se trata de una conjunción de odio, rencor, despecho y resentimiento, que no la hace más que vivir para lastimar. Desde la mañana se levanta a ver qué más daño puede causarme. Basta oírla hablar de Ricardo Rocha, de Sarita y de todas las personas que me han ayudado para darse cuenta del odio que lleva dentro. Ella ignora a dónde irá a dar con esa actitud; se va a enfermar, tiene tantos años retroalimentando esas bajas vibraciones que la perjudicarán. Y mis hijos viviendo con una persona así, lo que duele, sólo yo lo sé.

Cuando les conté lo del accidente, los hermanos me dijeron: "Anel no sólo te odia a ti y a Sarita, sino también a Laurita porque ella es un ángel guardián en tu vida aquí en la Tierra. Ya lo averiguó y ahora sabe por qué no ha podido seguir dañándote más de lo que ya lo ha hecho, sobre todo aquí en México, que es donde hay más gente que la ayuda a hacerlo. Ya nos enteramos de que gastó un dineral en hacer una junta de babalaos en Miami y tampoco ha podido; por eso lo del accidente no le salió del todo bien, gracias a Dios y a lo que hacemos entre todos por ti".

Hubo otro programa estelar en Televisa, *Los reyes de la canción*, donde seguí participando, otra vez con Kika Édgar y Raúl Juárez. También me pidieron que Sarita cantara la canción *El rey león* el día del niño, con María Conchita Alonso, Julio Preciado, Pancho Céspedes y un grupo de niños. De inmediato se elevó la protesta de Pepe y su mamá. ¿Qué quieren decir? ¿Que sólo Pepe y Marysol tienen derecho a haber heredado el talento de mis padres y de mis abuelos? Después la llamó Rosy Ocampo para hacer varios capítulos de *La fea más bella*, y la reacción —en público, por supuesto— de Anel y de Pepe no se hizo esperar.

En Chicago, donde fui a hacer una presentación, me hizo una entrevista mi amigo Javier Navarro acerca de mi carrera profesional y mi situación personal. "Voy a publicar unas investigaciones que hice con amigos de Veracruz", me dijo. Publicó lo de mi éxito en la televisión y que también algo raro ocurría en mi garganta gracias a las constantes visitas de Anel a Catemaco, Veracruz, la tierra de los brujos. Cuando salió la entrevista, Anel me llamó enfurecida. Contestó Sarita y le gritó que yo le diera la cara. Tomé el teléfono y me reclamó lo publicado. Yo ignoraba lo que escribió mi amigo y que también se apareció una foto de Sarita y mía, y así se lo hice saber. "Tú mejor que nadie sabes que todo el mundo escribe lo que quiere", comenté. Se calmó y me dijo que teníamos que hablar, que fuera con Sarita a la casa a tomar café. Ya no caímos en la trampa y, si mal no recuerdo, ésta fue la última vez que hablamos por teléfono.

Regresando a México encontré al hermano Jorge y le conté todo lo que me estaban haciendo Anel y sus amigos, los magos negros. "José —me dijo—, tú no sabías nada, pero esta mujer te ha dado cosas trabajándote desde antes de casarse contigo; ya son treinta y cinco años, no sé cómo has resistido. Ven a mi casa, yo te ayudaré para que puedas seguir trabajando."

Así seguí en la novela que se convirtió en definitiva en el éxito más grande de *rating* de Televisa en quince años en México y la gran sorpresa en Estados Unidos, por encima de los canales de dicho país. La visión de Rosy Ocampo y el gran elenco en conjunto dieron tremendos resultados.

Sin embargo, los ataques de Anel eran incontenibles. Publicó que yo estaba amargado porque ya no podía cantar, se le llena la boca de decirlo; está orgullosa de su obra. Luego inventó que Sarita no me dejaba ver a mis hijos, como si yo fuera un muchachito a quien le das órdenes, yo ya con cincuenta y ocho años de edad. Mi hijo fue el primero en adoptar esa postura y luego también Marysol, pues, por desgracia, como ella no participaba en los ataques, también la indujeron en el nivel inconsciente para que hiciera equipo. Eso me dolió más que todo porque Marysol tiene un alma bellísima y empezaron a transformarla.

Como yo ya no iba a la casa del Pedregal a comer, alguna solución tenía que encontrar Anel al asunto. Un día que fui con el doctor Ramos, quien me prestaba mucha ayuda con su tratamiento de acupuntura y fitoterapia, subí a su consultorio y Laurita se quedó esperándome abajo en un local de computadoras. En eso llegó Anel, bajó del auto, se acercó al cuidador de coches del edificio y, sin darse cuenta de que Laurita la observaba, sacó de su bolsa un paquetito y le dijo: "Esto se lo das al doctor". El cuidador asintió. En seguida se acercó al puesto de tacos donde siempre comíamos Laurita y yo cuando iba a consulta y le dio otro paquetito al taquero. En ese momento salió Laurita y la miró. Anel, nerviosa, se hizo la tonta y como si no la hubiera visto pidió de comer. Laurita se dirigió al cuidador y le preguntó: "¿Qué te dio la señora?" y él, pretendiendo que no sabía, murmuró: "¿Cuál señora?"

—No te hagas el que no sabes —le dijo Laurita—, te dio una bolsita para que se la dieras al doctor.

—No me dio nada —contestó—, yo ni la conozco.

Laurita se dio cuenta perfectamente de la familiaridad con que se trataban y fue a su coche a esperarme. Casi de inmediato bajé del consultorio con mi medicina.

—Vámonos —le dije—, que ya se hizo tarde para el llamado.

—Antes asómate a ver quién está comiendo en el puesto —sugirió.

Al verla le pregunté:

—¿Qué hace Anel comiendo en la calle llena de joyas?

—Es que vino a dejarle una bolsita de algo al cuidador y otra al taquero. Cuando la vi fingió que venía a comer.

—Qué bien —le dije—, a como dé lugar quiere seguir dándonos sus cosas para hacernos daño. Debo avisarle al doctor.

Ya en el coche le llamé por celular al médico y lo previne: no fuera a ser un veneno lo de la bolsita para perjudicarlo porque él contribuía a que yo siguiera trabajando.

—Gracias por llamar —me dijo—, al abrir el consultorio hace unos días encontré la puerta llena de una tierra y varias cosas muy extrañas.

Como es obvio, ya no comimos más con ese taquero y al doctor hace mucho tiempo que no lo veo, ya que volví a Miami después de la novela.

Al día siguiente en Televisa Mario Discoa, quien fue mi asistente y es mi amigo, me siguió hasta el baño para saludarme y darme una carta cerrada de Anel. Desde luego, no la recibí, ni siquiera la toqué, sólo Dios sabe que traía adentro. Anel, en su intento constante de darme cosas en las comidas o en las bebidas, contrató para eso a quien ustedes menos imaginan: a Tía Tere, que siempre nos visitaba cuando veníamos a México. Fue a vernos al departamento de Polanco, donde nos ubicó Televisa, e inventó que no tenía dónde quedarse. "Quédate con nosotros —le dije—, no hay mucho espacio, pero aquí nos acomodamos." Así se quedó a vivir otra vez con nosotros alguien que suponíamos que era nuestra familia, que iba a Miami a quedarse y con quien nosotros nos hospedábamos en Cuernavaca.

Nunca vimos venir lo que ocurriría. Tere nos dijo que ella iba a preparar la comida y lo hizo durante una larga temporada, hasta que yo empecé a perder la voz otra vez y Sarita a sentirse mal, al grado de que una vez estuvo en cama varios días volviendo el estómago. Pero bendita sea la Divina Providencia; un día llamó Amparo Acosta y me preguntó: "¿Tú tienes a alguien viviendo en la casa con ustedes?"

—Sí —le dije—, Tía Tere.

—Sácala de ahí lo más pronto posible; les están dando cosas y brebajes en la comida y ustedes no se han dado cuenta. Hablaron los hermanos para advertir que tengan mucho cuidado, sobre todo con la niña.

Sarita pequeña se la vivía en el departamento de enfrente con la familia Rosales y su amiguita Sofi, y comía todo el tiempo ahí. ¡Bendito su ángel de la guarda! Costó mucho trabajo sacar a Tía Tere de la casa, pero al fin lo logramos. Sin embargo, antes de irse dejó en los colchones y en las sábanas manchas de un líquido amarillo rarísimo que no pudieron sacar en la tintorería. Tuvimos que tirar toda la ropa de cama y voltear los colchones. Al hacerlo, vimos que uno de ellos estaba lleno de tierra. Era la cama de la niña.

Poco después, una tarde, al llegar a Televisa al llamado, sentí que me jalaban el brazo. Era Tere, quien me dijo que necesitaba hablar conmigo. Entré con ella al privado de los choferes de las camionetas.

—Necesitas saber una cosa —comentó—: Sarita nos dijo a mí y a mi hija Claudia que tiene un amante y tú no lo sabes.

—Es su problema —le contesté.

—También te está poniendo cosas en la comida que le dan en Miami para hacerte un trabajo negro.

—También es su problema —refuté.

Entonces me contó que estaba en constante contacto con Anel y mis hijos para ayudarlos en su carrera musical. Le agradecí y me di la media vuelta. Qué barbaridad, una persona a quien queríamos tanto por el tío Abel Salazar, que era nuestra familia, a quien le prestábamos dinero cuando aún podíamos, con quien convivíamos a menudo, salirnos con una cosa así. ¡Increíble!, teníamos al enemigo en casa. ¡Qué gran decepción! Ya comenté en capítulos anteriores que hasta en el seno de tu familia puede pasar algo de esa naturaleza.

Terminé la novela como pude; prácticamente tuve que doblar con mi voz todos los últimos capítulos. Les dimos las gracias a Rosy Ocampo y a Pepe, su esposo, por su ayuda y su amistad maravillosa, así como a toda la gran familia Televisa: al señor Jorge Eduardo Murguía, mi amigo querido de tantos años; a Pepe Bastón, hijo de mi querido amigo Ricardo Bastón de aquellos años de El Señorial; a Alejandro Benítez, por sus atenciones y por incluirme en sus proyectos con Rubén, y a Santiago Galindo y a Juan Antonio Mateo, por sus consideraciones. Después regresamos a Miami.

La compañía de discos me dio la bienvenida y me ubicaron en el estudio de grabación para terminar mi disco nuevo, pero ¡oh, sorpresa!, mi garganta no respondió en lo más mínimo, como lo hizo al principio de la grabación. "Tengo que ir a ver al hermano —pensé— para que me saque esto que me dieron." En mi visita me dijo: "Has recibido otro ataque muy grande a tu garganta; esta mujer te quiere arruinar a como dé lugar. Vamos a empezar de nuevo el tratamiento", y me dio los tés de hierbas adecuados para mi recuperación.

Tan pronto regresamos a Miami, Anel empezó otra campaña de mentiras contra Sarita: que me tenía embrujado y así me dominaba para que no viera a mis hijos; además, que no éramos felices porque ¡un alcohólico no puede ser feliz! ¡Qué descaro inventar que mi esposa me había embrujado cuando era ella quien lo hacía! Mandaba publicar que Sarita era culpable de las cosas que ella me hacía. Lo malo es que hay gente que cree todo lo que dicen en la televisión o lo que lee en las revistas. Me dio mucho coraje, de verdad. Bien decía Maquiavelo: "Tú difama, algo queda".

La tarde del 5 de junio de 2007, sobre las seis de la tarde, me dio una parálisis facial. Fuimos corriendo al hospital, donde me hicieron varios análisis. Entre las hipótesis había tres a escoger como las más viables: la primera, alza de azúcar por un coraje; la segunda, un cambio muy brusco de temperatura, y la tercera, una bacteria que me entró por el oído y que paraliza los nervios y los músculos de la cara. Lo que haya sido me afectó seriamente. Estuve veinticuatro horas en el hospital y tuve que irme de inmediato de ahí con sólo ver la cuenta del primer día; de por sí no trabajaba desde que salí de la novela pues se suponía que iba a grabar. A partir de ahí se suscitaron diversos problemas económicos que hasta la fecha no he podido superar.

Por la parálisis no podía hablar, comer, menos aún cantar; no podía cerrar el ojo izquierdo ni para dormir, ni para pestañar siquiera. No se lo deseo a nadie. Ya sin trabajar en definitiva se acrecentó la problemática de los pagos de la casa. Vendimos un coche, perdimos las tarjetas de crédito, que es de lo que se vive en Estados Unidos, y pedimos un préstamo al banco sobre la casa para ir sobreviviendo. Todavía estoy pagando el hospital. Sarita organizó un plan de pago para las tarjetas de crédito y todas las demás deudas; sólo las regalías trimestrales de los discos me mantenían para no fallarle a Marysol con su escuela y a Celine y a Monique.

Pronto recibí otro ataque más: Anel publicó un libro con sus vivencias como prostituta profesional de joven y el calvario que, según ella, vivió al lado de un alcohólico. ¡Qué falta de respeto para mis hijos, sobre todo para Marysol, que es una señorita! Todavía se atreve a decir que cualquiera en su lugar hubiera hecho lo mismo que ella hizo: prostituirse por dinero. O sea, todas las mujeres son iguales a ella. Para su información, las mujeres latinas son las que más conciencia tienen de lo que es la moral y el respeto por sí mismas en todo el mundo. Yo nunca hubiera hablado de su pasado por respeto a mis hijos, pero ella se paseó por todos los programas de televisión contándolo, diciendo también que después del divorcio iba a matar a los niños y a suicidarse, que ella los trajo al mundo y ella se los llevaba. No cabe duda de que no ha aprendido nada con los cristianos: el único que tiene ese derecho es Dios, que nos da la vida. Pero estaba bien pensado; con tal de hacerme daño y lastimarme al máximo, lo habría hecho. Riendo en las entrevistas contaba que tenía que calcular si el veneno alcanzaba para los tres. Narró una serie de mentiras para purificarse en vida de todas sus acciones, con el espaldarazo de mis hijos, quienes, desde luego, decían que la apoyaban en todo.

Pasaron meses desesperantes. El tratamiento de la parálisis es lentísimo; poco a poco empecé primero a cerrar el ojo y a comer, luego a hablar. No teníamos un centavo y se aproximaba la graduación de Marysol. Con base en puros préstamos logré acabar de pagar su escuela para que se graduara, pero no tenía para hacer el viaje a México. Entonces Pepe declaró en tono burlón en una entrevista: "Hay que hacerle un beneficio aquí entre los amigos o investigar quién le está llevando la chequera, ahí que le den algo". Me dolió muchísimo que le dijera al público que Sarita me trataba como su mamá siempre lo hizo, que no me daba ni para la gasolina cuando vivía con ellos. Sin embargo, "paciencia, José —me digo—, tú sabes lo que está pasando y por qué se comportan así tus hijos, paciencia y mucha oración". Pepe siempre terminaba las entrevistas diciendo que me quería mucho, pero en cuanto llegaba la otra cámara de inmediato arremetía de nuevo contra mí. Como se enojó porque no estuve en su graduación, Marysol también me atacó varias veces en entrevistas de televisión.

Yo contestaba todo lo que decían porque, en primer lugar, ya había aprendido a defenderme, a decir que no, a darme mi lugar y a dárselo a mi esposa, sobre todo. Les parecía de otro planeta que ya no me dejara insultar tan fácilmente como antes. "¡Cómo ha cambiado mi papá, es otra persona!, Sarita lo ha cambiado!" Claro que era otra persona. Gracias a Alcohólicos Anónimos, recuperé mi dignidad y ya no permito que me ataquen.

Me dolía mucho ver que quienes eran otras personas eran ellos, pero, como todo en la vida, los ciclos se cumplen. Yo sabré esperar pacientemente a que nuestras oraciones surtan efecto en esas dos almas maravillosas que tanto amo. Cuando vuelvan en sí mi corazón los estará esperando.

Siguieron aumentando las deudas y llegó lo que faltaba: un documento del IRS, debido a que Anel nunca pagó los impuestos en California correspondientes a la venta del *penthouse* de Beverly Hills. Después del divorcio lo vendió en doscientos cincuenta mil dólares y, gracias a que la doctora Saldívar la convenció, me dio sólo treinta mil dólares. Ahora llegaba un documento por cuarenta y dos mil dólares; como no la localizaban por ningún lado en Estados Unidos, se les hizo más fácil localizarme a mí pues "alguien" les facilitó mi dirección. Vendimos el otro coche y Vicky, la hermana de Sarita, nos prestó uno; si no, andaríamos a pie. Era el colmo, recibir un documento de esa naturaleza después de tantos años, en estos momentos tan críticos y con la orden de pagarse de inmediato so pena del embargo de la casa por el gobierno. Insólito, pero como pudimos lo pagamos.

La siguiente campaña de Anel, la cual cundió justo cuando empezaba a recuperarme de mi cara y simplemente no había contratos, consistió en declarar a los medios que yo estaba tan lleno de odio que eso me había afectado la garganta. "Si no, vean lo que le dicen los médicos: que no tiene nada; es el odio que siente lo que no lo deja cantar." Ella sabe perfectamente por qué no puedo cantar: es por todo lo que ha hecho para que eso pasara. Se trata de su mejor logro y por eso lo pregona a los cuatro vientos. A todos se les llena la boca de decir: "José José quedó así por tanto alcohol y tanta droga". No hay que olvidar que después de mi crisis alcohólica yo seguí cantando diez años, hasta que lograron dañarme seriamente.

Al irse cerrando los ciclos, mi cara reaccionó al tratamiento y pude empezar a trabajar en los festivales de radio y haciendo actos de presencia. Pepe decidió casarse y me invitó a su boda a través de la televisión. Yo le contesté que él sabe muy bien dónde vivo y cuando quisiera venir a verme, aquí, como siempre, ésta es su casa.

Una noche temprano tocaron a la puerta. Abrió Sarita pequeña y era Pepe con Donají, su novia. Sarita le dijo: "Pásale", pero él no quiso entrar hasta que viniera yo. Bajé en cuanto me avisó la niña y los hice pasar. Me platicaron que se iban a casar en un mes y me traían la invitación. Por desgracia, al fin yo había conseguido un contrato y coincidió con la fecha de su boda. Se lo hice saber y luego lo invité a pasar a una recámara para hablar a solas. Dejamos a su novia con la pequeña y nos encerramos para aclarar todo lo ocurrido.

—¿Por qué me atacas? —le pregunté.

—Es que me dijeron que tú andabas hablando mal de mí.

—¿Y por qué iba a hacerlo si siempre he procurado ayudarte?

—Es que la prensa ha falseado muchas cosas —adujo.

—No muchas —contesté—, ya sé cómo piensa tu mamá y todo lo que dice.

—Sí —me dijo—, desgraciadamente.

Hicimos planes para el futuro y le pedí que pasara a saludar a Sarita y las niñas, que lo esperaban en el jardín. Todas los abrazaron cariñosamente. Sarita pequeña estaba feliz de ver a su hermano, otro de sus compañeros de juegos desde pequeña. Les informé que Pepe se casaría con Donají muy pronto y todas los felicitaron. Ahí surgió el Pepe que yo conocía, el niño al que yo eduqué lleno de amor y que era mi mejor amigo. "Tanto que presumes a tu Sarita y ahora yo ya tengo la mía", me dijo señalando a su novia. Mi esposa lloró de emoción y nos abrazamos todos.

Yo tenía muchas cosas que hacer y él también, por lo que nos despedimos quedando en vernos después. Hemos seguido en contacto para la realización de unos planes que tenemos en un futuro cercano. Nos llamamos constantemente. Con Marysol he ido limando asperezas por teléfono; ojalá que pronto pueda verla en persona, sé que reaccionaría igual que su hermano. Yo la eduqué también con base en el gran amor que merece una niña como ella, quien en verdad ha sido la más afectada por todo lo que ha sucedido. Estoy seguro de que la inmensa misericordia de Dios la librará de todo lo que anda cargando sin merecerlo. La amo profundamente igual que a su hermano, ya falta menos para compartir todos juntos otra vez como antes.

En la actualidad, gracias a Dios, al maestro Jesucristo, a mi doctor Gerardo Díaz Bautista y a los maestros ascendidos: el maestro Lanto, el maestro Kutumi, el maestro San Germain; al hermano Emilio, el hermano Manuel, la hermana Loida, el hermano Jorge, el hermano José Luis, el hermano Juvenal; a todos los santos de Dios y a que me mantengo alejado de mis enemigos, me he recuperado poco a poco otra vez de la garganta. Ya empecé a cantar con mi orquesta, ya estoy grabando otra vez, en esta ocasión con dos artistas mundiales de la producción de discos, gracias a nuestra amiga Ximena Herrería que me los presentó: el gran pianista griego Yanni y su socio, el gran productor de artistas de fama mundial Rick Wake, ambos amigos entrañables. Con ellos realizo presentaciones en México y en el nivel internacional. Les agradezco infinitamente su ayuda para mi carrera y su maravillosa amistad.

Asimismo, este 2008 recibí mi tercer Grammy, en esta ocasión a la Excelencia Musical. Agradezco al señor Gabriel Abaroa y a todos los miembros de la Academia por tan alta distinción y por su amistad, al igual que a Univisión y a los señores Otto Padrón, Mario Ruiz, Francisco Suárez y Emilse Algarreta por la realización de un programa especial de televisión con la presencia de muchos de mis amigos más queridos de la industria: Christian Castro, Marco Antonio Solís, Olga Tañón, Gilberto Santa Rosa, Ana Bárbara, David Bisbal, Alicia Villarreal, los Super Reyes, Luis Fonsi, Víctor Manuel, Reyli, Aventura, Montes de Durango, mi hija Sarita, mi madrina Olga Guillot, Guillermo Benítez, Lily Estefan, Raúl de Molina, Charytín, Paty Manterola, mis amigas Angélica María y Angélica Vale, con testimoniales del maestro Plácido Domingo, Julio Iglesias, Ricky Martin, Chayanne, Pedrito Fernández y muchos amigos más. Gracias a todos de todo corazón.

Ésta es la historia de mi vida, amigos, como ha sido hasta hoy, con la verdad y llamándole a todo por su nombre, como debe ser por respeto a ustedes. Al igual que en la vida de cualquier ser humano, me ha pasado de todo, pero nunca hay que olvidar que todas las cosas buenas y las desagradables suceden por algo en el momento justo, ni antes ni después. Son los ¡tiempos de Dios!

Sólo Él sabe por qué me tocó conocer y ser víctima de personas que se dedican a algo que yo ignoraba que existía, por qué tuve que comprobar que existe, padecerlo y ahora luchar por erradicarlo completamente de mi vida.

Desde muy joven aprendí que hay seres humanos que nacieron para hacer daño y saben cómo hacerlo, saben cómo manejar las bajas vibraciones y lo negro.

Tuve que comprobar que todo esto existe: al igual que existe Dios, existe el demonio; al igual que existe el bien, existe el mal; al igual que existe el amor, existe el odio; así como hay sabiduría, también hay ignorancia. ¡Qué precio tan alto he pagado por saberlo!

Yo perdono a todas las personas que me han hecho daño, me han usado y me han explotado. También me perdono a mí mismo por mi falta de carácter y por permitir que eso fuera posible.

Todo lo que aquí he contado ha sido para prevenir a tanta gente que, como me pasó a mí, ignora que existe el mal en el nivel en que lo manejan esas personas. Es mi obligación darle a conocer al mundo que eso es real, a mí me tocó vivirlo. Muchos dirán que tales cosas no existen, que no es verdad porque nunca les ha tocado verse afectados por ellas.

Las personas como yo, débiles de carácter y de mente, somos las más susceptibles de recibir ese tipo de ataques. Amigos queridos: que Dios los bendiga y nunca les pase nada de lo que me ha sucedido a mí.

José José

Ésta es mi vida, de José José
se terminó de imprimir en octubre de 2008 en
Quebecor World, S.A. de C.V.
Fracc. Agro Industrial La Cruz
El Marqués, Querétaro
México